Grandes fortunes

DES MÊMES AUTEURS

Aux Éditions Payot :

Paris. Quinze promenades sociologiques
La Chasse à courre. Diversité sociale et culte de la nature
Quartiers bourgeois, quartiers d'affaires
Les Millionnaires de la chance

Chez d'autres éditeurs :

Michel Pinçon et Monique Pinçon-Charlot :
Sociologie de Paris (La Découverte)
Sociologie de la bourgeoisie (La Découverte)
Les Ghettos du Gotha. Au cœur de la grande bourgeoisie (Seuil)
Voyage en grande bourgeoisie. Journal d'enquête (PUF)
Châteaux et châtelains. Les siècles passent, le symbole demeure (Anne Carrière)
Justice et politique : le cas Pinochet (Syllepse)
Dans les beaux quartiers (Seuil)
Nouveaux patrons, nouvelles dynasties (Calmann-Lévy)
Les Rothschild. Une famille bien ordonnée (La Dispute)
Le Président des riches. Enquête sur l'oligarchie dans la France de Nicolas Sarkozy (Zones)

Michel Pinçon :
Cohabiter. Groupes sociaux et modes de vie dans une cité HLM (Plan Construction)
Désarrois ouvriers. Familles de métallurgistes dans les mutations industrielles et sociales (L'Harmattan)

Monique Pinçon-Charlot :
Ségrégation urbaine. Classes sociales et équipements collectifs en région parisienne (Anthropos) (en collaboration avec Edmond Préteceille et Paul Rendu)

Michel Pinçon
Monique Pinçon-Charlot

Grandes fortunes

Dynasties familiales et formes de richesse en France

Édition revue et augmentée

Petite Bibliothèque Payot

Retrouvez l'ensemble des parutions
des Éditions Payot & Rivages sur

www.payot-rivages.fr

Ce qu'il y a de plus vil et de plus odieux dans l'argent, c'est qu'il confère même des talents. Il en sera ainsi jusqu'à la consommation des siècles.

DOSTOÏEVSKI,
L'Idiot.

Nous, mortels, nous avons tous en naissant la même peau, mais à mesure que nous grandissons, le destin se plaît à nous diversifier, comme si nous étions de cire, et à nous mener par des sentiers multiples vers une seule fin : la mort. Il y a des hommes qui doivent prendre le chemin des fleurs, pendant que d'autres sont poussés à travers chardons et nopals. Les uns possèdent un regard tranquille et, au parfum de leur bonheur, ils sourient d'un visage innocent ; les autres, accablés du soleil violent de la plaine, se hérissent comme la vermine pour se défendre. D'un côté, pour embellir son corps, le fard et les parfums ; de l'autre, les tatouages que nul ensuite n'est capable d'effacer…

Camilo José CELA,
La Famille de Pascal Duarte.

INTRODUCTION

« Crise des banlieues », « délitement du lien social », « perte de la citoyenneté », « disparition de la civilité », tels sont quelques-uns des thèmes récurrents abordés au cours de nombreux colloques et débats de société. Scientifiques, politiques et journalistes paraissent convenir que le désordre social s'est installé à la faveur de la crise.

Tous les groupes sociaux ne sont pas également touchés par ce désenchantement. Ce sont surtout les points d'ancrage des identités populaires qui ont cédé. Si le patrimoine des familles populaires a toujours été modeste, si les biens possédés – les bibelots, les meubles, voire le petit pavillon de banlieue – n'ont guère défié les siècles, il existait toutefois un patrimoine collectif – le quartier, l'entreprise, les organisations syndicales et politiques –, une mémoire des luttes passées qui assuraient la transmission d'une identité de génération en génération. Ce patrimoine collectif est aujourd'hui en ruine. C'est là le résultat d'un long processus, d'une désaffiliation, comme l'écrit Robert Castel, le résultat d'un parcours négatif au cours duquel se rompent les points d'ancrage avec la société[1].

Aux antipodes de ce désastre social et humain : les grandes familles, celles de l'aristocratie fortunée et de la haute bourgeoisie. Une véritable confrérie, une association d'intérêts communs, qui n'interdit pas des contradictions secondaires mais qui, pour l'essentiel, assure la solidarité du groupe. Les intérêts familiaux et les intérêts collectifs se confondent : les patrimoines économiques, sociaux, culturels et symboliques ont indissolublement une dimension individualisée, familiale, et une forme collective. La représentation commune qui assimile grande bourgeoisie et individualisme cache la cohésion fondamentale des grandes familles. L'idée d'un individualisme grand-bourgeois est d'autant plus trompeuse que cet individualisme n'est, dans ses manifestations, que la traduction de l'habitus du groupe. Par cette magie propre au social, le grand bourgeois est si bien accordé au monde où il vit qu'il lui suffit d'être lui-même pour être, dans le sentiment ineffable de l'accomplissement de soi et de son irréductible individualité, ce que les autres et les circonstances exigent.

Cette adéquation de la personne à sa position sociale, à son rôle, aux attentes de ses pairs est, pour une large part, le produit d'une action délibérée des générations antérieures. Car les enjeux sont d'importance. Ce sont les conditions de la domination sociale du groupe qu'il s'agit de reproduire et, pour cela, l'exigence de la production d'héritiers aptes à assurer les charges de l'héritage est absolue. C'est une tâche certes familiale, mais aussi collective, dans la mesure où le patrimoine à transmettre et à gérer, qui constitue la base objective de la position dominante, est également la richesse commune du groupe. Les biens immobiliers doivent leur valeur économique et symbolique à l'effet de renforcement mutuel produit par un voisinage socialement homogène. Dans certaines stations balnéaires ou dans des communes résidentielles de la banlieue parisienne, on peut voir à l'œuvre la conscience qu'ont les familles de leur solidarité objective dans le maintien de la valeur de leur patrimoine.

À travers les matériaux recueillis, deux axes d'analyse principaux se sont dégagés. D'une part, il est apparu que les patrimoines des familles de l'aristocratie fortunée et de la grande bourgeoisie ancienne font l'objet d'une gestion en grande partie concertée. Il y a du collectivisme, paradoxalement, dans la manière dont les grands bourgeois prennent en charge le maintien – ou l'accroissement – et la transmission de leur fortune et de leur position dominante. Les patrimoines sont d'autant plus tributaires d'une gestion collective qu'ils sont plus élevés. La complexité de leurs aspects économiques, les formes mondaines des pratiques culturelles, y compris dans la circulation marchande des objets d'art, l'importance décisive du capital social qui soumet la vie quotidienne à une sorte de cooptation permanente sont au fondement de cette confrérie des grandes familles.

Le second axe d'analyse concerne la cumulativité des richesses. Cette cumulativité n'est d'ailleurs pas étrangère aux nécessités de la collectivisation, relative, des modes de gestion. Aucune famille, sauf à tendre vers une érosion inéluctable de ses différentes formes de capitaux, ne saurait vivre en autarcie, à l'écart du groupe dont elle est issue. Le délitement du lien social et le processus de désaffiliation en œuvre dans certaines catégories populaires s'opposent au maintien, voire au renforcement des liens multiples qui caractérisent les grandes familles. La richesse s'oppose à la pauvreté dans tous les domaines et, aux deux extrémités de la société, il y a cumulativité, d'un côté, des privilèges et, de l'autre, des difficultés. La misère ou l'opulence se donnent à voir, bien sûr, dans l'aisance matérielle et la valeur vénale du patrimoine, mais aussi dans les domaines scolaires, culturels, sociaux, dans la valeur symbolique de tous ces biens, matériels ou immatériels. En limitant l'information recueillie et les commentaires aux seules dimensions économiques des fortunes, comme cela arrive trop souvent, on ne prend pas la mesure réelle des distances sociales et des inégalités qui affectent toutes les dimensions de l'existence.

Il en va certes autrement pour de larges secteurs de la société, situés entre ces deux pôles extrêmes, où, pour reprendre une formule de Pierre Bourdieu, on a une structure en chiasme, c'est-à-dire une structure des patrimoines où capital économique et capital culturel ont tendance à être inversement proportionnels, l'un étant bas quand l'autre est élevé[2]. Mais, dans les situations sociales extrêmes, les richesses ou, à l'inverse, les pauvretés s'accumulent dans tous les domaines. C'est donc à travers les valeurs mobilières, financières, par les patrimoines immobiliers de rapport ou de jouissance, par les patrimoines industriels ou fonciers, à travers le capital scolaire, par les manifestations du capital social, dans les effets du capital symbolique, par l'importance du patrimoine culturel et artistique que nous avons essayé de rendre compte de la signification sociale de la fortune.

De Paris à Bordeaux, en passant par Deauville et Biarritz, de la région parisienne, avec Maisons-Laffitte et Le Vésinet, à Monaco et Saint-Jean-Cap-Ferrat, les cadres de vie et l'existence quotidienne mettent en évidence cette pluridimensionnalité de la richesse. Mais gérer et transmettre n'est pas aussi simple qu'on peut parfois le penser, et c'est tout le groupe qui est mobilisé dans ces tâches dont dépend sa perpétuation comme classe dominante.

Le patrimoine est un élément décisif de la « suraffiliation » des dominants. Les biens sont garants des liens et les liens assurent la permanence et la transmission des biens. Le patrimoine constitue ainsi une base objective pour l'affirmation du groupe. Ce patrimoine multiforme, économique bien sûr, mais aussi symbolique, social et culturel, permet à la bourgeoisie d'être une classe en soi, par l'affirmation de positions sociales et économiques dominantes.

Mais, parce qu'il a une existence efficace dans bien d'autres registres que celui de la valeur vénale des biens possédés, ce patrimoine autorise aussi l'existence de la bourgeoisie et de l'aristocratie comme classe pour soi, comme classe mobilisée. Les pratiques convergentes des classes dominantes tendent à assurer la pérennité des positions occupées. En outre, le patrimoine économique mais aussi le système des alliances et des relations sont dans une large mesure internationaux, et le cosmopolitisme, depuis longtemps déjà, demeure l'une des caractéristiques de l'aristocratie et de la grande bourgeoisie. L'Internationale a été le fait des classes dirigeantes avant d'être un espoir et une forme d'organisation des classes dominées. Les internationales ouvrières ont disparu ou sont en bien piètre état. L'Internationale du pouvoir se porte au mieux.

Pour recueillir les matériaux qui ont permis d'analyser les différentes facettes des grandes fortunes, il a été nécessaire de recourir à des approches multiples. Les entretiens sont centraux dans le protocole de recherche. Ils ont été menés auprès de plusieurs dizaines de familles n'ayant demandé que rarement qu'on leur garantisse l'anonymat. Toutes ne figurent pas parmi les plus grandes fortunes. Mais toutes ont pour caractéristique d'être fortunées depuis plusieurs générations et d'avoir su transmettre leur patrimoine et reproduire leur rang social. Le nombre de personnes interviewées dépassant la centaine, pour des entretiens parfois très longs, toutes ne pouvaient être citées ici. Mais ce sont tous ces entretiens qui ont nourri notre travail ; ils nous ont permis de nous imprégner de la réalité qu'ils décrivaient. Ces discours ont été complétés par les apports d'une large documentation, l'exploitation des données statistiques disponibles et l'établissement de données chiffrées originales. En outre, des entretiens menés parallèlement auprès des informateurs les plus divers – gestionnaires professionnels de grandes fortunes, directeurs de palaces, spécialistes du marché de l'art – ont donné un éclairage indispensable aux propos recueillis. Au-delà de cette mise en perspective, les entretiens ont été le point de départ d'observations menées dans une grande variété de cadres et de circonstances. Qu'il s'agisse des vastes appartements parisiens ou des châteaux en province, des lieux de villégiature ou des établissements d'enseignement, collèges cosmopolites de Suisse ou de France, des ventes aux enchères où, en quelques dizaines de secondes, un Canaletto trouve preneur, en 1993, pour 66 millions de francs (soit plus de 12 millions d'euros en 2006), la multiplication des observations répond à la multiplicité des facettes de patrimoines qui, loin de se réduire à une richesse matérielle quantifiable et par là limitée, prennent dans leurs conversions et reconversions permanentes toutes les apparences de l'infini.

Notre objectif est de décrire et d'analyser, au plus près du quotidien des familles qui bénéficient de cet état de fait, les processus qui permettent de maintenir et de conserver les positions sociales dominantes ; de montrer comment le mode de vie grand-bourgeois est traversé par ce collectivisme cosmopolite, ou, plus précisément, par une gestion collective et internationale des intérêts de classe qui investit les plus anodines des pratiques. Le pouvoir se construit et se gère au jour le jour, même si ce quotidien n'a rien d'ordinaire.

CHAPITRE PREMIER

Les grandes fortunes : niveaux, compositions et gestions

De la difficulté d'appréhender les fortunes

« La pauvreté affecte tous les aspects de la vie[1]. » Cette constatation peut s'appuyer sur de nombreuses données, leur nombre même faisant sens. La pauvreté se laisse mesurer, ausculter, inventorier, décrire. Il en va autrement de la richesse qui, elle, apprécie la discrétion sur son niveau et sa structure. Le recours aux sources administratives et fiscales ne complètent qu'imparfaitement les informations fondées sur les entretiens avec les familles.

LE SECRET STATISTIQUE EST BIEN GARDÉ

L'impôt de solidarité sur la fortune (ISF) a succédé en 1988 à l'impôt sur les grandes fortunes (IGF), créé en 1981, et abrogé à l'occasion de la première cohabitation en 1986, Jacques Chirac étant Premier ministre. Les déclarations remplies par les assujettis offrent une riche information sur le niveau et la structure des fortunes françaises. Ces formulaires comprennent tout d'abord une série d'indications sur la famille, la situation matrimoniale, le nombre d'enfants et la profession. La déclaration du patrimoine est organisée en trois rubriques : les immeubles bâtis (la résidence principale étant distinguée des autres immeubles) ; les immeubles non bâtis (bois et forêts, biens ruraux loués, parts de groupements fonciers agricoles) ; les « meubles », au sens fiscal, c'est-à-dire les valeurs mobilières (actions, obligations, Sicav…) et les liquidités.

Dans un premier temps, le courrier et les appels téléphoniques par lesquels nous avons essayé d'obtenir l'accès aux déclarations fiscales de l'ISF, afin d'établir de nouvelles données statistiques, ont abouti à l'envoi, par le service de l'Organisation et de l'Informatique de la direction générale des Impôts du ministère du Budget, de la photocopie des quatre pages consacrées par les *Notes bleues de Bercy* à la ventilation par département du nombre d'assujettis et des montants payés en 1992 et 1993. Le ministère d'alors a éludé la réponse que nous attendions, confirmant ainsi le caractère confidentiel et politiquement redoutable de la divulgation, même sous une forme anonyme, de la structure et de l'importance des grandes fortunes.

Nous eûmes plus de chance en 2000. La Direction générale des impôts, grâce à l'autorisation accordée par Laurent Fabius, alors ministre de l'Économie et des Finances, a réalisé, à notre demande, une série de tableaux qui mettent en évidence la multidimensionnalité des richesses et leur dispersion.

La richesse toutefois reste un mystère, « un sujet tabou, plus encore que les revenus[2] » : peu connue, cachée, elle est à l'origine de fantasmes sociaux, de représentations imaginaires plus ou moins fondées. Cette rétention de l'information est d'autant plus regrettable que les patrimoines des ménages, plus que leurs revenus, qui eux sont assez bien connus, constituent une source essentielle des inégalités sociales. « Le bien-être, écrivent D. Kessler et A. Masson, dépend aussi de ce que l'on possède : les actifs liquides, les biens durables et la propriété éventuelle du logement conditionnent la consommation présente ; surtout, les avoirs accumulés déterminent le pouvoir d'achat à plus long terme et satisfont des besoins de sécurité, de précaution, de transmission, ou encore de pouvoir et de considération[3]. » Le revenu est insuffisant pour mesurer la distance qui peut séparer les modes de vie, les façons d'être et les rapports au monde des familles et des individus. La fortune a tout à la fois des dimensions économiques, culturelles, sociales et symboliques, et cette multidimensionnalité est l'un des traits essentiels de sa signification sociale.

La notion de patrimoine est complexe. L'ambition de cet ouvrage est de restituer le sens social que recèle le fait de posséder une fortune importante, en s'appuyant, outre sur les données établies en collaboration avec la DGI, sur celles construites par l'INSEE[4], et sur une démarche sociologique et ethnographique. À partir d'entretiens, d'observations et de documents divers, il s'agit d'établir la filiation entre la possession d'un patrimoine important et un style de vie ou, de façon plus ambitieuse, entre la fortune et la constitution de l'habitus grand-bourgeois, cet ensemble de dispositions générateur de pratiques et de représentations propres à cette classe[5].

L'étude des patrimoines doit permettre d'appréhender la fortune comme ce qui définit la place de la noblesse et de la grande bourgeoisie dans la société et ce qui fonde le groupe. En effet, les membres des classes dominantes se réduisent encore moins que d'autres à leur profession. À la différence des ouvriers, des instituteurs ou des chercheurs, dont la forme principale de patrimoine réside dans leur « patrimoine humain », comme disent les économistes, ou leur force de travail, dans un autre vocabulaire, les bourgeois se définissent avant tout par l'ampleur et la diversité de leur capital économique : propriété directe de biens industriels ou fonciers, ou propriété indirecte par la possession de valeurs mobilières. Il faudrait aussi prendre en compte tous les biens de jouissance, comme les résidences multiples et les objets d'art qu'elles abritent. Les sources utilisées pour évaluer les patrimoines des ménages[6] ignorent ces biens durables d'usage domestique. Les objets de collection et les œuvres d'art sont exonérés de l'assiette de l'ISF et donc des maigres statistiques qui en sont issues. La valeur symbolique, culturelle et esthétique de ces biens étant élevée, leur non-prise en compte dans l'évaluation des patrimoines conduit à une sous-évaluation des disparités.

De plus, ces biens fournissent la base matérielle sur laquelle s'opère la transmission d'une partie essentielle du patrimoine humain, de ces qualités acquises par la personne, qui n'ont pas de prix, et que la statistique ne comptabilise pas. Ils jouent un rôle important dans l'inculcation des connaissances et dans la formation des goûts constitutifs de l'habitus cultivé. Or ce patrimoine humain est aussi inégalement réparti que le patrimoine matériel : les inégalités culturelles sont extrêmes et fondent en partie les processus de la reproduction sociale. Ces inégalités sont constitutives des patrimoines familiaux, au point que, statistiquement, elles se transmettent entre générations avec une grande probabilité, comme ont pu le montrer des travaux devenus classiques[7].

UNE RÉALITÉ MULTIFORME

Outre la difficulté de l'accès aux sources, l'évaluation des patrimoines se heurte encore au fait que l'économique ne peut être réduit à l'économie, ni le culturel à la culture : à un niveau de fortune élevé, les différents éléments du patrimoine voient leurs valeurs vénales et leurs valeurs symboliques atteindre des sommets. Le patrimoine forme alors un tout dont les différentes parties prennent sens dans leur interrelation et leur cumulativité.

Cette totalité du patrimoine tend à établir une certaine analogie entre le milieu familial et le groupe des pairs et ces institutions totales dont parle Erving Goffman[8]. L'individu est pris dans un ensemble structuré de valeurs et de comportements obligés qui débordent les champs des activités professionnelles pour englober la vie quotidienne. Ainsi, le patrimoine contribue, par le simple effet de son importance, mais aussi par ses dimensions culturelles et symboliques, à effacer l'individu au profit du groupe. Car l'individu est en quelque sorte hérité par son héritage, happé par le devoir d'assumer la transmission dont il bénéficie mais dont il doit à son tour assurer la succession. Héritiers de lignées prestigieuses, aristocrates fortunés et grands bourgeois de vieille souche doivent plus à leurs héritages qu'à leurs mérites. Mais un héritage se mérite. Il faut être apte à gérer le patrimoine qui vous échoit, sous peine de déchoir.

La transmission n'est en rien indépendante de ce qu'elle transmet. Ses conditions sont déjà définies dans le contenu même des patrimoines. Parmi les effets sociaux de la richesse patrimoniale, il y a cette accumulation de talents, de savoirs, de compétences et d'assurance qui font les dynasties et les transmissions réussies. Car l'argent donne du talent. Pour le dire autrement, le patrimoine matériel est inséparable du patrimoine humain. Avec les avoirs financiers et matériels se transmettent les connaissances, les savoir-faire et les manières d'être que l'accumulation de la fortune a permis d'amasser. En contrepartie, la gestion du capital symbolique, la conservation et l'entretien de ces talents supposent de disposer des moyens matériels nécessaires. Les différentes formes d'avoirs, de patrimoines, de capitaux ou de fortunes se confortent mutuellement et sont indispensables les unes aux autres[9].

Critique de l'effet « palmarès »

Quelles sont les grandes fortunes, quelles sont les familles qui disposent des patrimoines les plus élevés ? Y a-t-il bien transmission ? Les familles aujourd'hui les plus fortunées le sont-elles depuis plusieurs générations ? Supposer que l'argent donne aussi du talent, c'est supposer qu'il donne les moyens moraux et intellectuels de maintenir la lignée. Faire fortune porterait alors en soi l'obligation de transmettre et les moyens de satisfaire à cette obligation.

LE RENOUVELLEMENT DES FORTUNES ?

Plusieurs auteurs, en se fondant sur les palmarès des familles les plus riches publiés par la presse, ont conclu à un renouvellement rapide de la fortune en observant que les listes publiées ne contenaient que très peu de patronymes des célèbres « 200 familles » dénoncées par Édouard Daladier. Celui-ci, au congrès radical de Nantes en octobre 1934, avait déclaré que « 200 familles sont maîtresses de l'économie française et, en fait, de la politique française ». Il s'agissait des 200 principaux actionnaires de la Banque de France, alors établissement privé, dont d'ailleurs une soixantaine de personnes morales (sociétés et institutions).

Jules Lepidi ne retrouve qu'une dizaine de ces noms parmi les cent Français les plus riches recensés par *Le Nouvel Observateur*[10]. De même, seulement une dizaine de descendants des 200 familles, selon André Babeau, figurent parmi les 150 plus grosses fortunes individuelles recensées en 1988 par *L'Expansion*[11]. De telles observations seraient en harmonie avec la constatation de la détérioration des fortunes françaises[12]. Les 200 familles auraient connu de tels revers de fortune, liés aux guerres et aux déboires des placements à l'étranger, qu'elles ne sauraient aujourd'hui figurer parmi les plus riches. Les grandes fortunes appartiendraient à de nouveaux enrichis[13]. Mais il y a là un « effet palmarès » qui pourrait cacher le phénomène plus profond et plus permanent de la transmission. En effet, ce n'est pas parce que le premier de la classe est fils d'ouvrier que l'on peut en déduire que tous les meilleurs élèves sont fils d'ouvriers et que ce sont eux qui vont peupler Polytechnique. De la même manière, trouver une large majorité d'industriels et d'hommes d'affaires dont les fortunes sont récentes parmi les 200 Français les plus riches (quand ce n'est pas parmi les 100 ou les 50…) ne prouve pas que les vieilles familles soient ruinées et que leurs descendants en soient réduits à vendre leur force de travail.

OÙ SONT PASSÉES LES « 200 FAMILLES » ?

Si les familles anciennes peuvent être supplantées aux premières places des classements, il est vraisemblable qu'elles sont encore nombreuses, en 2005, parmi les quelque 349 518 assujetties à l'ISF. En effet si l'on prend en compte des fortunes familiales et non plus seulement individuelles, les résultats en sont quelque peu infléchis. « Qui retrouve-t-on aujourd'hui dans notre classement des 400 grandes fortunes professionnelles ? écrit Éric Tréguier. Bien évidemment les héritiers des grandes dynasties. » Parmi les 91 milliardaires recensés, on repère « les capitalistes de l'après-guerre » et « quelques rares exemples de fortunes nouvelles », mais y figurent également les héritiers de dynasties : Michel David-Weill (Banque Lazard), famille Hermès (les carrés de soie…), Serge Dassault, famille Durand (Cristal d'Arques), famille Bich (la pointe Bic), famille Hériard-Dubreuil (Cointreau), famille Guerlain (parfums), famille Vuitton (bagagerie de luxe), Robert Fiévet (fromageries Bel), famille Wendel, plusieurs Rothschild, les Taittinger, les Peugeot, etc. Autrement dit, s'il y a bien un certain renouvellement, il ne va pas jusqu'à bouleverser de fond en comble la hiérarchie des fortunes[14].

En 2006, où sont les descendants de ces actionnaires de la Banque de France qui, soixante-douze ans plus tôt, incarnaient la fortune, le monde de l'industrie et de la banque ? Ernest-Antoine Seillière, ancien président du Mouvement des entreprises de France (Medef), est actuellement celui de l'Union des confédérations de l'industrie et des employeurs d'Europe (Unice) qui en est l'homologue à l'échelle communautaire. Héritier Wendel par sa mère, le baron Seillière est aussi le président du Conseil de surveillance du groupe Wendel investissement. Lequel holding gère les avoirs des descendants de la famille, qu'ils portent encore ou non le patronyme de leur ancêtre, qui fut l'un des membres influents parmi les régents de la Banque de France, et donc parmi les « 200 familles ». Les 700 actionnaires familiaux du groupe, selon le palmarès de *Challenges*, disposeraient, en 2006, d'un patrimoine professionnel de 1727 millions d'euros, soit encore 2,46 millions par personne en moyenne. Les Wendel et leur famille ne sont donc pas dans le besoin et continuent à jouer un rôle dans l'économie par l'intermédiaire de la société qui gèrent leurs avoirs. La famille Wendel occupe le 20e rang du classement de l'hebdomadaire.

Autre famille ayant généreusement contribué à la gestion de la Banque de France, les Rothschild. Ils étaient trois à figurer parmi les 200 plus gros actionnaires de l'établissement en 1934. Ils sont cinq, en 2006, dans le palmarès de *Challenges*, respectivement aux 28e rang (Benjamin), au 121e (David et Édouard), au 100e (Éric), et au 194e (Philippine). Celle-ci gère les vignobles hérités de son père, le baron Philippe, et étend ses activités à l'international en produisant maintenant aussi aux États-Unis. Éric, tout en œuvrant de façon plus traditionnelle dans la banque, est aussi propriétaire de vignobles, et non des moindres

(Lafite-Rothschild, Château-l'Évangile...). Les trois autres se consacrent à la banque, à la finance et à la presse, Édouard étant devenu le principal actionnaire de *Libération*, avec 38,8 % du capital du quotidien.

D'autres éminentes personnalités du monde des affaires, dont un ancêtre figurait parmi les 200 familles, assurent la pérennité du nom en le faisant figurer dans le palmarès. Ainsi Michel David-Weill, héritier de la banque Lazard dont il fut longtemps associé-gérant, figure, avec sa famille, au 44e rang, après avoir encaissé 800 millions d'euros à l'occasion de l'entrée en bourse de Lazard sur la place de New York, une somme qui est venue abonder un patrimoine déjà confortable, et qui dépasse aujourd'hui le milliard et demi [15].

Les Guerlain, dont le patronyme figure aussi dans l'histoire de la Banque de France, fidèles aux Champs-Élysées où ils ont toujours boutique et siège social, ont accumulé plus d'un milliard d'euros dans le luxe. Cela leur vaut la 24e place du classement de *Challenges* [16].

On peut trouver une étrange complaisance aux célébrations des richesses neuves, dont la mise en avant semble prouver qu'il ne tient qu'à chaque Français de rivaliser avec Bernard Arnault, qui occupe le premier rang des fortunes depuis que Mme Liliane Bettencourt lui a cédé la place : ses actifs financiers étaient estimés à quelque 17 205 millions d'euros dans le numéro de *Challenges* du 13 juillet 2006.

ACTIFS FINANCIERS ET PATRIMOINE DE JOUISSANCE

La manière même dont sont construits les palmarès laisse dans l'ombre certains aspects essentiels des patrimoines. En effet, ils sont surtout fondés sur les actifs financiers. Dans les indications succinctes données sur la méthode, celle-ci n'est détaillée que pour les valeurs mobilières, sans doute plus facilement accessibles, à partir de publications spécialisées et de banques de données coûteuses, que les biens immobiliers et fonciers et les œuvres d'art, auxquels il est seulement fait allusion[17].

Au-delà de ces incertitudes, on peut retenir, au moins à titre d'hypothèse, la remarque d'André Babeau selon laquelle « le goût de l'*argent* et du *pouvoir* qu'il confère » constitue un « aspect démiurgique de l'accumulation [qui] est souvent présent dans les motivations des grands fondateurs de dynasties patrimoniales[18] ». Cette vocation peut ne pas être toujours aussi vive parmi les héritiers, une partie des actifs accumulés étant convertie en patrimoine de jouissance. Non pas dilapidés, comme la vulgate le dit trop facilement, mais transformés en demeures et en œuvres d'art qui, en offrant un cadre de vie exceptionnel, sont au principe de l'attachement à ce patrimoine familial dont la valeur identitaire se conforte au fil des générations. Ainsi une famille préfère, contre l'avis de sa banque, assumer le million d'euros de frais que lui coûte annuellement son château, plutôt que de se séparer de la maison de la famille.

Or ce patrimoine de jouissance, dont la valeur peut être considérable, est mal saisi par les enquêtes. La prise en compte des actifs financiers, dans les palmarès des grandes fortunes, est plus aisée et elle favorise les patrimoines les plus récents, ceux où la part de ces actifs est primordiale. Dans l'accumulation primitive, ce sont les biens productifs qui occupent la priorité des investissements. On pourrait alors admettre que les grandes familles n'occupent plus toujours le premier rang, dans les affaires, tout en conservant un niveau de fortune appréciable et en disposant d'un patrimoine de jouissance et d'un patrimoine humain qui assurent la pérennité de la lignée. Il est vraisemblable que le processus d'accumulation passe par un sommet puis connaît un tassement relatif des patrimoines : ils se stabiliseraient sur longue période comme réponse à une logique de cycle de vie qui ne serait plus à l'échelle d'une génération, mais intergénérationnel. L'accumulation patrimoniale et sa gestion seraient donc organisées non par rapport à un terme – la retraite, la vieillesse et la mort, comme dans la théorie du cycle de vie de Modigliani –, mais en fonction d'un enjeu social de première importance : la transmission de l'héritage, du nom, de la mémoire et de l'identité familiale.

Les premiers classés des palmarès n'entrent pas dans ce schéma, du moins n'y entrent pas encore. Et c'est l'une des raisons des records que ces fortunes établissent. Leur constitution est récente, et ces fortunes sont d'autant plus considérables qu'elles n'ont pas encore été partagées entre des héritiers. Ce n'est d'ailleurs pas sans raison qu'au lieu d'être évaluées par la presse dans le cadre familial, elles le sont au niveau individuel. On ne parle pas encore de « famille » à leur propos. La famille, comme système d'alliance et d'accumulation de capital social, sera le fait de la génération suivante. Une « grande famille » ne s'établit pas sur une seule génération, et ce sont les héritiers qui ont en charge d'en conforter les bases en enrichissant le réseau des alliances. En outre, le défaut de descendance mâle peut être un facteur de disparition de ces vieilles familles des palmarès. Pour apprécier le sens réel de l'absence de certains patronymes de la liste des 200 familles, il est nécessaire de vérifier que les lignées ne se poursuivent pas sous un autre nom, faute d'héritiers de sexe masculin.

Ces remarques paraissent d'autant plus fondées que les économistes spécialistes de l'étude des patrimoines ont noté que la propension à adopter un comportement « dynastique » augmentait en raison de l'importance des successions[19]. Il suffirait donc d'amorcer le processus : la fortune constituée, le principe même de sa transmission lui serait consubstantiel. L'héritage serait dans la nature de la richesse, bien loin de porter à la dilapidation. L'un des objectifs de cet ouvrage est de montrer que le patrimoine porte en lui-même les facteurs de sa perpétuation et de sa transmission, et qu'il est ainsi au fondement de la reproduction sociale.

En fait, l'idée même de l'existence de dynasties fortunées dérange souvent. L'idéologie méritocratique, qui suppose la probabilité de la réussite individuelle, rassure, car elle ouvre, au moins dans l'imaginaire social, l'univers des possibles. De plus, la réussite brillante et rapide d'hommes d'affaires que leur ascension désigne au grand public renvoie à l'argent, et seulement à lui. *A contrario* l'existence de dynasties fait pressentir ou plutôt redouter l'accumulation d'autres formes de capitaux, de biens culturels et de pouvoirs symboliques. En particulier pour les agents sociaux qui doivent l'essentiel de leur position à leur capital scolaire et culturel, cette concurrence dans le domaine même de ce qu'ils pensent être leur spécialité leur est insupportable. À la domination économique, on ne saurait admettre que vienne se greffer une domination culturelle que l'on croyait à la faveur exclusive des producteurs culturels.

PERMANENCE OU CIRCULATION DES ÉLITES ?

Le thème de la « circulation des élites » a une tradition sociologique. Vilfredo Pareto (1848-1923), qui divisait la société en deux classes, les élites et les autres, affirmait, selon Dominique Merllié, que « le destin des élites est de se renouveler, soit progressivement en intégrant des individus et en rejetant d'autres, soit globalement quand un groupe, faute de renouvellement ou pour d'autres raisons, perd sa position dominante[20] ». D'ailleurs, la notion même de « mobilité sociale », introduite par Pitirim Sorokin (1889-1968), a été constituée à partir du problème des élites. Pour Sorokin, écrit Dominique Merllié, « la mobilité sociale apparaît comme une forme de généralisation du thème, plus ancien, de la "circulation des élites".

Et encore bien après Sorokin, les travaux sur la mobilité sociale sont en fait assez souvent limités à la question du recrutement des élites[21] ». Cette tradition renvoie à une préoccupation ancienne dans les sociétés occidentales développées, celle de l'égalité, au moins formelle, des chances. Sans être des sociétés égalitaires, l'Amérique du Nord ou la vieille Europe sont des sociétés méritocratiques, où il s'agit de vérifier et de mettre en évidence que les positions dominantes ne sont pas seulement héritées, mais qu'elles se méritent et qu'elles sont l'objet d'une lutte vivifiante dont le résultat est incertain.

Contre cette image socialement et politiquement légitimatrice d'une société ouverte, dans laquelle la compétition serait possible et permettrait à chacun de réaliser ses chances, il est nécessaire de rappeler des faits élémentaires. Tout d'abord que « l'immobilité l'emporte sur la mobilité », comme le montrent les tables de mobilité sociale[22]. Et ensuite que la reproduction sociale ne saurait se mesurer à l'aune individuelle, de père en fils ou de mère en fille. Cette reproduction prend sens à l'échelle du groupe. Cela est d'autant plus vrai pour la grande bourgeoisie que la richesse et le pouvoir ne se constituent pas sur un mode individuel, ni à l'échelle de la famille mononucléaire, mais à celle de la famille élargie et de toutes les familles avec lesquelles, au fil des générations, se tissent liens, solidarités et complicités. Les grandes familles se marient entre elles et, dans une véritable alchimie collective, elles produisent le miracle de la multiplication des pains dans toutes les formes de capitaux. Mais le réseau des alliances déborde les limites familiales et on ne comprendrait rien à l'intense sociabilité grande-bourgeoise si on refusait d'y voir aussi un effort permanent pour maintenir et développer le formidable instrument de pouvoir que constitue un tel capital social.

Dans leur étude sur le patronat, Pierre Bourdieu et

Monique de Saint Martin remarquent que « les critères à l'usage du dedans sont à l'opposé de l'image moderniste et rationnelle que propose au-dehors la grande parade technocratique : c'est dans le passé, dans l'histoire et dans l'ancienneté des droits acquis que cette fraction dirigeante qui se veut entièrement projetée dans l'avenir trouve les véritables principes de sa sélection réelle en même temps que les justifications pratiques de ses privilèges[23] ». Les « managers » comme nouveaux maîtres de l'économie masqueraient donc en fait le poids du passé derrière les atours modernistes. Ils seraient l'écran indispensable à l'entretien de l'illusion méritocratique. Or sociologues et économistes, du moins certains d'entre eux, s'accordent à reconnaître à la propriété et aux réseaux familiaux auxquels elle renvoie une place toujours prépondérante. Ainsi, les auteurs du *Dictionnaire des groupes industriels et financiers en France* écrivent que « les liens familiaux sont l'un des moyens, peut-être le principal, par lesquels la bourgeoisie, et en particulier l'oligarchie financière, assure et reproduit dans le temps son contrôle sur les capitaux [...] qu'elle met en valeur[24] ». Bernard Marguerite aboutit à des conclusions semblables tout en soulignant la perméabilité relative de la grande bourgeoisie : « Il n'y a pas d'un côté une classe de rentiers et de l'autre une classe de managers, il y a un mécanisme de sélection-absorption au sein de la classe (ou à sa périphérie immédiate) de ceux qui paraissent les mieux qualifiés pour gérer dans l'intérêt collectif de la classe[25] ». Daniel Bertaux affirme que « grâce à quelques études récentes, [il a] vu assez vite que [la thèse de l'ère des managers] n'était que poudre aux yeux pour dissimuler à la vue le processus réel, qui est bien au contraire la concentration de richesses fabuleuses et d'un pouvoir inouï entre les mains de quelques "grandes familles" d'ailleurs toutes liées les unes aux autres par de multiples liens d'argent ou de mariage, et formant une espèce de noyau dur de très grande bourgeoisie qu'on appelle aussi l'oligarchie financière[26] ». La concentration des fortunes est, en tout état de cause, un fait constatable et spectaculaire[27].

La concentration des grandes fortunes

REVENUS ET PATRIMOINES

La concentration des patrimoines est bien plus accentuée que celle des revenus : en 1986, la moitié des ménages ne possède, au bas de l'échelle, que 6 % du patrimoine total, alors que les 10 % les plus fortunés en détiennent 53 %. Quant aux 5 % et 1 % les plus riches, ils possèdent à eux seuls respectivement 39 % et 21 % du patrimoine total. Entre 1986 et 1996, un léger étalement de la richesse semble se produire : la part de la moitié des ménages les plus pauvres passe de 6 % à 8 % en 1992 et à 9 % en 1996. À ces trois dates, les 25 % des ménages les plus riches subissent une certaine érosion, de 75 % en 1986 à 72 % en 1992 et 69 % en 1996.

Cette légère diminution de la concentration fait l'objet d'hypothèses : augmentation de l'épargne dans les générations des catégories moyennes accédant aujourd'hui à l'âge de la retraite, et surtout crise boursière et crise de l'immobilier parisien qui ont pu provoquer une érosion relative des fortunes les plus élevées. Mais la récente flambée des bourses (d'ailleurs déjà compromise au printemps 2006) et la hausse très sensible de l'immobilier (qui elle aussi semble vouloir marquer au moins un ralentissement) ont pu, depuis 1996, recreuser l'écart entre les ménages. La lourdeur des enquêtes en ce domaine entraîne un retard entre les résultats publiés et le contexte socio-économique, qui peut apparaître décalé.

En valeur absolue, les 10 % les plus pauvres disposaient en 1986 d'un patrimoine inférieur à

12 200 francs, alors que les avoirs des 10 % les plus riches étaient supérieurs à 1 055 000 francs[28]. Soit un rapport de 1 à 87 alors qu'il n'est, calculé de la même façon, que de 1 à 6 pour les revenus. Il y a donc, de façon significative, un décalage entre patrimoines et revenus. Ces chiffres sont certes anciens, mais ils mettent en évidence une donnée structurale : le hiatus qui existe entre revenus et patrimoines.

En 1996, en valeur absolue, les 10 % les plus pauvres ne disposaient que d'un patrimoine négligeable, au point d'être résumé par le signe ε par le Conseil des impôts dans ses tableaux, ce qui vaut d'ailleurs pour les 2e et 3e déciles aussi. Alors que les avoirs des 10 % les plus riches (10e décile) étaient en moyenne de 5 883 000 francs[29]. Pour estimer la dispersion, il faudrait, en bonne logique, diviser le plus haut patrimoine moyen par ε, ce qui donnerait un résultat proche de l'infini... Calculée de la même façon pour les revenus, la dispersion est nettement plus faible. À la même date, le premier décile, celui des ménages d'actifs ayant les plus bas revenus, ne disposait en moyenne que de 41 000 francs, contre 306 000 francs pour le 10e décile, soit un rapport de 1 à 7.

Cette distorsion renvoie au fait que les patrimoines saisis dans les enquêtes comprennent les patrimoines de rapport et une partie des patrimoines de jouissance (certains biens immobiliers...). Or ceux-ci, qui peuvent représenter de grandes valeurs monétaires, ne produisent pas de revenus mais induisent de profondes inégalités dans les conditions de vie. Les vastes demeures des beaux quartiers et les objets d'art qu'elles abritent sont un cadre de vie exceptionnel. De plus, par la médiation de l'intense sociabilité propre à la haute société, ces patrimoines de jouissance sont en quelque sorte collectivisés : chaque membre du groupe reçoit et invite, l'usage des biens considérés étant, d'une certaine façon, partagé. Il y a ainsi une forte démultiplication au profit de chacun et la saisie au niveau familial ou individuel de la richesse sous-estime encore la masse des biens patrimoniaux auquel chacun a réellement accès. Limiter aux dimensions monétaires l'analyse de la richesse en appauvrit le sens social. La démarche sociologique, ou même ethnographique, est ici un complément précieux qui permet de prendre la mesure de ce que signifie concrètement, dans la vie quotidienne, le fait de disposer d'un patrimoine de jouissance considérable.

Il y a donc une certaine indépendance entre le niveau des revenus et l'importance du patrimoine possédé. On peut aussi trouver l'inverse, avec des revenus très importants et un patrimoine relativement faible, ce qui est le cas des fortunes en cours de constitution[30]. Au sommet des hiérarchies sociales les configurations entre revenus et patrimoines, surtout si l'on veut tenir compte des valeurs d'usage réellement accessibles en raison du réseau de relations mobilisable, peuvent varier, beaucoup plus que dans les catégories sociales moins privilégiées. Mais, au-delà de cette complexité des situations individuelles, on constate une extrême concentration des fortunes patrimoniales.

LES INÉGALITÉS PATRIMONIALES

L'ampleur des inégalités de patrimoine apparaît clairement dans le tableau 1. Le Conseil des impôts, qui l'a publié, précise les différents éléments qui composent le patrimoine pris en compte : « Les actifs non financiers détenus par les ménages se composent des logements (résidences principales et secondaires, immobilier de rapport), des terrains (agricoles, constructibles…) et des autres actifs des entrepreneurs individuels (bâtiments, matériel mais aussi stocks et fonds de commerce…). Les actifs financiers regroupent principalement les liquidités (espèces, comptes courants, comptes d'épargne...) et les valeurs mobilières (actions et obligations, y compris les parts d'organismes de placement collectif en valeurs mobilières, sociétés d'investissement à capital variable et fonds communs de placement). Le passif retrace les emprunts à court, moyen et long terme. Le solde des comptes de patrimoine (actif moins passif) est appelé valeur nette. Par conséquent, les comptes de patrimoine ne valorisent pas les objets précieux et objets d'art, essentiellement en raison des difficultés à les recenser et à les évaluer, les biens utilitaires durables (véhicules automobiles, appareils ménagers...), dont l'acquisition est enregistrée en consommation finale des ménages [...]. Pour la valeur des biens, la comptabilité nationale prend en compte leur valeur de réalisation[31]. »

En 1996, les ménages appartenant aux trois déciles les plus pauvres se partagent un patrimoine total de 245 milliards de francs. Cette somme considérable est tout de même à diviser entre 6 648 000 ménages, puisqu'un décile en compte 2 216 000. Ce qui donne un patrimoine moyen pour les 30 % de ménages les plus modestes de 36 583 francs. Entre le premier tiers des ménages et le dernier décile, le rapport entre les patrimoines moyens est donc de 1 à 160.

Si l'on prend maintenant en compte l'ISF (impôt de solidarité sur la fortune), qui ignore pourtant l'outil de travail et les œuvres d'art, et que l'on compare les 106 redevables les plus fortunés au patrimoine des 6 648 000 ménages les moins riches, on se retrouve face à une dispersion considérable. Chacun de ces six millions et demi de ménages dispose en moyenne d'un patrimoine de 36 583 francs, alors que chacun des 106 ménages situés au sommet des imposables à l'ISF ont à gérer 866 000 000 francs. La dispersion est de 1 à 23 672.

Une telle disproportion dépasse l'entendement : en moyenne, chacun des cent ménages les plus riches

TABLEAU 1.
Patrimoine total des ménages selon les déciles (1992)

déciles	Patrimoine net (en %)	Patrimoine net (milliards de francs)	Patrimoine moyen (en francs)
1	ε		
2	ε	245	36 583
3	ε		
4	2	492	222 000
5	4	983	444 100
6	5	1 229	555 100
7	8	1 966	888 100
8	11	2 704	1 221 200
9	16	3 933	1 776 300
10	53	13 027	5 883 900
ensemble	100	24 579	1 110 200

SOURCE : Insee, enquête sur les actifs financiers, 1992 ; comptes de patrimoine 1996 et Conseil des impôts, *L'Imposition du patrimoine, 16e rapport au président de la République*, 1998.
Un décile regroupe 10 % du total des ménages. Le premier décile rassemble les 10 % des ménages les moins riches. Le 10e décile regroupe les 10 % des ménages qui disposent des patrimoines les plus élevés. Ces données anciennes, établies en 1992 et publiées en 1996 et 1998, n'ont pas à ce jour d'équivalent plus récent, à notre connaissance. L'information sur le patrimoine reste discrète.

dispose d'un patrimoine qui représente 24 000 fois le patrimoine moyen de chacun des 6 600 000 ménages les moins fortunés. Le nombre de personnes par ménage étant en moyenne de 2,4, on peut estimer qu'un ménage faisant partie de la centaine en tête du classement de l'ISF dispose d'un patrimoine équivalant à celui de 57 600 personnes appartenant aux 30 % de celles qui ont les patrimoines les moins élevés. Ce qui correspond à la population du Ve arrondissement de Paris ou à celle de Levallois-Perret.

« Beaucoup entre les mains de très peu ; très peu entre les mains de beaucoup : cela reste la règle en ce qui concerne la répartition des patrimoines en France », écrivent A. Bihr et R. Pfefferkorn[32].

Le phénomène de concentration des fortunes s'intensifie au fur et à mesure que l'on grimpe dans l'échelle des patrimoines.

TABLEAU 2.

Les inégalités de fortune entre les plus riches : patrimoines des assujettis à l'ISF (au 1/1/1999)

	Patrimoines nets imposables moyens (en millions de francs) *déciles 1 à 10 par ordre croissant des patrimoines*									
déciles	1er	2e	3e	4e	5e	6e	7e	8e	9e	10e
ensemble des 212 000 redevables chaque décile : 21 200 redevables	5,1	5,6	6,1	6,7	7,4	8,2	9,4	11,1	14,5	40
les 10 600 redevables les plus riches chaque décile : 1 060 redevables	25,6	27,1	28,9	31,3	34,4	38,5	44,3	54,1	74,6	235,5
les 1 060 redevables les plus riches chaque décile : 106 redevables	97,5	104,1	112,5	122,9	136,7	155,4	182,1	234,3	343,9	865,8

GRAPHIQUE DU TABLEAU 2.

Les inégalités de fortunes entre les plus riches (assujettis à l'ISF)

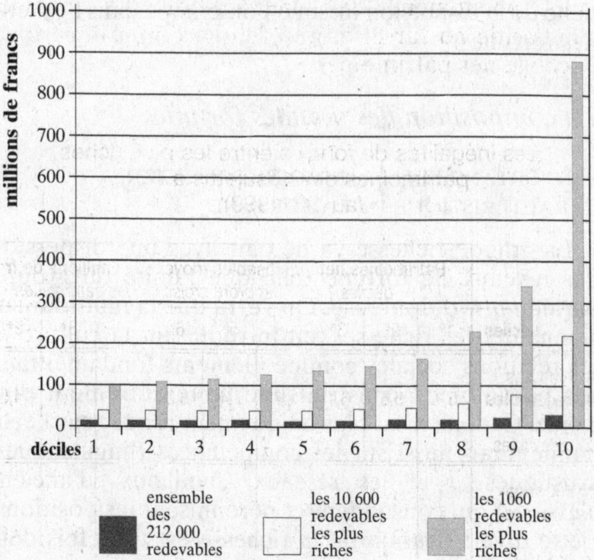

Tableau et graphique d'après données DGI (1999)

Le tableau 2 et son graphique mettent en évidence cette structure très inégalitaire au sein même des grandes fortunes. En 1999, la ventilation des 212 000 redevables à l'ISF en déciles montre un écart de 1 à 7,8 entre les 21 200 ménages les moins fortunés des fortunés et les 21 200 du dernier décile. Si l'on considère les 10 600 redevables les plus riches, on a un rapport de 1 à 9,2 et de 1 à 8,9 à l'intérieur de 106 les plus fortunés. Mais l'écart entre le patrimoine moyen des 21 200 les moins bien lotis de l'ISF et celui des 106 plus riches est de 1 à 170 (5,1 millions de francs pour 865,8 au sommet).

Le graphique, en permettant de visualiser les écarts en valeurs absolues, souligne la croissance exponentielle de la dispersion lorsque l'on grimpe dans l'échelle des fortunes.

La composition des grandes fortunes

L'IMPORTANCE DU PATRIMOINE FINANCIER, CARACTÉRISTIQUE DE LA FORTUNE

La grande richesse va de pair avec une dispersion des niveaux de fortune telle que l'unité du groupe paraît *a priori* douteuse. On verra que la multidimensionnalité des richesses, en introduisant la culture et les relations sociales comme éléments fondamentaux des patrimoines, construit une unité autrement plus solide. Car elle n'est plus uniquement fondée sur l'économie, mais aussi sur les compétences (linguistiques, artistiques…) et les réseaux (familiaux, d'anciens élèves…) qui consolident et pérennisent les positions. Cette diversification de la richesse est toutefois déjà perceptible dans la composition des patrimoines. Pour les 30 % des ménages les plus pauvres, le patrimoine est constitué surtout de liquidités, sommes disponibles sur les comptes-chèques ou épargne liquide, comme le livret de Caisse d'épargne (voir tableau 3 ci-contre, et graphique, p. 38).

Il convient toutefois de ne pas ignorer les montants en valeur absolue de ces éléments des patrimoines : leur prise en compte donne son véritable sens aux répartitions. Ainsi le poids quasi hégémonique du patrimoine financier pour les 30 % des ménages les plus pauvres est un indicateur de plus de la faiblesse de leurs ressources. Les comptes courants et les liquidités dont il s'agit sont très peu importants. Il serait

TABLEAU 3.
Composition du patrimoine selon le décile (%)
(ensemble des ménages, patrimoines en 1992)

déciles	**patrimoine financier**	*dont comptes-chèques*	*dont valeurs mobilières*	**patrimoine non financier**	*dont immobilier domestique*	*dont immobilier de rapport*	*dont biens professionnels*	Total %
1	**99**	*79*	*0*	**1**	*0*	*0*	*0*	100
2	**98**	*46*	*1*	**2**	*1*	*1*	*0*	100
3	**87**	*17*	*5*	**13**	*8*	*3*	*2*	100
4	**59**	*7*	*6*	**41**	*31*	*8*	*2*	100
5	**34**	*4*	*5*	**66**	*55*	*8*	*3*	100
6	**25**	*3*	*5*	**75**	*66*	*7*	*2*	100
7	**24**	*3*	*5*	**76**	*64*	*9*	*3*	100
8	**28**	*2*	*8*	**72**	*57*	*9*	*6*	100
9	**28**	*2*	*9*	**72**	*48*	*15*	*9*	100
10	**39**	*1*	*26*	**61**	*28*	*21*	*12*	100

absurde de considérer comme un véritable patrimoine les soldes du compte bancaire ou du livret de la Caisse d'épargne qui, s'ils ne sont pas négatifs, risquent à tout instant de le devenir. Cette importance structurelle, en pourcentage, du patrimoine financier est due d'abord à l'absence de tout autre type de biens, et en particulier à la non-propriété de la résidence principale et à l'absence de résidence secondaire. Pour les deux premiers déciles, les plus pauvres, la notion de patrimoine financier paraît bien démesurée pour désigner ces maigres liquidités, alors que les biens immobiliers, les valeurs mobilières (actions, parts de Sicav...), les biens professionnels sont totalement absents.

La structure caractéristique de la fortune, dont la composition comprend de plus en plus de biens de rapport au fur et à mesure que le patrimoine devient plus important, est mise en évidence de façon spectaculaire

GRAPHIQUE DU TABLEAU 3.

Structure des patrimoines, 1er et 10e décile

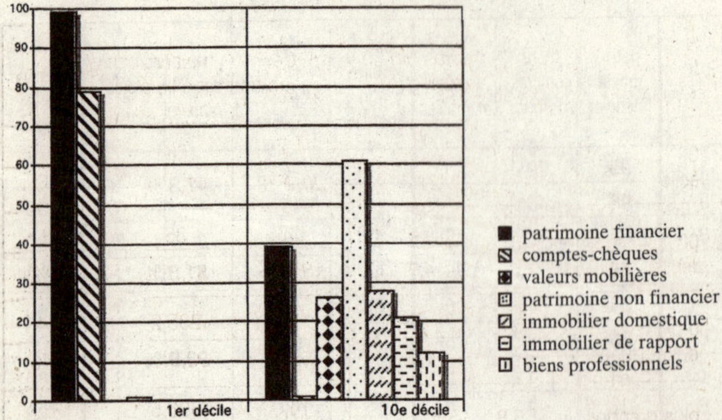

SOURCE : Insee, enquête sur les actifs financiers, 1992, et Conseil des impôts, *L'Imposition du patrimoine, 16e rapport au président de la République, 1998.*

par l'analyse des biens possédés par les ménages assujettis à l'ISF. Comme avec un zoom photographique, l'enquête s'est rapprochée des plus grandes fortunes, en partant du premier décile des redevables de l'ISF, puis en passant au dernier, puis au dernier vingtile (les 5 % des ménages les plus riches) et enfin aux 0,5 % du haut de la distribution (tableau 4 et graphique). On arrive alors à un patrimoine qui est presque totalement investi en biens meubles, autrement dit en valeurs mobilières, par essence productrices de revenus. Mais, en moyenne, la résidence principale des 100 plus riches représente encore presque cinq fois la valeur moyenne de celle des 21 200 assujettis les plus modestes, le premier décile.

Que le patrimoine soit de plus en plus un patrimoine de rapport lorsqu'il croît n'empêche pas qu'il comprenne *aussi* un patrimoine de jouissance important. Car si celui-ci diminue en valeur relative quand

TABLEAU 4.

Structures des patrimoines selon leur taille
Ménages assujettis à l'ISF, patrimoines au 1/1/1999

Montants moyens en millions de francs

Nombre de foyers assujettis	Patrimoine net moyen imposable	résidence principale*	autres immeubles	valeurs mobilières	ensemble
21 200 1er décile	5,1	1,2	1,7	2,6	5,5
		21,8 %	***30,9 %***	***47,3 %***	***100 %***
21 200 10e décile	40	2	5,8	35	42,8
		4,7 %	***13,6 %***	***81,8 %***	***100 %***
1 060 plus grandes fortunes	235,5	3,8	11,4	235,2	250,4
		1,5 %	***4,6 %***	***93,9 %***	***100 %***
106 plus grandes fortunes	865,8	5,3	16,9	896,5	918,7
		0,6 %	***1,8 %***	***97,6 %***	***100 %***

* après abattement de 20 %

GRAPHIQUE DU TABLEAU 4.

Structures des patrimoines selon leur taille

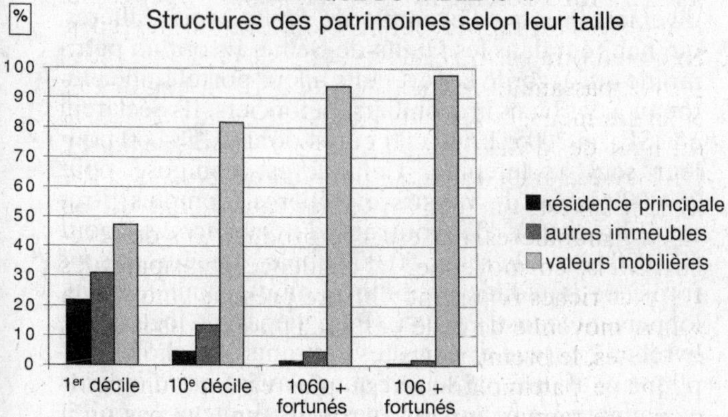

Tableau et graphique d'après données DGI

le patrimoine global devient plus grand, il n'en demeure pas moins qu'en valeur absolue il continue à augmenter.

Patrimoine de jouissance et patrimoine de rapport ont en fait partie liée. Des propriétés multiples en France et à l'étranger ne peuvent se concevoir sans l'existence de revenus conséquents permettant de faire face aux charges inhérentes à ces biens : ISF, entretien, gardiennage, assurances. Être riche coûte cher. L'engrenage de la fortune est inéluctable : l'enrichissement produit l'accumulation d'un patrimoine de jouissance multiforme, dont le maintien et la transmission supposent la continuité et l'accroissement des revenus, qui ne sauraient être seulement salariaux. La fortune appelle la fortune.

LA DIVERSIFICATION DES PORTEFEUILLES DE VALEURS MOBILIÈRES

À l'intérieur même du patrimoine financier, on retrouve une logique semblable : plus le portefeuille de valeurs mobilières est important, plus celles-ci sont diverses. Prenons l'exemple de M. et Mme Allières, qui habitent dans les Hauts-de-Seine. Ils ont un patrimoine qui accorde la part belle à leur portefeuille plutôt qu'à des biens immobiliers ou fonciers. Ils déclarent à l'ISF, en 2005, 1 540 000 euros dont 1 178 000 pour leur seul portefeuille. Celui-ci est composé pour 254 000 euros de valeurs mobilières (comptes titres et obligations), de contrats d'assurance-vie pour 870 000 euros, le reste, 50 000 euros, demeurant sous forme de liquidités : CODEVI (Compte pour le développement industriel), PEL (Plan d'épargne logement), livrets d'épargne et comptes courants. Ce choix s'explique peut-être par le fait que, n'ayant pas d'enfants et « aimant les beaux voyages », ils donnent la préférence à des placements qui leur assurent des revenus réguliers et confortables.

Mais dès que l'on étudie de plus près les répartitions, on s'aperçoit de la diversité des formes et des domaines d'investissement, à l'intérieur même des valeurs mobilières : les OPCVM (Organismes de placement collectif en valeurs mobilières), SICAV (Sociétés d'investissement à capital variable) et fonds communs de placement, les SCPI, sociétés civiles de placement immobilier, l'assurance vie, etc. renvoient à des différences sociales car leur répartition entre les divers porteurs n'est pas indépendante du volume du patrimoine possédé. Les « produits » financiers, comme disent banquiers et gestionnaires, sont donc extrêmement variés, mais cette variété ne se trouve réalisée que dans les patrimoines les plus élevés.

Les dernières décennies ont vu augmenter le nombre de détenteurs de valeurs mobilières. Selon une étude publiée en 1994, réalisée par la Sofres, en partenariat avec la Commission des opérations de Bourse (COB), il est passé de 2,4 millions en 1978 à 11,2 millions en 1994, avec un maximum de 12,4 millions en 1992[33]. Cet accroissement était en partie dû aux privatisations. Il coïncidait avec un changement profond des représentations attachées à la détention d'actions. Le contexte idéologique a changé depuis les années soixante et soixante-dix. Les revenus du capital tendent à être aujourd'hui perçus comme une juste rémunération de l'épargne, y compris dans des milieux modestes, jusqu'alors non concernés par la Bourse. Le succès des privatisations atteste que certains interdits moraux et idéologiques ont sauté. C'est là une situation nouvelle qui permet aux grandes fortunes de s'épanouir en toute légitimité.

Depuis, cette ouverture des Bourses aux petits porteurs, qui furent sans doute échaudés par l'éclatement de la bulle des nouvelles technologies et par le comportement parfois erratique des actions des sociétés privatisées, a connu un tassement. De nouvelles études ont été publiées qui montrent un recul, modéré, du nombre des détenteurs de valeurs mobilières jusqu'en 1999, où le plancher de 8 millions de porteurs est atteint. Depuis, une légère reprise s'est manifestée, ce nombre passant à 9 millions en 2000, pour atteindre 10,9 millions en 2005, soit 23,9 % des personnes âgées de 15 ans ou plus[34]. On est encore relativement loin des 12,4 millions de 1992. Les auteurs de cette étude invoquent « une diminution du taux d'épargne financière des ménages liée à la poussée de leur endettement ainsi qu'un accroissement de la part de l'immobilier dans leur patrimoine global, comme en témoignent les données de la comptabilité nationale ». Mais ils ajoutent aussi que ces fluctuations au fond ne concernent pas les gros porteurs et que « le noyau dur reste constitué pour l'essentiel de détenteurs âgés et aisés avec des portefeuilles largement ouverts aux valeurs européennes ».

Si l'on a bien, indéniablement, une diffusion de l'actionnariat et surtout des placements financiers de l'épargne, pour autant la sélectivité de l'accès aux formes les plus sophistiquées et les plus performantes demeure.

Une sélectivité qui tend même à s'accroître si l'on prend en compte les produits financiers apparus sur le marché depuis une trentaine d'années sous le nom de produits dérivés. Ces titres financiers sont définis conditionnellement par rapport à un titre dit sous-jacent, qui peut être une action, une obligation, un ensemble de titres. Ces produits dérivés engagent leurs détenteurs sur un prix d'achat, ou de vente, et sur un délai. Ces paris sur le futur (il existe des produits dérivés dénommés *futures*) se traduisent par des gains ou des pertes. Ils mobilisent des appareillages mathématiques sophistiqués et leur déconnexion d'avec l'économie réelle en font des modes de placement, très volatiles, réservés à des initiés, détenteurs de patrimoines ou professionnels de la gestion de fortune. « Parmi les produits les plus récents, écrivent Jacques

Hamon et Bertrand Jacquillat, un *futures sur action* permet d'acheter (ou de vendre) une action particulière en fixant le prix de manière irrévocable dès aujourd'hui (date de la transaction) tout en différant l'échange à une date ultérieure précisément spécifiée et appelée échéance du contrat. À l'échéance, il n'y a pas de livraison, mais un règlement en espèces des pertes ; les actions ne changent pas de mains et le vendeur n'a pas besoin de posséder les actions pour effectuer cette transaction[35]. »

Comme le note Ibrahim Warde, les rapports entre l'économie réelle (la production de biens et de services), l'économie financière (titres) et l'économie virtuelle (dérivés) deviennent de plus en plus flous. Pour autant, les produits dérivés occupent une place de plus en plus importante : « entre 1992 et 1994, la taille du marché a plus que triplé, passant de 4 000 milliards à 14 000 milliards de dollars[36] ». Une progression toujours d'actualité : entre 1995 et 2004, le volume des transactions sur les marchés de produits dérivés de gré à gré sur la place de Paris est passé de 22,2 milliards de dollars à 153,9 milliards en activité journalière nette sur la place de Paris[37]. Les produits dérivés se diffusent, mais, compte tenu de leur complexité, ils restent encore l'apanage de spécialistes et sont peu utilisés par les porteurs modestes. Il y a une sorte d'inflation des produits financiers : ils deviennent de plus en plus nombreux et diversifiés, de plus en plus ésotériques aussi. Avec la diffusion relative des portefeuilles de valeurs mobilières dans des couches sociales plus modestes que celles habituellement intéressées par ce type d'investissement, tout se passe comme si on avait un phénomène analogue à celui qui caractérise le système scolaire. La démocratisation, dans un cas comme dans l'autre, tous bacheliers ou tous actionnaires, ne fait que provoquer une translation des inégalités et des hiérarchies. Car les uns et les autres ne disposent pas des mêmes res-

TABLEAU 6.

Taux de détention de différents actifs selon la catégorie socioprofessionnelle 2005

	cadres supérieurs	professions intermé-diaires	employés personnels de service	ouvriers
actions*	35	16,6	10,9	7,7
OPCVM	26	11,5	8,3	3,4
obligations	2,5	1,3	1	0,6
assurance-vie	41,1	24,6	21,6	17,6

* Y compris l'actionnariat des salariés.

sources culturelles et sociales pour jouer un jeu utile dans des champs plus ou moins connus, le système scolaire ou le système financier.

Les données les plus récentes confirment cette inégalité de la répartition entre les différentes formes de placement. Si les ouvriers sont 17,6 % à détenir des contrats d'assurance-vie, ils ne sont que 7,7 % à posséder des actions, y compris celles liées à l'actionnariat salarié. Les taux de détention augmentent régulièrement en fonction du milieu social, pour tous les actifs financiers. On retrouve cette progression à l'intérieur d'un service de gestion de fortunes en fonction du niveau de celles-ci.

L'assurance-vie concerne tous les milieux sociaux, car elle constitue, selon les banquiers, le meilleur placement en France pour la transmission de patrimoine. En cas de décès du contractant, il n'y a pas de droits de succession pour le ou les bénéficiaires. Plus précisément, la défiscalisation est acquise pour un montant maximal de 150 000 euros par bénéficiaire. C'est une « enveloppe fiscale » qui peut être garnie de valeurs mobilières comme des Sicav ou tout autre produit financier en fonction « des besoins, des désirs et des appétences du client pour le risque ». Bien qu'il n'y ait officiellement aucun plafond stipulé pour les contrats d'assurance-vie, la prudence incite les gestionnaires à ne pas dépasser la règle du tiers du portefeuille par crainte d'une requalification fiscale pour abus de droit.

En conséquence, le système de défiscalisation bénéficie surtout aux plus riches puisque ce sont eux qui détiennent les plus gros portefeuilles et qui peuvent donc, en application de cette règle au pourcentage, bénéficier des contrats les plus importants. La règle d'un seuil fixé au tiers du patrimoine financier, sous l'apparence de l'égalité, ne fait qu'entériner et renforcer l'avantage dont bénéficient déjà les mieux lotis.

D'une façon générale, on peut estimer que le fait de ne pas être concerné par la mise sur le marché financier, à grand renfort de publicité, des actions des entreprises privatisables peut conduire à un sentiment de relégation relative ceux qui n'ont pas les moyens de participer au mouvement général. À l'inverse, les pratiques économiques et patrimoniales des familles fortunées sont actuellement consacrées. Elles deviennent le nouveau canon de la pratique sociale conforme et légitime. Aujourd'hui, être à la tête d'une solide fortune, c'est prouver ses compétences, c'est affirmer son dynamisme et ses capacités à affronter les aléas du marché, et donc ses dispositions à surmonter ces freins au dynamisme économique que seraient la méconnaissance et l'aversion au risque.

Dans les représentations du monde social, il faut aussi faire la part de ces retournements idéologiques. Le triomphe, provisoire ou non, de l'économie de marché est aussi celui des grandes familles qui voient les contre-modèles économiques et sociaux disparaître de la scène politique et médiatique. Les positions dominantes peuvent ainsi sembler plus légitimes et plus assurées que jamais. La possession d'un patrimoine important a aussi une dimension symbolique et, aujourd'hui, le simple fait d'être riche est une confirmation de l'excellence. Il n'en fut pas toujours ainsi. Mais, en ces temps de « moderne dogmatisme » où triomphe « la pensée unique », la richesse, à elle seule, confère un pouvoir symbolique sans précédent[38].

TABLEAU 5.

Structure de l'origine des hauts revenus (1995)

	fractiles	total	10 %	1 %	0,1 %	0,01 %	0,001 %
Nombre de foyers		30 000 000	3 000 000	300 000	30 000	3 000	300
Part du revenu fiscal total		100 %	32,0 %	7,6 %	2,0 %	0,5 %	0,1 %
Limite inférieure du revenu fiscal (en francs)		-	256 189	589 531	1 426 985	3 774 938	11 217 410
Composition (%)	Salaires	63,1	61,4	43,7	31,5	20,7	14,2
	Pensions	23,4	13,5	5,4	2,4	1,4	1,1
	Bénéfices agricoles	1,2	1,4	1,3	1,2	0,8	0,1
	Bénéfices industriels et commerciaux	3,4	5,4	8,0	7,3	6,8	10,4
	Bénéfices non commerciaux	3,3	8,8	20,9	19,5	11,2	8,4
	Revenus de capitaux mobiliers	2,8	5,0	13,5	30,7	53,3	62,4
	Revenus fonciers	2,5	4,0	6,1	6,4	5,4	3,1
	Revenus des gérants associés	0,3	0,5	1,1	1,1	0,6	0,3
	total	100,0	100,0	100,0	100,0	100,0	100,0

SOURCE : Thomas Piketty, *Les Hauts Revenus en France au XXe siècle*, Paris, Grasset, 2001, et Conseil des impôts, *L'Imposition des revenus*, Dix-huitième rapport au président de la République, 2000.

REVENUS DU TRAVAIL
ET REVENUS DU PATRIMOINE

L'analyse de la structure des revenus en fonction du niveau de richesse met en évidence l'importance croissante de ceux provenant du capital financier. La logique même de la richesse impose la possession d'un important portefeuille de valeurs mobilières qui seul autorise le train de vie induit par l'accumulation d'un patrimoine de jouissance coûteux. Le château est emblématique de cet « effet pervers » qui implique de jouir de revenus d'autant plus importants que le patrimoine familial est considérable et diversifié.

Posséder un appartement avenue Foch, un château en Anjou, un appartement à New York et un chalet à Gstaad coûte très cher. D'autant qu'à ces biens immobiliers peuvent s'ajouter une écurie de courses déficitaire (ce n'est pas toujours le cas), un voilier de trente mètres et une flottille aérienne composée, modestement, d'un petit jet privé et d'un hélicoptère. Le budget familial correspondant comporte déjà quelques frais fixes considérables.

Le tableau 5 donne l'origine des revenus pour les foyers fiscaux les plus fortunés : les 10 % les plus imposés, puis les 1 % et ainsi de suite. On voit très nettement l'origine des revenus évoluer en fonction du niveau de richesse. La part des salaires et pensions est écrasante pour l'ensemble des foyers (85,5 %), considérés dans leur globalité. Pour les 3 000 000 les plus fortunés, l'évolution est visible, mais modérée : les salaires continuent à représenter un peu plus de 60 % des revenus, mais les sources non salariales commencent à ne plus être négligeables. À partir du seuil des 0,1 % ; la part des revenus de capitaux mobiliers devient prépondérante, pour atteindre plus de 62 % pour les 300 plus fortunés. Il est en outre probable que le poids des revenus non salariaux est très largement sous-estimé, comme le note le Conseil des impôts : « La structure même des très hauts revenus permet d'échapper plus facilement au barème de l'impôt sur le revenu. Les revenus non salariaux et les revenus fonciers, qui peuvent éventuellement permettre de constater des déficits, les revenus des valeurs mobilières, qui bénéficient soit du prélèvement libératoire forfaitaire, soit de l'avoir fiscal, les plus-values de cessions ou les *stock-options* sont plus fortement représentés dans la structure des hauts revenus [...]. On peut dès lors s'interroger sur l'intérêt d'un système qui persiste à afficher des taux marginaux élevés qu'il vient ensuite corriger par une multiplicité de mécanismes dérogatoires [...]. La complexité de l'impôt sur le revenu trouve sans doute en partie son origine dans les faux-semblants de l'imposition des très hauts revenus[39]. » Sans doute les buts recherchés changent-ils avec l'accroissement des patrimoines. « Si les petits propriétaires et petits épargnants visent avant tout à s'assurer contre les aléas de la vie, à préparer leur retraite, ou à transmettre quelque chose à leurs héritiers naturels, l'objectif poursuivi par les détenteurs des plus gros patrimoines est avant tout son accumulation, pour elle-même ou pour le pouvoir qu'elle leur apporte[40]. » Le changement d'échelle produit un changement de nature. Les grands patrimoines ont un autre sens social que les patrimoines modestes ou quasiment inexistants. Ils sont à la source d'un autre rapport au monde et à la vie, par les pouvoirs sur le temps et l'espace qu'ils donnent, eux-mêmes à la source d'une certaine sérénité, en tout cas de l'assurance de soi que donne la possibilité d'échapper au sort commun.

Les données sur l'ISF, concernant les patrimoines les plus élevés, vont dans le même sens.

Les revenus d'activité ou de remplacement (salaires, pensions, etc.) sont largement majoritaires dans la structure des revenus pour les assujettis appartenant au premier décile, les plus modestes de l'ISF, pour tom-

TABLEAU 6.

L'origine des revenus selon les niveaux de richesse des ménages assujettis à l'ISF
revenus 1998

Tranches de patrimoine net imposable (en millions de francs)	Patrimoine net imposable (en millions de francs)	revenus moyens en francs				
		Revenus d'activité ou de remplacement	Revenus fonciers	Revenus de capitaux mobiliers	Autres plus-values, y compris professionnelles	Revenu brut moyen total
1er décile	**5,1**	340 000	70 000	70 000	20 000	500 000
		68 %	**14 %**	**14 %**	**4 %**	**100 %**
10e décile	**40**	622 600	254 700	1 386 700	566 000	2 830 000
		22 %	**9 %**	**49 %**	**20 %**	**100 %**
1 060 plus fortunés	**235,5**	1 093 820	468 780	5 078 450	1 171 950	7 813 000
		14 %	**6 %**	**65 %**	**15 %**	**100 %**
106 plus fortunés	**865,8**	1 513 600	412 800	10 870 400	963 200	13 760 000
		11 %	**3 %**	**79 %**	**7 %**	**100 %**

SOURCE : d'après données DGI.

ber à 22 % au niveau du dernier décile et 11 % pour les familles les plus fortunées. À l'inverse, les revenus des placements mobiliers passent de 14 % dans le premier décile à 49 % pour le dernier, puis à 65 % et 79 % pour les 1 000 et les 100 familles les plus riches.

QUELQUES EXEMPLES DE GRANDES FORTUNES

La diversification des patrimoines peut se lire à travers les statistiques, mais elle est plus perceptible encore dans les descriptions de quelques fortunes particulières, inspirées de cas réels. Ainsi M. et Mme Duhamel, industriels, qui se sont acquittés, en 2005, d'un impôt de plus de 35 000 euros au seul titre de l'ISF, sans compter l'impôt sur le revenu, résident dans un appartement de 170 mètres carrés et 8 pièces situé dans le XVIe arrondissement, à proximité de l'avenue Foch. Ils estiment sa valeur à un million d'euros. Par ailleurs ils possèdent, en indivision et sous le régime de la nue-propriété, trois immeubles de rapport totalisant une surface habitable de 2 040 mètres carrés et 2 000 mètres carrés de locaux à usage professionnel. Ces immeubles, situés dans les Xe et XIVe arrondissements et à Ivry, dans le Val-de-Marne, représentent 125 pièces d'habitation. À ces biens immobiliers, il faut ajouter une exploitation agricole située en Seine-et-Marne. La valeur totale de ces biens immobiliers est estimée à plus de quatre millions d'euros.

Les Duhamel possèdent en outre des biens fonciers, terres agricoles, bois et taillis, et des parts de groupements fonciers agricoles, le tout pour un montant avant abattements de 38 600 euros.

Leur portefeuille de valeurs mobilières est très diversifié, avec des parts de Sicav, des actions françaises et étrangères, et des obligations pour un montant de 872 430 euros. Les comptes courants, les livrets d'épargne et les bons du Trésor représentent 285 400 euros de liquidités. Enfin un contrat d'assurance-vie offre une valeur de rachat de 54 400 euros et les meubles meublants sont estimés à 46 000 euros. Le tout constitue un actif brut imposable de 5 576 000 euros, en chiffres ronds, qu'un passif de 90 600 euros ramène à 5 485 400 euros. En conséquence, le montant de l'ISF à acquitter en 2005 est de 35 150 euros. Mais par ailleurs les revenus de ce couple, la même année, ont été de 105 090 euros, ce qui leur a valu de payer un impôt sur le revenu de 16 500 euros. Leur contribution fiscale est donc en définitive de 51 650 euros. Le patrimoine est considérable mais encore sous-évalué puisque le patrimoine professionnel et les œuvres d'art ne sont pas assujettis à l'ISF.

De la même manière que les familles modestes utilisent le numéro spécial de l'hebdomadaire de la CGT, *La Vie ouvrière*, pour tenter d'exploiter au mieux les ressources de la réglementation fiscale, les assujettis à l'ISF disposent des conseils du guide édité par *Le Figaro*. « Toute règle fiscale a ses exceptions, peut-on y lire. Les modalités d'évaluation du patrimoine taxable par l'ISF comportent un certain nombre d'échappatoires ou de cas de réduction de l'impôt qu'il faut connaître. Vous pouvez organiser votre patrimoine afin d'en bénéficier ou de perdre le bénéfice de ces exonérations. » Mais les économies envisageables ne sont évidemment pas du même ordre que celles auxquelles peuvent rêver les lecteurs de *La Vie ouvrière*.

Mlle Riloubeau dispose d'une fortune encore plus importante. Elle s'est acquittée, en 2005, de près de 544 000 euros au seul titre de l'impôt de solidarité sur la fortune. Résidant dans une petite ville de Seine-et-Marne où elle habite un modeste pavillon de 90 mètres carrés évalué à 272 000 euros, elle est propriétaire dans l'Oise et en Seine-Saint-Denis de nombreux logements et boutiques dont elle évalue la valeur à 7 790 000 euros. Elle nous dit posséder des terres agricoles pour un montant d'environ 25 366 600 euros.

Son portefeuille de valeurs mobilières atteint 3 623 000 euros. Elle estime qu'elle dispose de la même somme sous forme de liquidités diverses à la Caisse d'épargne et à la banque.

Ces exemples viennent confirmer le souci réel de diversification des investissements. En cela, les familles fortunées vont dans le sens des recommandations des spécialistes de la gestion de patrimoines. Pour Pierre Delalande, du Groupe Cristal, « c'est dans la diversification qu'est la vérité. Mais, bien sûr, plus on diversifie, plus on a un rendement moyen. Des taux de 11 à 12 %, c'est exceptionnel et c'est rarement sur l'ensemble d'un patrimoine. Quand il y a une partie qui fait 10 % et plus, il y en a, à coup sûr, une qui fait moins de 5 % ».

Ces exemples viennent aussi donner des points de repère : le niveau des fortunes peut atteindre des sommes telles qu'elles remettent à leur place les rêves les plus fous des modestes joueurs du Loto.

Il arrive même que certaines familles fortunées sous-estiment leur niveau de richesse de manière étonnante. Un gestionnaire de fortunes raconte sa surprise : ayant conclu un accord pour prendre en charge les biens d'une famille dont les investissements sont localisés sur plusieurs continents, il entreprit, ce qui constitue la première démarche habituelle, d'en établir un inventaire aussi rigoureux que possible. Après quelques mois de travail, il parvint au chiffre de quarante millions d'euros. Il fut tout de même assez stupéfait, après avoir géré ces biens et avoir pu explorer plus à fond les avoirs sur lesquels il était chargé de veiller, de constater, deux ans plus tard, que la fortune familiale s'élevait au moins à 150 millions d'euros : « il y avait des portefeuilles et des immeubles oubliés », observe-t-il. On se trouve aux antipodes de ceux qui, chaque mois, surveillent avec une certaine angoisse le niveau de leur compte courant.

Assurer un bon rendement au patrimoine accumulé

ne va pas de soi et devient de plus en plus complexe compte tenu de la sophistication croissante des produits financiers. La diversification des formes de patrimoine porte en elle-même l'exigence d'une gestion plus collective.

La gestion collective des patrimoines

La gestion des patrimoines prend des formes de plus en plus collectives. Ce processus se manifeste selon deux modalités principales.

Tout d'abord les parts d'OPCVM représentent une proportion grandissante des portefeuilles de valeurs mobilières. Le succès de ces produits financiers rend plus complexe la relation de l'épargnant à son investissement. La propriété n'est plus celle d'actions de telle ou telle société, de telle ou telle entreprise industrielle bien identifiable, mais celle de parts constitutives d'un portefeuille très diversifié et possédé collectivement. Ceci renforce le rôle des intermédiaires professionnels qui, seuls, maîtrisent ces produits financiers.

Ensuite la gestion des patrimoines a généré un nouveau secteur professionnel. Les particuliers confient de plus en plus la gestion de leurs valeurs mobilières à des spécialistes, des banquiers, des assureurs ou des notaires, ou encore des gestionnaires de patrimoines qui se proclament tels, leur métier étant toujours en cours d'institutionnalisation et de codification.

Ce marché de la gestion des patrimoines est actuellement en pleine expansion, due à l'augmentation du nombre de familles fortunées et à la complexification croissante des produits financiers les plus attrayants. Depuis 1995 sont apparus les *family offices* qui, de manière indépendante ou en tant que service d'un organisme bancaire, gèrent, en même temps que les patrimoines, de nombreux aspects de la vie familiale, depuis la prise en charge des déclarations fiscales jusqu'à l'achat de billets d'avion pour un voyage personnel. Ce secteur d'activité a vu fleurir des revues spécialisées et, dans des publications plus généralistes, des rubriques consacrées à cette gestion. *La Vie française*, *Investir*, *Mieux vivre votre argent*, *Gestion de fortune*[41] et bien d'autres publications, comme le supplément *Patrimoines* du *Figaro*, les pages « Argent » du *Monde*, *Le Revenu français* ou *Les Échos*, multiplient conseils, suggestions et enquêtes pour faciliter à leurs lecteurs cette tâche ardue qu'est devenue la gestion des patrimoines familiaux. Il existe donc tout un nouveau champ professionnel, très concurrentiel, dont les contours restent encore assez flous, les banques d'affaires traditionnelles poursuivant une activité qu'elles ont toujours eue, en direction des plus grandes fortunes, alors qu'une multitude de nouveaux intervenants investissent un secteur où les épargnants moyens se font de plus en plus nombreux. C'est ainsi que des banques suisses ont ouvert des implantations en France, dans l'intention d'y prendre des parts de marché. Comme l'UBS, qui a créé UBS France, établissement exclusivement consacrée à la gestion privée.

GRANDES BANQUES ET GESTION DES GRANDES FORTUNES

Contrairement à ce que la représentation de sens commun pourrait laisser penser, c'est une grande banque d'affaires privée, la Banque Paribas, qui revendique un rôle pionnier, depuis le début des années soixante-dix, dans la gestion en OPCVM des valeurs mobilières des gros portefeuilles. « Près de 90 % des actifs que nous avons en gestion sont collectifs, précisait, en 1995, Pierre de Leusse, de la gestion privée de Paribas. Nous considérons comme tout à fait normal d'avoir un portefeuille de 10, 20, 30, 150 ou 200 millions de francs gérés en OPCVM. » Celui qui, pour des raisons diverses, voulait être géré en ligne directe sous mandat, c'est-à-dire composer son portefeuille d'actions sous la responsabilité déléguée du service de gestion de la banque, ne pouvait l'être, à la Banque Paribas, qu'à partir d'un portefeuille de 5 millions de francs. L'image ordinaire associe « la Sicav au HLM et la gestion individuelle en ligne directe à l'hôtel particulier ». Or, d'un point de vue strictement financier, la gestion de portefeuilles collectifs aboutit à des économies d'échelle sur les courtages et les droits de garde. Les frais de rémunération, d'équipement informatique, les frais de gestion sont amortis plus vite avec de gros portefeuilles collectifs qu'avec une quantité de petits. « En matière d'impôts, les OPCVM, conclut Pierre de Leusse, sont favorisés par rapport à la détention directe de titres et, en plus, lorsqu'ils servent de support à des contrats d'assurance-vie, ils bénéficient, après huit ans d'investissement, d'une exonération quasi complète. »

Dans les banques haut de gamme, ce sont les différentes formes de capitaux possédés par une famille qui entrent dans ce processus de collectivisation de la gestion. C'est ce qu'il est convenu d'appeler la gestion patrimoniale globale. Les gestionnaires sont, à Paribas, des généralistes qui peuvent ainsi intervenir sur les différentes composantes d'un patrimoine, les valeurs mobilières bien sûr, mais également les œuvres d'art, les biens immobiliers et fonciers, en s'appuyant sur des services spécialisés dans chacun de ces domaines. Le conseiller généraliste, interlocuteur essentiel du client, doit tenir compte, selon la brochure officielle de la gestion privée de la Banque Paribas, « d'aspirations familiales et d'exigences affectives. Chaque patrimoine nécessite une politique de gestion spécifique, qui prenne également en compte des contraintes et des intentions, telles que conserver une propriété de famille, enrichir une collection de tableaux, accroître le capital d'une entreprise familiale, transmettre un actif immobilier difficile à diviser ou encore assurer à un proche des revenus réguliers à long terme». L'équipe d'assistance immobilière concerne essentiellement Paris et la Côte d'Azur, donc des espaces qui représentent un marché considérable. La gestion globale des patrimoines a été facilitée par le développement de l'informatique et la mise au point de logiciels qui permettent de prendre en compte de manière simultanée les différentes composantes du patrimoine. À Paribas, d'après Pierre de Leusse, l'existence à la fois de services spécialisés dans tel ou tel domaine patrimonial (des œuvres d'art aux propriétés viticoles en passant par l'immobilier et l'assurance-vie) et de gestionnaires généralistes assure la gestion globale *et* le service personnalisé auprès de chaque client.

Pour gérer son patrimoine, le possesseur d'une fortune dispose aujourd'hui d'un large choix de possibilités. Les centres de gestion de patrimoines des banques, les cabinets indépendants de conseil en gestion de patrimoine, les notaires, les experts-comptables, les courtiers d'assurances et les sociétés de Bourse, autant de lieux et d'agents spécialisés possibles. Les modalités des choix, en ce domaine, ne répondent pas exclusivement à une rationalité économique.

Comme le note Pierre Delalande, directeur commercial du Groupe Cristal, qui assure le développement de produits de gestion patrimoniale à travers la gestion de portefeuilles sous mandat, de fonds communs de placement garantis et de contrats d'assurance vie multisupports, «en France, la gestion de patrimoine est un domaine très personnel. On n'aime pas parler de son argent. Le client va aller vers quelqu'un avec lequel il se sent bien, en qui il a confiance. Le gestionnaire apparaît comme un confident, comme ces médecins de famille qui n'ignorent presque rien des heurs et malheurs du groupe familial». La technicité entre certes en ligne de compte dans le choix d'un gestionnaire, mais aussi les habitudes, les liens tissés au fil parfois de plusieurs générations avec une banque qui n'ignore plus rien de vos affaires mais en laquelle la confiance est totale.

Il existe aussi des spécificités institutionnelles. Paribas est traditionnellement une banque d'affaires qui prenait en charge « les gens qui tout d'un coup, lors de la cession de leur entreprise par exemple, voyaient arriver un important paquet de liquidités nécessitant une stratégie d'organisation de leur patrimoine », selon Pierre de Leusse. C'est d'ailleurs parce que le noyau originel de Paribas est lié aux affaires et aux entreprises que les locaux de la gestion privée dans le quartier de l'Opéra donnent la priorité à une décoration dépouillée. Le marbre et les miroirs, au lieu des lambris du XVIIIe siècle, la salle de réunions avec sa grande table ovale en acajou et ses fauteuils de cuir capitonnés évoquent plus les conseils d'administration que les salons feutrés d'autres grandes banques.

UNE CLIENTÈLE SÉLECTIONNÉE

Toutefois les détenteurs de portefeuille n'ont pas seuls l'initiative du choix de leur interlocuteur. Les gestionnaires eux-mêmes, et particulièrement les banques, se réservent le droit de sélectionner leur clientèle. Cette sélection s'opère d'abord en fonction du volume du patrimoine à gérer. Du moins quand il s'agit d'admettre un client dans le cénacle restreint des centres de gestion de patrimoine des banques où les familles privilégiées bénéficient d'un traitement hors du commun. Il existe au sein des banques des services spécialisés où sont reçus certains clients importants à la recherche d'une confidentialité accrue. Ces services réunissent des experts de toute nature, fiscalistes, juristes et gérants. Souvent les banquiers et gérants en contact avec des clients importants sont eux-mêmes issus de la bourgeoisie et détenteurs parfois de portefeuilles non négligeables. Ces experts permettent notamment une gestion personnalisée des portefeuilles de valeurs mobilières supérieurs à 200 000 euros. Ce plancher correspond à un patrimoine global de 750 000 euros, autrement dit au seuil de l'ISF. Il s'agit du seuil à partir duquel la BNP Paribas Banque privée et UBS France prennent en charge la gestion de patrimoine. Le Crédit Suisse (France) exigeant quant à lui plus d'un million d'euros. Les *family offices* des banques sont réservés aux familles dont le patrimoine financier est supérieur à 15 millions d'euros.

UNE RELATION PERSONNALISÉE

La logique de ces banques dans la banque est celle d'une personnalisation d'autant plus poussée que la fortune à gérer est plus considérable. C'est une constante de l'identité sociale des grandes familles, des personnes les plus fortunées. Elles font toujours l'objet d'un traitement très personnalisé par les prestataires de services, leurs interlocuteurs s'attachant à leur faire comprendre, ou croire, qu'elles ne sont pas des inconnues et que l'on sait parfaitement à qui l'on a affaire. C'est ainsi que les *family offices* se sont beaucoup développés : le rôle de l'intendant et du fondé de pouvoir, tels qu'ils ont pu exister au XIXe siècle, ces employés prenant en charge une grande partie des aspects pratiques de la vie familiale, ne sont plus tenables aujourd'hui. D'une part les possibilités de diversification des investissements se sont multipliées et en même temps incroyablement complexifiées depuis les années 1990. D'autre part la vie quotidienne de ces familles s'est elle-même alourdie, supposant une multitude de tâches souvent fastidieuses et ardues. Aussi les familles fortunées ont recours aujourd'hui aux services de personnes très qualifiées et de confiance pour assurer la gestion de leur patrimoine et celle de leur vie quotidienne. Cela ne déplairait sans doute pas à bien d'autres familles, moins fortunées, mais ces services sont hors de leur portée.

Pour une famille qui dispose de plusieurs centaines de millions d'euros, il est possible de créer un *family office* qui leur soit dédié. Cette famille aura à son service un gestionnaire généraliste et un avocat fiscaliste spécialisé en matière de patrimoine. Mais aussi elle bénéficiera de l'expertise et des conseils de personnes compétentes sur le marché de l'art ou dans le domaine de l'œnologie et des vignobles. Le collège des experts mobilisés dépendra de la composition du patrimoine et des intérêts (certes matériels, mais aussi culturels affectifs…) des membres de la famille.

Plusieurs familles moins fortunées peuvent avoir recours à un *family office* indépendant, comme celui dénommé FullView finance SA, domicilié à Genève. Les familles pourront bénéficier d'un service très personnalisé, mais en se partageant les professionnels qui ne seront plus à leur service exclusif. Georges Halvick est l'un des fondateurs de cette société. Il explique avec passion les différentes étapes de son intervention et les modalités de l'accompagnement d'une famille dans le cadre de son activité. « Au départ, par des discussions avec la famille, on apprécie les montants des différents investissements financiers et les autres éléments du patrimoine. On évalue ces éléments et on propose des solutions, toujours en conformité avec les vœux de la famille. Il nous faut en particulier apprécier les risques que la famille ou son représentant sont capables de prendre, ainsi que leurs besoins financiers dans le temps. Les familles veulent connaître au mieux l'évolution de leur patrimoine et combien elles peuvent espérer gagner, ou combien elles ont effectivement gagné. Il faut leur présenter une évolution consolidée de l'ensemble des éléments constitutifs de leur patrimoine. »

Mais la fonction du *family office* est aussi de répondre à des demandes plus ponctuelles, voire fantaisistes. Ainsi, dans un autre *family office*, un gestionnaire raconte qu'un jeune héritier a eu brusquement le désir de s'occuper de chevaux et envisageait de créer une écurie de courses. Pour cela il voulait absolument acheter un haras. La solution financière qu'il a suggérée aux gestionnaires de sa fortune a été la vente d'une collection de tableaux de grande valeur. Malgré la mise en garde du *family office*, ces œuvres furent cédées à un prix inférieur à celui qu'une décision moins précipitée aurait fort probablement permis d'obtenir. À l'inverse, le haras a été acheté au prix fort.

« Nos prestations, confirme Georges Halvick, ne sont pas toujours conformes à une stricte application de la logique économique pour satisfaire les goûts et les envies du client. Ceux-ci sont primordiaux, la logique économique vient après. Et puis, le plus souvent, l'optimisation de la rentabilité des investissements patrimoniaux est la règle première. » Ce qui passionne les professionnels des *family offices*, selon Georges Halvick, c'est qu'ils travaillent avec des êtres humains, pour des êtres humains, et pour atteindre une rentabilité en adéquation avec les besoins de la famille. Ils ne sont pas seulement devant la nécessaire rentabilisation de fonds leur ayant été confié anonymement. « Ce qui m'intéresse, poursuit Georges Halvick, c'est que cette gestion de patrimoine aux modèles statistiques très complexes est imbriquée avec de l'humain. C'est un défi permanent. Le patrimoine familial évolue constamment pour être transmis correctement. »

Quel que soit le *family office*, personnel, indépendant ou associé à une banque, il est toujours accompagné de prestations complémentaires, parfois induites, comme la gestion des salaires du personnel de service, parfois très loin du rôle traditionnel du gestionnaire, comme la réservation de chambres d'hôtel, ou l'aménagement d'un séjour dans un établissement scolaire aux États-Unis pour l'un des enfants.

Le *family office* de Georges Halvick est indépendant. Il ne fait pas de gestion mais du conseil et de la surveillance, et il est rémunéré pour les services rendus. Mais les *family office* rattachés à des banques se rémunèrent aussi, et surtout, par le placement de leurs propres produits financiers. Au point que certaines banques peuvent proposer gratuitement le service de leur *family office*, du moins à leurs plus gros clients. Une cinquantaine de familles ainsi en bénéficieraient à la Compagnie financière Rothschild. Dans des sociétés où la complexité des choses de la vie ordinaire va croissant, par l'internationalisation des relations, mais aussi par la multiplication des réglementations et des lois, par les subtilités de plus en plus raffinées et ésotériques de la fiscalité, par l'invasion technologique des moindres gestes de la vie quotidienne, les services à la personne se développent, au point que des entreprises en viennent à offrir à leurs hauts cadres dirigeants, parmi d'autres avantages en nature, le service d'un *family office* qui prend en charge toutes les vicissitudes et les soucis de la vie ordinaire, ainsi soulagée des désagréments, des tensions, des craintes et des préoccupations qui empoisonnent souvent l'existence du citoyen ordinaire.

Le temps consacré à la vie familiale de leurs clients est un élément central et important de l'activité des gestionnaires de patrimoine. Un temps d'écoute et de parole d'abord, car il s'agit de bien comprendre la logique proprement familiale des clients. Cette activité se situe dans un milieu social bien particulier, qui valorise l'entre-soi. Il est logique, compte tenu de l'intimité relative mais inévitable entre le gestionnaire et la famille, qu'il soit souvent issu du même milieu. Ainsi Patrick de Fayet, membre du directoire d'UBS France, est aussi allié à la famille Wendel, et donc parent d'Ernest-Antoine Seillière. Mais le face-à-face entre pairs peut aussi avoir comme conséquence la dénégation de la réalité du rapport, qui est celle d'une relation contractuelle générant un service qui a vocation à être rétribué. Or les clients très fortunés inclinent à entretenir avec le gestionnaire, qui en fin de compte travaille tout de même pour gagner sa vie, même si c'est confortablement, les mêmes relations qu'il aurait avec un « collègue », comme on dit dans ce milieu, de son cercle. Donc des relations sans finalités économiques, du moins immédiates, fondées d'abord sur la proximité sociale et le plaisir de l'entre-soi. Aussi tel avocat fiscaliste, conseiller auprès de très grosses fortunes internationales a-t-il parfois quelque difficulté à produire sa demande d'honoraires, car une telle crudité dans les relations ne manquerait pas d'en rompre le charme. Il n'est pas toujours simple d'être au service des milliardaires, y compris lorsqu'on appartient soi-même à un milieu privilégié. Un des premiers effets de la fortune est de vous assurer des égards de tous ceux qui ont avec vous une relation professionnelle qui ne saurait se limiter à la simple prestation de service, anonyme. Une relation interpersonnelle forte est toujours impliquée, qui manifeste, soit sur un mode déférent, soit sur un mode complice, la réaffirmation permanente de l'intérêt suscité par votre personne, qui ne saurait être purement et simplement mercantile. Au point que Lorenz Baümer, joaillier de la place Vendôme, peut « laisser partir des clients avec le bijou non payé ». La confiance réciproque garantit un payement légèrement différé.

Cet intérêt culmine avec la carte Centurion, du groupe American Express. Cette carte propose « aux clients qui disposent d'un pouvoir d'achat sans limites la possibilité d'accéder à l'“inaccessible” dans le monde entier, comme avoir le privilège de jouer une partie de tennis avec un grand champion, l'accès au parcours de golf de St. Andrews, en Écosse, assister à l'Opéra du nouvel an à Vienne », comme l'a expliqué le vice-président d'American Express France, Armand de

Milleville, lors d'une conférence de l'Association de professionnels du luxe[42]. Mais cette carte ne s'achète pas, bien qu'elle suppose une cotisation annuelle de 2 000 euros. Elle est proposée par cooptation comme l'entrée dans un club, ou dans un conseil d'administration. Une pratique du choix de son semblable qui se décline à l'infini dans ce milieu qui gère avec une grande attention les limites du groupe.

LES GRANDES BANQUES FONT LEUR PUBLICITÉ

Les grandes banques d'affaires se rappellent au bon souvenir de leurs clients potentiels en faisant paraître des pages de publicité dans quelques publications bien particulières, comme *Le Courrier du Jockey Club* ou le *Bottin Mondain*. « Depuis trois siècles, nous gérons des fortunes. Tout simplement », annonce la Banque de Neuflize, Schlumberger, Mallet (NSM)[43], qui ajoute : « Notre conception en est simple : accompagner nos clients dans leur existence, les conseiller personnellement, les orienter efficacement ; en refusant les artifices des modes et des fausses innovations, car nous devançons les modes depuis trois siècles et les innovations des autres sont nos grands classiques[44]. » La tradition, ici revendiquée, est première, essentielle, incontournable : pas de richesse affichée, provocante, mais au contraire la longue tradition d'une aisance de bon aloi. Les publicités de NSM sont illustrées par un heureux propriétaire soignant ses rosiers et le titre de la page est alors : « Nos clients connaissent la vraie valeur des choses. » Une autre de ces publicités de NSM présente un porte-monnaie ordinaire posé sur un meuble en marqueterie, et le titre est alors : « Les gens riches ont toujours aimé les idées simples. » Une troisième variante est illustrée par un siège appelé causeuse, qui évoque les conversations feutrées et confidentielles des salons bourgeois. De plus, le texte publicitaire revendique tout à la fois la modernité et le sens de l'innovation, l'expérience et la compétence, y compris dans les techniques financières les plus pointues. « Chaque patrimoine a son histoire », titre la Banque Paribas dans une publicité similaire, composée en rondes du plus bel effet classique. « Maintenir l'avenir patrimonial des familles à la hauteur de leurs traditions », telle est l'ambition proclamée, avec, pour cela, le soin mis à rassembler « les compétences nécessaires pour jouer ce rôle d'appui permanent et discret : spécialistes des forêts et vignobles, des propriétés foncières, des œuvres d'art, aux côtés des gérants de portefeuilles experts en valeurs françaises, européennes, asiatiques ou américaines[45] ». La multidimensionnalité de la réalité patrimoniale est ici bien affirmée. La Banque du Louvre, quant à elle, « s'adresse aux personnes privées dont le patrimoine important requiert une gestion particulièrement précise et attentive[46] ». Cette précision et cette attention sont symbolisées par une vue plongeante sur les parterres d'eau d'un jardin à la française dont la rigueur et le classicisme imposent l'idée d'un ordre et d'une rationalité sans faille dans un luxe apaisé. La Banque Indosuez, elle, parle d'ingénierie patrimoniale et d'une conception sur mesure de la gestion, ce qui est illustré par une photographie de mode d'un mannequin présentant un modèle de haute couture de Torrente. On ne saurait mieux dire que l'excellence sociale renvoie aussi à ce privilège d'être toujours considéré dans sa singularité, dans son originalité, dans son individualité irréductible. Lorsqu'on est grand-bourgeois, on est toujours un nom, une personne, et que ce soit pour se vêtir ou pour gérer sa fortune, les professionnels s'adressent à vous en faisant valoir qu'ils traitent votre cas comme il le mérite, sur mesure, à vos dimensions exactes, selon l'aisance dont vous souhaitez bénéficier. Voilà comment se présentent les banques d'affaires lorsqu'elles veulent intéresser les particuliers très fortunés et les attirer vers leurs centres de gestion : le contraire même de l'agitation mercantile, désordonnée, ou affolée, en tout cas frénétique de la corbeille de la Bourse de Paris autrefois.

Les familles les plus fortunées trouvent ainsi, pour gérer leurs fortunes, des interlocuteurs avec lesquels elles sont le plus souvent de plain-pied. Cela est vrai de ces banques d'affaires dont les responsables des centres de gestion appartiennent au même monde qu'elles, mais aussi des notaires, de certains experts-comptables ou d'avocats fiscalistes. Les familles privilégiées bénéficient dans tous les domaines de services personnalisés. À la manière du directeur d'un grand palace, Frédéric Maître, directeur général adjoint de la Banque Hottinguer, se doit d'identifier immédiatement ses clients : il serait inconvenant de ne pas leur manifester que l'on attache une grande importance à leur personne. Ce qui est d'ailleurs tout aussi nécessaire dans les relations mondaines : la courtoisie est une règle d'or qui marque tous les rapports sociaux. « Je reconnais au téléphone la voix de chacun de mes trois cents clients, affirme Frédéric Maître. Je peux donc les saluer avant qu'ils aient le temps de se présenter[47]. » Ce caractère familier de l'accueil, on le retrouve dans les cadres dans lesquels se déroulent les rencontres. Les meubles de style sont la règle, bibelots, objets d'art et tableaux rappellent l'environnement domestique, celui des salons des beaux quartiers. Cette ambiance intimiste, à la Banque Lazard, à la Compagnie financière Edmond de Rothschild et ailleurs, situe la gestion de la fortune au niveau d'une affaire de famille, que l'on traite en famille, avec le secours d'un ami plus compétent, mieux informé.

Depuis plus de dix ans, de nouvelles fortunes sont apparues, liées aux *start-up*, aux nouvelles technologies, éventuellement au *showbiz*, la *new money*, comme on dit dans le franglais propre au milieu des gestionnaires, qui s'oppose à la traditionnelle *old money*. L'accompagnement de ces nouveaux enrichis induit des modalités spécifiques d'interventions et de relations, mais toujours sous une forme personnalisée. La banque suisse UBS propose ainsi une publicité dans le *Bottin Mondain* 2006 assez consensuelle entre les différentes formes de fortune, ancienne ou récente. Il y est question « d'une solution d'investissement totalement individualisée, des produits et placements de pointe, une expertise s'appuyant sur notre puissant réseau international, un suivi régulier de vos actifs [...]. Toujours anticiper et viser à répondre en permanence à vos besoins personnels sur le long terme. D'abord un dialogue. Ensuite des résultats. Vous et nous ».

DE NOUVEAUX VENUS DANS LE CHAMP DE LA GESTION

Malgré la vieille tradition de la gestion des fortunes par les banques d'affaires, certains particuliers choisissent de faire gérer leur fortune par des opérateurs plus indépendants : on peut en effet soupçonner les gestionnaires des services spécialisés des banques de privilégier les produits financiers, élaborés par leur établissement, qui ne sont pas nécessairement les placements optimaux pour leurs clients. Ce soupçon peut conduire des épargnants fortunés à avoir recours à des gestionnaires indépendants.

Parmi les cabinets de gestion, l'un des plus anciens, créé en 1971, est celui de Jean-François Gareton. Ce cabinet met en avant son indépendance vis-à-vis des établissements bancaires ou des compagnies d'assurances, et affirme ainsi proposer ses conseils pour des produits et des partenaires en toute liberté de jugement. Le conseiller indépendant, explique J.-F. Gareton, est un peu comme un médecin. Aussi la première phase de son intervention consiste-t-elle à élaborer un diagnostic à travers une étude approfondie du patrimoine. L'ordonnance correspond à l'étape suivante : le conseiller décrit un éventail de solutions qui lui paraissent optimales compte tenu du diagnostic, c'est-à-dire de la structure du patrimoine, et des caractéristiques sociales, familiales et démographiques du client. Le suivi des placements réalisés constituera la dernière phase. La qualité du service rendu au cours de ces trois phases doit pouvoir rivaliser avec celle des concurrents, les autres cabinets de gestion de patrimoine, mais aussi les banques et les compagnies d'assurances, dont les tarifs sont très compétitifs : les centres de gestion de ces institutions peuvent accepter d'être plus modestement rétribués puisqu'elles réalisent leurs bénéfices d'abord avec les masses financières qui leur sont confiées dans le cadre de cette gestion. Le cabinet Gareton, lui, comme les *family offices* indépendants, vit des contrats de services dont la rémunération est assise sur le montant des actifs confiés au gestionnaire. Mais celui-ci n'est qu'un intermédiaire et ce sont les banques, les compagnies d'assurances et autres sociétés de Bourse qui sont les dépositaires des sommes investies. Aussi arrive-t-il que le conseiller soit associé à un agent de change, qui sert alors de banquier aux clients du cabinet de gestion.

Selon Jean-Luc Bengel, directeur de la revue Gestion de Fortune, il existe aujourd'hui près de 3 000 conseillers en gestion de patrimoine indépendants (CGPI), auxquels il faut ajouter les milliers de conseillers en poste dans les banques, les spécialistes du conseil financier dans les sociétés d'assurances (Assurfinance, par exemple, des AGF, compte plus de 3 000 salariés), les réseaux spécialisés comme l'Union financière de France (UFF, 800 conseillers), les notaires qui, à l'occasion de la crise de l'immobilier survenue entre 1991 et 1997, se sont mobilisés autour de la gestion patrimoniale, les experts comptables...

« Vous avez aujourd'hui environ 40 000 personnes qui font peu ou prou du conseil en gestion de patrimoine. » Et toujours selon J.-L. Bengel, si l'on en juge par ce qui se passe en Angleterre ou aux États-Unis, l'avenir s'annonce prospère pour la profession. À condition toutefois que la réglementation ne vienne pas freiner l'essor de cette activité. Entre 2003 et 2006, l'Autorité des marchés financiers a mis en place des statuts qui s'imposent désormais à tous ceux qui prétendent exercer cette activité. C'est ainsi qu'il existe un statut de démarcheur financier et un statut de conseil en investissement financier, ce dernier ne pouvant pas « vendre » de produits financiers mais uniquement délivrer du conseil. Sauf à être à la fois démarcheur et conseiller en investissements financiers. Et Bruxelles doit encore légiférer sur un statut européen qui pourrait voir le jour en 2008. Bref, devant ces contraintes, certains prédisent une forte baisse du nombre de conseillers en gestion de patrimoine tandis que d'autres assurent qu'elles vont permettre à cette profession de gagner ses lettres de noblesse et, par là même, assurer son développement.

TRADITION ET MODERNITÉ

Aujourd'hui les produits financiers sophistiqués, déconnectés de l'économie réelle, les produits dérivés, atteignent un tel niveau de modélisation que, comme l'écrit Jean-Philippe Bouchand, ingénieur au Commissariat à l'énergie atomique, leur maîtrise exige « un arsenal mathématique à la fois élégant et efficace, mais aussi difficile d'accès puisqu'il faut au moins atteindre un troisième cycle scientifique pour l'avoir pratiqué[48] » ! Un marché financier qui contraste avec l'ancienneté des vieilles familles, sur lequel elles sont pourtant présentes. C'est oublier que, comme dans d'autres domaines, ces familles cumulent la tradition et la modernité, la référence à un passé qui se porte garant de leur excellence, et à un présent dans lequel elles s'insèrent sans hésitation. La noblesse fortunée et la vieille bourgeoisie, cette aristocratie de l'argent, cumulent la tradition et la modernité. Elles revendiquent leurs ancêtres, leur passé, elles cultivent un entre-soi qui est une garantie de la possibilité de célébrer sereinement le passé commun, et sont farouchement attachées à la maison de famille qui en conserve le souvenir pour les générations futures. Mais elles ne dédaignent pas pour autant les *futures*, ces formes de placement à risque qui sont aussi des paris sur l'avenir. À la tête de patrimoines diversifiés et confortables, elles ont, elles aussi, recours aux techniques nouvelles et aux montages les plus subtils, avec l'aide de gestionnaires du même milieu social, pour préserver et, si possible, accroître leur richesse. Les grandes familles ont des racines, comme les autres certes, mais elles les connaissent et en cultivent la mémoire. Ce qui induit aussi la responsabilité de transmettre le nom et la fortune qui l'accompagne. Pour cela, elles n'hésitent pas à se plonger dans la plus radicale des avant-gardes. Il faut être pleinement de son temps pour assurer le passage du relais, utiliser la modernité pour assurer la permanence de la tradition. Mais la *new money* y trouve aussi son compte dans un compagnonnage avec la société installée, ce qui est l'occasion d'une éducation, d'une initiation à ce qui fait les fortunes assises, assurées de leur durée. Les richesse neuves aussi font en sorte de prendre de la patine.

La répartition spatiale des grandes fortunes

LE POIDS DE L'ÎLE-DE-FRANCE

Non seulement les grandes fortunes ne sont réparties qu'entre quelques mains, mais encore elles sont fortement concentrées dans l'espace. Cette concentration, en favorisant les contacts, est un facteur d'accumulation d'autres formes de capital, le capital social bien sûr, mais aussi le capital culturel, scolaire ou symbolique. La richesse des autres rejaillit sur chacun et a un effet démultiplicateur sur les richesses individuelles. On est plus riche au voisinage des plus riches, le rapprochement spatial ayant pour effet d'exacerber les potentialités de chacune des fortunes considérées isolément. Par leurs niveaux d'équipement, par leurs qualités esthétiques, par l'environnement culturel et social, les quartiers très marqués sociologiquement confortent ceux qui correspondent au groupe localement dominant. Ils enfoncent un peu plus dans la misère, dans les quartiers pauvres. Ils magnifient l'opulence, dans les quartiers riches. Que l'on songe aux banlieues déshéritées du nord de Paris ou de Marseille ou aux espaces de richesse de l'Ouest parisien ou de la Côte d'Azur : dans tous ces cas, le rapprochement spatial exacerbe les traits propres à chaque famille.

LES STATISTIQUES DE L'ISF

La répartition spatiale des familles fortunées peut être appréhendée à partir des données de l'impôt sur les grandes fortunes (IGF), devenu impôt de solidarité sur la fortune (ISF). Le ministère de l'Économie, des Finances et de l'Industrie publie régulièrement le nombre de foyers fiscaux assujettis à l'ISF et les paiements reçus par l'administration fiscale, ventilés entre les régions, les départements et quelques subdivisions à l'intérieur des départements les plus peuplés (Paris, Nord, Bouches-du-Rhône, Hauts-de-Seine). À partir du nombre de déclarations par département et des montants des paiements effectués, on peut calculer un montant moyen de l'impôt versé par redevable. Depuis 2002 s'y ajoute la publication du nombre d'assujettis, du patrimoine moyen et de l'impôt moyen payé dans chaque commune de plus de 20 000 habitants comptant plus de 50 foyers fiscaux acquittant l'ISF[49].

Le poids de l'Île-de-France est écrasant : la région représente 18,7 % de la population française totale mais 52 % des sommes versées au titre de l'ISF en 2004, et 44 % des assujettis. Que ce soit dans la proportion des redevables ou dans celle des paiements, ce poids s'était accru entre 1982 et 1993. Depuis, entre 1993 et 2004, la part de la région parisienne a sensiblement reculé, même si elle reste tout à fait prépondérante. Il faut sans doute y voir pour une part un effet de la hausse des prix immobiliers dans de grandes villes de province. Bien entendu, l'importance des capitaux mobiliers particulièrement fluides fait que la localisation des biens taxés ne se résume pas au lieu d'imposition. Toutefois il n'est pas indifférent de savoir où se situe le domicile du contribuable. Cela donne une indication sur la valeur d'usage d'un bien important, la résidence principale, et sur le mode d'inscription spatiale de l'existence de ces familles.

LE MONTANT MOYEN DE L'ISF SELON LES RÉGIONS

Le montant moyen par redevable de l'impôt de solidarité sur la fortune acquitté en 2004 était de 7 887 euros pour la France entière, mais de 9 974 euros en Île-de-France, et il atteignait 15 896 euros dans la zone fiscale de Paris-Ouest, c'est-à-dire dans les VIIe, XVe et XVIe arrondissements. La région parisienne concentre de façon spectaculaire les fortunes, bien au-delà des effets de son poids démographique.

TABLEAU 7.

Les principales régions de concentration des assujettis à l'IGF et à l'ISF

régions	% des **redevables**			% des **montants perçus**			**Population** en 1999 (%)	Foyers fiscaux (%)	**Taux de foyers fiscaux payant l'ISF ‰**
	IGF 1982	ISF 1993	ISF 2004	IGF 1982	ISF 1993	ISF 2004			
Île-de-France	41,6	52,3	44,1	53,4	62,0	52,0	18,7	18,9	21,1
Provence-Alpes-Côte d'Azur	10,4	9,6	9,4	9,5	6,6	7,4	7,7	8,0	11,5
Rhône-Alpes	7,4	7,0	8,9	6,8	6,2	7,6	9,6	9,3	9,3
Nord-Pas-de-Calais	4,1	3,2	4,1	3,2	3,3	3,8	6,8	6,1	6,4
Aquitaine...	3,8	2,7	3,9	2,9	2,2	2,9	5,0	5,0	7,6
Total France entière	100,0	100,0	100,0	100,0	100,0	100,0	100,0	100,0	9,7
	Nombre total de redevables			Total en millions d'euros			Total habitants	Total foyers fiscaux	
	104 000	163 125	335 525	759	1 304	2 646	58 518 395	34 419 885	

SOURCES : *Les Notes bleues de Bercy*, site du ministère de l'Économie (www.minefi.gouv.fr) et recensement Insee. Montants en millions d'euros (monnaie constante, valeur 2004)

Hors de l'Île-de-France, six départements dépassent le montant moyen national de l'ISF. La liste en est assez surprenante : on n'y trouve pas certains départements comme le Rhône ou la Gironde, malgré la présence ancienne d'une bourgeoisie fortunée, ni des départements réputés pour accueillir les résidences secondaires des privilégiés de la fortune, comme les Alpes-Maritimes, le Var ou les Pyrénées-Atlantiques. Lyon, Bordeaux, Nice, Cannes, la Côte d'Azur ou Biarritz auraient pu donner à ces départements des scores remarquables. Ce n'est pas le cas : la moyenne des paiements effectués, par redevable, y fluctue entre 6 542 et 5 274 euros, loin de la moyenne nationale, et donc de Paris. En revanche, dans cette liste figure le Nord, vieille région industrielle dont les fortunes du textile, aujourd'hui largement reconverties, furent célèbres. Mais le département a été scindé en deux, par l'administration fiscale, et seule la région lilloise atteint un paiement moyen de 8 681 euros. L'autre partie du département, le Valenciennois, se situe nettement en dessous de la moyenne nationale. La ville de Croix, dans la banlieue très résidentielle qui s'étend entre Lille et Roubaix, s'offre même le luxe, avec un impôt moyen de 23 804 euros, d'arriver en tête en devançant tous les arrondissements parisiens, y compris les plus chic, et Neuilly.

L'Oise, avec ses immenses domaines agricoles, ses forêts et ses golfs, Chantilly et sa tradition équestre, et la proximité de Paris, fait un score honorable : 8 453 euros. Les autres départements qui se situent au-dessus de la moyenne sont la Meuse, le Bas-Rhin, le Cher et la Vendée. Une distribution qui, *a priori*, ne paraît pas correspondre à un critère évident, ni unique.

Le fait massif demeure toutefois le poids exceptionnel de quelques arrondissements de Paris et d'une partie de la banlieue. Le VIIe arrondissement arrive en tête avec plus de 19 800 euros, suivi, dans l'ordre, par le VIIIe (19 300 euros) et le XVIe (16 400 euros).

Le XVIIe est à la moitié du score du VIIe en raison de sa dualité de quartier à la fois très bourgeois et très populaire. Les Ier, IVe et VIe arrondissements se situent entre 12 000 et 14 000 euros : le centre-ouest de la capitale mérite sa réputation et la distribution des assujettis à l'ISF reproduit fidèlement celle des domiciles des membres des grands cercles (Automobile Club de France, Cercle de l'Union Interalliée…)[50], en l'étendant un peu vers le cœur de Paris. Les arrondissements de l'Est (Xe, XIe, XIIe, XIIIe, XIXe, XXe) se situent sensiblement en dessous de la moyenne nationale avec des paiements moyens inférieurs ou égaux à 6 000 euros. Malgré l'embourgeoisement de Paris, ou plutôt sa « gentrification », l'opposition est/ouest reste pertinente[51].

Dans la région parisienne, seule la zone des Hauts-de-Seine nord, définie par l'administration fiscale, se situe au niveau des arrondissements du centre de Paris, avec un impôt moyen de 12 600 euros, le sud du département atteignant tout juste les 8 000 euros. Mais le poids de Neuilly est décisif, avec un impôt moyen à l'ISF de 18 802 euros, soit supérieur à celui du XVIe arrondissement. La concentration spatiale des grandes fortunes est donc aussi bien marquée en banlieue. Elle est moins radicale que pour les familles des membres des grands cercles mondains. Mais c'est en raison du caractère moins sélectif de l'ISF. Le plancher à partir duquel on est susceptible d'être assujetti à cet impôt n'est pas très élevé : 750 000 euros de patrimoine net au 1er janvier 2006. Les hausses récentes de l'immobilier ont pu rendre imposables des foyers fiscaux qui ne l'auraient pas été il y a quelques années. La croissance continue du nombre des redevables le laisse penser. En même temps, cette « démocratisation » de l'ISF se traduit spatialement par une diffusion, limitée mais réelle, des domiciles des intéressés à travers l'ensemble du territoire. Le recul proportionnel de l'ISF à Paris doit se comprendre ainsi, ce qui n'est pas contradictoire avec le maintien d'une ségrégation, ou plutôt d'une agrégation rigoureuse des plus fortunés d'entre les fortunés.

LA PROPORTION D'ASSUJETTIS À L'ISF SELON LES RÉGIONS

Le taux d'assujettis à l'ISF, calculé de manière à tenir compte du poids démographique des régions et des départements, permet de préciser et de nuancer ces analyses. Ils ont été établis ici sur le nombre total de foyers fiscaux de chaque zone. Alors qu'en moyenne, pour la France entière, on compte 9,7 ‰ (*pour mille*) d'assujettis à l'ISF parmi les foyers fiscaux, ce taux est de 21,2 ‰ en Île-de-France, c'est-à-dire le double. L'ensemble de Paris se situe à 42 ‰, avec des pointes à 140 ‰ dans le VIe arrondissement, 166 ‰ dans le VIIe, 127 ‰ dans le VIIIe et 160 ‰ dans le XVIe. Le poids démographique des arrondissements ne vient pas troubler la belle concentration de la richesse dans l'Ouest parisien. Les redevables à l'ISF sont, proportionnellement, 20 fois plus nombreux dans le XVIe arrondissement, 160 ‰, que dans le XXe, 8 ‰. En banlieue, les Hauts-de-Seine et les Yvelines, avec des taux, respectivement, de 31,6 ‰ et de 26,2 ‰, confirment le caractère résidentiel chic de certaines de leurs communes, alors qu'avec l'un des taux (3,6 ‰) les plus bas de tous les départements français, la Seine-Saint-Denis manifeste la pauvreté d'une grande partie de sa population.

En province, la prise en compte du poids démographique, avec celle du nombre de foyers fiscaux, fait apparaître une répartition logique. La région Provence-Alpes-Côte-d'Azur est la seule à dépasser, légèrement, la moyenne nationale, avec 11,6 ‰ d'assujettis parmi les foyers fiscaux. Un score qui est dû essentiellement aux Alpes-Maritimes et, dans une moindre mesure, au Var, c'est-à-dire aux départements où le littoral et une partie de l'arrière-pays hébergent un certain nombre de grandes fortunes. La région Rhône-Alpes s'approche de la moyenne nationale, mais sans l'atteindre.

La quasi-totalité des départements est en dessous de ce taux moyen et varient entre 3 ‰ et 9 ‰. Seuls trois départements, en dehors de l'Île-de-France et de la région PACA, ont un taux de redevables qui dépasse la moyenne nationale. Il s'agit de la Marne (10,4 ‰), du Rhône (12,4 ‰), de la Haute-Savoie (13,2 ‰). Le champagne, l'ancienneté d'une grande bourgeoisie enracinée, les rives résidentielles des lacs alpins ne sont certainement pas étrangers à ces scores.

De ces données se dégagent deux conclusions. D'une part le poids démographique de la région Île-de-France influe de façon décisive sur la moyenne nationale, d'autant que ses scores sur les deux variables étudiées ici sont très loin au-dessus des autres régions. Pour la France entière, Île-de-France exclue, le nombre de redevables tombe à 197 460, ce qui représente un taux d'assujettis de 7 ‰ au lieu de 9,7 ‰ et un montant moyen des paiements de 6 520 euros au lieu de 7 887 euros, soit une diminution de 17 %. Le centralisme français est aussi un centralisme de la fortune.

On notera enfin que le taux d'assujettis double lorsqu'on le calcule sur le nombre des seuls foyers fiscaux imposables. Ce qui est logique, puisque seule la moitié, exactement 51,7 % des foyers fiscaux, sont effectivement imposés. Mais là encore l'Île-de-France se distingue, tout particulièrement Paris. En effet le taux des foyers imposables à l'ISF sur le total des foyers imposables est de 34 ‰ pour la région et de 65 ‰ à Paris, bien au-dessus de la moyenne nationale, qui tourne donc autour de 19 ‰.

NON-CORRÉLATION ENTRE LE TAUX DE REDEVABLES ET LE MONTANT MOYEN DE L'ISF

Enfin il y a une assez nette indépendance entre le taux de redevables et le montant moyen des paiements. Ainsi, l'Orne, avec 5,3 ‰ d'assujettis, voit chacun de ses 854 redevables acquitter en moyenne 5 855 euros. De même dans les départements d'outre-mer, Guadeloupe, Martinique et Guyane, les taux d'assujettis sont particulièrement faibles, entre 1,1 et 2,7 ‰, alors que les montants moyens acquittés oscillent entre 5 800 euros et 7 000 euros. À l'inverse, le taux d'assujettis dans les Alpes-Maritimes est élevé, 19 ‰, mais le montant moyen acquitté est relativement faible (6 522 euros). Ces aspects erratiques des distributions seraient probablement réduits si l'on disposait d'une information plus fine. La situation dans les Alpes-Maritimes doit renvoyer à la présence de nombreux retraités fortunés, mais qui ne le sont pas assez, toutefois, pour conserver leur résidence parisienne. Tout laisse penser que les très grandes fortunes sont parisiennes et que l'âge de la retraite ne signifie pas pour elles l'abandon d'une double ou d'une triple résidence.

CAPITALE ET CAPITAL : LA RIME EST RICHE

En définitive, il n'y a qu'une région qui soit réellement la terre d'élection de la fortune, celle de Paris. Cela signifie que la fortune a au moins en commun avec le pouvoir de sacrifier au centralisme français. Que capital rime avec capitale. Et que la rime est riche. Les fortunes, qui furent terriennes, le sont de moins en moins. Les enjeux économiques se jouent ailleurs, à la ville, dans les cités financières, dans les cercles parisiens ou les grands restaurants de la capitale, les bureaux de La Défense ou les vieux lambris des boulevards et des avenues des beaux quartiers. La qualité des localisations des lieux de résidence est l'une des dimensions de la valeur d'usage des biens de jouissance patrimoniaux. La mesure complète des inégalités ne saurait faire l'impasse sur les bénéfices particuliers et rares que peut procurer le fait d'être riche au milieu des riches. Il est des promiscuités enrichissantes. La concentration de la fortune en quelques familles voisines dans l'espace facilite la gestion de ces patrimoines au travers de l'accumulation de capital social qu'elle permet. Rencontres, galas, soirées mondaines, dîners, cercles, conseils d'administration : les patrimoines les plus élevés trouvent dans l'agrégation des fortunes les conditions les plus favorables à leur plein épanouissement. En cela, les grandes fortunes influent sur les dynamiques urbaines, par la création des beaux quartiers, d'adresses de prestige, de cette griffe spatiale qui, ensuite, attire la convoitise des milieux d'affaires. Les familles fortunées, peu soucieuses de reconquérir de vieux quartiers comme le Marais, ont toujours eu un rôle moteur dans l'urbanisation de l'Ouest parisien, défrichant les terres vierges lorsque la pression des activités de prestige qui toujours les talonnent devenait trop forte. Après les Grands Boulevards, ce fut le faubourg Saint-Honoré, puis les Champs-Élysées et l'avenue Montaigne, puis le nord du XVIe arrondissement et Neuilly. La recherche de l'entre-soi et la qualité des espaces créés entrèrent toujours en contradiction : ces quartiers étaient trop beaux et trop prisés pour que sièges sociaux et commerces de luxe ne tentent pas de les envahir. Les résidences des familles fortunées de la noblesse et de la grande bourgeoisie sont ainsi à la fois prestige social, valeur économique, bien culturel : elles manifestent, plus que tout autre élément des patrimoines, la multidimensionnalité des fortunes.

Patrimoine de jouissance et « transmission jointe »

Le patrimoine de jouissance, ce patrimoine qui, sans rapporter un revenu monétaire, rend des services que l'on peut assimiler à des revenus en nature, est le support de pratiques, de représentations, de visions du monde qui sont essentielles aux transmissions réussies. Le patrimoine de jouissance, dans les grandes familles, est une base concrète de la « transmission jointe » dont parlent les économistes[52]. Le château, les grandes demeures familiales, les meubles de style, les œuvres et objets d'art, les bijoux anciens, tout ce patrimoine gorgé de savoirs et de valeur symbolique doit, pour être approprié par ceux qui auront aussi à le transmettre, devenir culture incorporée. Le patrimoine de jouissance est au cœur de la transmission car c'est à lui que l'héritier identifie la saga familiale. On ne s'improvise pas héritier. Il y faut du savoir et du savoir-faire. « Si des héritages permettent de se maintenir haut et longtemps dans la hiérarchie des patrimoines, c'est sans doute qu'existe alors une certaine complémentarité entre l'avoir et le savoir. Dans le cas contraire, le patrimoine humain ou le patrimoine culturel venant à faire défaut, le patrimoine traditionnel peut servir un temps de “parachute”, mais pas pour de nombreuses générations[53]. »

L'argent donnerait ainsi du talent. Au moins le talent d'en assumer la gestion, de savoir faire face aux exigences de la maîtrise d'une fortune considérable. Il s'agit certes d'une maîtrise technique, par rapport aux diverses formes de placement et aux choix à opérer, en fonction de leurs rendements différentiels. Il s'agit aussi de la capacité à maintenir et entretenir le capital social accumulé par les générations antérieures, à étendre le réseau de relations dans les divers domaines de l'activité sociale. Mais la fortune permet de dominer ce qui n'a pas de prix, à savoir le temps. Car la fortune laisse des loisirs qui sont mis à profit pour entretenir les différentes formes de capitaux, en particulier à travers la vie mondaine. Là encore, André Babeau émet l'idée que le niveau d'information et de formation financière est probablement lié de manière positive au niveau de la fortune et que, en conséquence, le rendement pour un même type d'actif est susceptible de varier en fonction du volume des biens possédés. Ces considérations ont pu, un temps, justifier le système électoral censitaire sous prétexte que la fortune était un garant de compétence. Jules Lepidi cite Benjamin Constant, favorable à ce système sous la Restauration. « La propriété seule, écrivait Constant, fournit le loisir indispensable à l'acquisition des lumières et la rectitude du jugement. Elle seule donc rend les hommes capables de l'exercice des droits politiques[54]. »

Au niveau de fortune où nous menons l'analyse, on peut penser qu'il ne saurait y avoir d'autre modèle dans ces familles que le modèle « dynastique » des économistes. Apprendre à être un héritier digne de ce nom, c'est aussi apprendre à transmettre et surtout à intérioriser l'exigence morale de la transmission. La théorie du cycle de vie, qui réduit les représentations et les stratégies des agents à l'échelle de leur seule existence, n'est certainement pas pertinente dans ces lignées aristocratiques ou bourgeoises où le premier devoir est d'assurer la continuité des générations. Il reste à comprendre pourquoi ces ménages adoptent ce mode de comportement, ce rapport au temps. C'est dans le patrimoine lui-même que réside la réponse. Il est des formes et des niveaux de richesse qui portent en eux-mêmes l'exigence de la transmission.

CHAPITRE II

Le fief, ou l'enracinement rural des grandes familles

Le temps matérialisé par la maison qui abrite la famille depuis plusieurs générations, parfois depuis plusieurs siècles, inscrit la lignée dans un espace local où elle s'insère dans des relations sociales complexes. Les familles fortunées de l'aristocratie et de la bourgeoisie ancienne valorisent tous les signes qui échappent à l'usure du temps, car elles s'appuient sur le temps, symbolisé par la succession des générations, pour assurer et légitimer leurs positions dominantes. Pour ces familles, le passé est à la fois collectif et familial. Aussi le patrimoine n'est-il pas attribué, dans les représentations et les usages, à tel ou tel individu mais à la lignée. Celle-ci se construit dans la longue durée, seule à même d'asseoir la légitimité. Le temps est un allié par la permanence qu'il établit, avec le nom, mais aussi à travers le patrimoine et sa transmission. Par leur composition les patrimoines familiaux traduisent cette exigence de dénégation de l'éphémère.

Le château dans le berceau provincial de la famille, l'hôtel particulier du XVIIIe siècle dans le faubourg Saint-Germain ou la vieille ville de Grasse, le grand appartement bourgeois du début du siècle, tous ces habitats constituent ce que nous appellerons un capital patrimonial en cela que ces biens immobiliers entremêlent du capital économique, du capital culturel et du capital symbolique. Ils s'inscrivent ainsi dans une durée longue qui n'est pas celle de la maison style Île-de-France prévue pour tenir le temps d'une génération. Il n'est pas de château sans fief, sans ces relations faites de dons et de contre-dons entre le châtelain et les villageois. Car on ne peut être riche seul, de manière anonyme. La richesse, au moins pour durer et se transmettre, doit s'enraciner dans des relations sociales avec le groupe des pairs, mais également avec toutes les catégories de la population. Cette reconnaissance, d'autant plus aisément acquise que le jeu de la condescendance et du paternalisme est plus maîtrisé par les dominants, est nécessaire à la légitimation des rapports inégaux qui ne sauraient durer sans cette caution.

Le temps immobile

Au XIIIe siècle, Urban des Monstiers épouse Quitterie du Fraisse, fille unique du seigneur du Fraisse, domaine sis près d'Angoulême. Depuis lors, les des Monstiers se succèdent au Fraisse. À vingt-sept ans, Louis des Monstiers sait qu'il aura à assumer la charge de maintenir la présence de la famille, et il s'y prépare. Une famille dont les alliances, au fil des siècles, ont permis de diversifier le patrimoine. Pour s'en tenir au XXe siècle, François des Monstiers-Mérinville, grand-père de Louis, a épousé une demoiselle Darblay, dont la fortune était fondée sur l'industrie papetière. Patrimoines foncier, immobilier et mobilier se mêlent donc dans la fortune des des Monstiers[1].

L'arrivée au Fraisse est majestueuse. Une vaste cour d'honneur fermée par les bâtiments qui forment un U précède le château Renaissance, édifié vers 1550. À gauche, les communs furent prolongés par des écuries au XVIIe siècle, le long des anciennes douves. On peut voir à droite ce qui reste du « vieux château », comme dit le marquis François des Monstiers-Mérinville. Il s'agit du château construit au XVe siècle (le château primitif, du XIIIe siècle, ayant brûlé pendant la guerre de Cent Ans). Ce vieux château est en oblique par rapport au corps principal et comporte deux tours. Le grand bâtiment qui termine le U à droite est plus récent et a une vocation agricole. Le chef de culture de l'exploitation rattachée au château y est logé avec sa famille.

L'ensemble des bâtiments anciens est inscrit à l'inventaire supplémentaire des Monuments historiques. Les portes extérieures du bâtiment Renaissance et deux portes intérieures, qui donnent sur l'escalier d'honneur, ainsi que des cheminées sont classées. Ces éléments, dans le goût italien, présentent des décorations de marbres polychromes. À l'intérieur, des bustes féminins en porcelaine ornent les portes qui donnent sur l'escalier d'honneur.

De longs couloirs desservent les chambres dans les étages. Les parquets, datant parfois de l'époque de la construction, sont composés de larges planches de chêne usées à souhait, mais parfaitement encaustiquées. Il y a un nombre considérable de pièces et une superficie encore plus importante si l'on tient compte des greniers, des communs, des écuries, des granges. Des espaces sont sous-utilisés et des activités sont en sommeil. Plus personne ne pratique l'équitation et il n'y pas un seul cheval au château. Les écuries sont donc vides et, dans la sellerie, selles et harnachements disparaissent sous la poussière et les toiles d'araignées. Dans le château lui-même, certaines pièces sont abandonnées à un rôle peu actif de débarras où s'entassent les objets hétéroclites tombés en disgrâce. Dans l'une d'elles sont remisés en piles les livres qui ne trouvaient plus place dans la bibliothèque. Partout, sur les meubles, sur les portes, des serrures dont le nombre conduit à laisser les clefs dessus, ce qui amuse les enfants mais donne du souci aux parents. Sans doute ces serrures et ces clefs ont-elles le pouvoir de stimuler l'imaginaire enfantin et d'entretenir la magie d'une telle maison. Ces vieilles demeures sont de très efficaces supports pour la mémoire des années d'enfance. Tous ceux qui ont passé une partie de leurs jeunes années dans un tel cadre en ont gardé le très vif souvenir.

Un buste de l'évêque Jean des Monstiers, qui fit construire le château Renaissance, orne la façade arrière du bâtiment principal. Avec sa barbe taillée court, son chapeau et sa fraise, il fait songer à Henri IV. Dans toutes les pièces, les portraits et les souvenirs des ancêtres abondent. Dans le grand salon d'été, des miniatures assemblées sur un panneau représentent des membres de la famille ou des personnalités d'époques lointaines.

Il y a un château d'été et un château d'hiver. Pour des raisons d'économie : chauffer un tel volume dans son intégralité est impensable, il y faudrait une fortune chaque hiver. En conséquence toute la famille se replie dans l'aile gauche lorsque viennent les frimas. Le bâtiment principal est livré aux basses températures. Les couloirs et les escaliers ne sont pas chauffés. Si bien que pour gagner sa chambre on doit affronter les risques inhérents à un refroidissement brutal. Ce n'est là qu'un des aspects peu agréables de la vie de château qui n'est pas toujours ce que l'on pourrait croire, bien qu'elle ait connu quelques améliorations. Les adultes se souviennent encore des longs couloirs obscurs où, les soirs de pleine lune, la lumière blafarde laissait deviner les portraits des ancêtres et les trophées de cerfs ou de sangliers qui, sous cet éclairage, prenaient des allures fantastiques. Décor impressionnant qu'il fallait affronter avant de gagner la chambre à la familiarité rassurante. L'électricité n'a fait qu'atténuer cette magie de lieux à jamais gravés dans les mémoires.

L'été, en revanche, on prend ses aises. Il y a de quoi

faire, compte tenu de l'immensité du logis. Les pièces de réception, salle à manger et salon, chauffées l'hiver, sont déjà vastes. Le grand salon, qui n'est utilisé que l'été, est deux fois plus grand, avec une cheminée monumentale classée qui ne sert plus guère et de nombreux portraits d'ancêtres.

Même les membres de la famille ont parfois l'impression, lorsqu'ils font visiter le château, de redécouvrir des lieux oubliés, des endroits délaissés où vieux meubles, paperasses, bibelots dédaignés attendent qu'on veuille bien s'intéresser à eux. L'espace est disponible à profusion.

LE CHÂTEAU COMME LIEU DE MÉMOIRE

Le château du Fraisse déborde de mémoire, il est mémoire cristallisée comme nombre de ses semblables, d'autant que la même famille y vit depuis le XIIIe siècle. Ainsi la bibliothèque, réaménagée au XIXe par le grand-père de François des Monstiers-Mérinville, contient-elle, outre des centaines de vieux ouvrages reliés et de livres plus récents, quelques dizaines de cartons où sont rangées les archives familiales. Classées par thèmes (testaments, contrats de mariage...) et par région géographique (le Fraisse, mais aussi le Languedoc, où une branche de la famille vécut durant plusieurs générations), ces archives représentent une masse d'informations d'une rare richesse sur une même lignée.

Le petit-fils aîné, Louis, auquel doit revenir le domaine, a entrepris de reclasser tous ces vieux livres et ces documents quelque peu abandonnés. Il protège les vénérables reliures de cuir avec une cire aux propriétés fongicides et insecticides, brevetée par un laboratoire du CNRS et fabriquée à partir de pieds de bœufs. Petit à petit, cette partie de la mémoire familiale reprend un aspect plus avenant. Mais la richesse de ce qui a été ainsi conservé du passé familial semble être bien plus importante que ce que le temps disponible et le goût pour la poussière des vieux papiers, inégalement partagés, ont permis d'exploiter. D'ailleurs c'est une étudiante extérieure à la famille qui a rédigé une maîtrise sur l'histoire du château et de Jean des Monstiers[2]. Toutefois le marquis François des Monstiers met à profit ses loisirs pour dactylographier l'histoire de la famille telle qu'elle a été calligraphiée par son grand-père, qui fit ainsi œuvre de mémorialiste et de généalogiste. Autant il est difficile de remonter de façon significative au-delà de la génération des grands-parents dans la plupart des familles françaises, autant, dans le cas de la noblesse, et, dans une moindre mesure, dans celui des familles de la vieille bourgeoisie, l'accumulation de mémoire est considérable.

Les portraits des ancêtres, qui ornent de nombreux murs dans les pièces de réception, ont été légendés par François des Monstiers et son petit-fils après qu'ils eurent identifié les uns et les autres à l'aide d'inscriptions portées au dos des tableaux ou sur des plaques anciennes. Louis se rappelle que, enfant, vivre sous le regard omniprésent de ses ancêtres l'avait un peu inquiété, comme s'il avait déjà senti peser sur lui une charge morale : continuer de faire vivre la famille en lui conservant son foyer ancestral. Il lui arrive de trouver des ressemblances entre tel parent vivant et tel ou tel portrait du XVIe ou du XVIIe siècle. Ces ressemblances sont soulignées avec un plaisir évident : elles sont bien l'un des signes de la continuité au-delà des siècles. En outre, les ancêtres sont suffisamment connus pour que circulent sur leur compte anecdotes et plaisanteries. Ces apprentissages du temps long de la lignée permettent de prévoir ensuite sur le long terme et non pas à courte vue.

L'un des murs du salon « d'hiver » est couvert de sept tableaux peints au XIXe siècle, qui représentent le château de Voisins, dans le département des Yvelines, dont les grands-parents maternels du marquis François des Monstiers avaient été les propriétaires. Ils le vendirent pour se rapprocher du berceau familial en achetant le château de Sannat, à quelques kilomètres du Fraisse, où vivent des cousins. Ces tableaux, de commande, sont révélateurs de l'importance accordée à la demeure familiale. Dans toutes les familles, elle figure parmi les portraits des ancêtres, que ce soit sous la forme de tableaux, de gravures ou de photographies. Comme si le château, lui aussi, faisait partie de la famille, comme si les objets et les corps ne devaient faire qu'un.

LES RELATIONS AVEC LA POPULATION LOCALE

La proximité entre le domicile du châtelain et ceux des fermiers ou des salariés agricoles autorise les regards croisés et une certaine surveillance mutuelle. On vit en permanence sous les yeux de l'autre.

Il y a au Fraisse une certaine évolution puisque l'exploitation est passée en régie directe, ce qui signifie que les terres sont travaillées par des salariés, certes intéressés aux résultats de l'exploitation, mais qui perçoivent l'essentiel de leur rémunération sous la forme salariale. Autrefois, le métayage était la règle. La loi de 1946 fit passer la part du propriétaire foncier de 50 % à 33 % au maximum, la formule du métayage n'était plus aussi rentable. Les nouveaux droits du foncier limitaient ceux du propriétaire. Par exemple, il existait un droit de préemption pour les métayers qui pouvait gêner le propriétaire dans ses projets, susceptibles d'être hypothéqués par les droits nouveaux du fermage et du métayage. Le marquis François des Monstiers prit en charge la direction de l'exploitation qui est assurée aujourd'hui par son fils, Jean-François, le père de Louis.

Les effets s'en font sentir dans les rapports sociaux entre propriétaire et paysans. Ces derniers ont vécu le passage au statut de salariés comme une dégradation de leur position sociale. Le domaine occupe 5 salariés, dont 3 sont célibataires. Ils sont logés dans les anciennes fermes qui étaient occupées autrefois par des familles entières et le marquis François des Monstiers se plaint du vide ainsi créé. Il regrette l'absence d'enfants qui animaient les cours des fermes et celles du château.

Mais, malgré son éloignement relatif, puisqu'il ne dirige plus l'exploitation et qu'il passe une grande partie de son temps à Paris, le marquis reste une personnalité locale. En traversant Nouic, le village sur le territoire duquel est situé le domaine, il est reconnu et salué par un villageois, qui se découvre en l'apercevant, alors qu'il occupe la place du passager à l'avant d'une voiture inconnue des gens du lieu. À la boulangerie de Mézières-sur-Issoire, le bourg voisin, la conversation s'engage entre la boulangère et le marquis qui lui demande des nouvelles de son père : il avait été autrefois au service de M. des Monstiers qui le nomme par son prénom. Un ouvrier d'une entreprise de travaux publics entre et salue d'un « bonjour monsieur le marquis » qui apparaît tout naturel. Le châtelain conserve un statut de notable et les relations avec les gens du cru restent empreintes d'un certain paternalisme, de cette relation enchantée, à la fois familière et inégale, qui règle traditionnellement les rapports entre maître et serviteur, entre petit patron et ouvrier de métier, entre propriétaire foncier et fermier[3]. Les châtelains se doivent d'entretenir les meilleurs rapports avec le village et de s'insérer au mieux dans le tissu de ses relations sociales, aussi bien pour des raisons matérielles, en s'assurant les disponibilités pour certaines tâches, bénévoles ou non, que pour des raisons symboliques, en asseyant la légitimité de la domination. Sans cette présence dans le maillage de la vie locale, il ne peut y avoir de châtelains dignes de ce nom.

La famille des Monstiers a fait construire une école privée catholique à Nouic, et Quitterie, fille du marquis François des Monstiers, y fut élève. Elle se souvient d'avoir remis à sa place une camarade qui l'importunait, en lui rappelant que son père était le propriétaire de l'école et qu'elle avait intérêt à respecter la fille du maître des lieux.

Mais c'est dans les rapports avec l'église que se fait surtout sentir l'omniprésence de la famille. La chapelle du château était le lieu des cérémonies familiales, il n'y a pas si longtemps. Quitterie y fut baptisée et y fit sa première communion. Durant l'enfance du marquis des Monstiers, on y disait la messe deux fois par semaine, le jeudi et le dimanche. Ce jour-là, le curé officiait d'abord au village puis se rendait au château. Dans une petite sacristie annexée à la chapelle, on trouve encore des habits sacerdotaux et le calice. Certains des ancêtres de M. des Monstiers sont enterrés dans cette chapelle.

La famille dispose aussi d'une petite chapelle privée dans la modeste église de Nouic. Occupant un croisillon du transept, cette chapelle est entretenue par la famille. M. des Monstiers a fait changer le vitrail du XIXe siècle qui l'éclaire. Dans le style saint-sulpicien, ce vitrail ne s'accordait guère avec le dépouillement roman de la petite église. Le nouveau, à la composition abstraite, s'intègre mieux. Le vitrail du XIXe siècle avait déjà été offert par la famille. Le nouveau porte la dédicace « À sainte Quitterie », prénom prisé par les des Monstiers puisqu'il est celui de Quitterie du Fraisse par qui le château entra dans le patrimoine familial.

Au moment de la restauration de l'église, M. des Monstiers a fait remplacer le parquet qui recouvrait le sol de cette chapelle par des dalles semblables à celles utilisées dans les autres parties de l'édifice. L'intervention de la famille va au-delà des limites de la chapelle privée. Ainsi M. et Mme des Monstiers ont-ils fait don d'une statue de la Vierge en granit, trouvée au cours d'un séjour en Bretagne où Mme des Monstiers disposait, à Dinard, dans un site exceptionnel, d'une grande maison de famille. À la fin du XIXe siècle, la famille des Monstiers offrit une statue de saint François d'Assise dont le piédestal porte une plaque avec l'inscription « offert par le marquis et la marquise des Monstiers-Mérinville ». Cette statue est aujourd'hui encadrée par les dalles où sont gravés les noms des victimes des dernières guerres.

On accède à la chapelle des Monstiers par une petite porte latérale dont la famille n'a d'ailleurs pas la clef. Elle est déposée chez une habitante dont la maison donne sur la place de l'église. Au cours des offices, personne ne vient prendre place dans la chapelle, sauf en cas de grande affluence et s'il reste des sièges libres « chez » les des Monstiers.

À droite du petit autel orné d'une pietà, un vieux panneau de bois égrène les noms des membres de la famille enterrés dans cette chapelle. Urban et Quitterie des Monstiers viennent d'abord. Leur inhumation est signalée comme ayant eu lieu avant 1280. Les derniers membres de la famille mentionnés furent enterrés un peu avant la Révolution.

Ainsi, la religion est très intégrée dans la vie familiale. Comme la culture, elle est inséparable de la vie de la lignée et de l'existence quotidienne. Par ces deux chapelles, celle du château et celle de l'église, par la présence même des sépultures dans les lieux de culte, il y a une très forte interpénétration entre la religion et la famille ; elle contribue à donner intensité et épaisseur à une existence qui trouve là, sans doute, une certaine sérénité[4].

L'enracinement local a été également le fait de familles de confession minoritaire, comme certaines familles de la haute bourgeoisie juive. Caroline de Ricqlès, dont les ancêtres en ligne paternelle, originaires d'Amsterdam, firent fortune au début du XIXe siècle, à Lyon, dans la fabrication et la commercialisation de boissons et bonbons à base de menthe (la menthe Ricqlès), avait pour ascendants maternels de grands industriels de la laine installés à Elbeuf. L'entreprise avait été fondée à Bischwiller, en Alsace, en 1827, par les frères Maurice et Théodore Blin. Ils quittèrent l'Alsace devenue allemande et se réinstallèrent à Elbeuf. « Les ouvriers avaient suivi à pied », rapporte Caroline de Ricqlès. L'entreprise était la plus importante de la ville et employait au début du siècle 1 200 ouvriers. Les rapports sociaux étaient empreints de paternalisme. L'ancêtre Blin « avait créé au sein de l'usine une sorte de sécurité sociale, à une époque où la protection sociale n'existait absolument pas. Il avait fait construire des habitations pour les ouvriers. Je me rappelle que ma grand-mère allait apporter des bonbons à toute ouvrière qui venait d'accoucher ». Bien que ses habitants aient été juifs, le « château » (plutôt une grande maison bourgeoise), qui accompagnait alors la réussite industrielle, était donc très bien intégré dans son environnement social, plus urbain ici que rural. Cette intégration n'empêchait pas les Blin de maintenir la tradition juive puisque ces industriels firent construire une synagogue, dont on peut supposer qu'elle n'était utilisée que par quelques familles parentes ou alliées, les Fraenckel, Bernheim ou Herzog (famille d'André Maurois). Mais on retrouve bien le même processus d'insertion locale des grandes fortunes, qu'elles soient terriennes ou industrielles, qu'elles soient fidèles de la religion catholique dominante ou membres d'une confession minoritaire.

Le Fraisse est un vieux et respectable château, mais ce n'est pas un lieu luxueux. Son propriétaire est assujetti à l'impôt de solidarité sur la fortune. Pourtant le Fraisse n'a rien d'une demeure de grand standing. La valeur symbolique du Fraisse ne réside pas dans une magnificence apparente, mais dans le temps qui s'y est cristallisé. Dans la débauche d'espace aussi, l'assurance inimitable que lui confère sa parfaite intégration dans le paysage, l'enracinement de ses vieilles pierres. Le confort n'est pas le fort du château, même si les aménagements modernes ne manquent pas. Pour autant, ce n'est pas une demeure frappée d'obsolescence comme le sont ces cités des années soixante où la destruction spectaculaire de tours attire badauds et chaînes de télévision. Au Fraisse, le temps a été vaincu et il est devenu le vassal des maîtres des lieux. Sans signifier déchéance et dégradation, il offre la patine sans prix des siècles passés, la mémoire de la lignée. Il importe seulement de maintenir. Le patrimoine de rapport est alors mobilisé pour permettre l'entretien de ce bien irremplaçable, sans prix. D'autres ressources sont nécessaires pour faire vivre le domaine dont l'exploitation est devenue déficitaire. Les revenus du patrimoine sont alors convertis en capital symbolique, en symbole fondant une part de la légitimité familiale et l'assurance des membres du groupe de devoir continuer.

Un château presque neuf

Le Fraisse est un cas extrême, étant le domaine de la famille depuis le XIIIe siècle. Il est certes d'autres châteaux, comme celui de la famille d'Arcangues, dans le village homonyme situé près de Biarritz, qui sont dans la même famille depuis près de mille ans. Mais les fortunes et les enracinements peuvent être plus récents sans que les enjeux symboliques autour du patrimoine immobilier soient moindres. Le château de Contenson, dans les monts du Forez, en fournit un exemple.

Bien que Contenson soit moins chargé d'histoire que le Fraisse, il est assez riche de souvenirs pour avoir nourri les Mémoires de la comtesse Jean de Pange, née Pauline de Broglie. Ces patrimoines immobiliers d'exception sont ainsi toujours susceptibles de fournir le décor prestigieux du récit des sagas familiales, capital économique, capital culturel et capital symbolique se trouvant ainsi inextricablement mêlés. Mme de Pange raconte dans ses souvenirs comment sa famille se trouva alliée aux Rochetaillée. Ses frères, Maurice et Louis, furent des physiciens de renom, le second obtenant le prix Nobel en 1929 et tous les deux ayant été membres de l'Académie des sciences et de l'Académie française. « Je savais, écrit-elle, que mes parents pour sauver l'avenir de Broglie [il s'agit du château familial, situé dans l'Eure] désiraient une très grosse dot. » Ce fut Camille de Rochetaillée qui l'apporta, en épousant Maurice de Broglie. « Veuve très jeune, la baronne de Rochetaillée, née Rochefort, avait su gérer et augmenter sa fortune placée dans les mines de charbon de Saint-Étienne et se servir de ses gros revenus avec intelligence [...]. Elle possédait, en plus des mines de charbon de Saint-Étienne, des terres importantes dans les monts du Forez où son mari avait acheté à la famille de Contenson un superbe château tout en granit rose[5]. » Aujourd'hui ce sont les 1 500 hectares de bois et de tourbières qui assurent les revenus nécessaires à l'entretien du château. Les mines de Saint-Étienne ont été nationalisées à la Libération, ce qui fut, selon l'actuel baron de Rochetaillée, une bonne opération pour la famille. « Nous avons été indemnisés à une époque où les mines n'étaient plus rentables ; l'État a, en réalité, fait une très mauvaise affaire. »

La jeune Pauline de Broglie fut invitée avec sa mère et son frère Maurice pour un séjour dans les monts du

Forez. « On arriva à Contenson vers neuf heures du soir. Nos domestiques et la malle un peu plus tard dans la nuit. Ici nouvel éblouissement ; le château était éclairé à l'électricité ! Peu de maisons privées en 1903 avaient cet éclairage, je n'en avais jamais vu. Mme de Rochetaillée savait profiter des chutes d'eau naturelles de son parc pour installer la fée du logis. » Le baron de Rochetaillée avait fait reconstruire et agrandir le château en 1885, peu de temps avant de mourir d'un accident de cheval. « Autour du donjon primitif, on éleva un énorme bâtiment à quatre façades avec une tour coiffée d'un haut toit pointu à chaque angle. Les fenêtres à ogives dans le plus pur style de Cluny, des balcons en dentelles de pierre, des tourelles, des échauguettes, une loggia avec des vitraux, le tout en granit rose alternant avec la pierre grise du pays[6]. » Une grande pièce d'eau, devant l'entrée, ajoute à la majesté des lieux.

LE CHÂTEAU ET LES MINES

Contenson matérialise les représentations dominantes du « château », vieille demeure qui présente tous les traits caractéristiques d'un long passé, des formes architecturales à vocation défensive dont l'inutilité fait aujourd'hui le charme. Mais qui, aussi, abrite la vie de château, telle que ceux qui en ignorent tout peuvent l'imaginer, c'est-à-dire la « belle » vie, la « grande » vie. Contenson, d'autant mieux entretenu que sa construction est récente, offre un cadre de vie parfait, à la fois confortable et avec tous les signes extérieurs d'une inscription dans la longue durée. Visible de loin, mais à l'abri des importuns grâce à un vaste parc, il manifeste toute la majesté nécessaire à l'affirmation d'une position incontestablement dominante.

À y regarder de plus près, on s'aperçoit que Contenson offre les mêmes syndromes que les autres châteaux. La taille et la démesure des frais d'entretien finissent par transformer en lourdes charges ces « patrimoines de jouissance » qui, parfois, portent assez mal leur nom. Vaste, Contenson compte une quarantaine de pièces principales. « Mais des quarante pièces, il n'y en a plus que vingt qui soient habitées aujourd'hui », confie le baron de Rochetaillée, qui en a reçu l'héritage comme parent le plus proche de Maurice de Broglie et Camille de Rochetaillée[7]. Et encore, ces pièces ne sont occupées que l'été, car « l'hiver on est dans les dépendances », le bâtiment principal ne pouvant être chauffé compte tenu du coût que cela représenterait. Un coût qui était bien moindre lorsque l'énergie provenait des entreprises familiales. « Autrefois, il y avait un calorifère, un système de chauffage à air pulsé, puisque ma grand-mère était propriétaire des mines de charbon de Saint-Étienne. C'était un train qui nous apportait directement le charbon de Saint-Étienne à Saint-Just-en-Chevalet. »

À cette époque, la famille possédait encore le château de Nantas, à Saint-Jean-Bonnefonds, dans la Loire, près de Saint-Étienne. C'était là le berceau de la famille et la vieille demeure semblait s'allier à la propriété des mines de charbon pour asseoir la notoriété locale. Le père de la jeune Camille, lui aussi prénommé Camille, avait été à l'origine de l'exploitation des gisements de charbon du sous-sol de Saint-Étienne. « Il achetait des prés marécageux dont personne ne voulait, il creusait et il trouvait du charbon », se plaît à raconter son descendant. La ville, reconnaissante, lui dédia une rue.

La famille il est vrai avait déjà sa place dans l'histoire locale. Un des aïeuls du baron de Rochetaillée, « Jean Bernou, consul de Saint-Étienne, s'illustra par son courage durant la terrible peste de 1643[8] ». Plus tard, un Rochetaillée fut nommé par le roi à l'assemblée provinciale de Saint-Étienne et fut désigné par elle pour représenter la noblesse dans l'assemblée du département[9].

Histoire et industrie, vieilles pierres et puits de mines, distinction aristocratique et labeur quotidien forment la toile de fond de cette saga familiale. Ailleurs les éléments fondateurs seront différents, mais les anciennes familles aristocratiques ou bourgeoises connaissent les mêmes processus constitutifs. À l'accumulation primitive d'un patrimoine de rapport vient progressivement s'ajouter celle d'un patrimoine de jouissance dont le rôle est grand dans la formation de l'identité de la lignée. L'histoire de Saint-Étienne se confond pour partie avec celle des Rochetaillée. Comme l'histoire de la banque parisienne avec celle des Neuflize ou des Rothschild, et avec leurs demeures, les hôtels particuliers et les châteaux que les fortunes permirent d'acquérir ou de faire construire. À un certain niveau, les affaires sont aussi affaires de famille et les lieux de résidence sont des lieux de gestion du capital social, des lieux de circulation de l'information et de négociation entre gens de bonne compagnie.

UN FRAGMENT DU PATRIMOINE NATIONAL

Il n'est pas indifférent alors d'habiter un monument historique. Le classement ou l'inscription sur l'inventaire supplémentaire désignent le bâtiment comme remarquable, lui offrent un label, authentifié, qui plus est, par l'État. « C'est au début du XIXe siècle que l'intérêt pour les monuments historiques, abbayes, églises et châteaux, prend son essor. C'est à ce moment aussi que les architectes de Napoléon, Percier et Fontaine, émettent leur théorie esthétique : le beau est ce à quoi l'œil est habitué. C'est enfin un moment fort du droit avec la mise en place du code civil. Le classement des monuments historiques fait naître un droit spécifique, souvent dénommé droit de l'esthétique, qui donne à voir, signale au public ce qu'il a intérêt à regarder[10]. » Reste à savoir si, comme le laisse entendre Yves Aguilar dans sa conclusion, la procédure de classement, au lieu de relever d'une objectivité du beau ou de l'historique méritant d'être préservé, de cette « catégorie ineffable qui serait un pur donné », ne relèverait pas, en réalité, du « jugement social d'un moment porté par la classe sociale qui en a le droit », et aussi, sans doute, en fonction des intérêts économiques et symboliques de cette classe[11]. Lorsque, par des aides diverses, l'État favorise l'entretien du patrimoine historique privé, tout en exigeant son ouverture au public, il permet bien sûr de préserver un patrimoine national, mais en même temps il contribue à conserver la mémoire d'un certain ordre social, et même à perpétuer des formes architecturales qui le symbolisent. Et ce d'autant mieux que ces bâtiments sont encore occupés par les descendants de ces familles illustres.

Le Fraisse est en partie classé, en partie inscrit à l'inventaire supplémentaire. Contenson, plus récent, est inscrit, « ce qui permet de choisir son architecte », se console le baron de Rochetaillée. Il est certain que le classement ou l'inscription offrent des avantages non négligeables aux propriétaires qui bénéficient de subventions pour les travaux d'entretien qui peuvent couvrir une bonne part des devis en combinant les aides de l'État avec celles des collectivités locales et de l'Europe. Ces avantages sont d'autant plus importants que la demeure est ouverte au public, ce qui permet des allégements fiscaux consécutifs à la réalisation de travaux de construction et d'entretien. En revanche, le classement et dans une moindre mesure l'inscription à l'inventaire supplémentaire créent des obligations quant aux autorisations à demander et aux précautions à prendre pour toute intervention sur le bâtiment et même sur son environnement. Mais il est d'autres châtelains, tels le comte et la comtesse Philippe de Chenerilles, pour le château d'Arbieu à Bazas, en Gironde, ou Michel d'Arcangues, pour le château d'Arcangues, dans les Pyrénées-Atlantiques, qui trouvent trop lourdes les contreparties, demandées par l'État. « Le classement d'un château ou d'une demeure historique, regrette Michel d'Arcangues, ne permet pas au propriétaire, s'il désire entreprendre des travaux de restauration ou de réfection, de choisir son architecte, s'il souhaite bien entendu bénéficier des subventions accordées par l'État. L'architecte est désigné par une commission des Bâtiments de France, sur présentation d'un dossier, une démarche longue et compliquée. Ces travaux peuvent s'avérer plus coûteux que ceux effectués par le propriétaire avec la main-d'œuvre locale, puisque, dans le cas d'une maison classée à l'inventaire supplémentaire, ces subventions ne dépassent jamais 2 % du devis total. Nous sommes bien loin des chiffres théoriques de 40 % à 80 % qui concernent sans doute les grands châteaux ouverts au public ou ceux transformés en musées. Finalement on nous propose des aides, mais avec des exigences telles que notre maison n'est plus la nôtre. » « Je veux rester maître chez moi », conclut M. Philippe de Chenerilles. Encore faut-il le pouvoir : les stratégies familiales en ce domaine varient en fonction des ressources disponibles et des solutions envisageables. Mais elles ont toutes un point commun : conserver la demeure familiale est une exigence très forte, prioritaire, et pour cela on accepte, si nécessaire, beaucoup d'efforts et de contraintes. Souvent il s'agit de comportements dont l'irrationalité économique apparaît évidente. Mais, au-delà, la valeur symbolique de ces « immeubles » est telle que leur maintien dans le patrimoine de jouissance a des effets très positifs sur d'autres formes de capitaux, le capital social et le capital symbolique. La poursuite de la lignée sur son fief est l'un des signes les plus sûrs de sa pérennité.

Il y a donc un gain symbolique appréciable au fait d'habiter une demeure classée. Les propriétaires se trouvent ainsi promus au titre de gardiens du patrimoine. Ils en ont la charge et, si cela comporte certains devoirs, c'est aussi une manière de se conformer à la responsabilité familiale de transmettre un bien que l'on a en dépôt, avec l'idée que la famille a reçu l'usufruit d'une partie du patrimoine national. Le classement ou l'inscription équivalent en quelque sorte à la reconnaissance de ce devoir et de cet honneur. Il existe deux associations de propriétaires qui veillent aux intérêts de ceux qui possèdent des immeubles ayant une valeur historique, « La Demeure historique » et « Les Vieilles Maisons françaises ». Ces associations apportent aides, conseils et informations à leurs adhérents. Il y a donc une forme d'organisation collective de la gestion des intérêts des propriétaires de vieilles demeures.

L'INSCRIPTION LOCALE DE LA SAGA FAMILIALE

À Contenson, on prend soin de conserver les traces du passé et des générations antérieures. Ainsi le cabinet de travail de Maurice de Broglie est-il pieusement entretenu. Sous son portrait peint est exposée son épée d'académicien ornée d'un décor symbolisant les ondes hertziennes et d'un motif marin qui rappellent sa passion pour la physique et sa brève carrière d'officier de marine. Cette épée lui avait été offerte par les membres du Cercle de l'Union[12], dont il fut le président de 1915 à 1960, le travail scientifique n'étant pas, à ce niveau de l'univers social, antinomique avec la vie mondaine. Mme de Rochetaillée mère avait fait installer le bureau de Maurice de Broglie, son gendre, dans une tour. On y trouve aussi une photo de lui par Nadar, et des maquettes de bateaux, qui furent sa seconde passion. Sur le bureau, le vieux téléphone semble toujours prêt à sonner.

La grande salle à manger au plafond décoré de caissons peints abrite une tapisserie d'Aubusson aux couleurs encore fraîches et vives. La chapelle bénéficie d'orgues, réalisées par Aristide Cavaillé-Coll, qui reconstruisit celles de Saint-Sulpice en 1862. L'autel est dominé par un crucifix sculpté par le Grand Prix de Rome de 1866. L'autorisation de dire la messe à Contenson fut accordée par le pape Léon XIII dont la décision encadrée figure en bonne place. Avant 1914, des chapelains vivaient en permanence au château où ils assuraient les offices. La salle de billard offre une table qui a été restaurée « par un champion français », comme aime à le souligner le baron de Rochetaillée, heureux de faire découvrir les richesses de la demeure de sa famille. Par strates successives, chaque génération a apporté sa contribution à la constitution de ce patrimoine unique, fruit des goûts et des passions des uns et des autres. Il ne suffirait pas de disposer de la valeur vénale de tout ce qui est ainsi rassemblé pour pouvoir construire un ensemble équivalent. Il a fallu beaucoup de fortune pour réaliser et maintenir une telle demeure. Mais il a aussi fallu du temps, et ce que la fortune a permis, c'est de maintenir vivante la mémoire des siècles passés. La fortune, c'est donc aussi un moyen de maîtriser l'écoulement du temps et d'associer autour d'une maison non seulement tous les membres d'une famille, mais aussi toute l'histoire locale.

Il faut pour cela des moyens. À la fin du XIXe siècle, « selon le vœu de son mari mourant, Mme de Rochetaillée [la mère de Camille, qui épousa Maurice de Broglie] avait fait don à la commune de Saint-Just-en-Chevalet d'une église grande comme une cathédrale, d'une vaste école ainsi que d'une maison d'œuvres. L'ensemble formait tout un quartier religieux[13] ». Aujourd'hui encore cet ensemble architectural de briques rouges paraît disproportionné dans le modeste bourg. À l'entrée de l'église, un bas-relief représente le baron Camille de Rochetaillée. Son effigie, circonscrite dans un médaillon, est surmontée d'une couronne baronniale et porte au-dessous l'inscription : « Au baron Camille de Rochetaillée. La commune de Saint-

Just-en-Chevalet reconnaissante. Étienne Pagny, 1894. » Ainsi donc la trace est là, indélébile, et le village ne saurait oublier le généreux donateur.

Diminution des moyens disponibles ou perte d'intérêt pour un mécénat dont la rentabilité apparaît aujourd'hui moins évidente ? En tout cas, si les Rochetaillée poursuivent leur politique d'aide aux paroisses proches et aux écoles confessionnelles, c'est selon d'autres modalités. « Les impôts de toutes sortes, y compris l'ISF, représentent 85 % de nos revenus, explique le baron de Rochetaillée en 1995. Alors on fait des kermesses, des fêtes de charité qui viennent nous aider pour entretenir écoles et églises. On ne peut plus être généreux comme autrefois, comme ma grand-tante. Le mécénat n'est plus possible pour les particuliers, il n'est plus envisageable qu'au niveau des entreprises. » Si une certaine érosion des fortunes limite les possibilités de l'aide caritative directe, la renonciation à l'engagement dans la vie sociale locale est à éviter. Ainsi M. de Rochetaillée, s'il n'a pas de responsabilités électives locales, est président du syndicat des forestiers de la Loire.

Il n'est pas possible de disposer d'une grande fortune sans entretenir des relations spécifiques avec la population locale, construites sur le modèle de l'échange de dons, chacun entrant dans l'échange au prorata de ses moyens, économiques ou autres. Peut-on dire que « richesse oblige », comme on dit que « noblesse oblige » ? C'est-à-dire que l'on se doit de tenir son rang et de se donner les moyens de le maintenir, d'en assurer la reproduction, ce qui suppose le concours des dominés. Ce paternalisme local des grandes fortunes aurait alors pour effet, non consciemment recherché sans doute, d'assurer la tacite reconduction des rapports de domination. Selon Maurice Halbwachs, « la société respecte la richesse parce qu'elle respecte les personnes des riches ; et elle respecte les personnes des riches en raison des qualités morales qu'elle leur suppose[14] ». En tout cas, les Rochetaillée ne dérogent pas à cette règle de l'échange de dons, même si les circonstances en font évoluer les modalités : 800 hectares du domaine sont mis gratuitement à la disposition des chasseurs du bourg. Pour exprimer leur reconnaissance, pour cette générosité et pour d'autres, les habitants, explique la baronne de Rochetaillée, « venaient, le jour de la fête de Saint-Just-en-Chevalet, le dernier dimanche d'août, m'apporter la brioche. Puis ils offraient un spectacle devant le château, pour les habitants du château. Ce pouvait être les Gilles de Binche. Mais maintenant c'est trop cher pour la commune ».

Quel que soit le niveau de richesse, le château ne serait rien sans le territoire sur lequel il s'inscrit. Le territoire, c'est l'espace avec ses terres agricoles, mais aussi viticoles et parfois minières ou industrielles. Mais c'est aussi les gens qui l'habitent et qui en vivent. Le château n'est rien s'il n'est sur son fief. Celui-ci peut être réduit : ce qui importe, ce sont les liens privilégiés entre les châtelains et les gens du cru. D'où cette importance du don à travers les œuvres caritatives et toutes les formes possibles d'aides apportées à la vie locale, qui appellent le contre-don, sous la forme de la reconnaissance et de la gratitude, mais aussi de l'acceptation de l'ordre social.

Des interventions fortes dans la vie locale

LE VILLAGE, LE CHÂTEAU ET LE GOLF

Arcangues est un village de 2 500 habitants qui a été « façonné par mon grand-père, raconte Michel d'Arcangues en 1995. Il a rénové l'église dans les années cinquante, il a également construit le théâtre, il a beaucoup fait pour son village. Mon oncle Jean, le frère de mon père, a été maire d'Arcangues. Son fils, Avelino, vient d'être élu conseiller municipal dès le premier tour avec toute sa liste». Le village et la famille d'Arcangues, enracinés dans la réalité basque, existent depuis 1150. Les armes qui figurent sur les édifices publics sont celles de l'une et de l'autre. Tout cela ne serait pas très original si récemment la famille d'Arcangues n'avait fait construire un golf de 100 hectares qui, telles des douves, encercle l'ensemble du village et du château. «Car le golf d'Arcangues a été fait sur nos terres pour préserver notre maison et le village. Les trois trous, 13, 14 et 15, sont autour du château même [...]. Dans l'esprit de mon grand-père qui avait déjà, il y a une trentaine d'années, envisagé la création de ce golf, il s'agissait de préserver le village d'Arcangues de l'invasion immobilière imminente compte tenu de la proximité de Biarritz, Anglet et Bayonne. Il voulait déjà créer une ceinture verte pour protéger le cœur du village d'un assaut spéculatif inévitable. Toutefois l'initiative de la construction d'un golf à Arcangues revient à mon père, Guy d'Arcangues, l'actuel propriétaire du château, ancien capitaine de l'équipe de France de golf.» La solution du terrain de golf fut retenue car il présente une possibilité de rendement bien plus élevée que la culture du maïs qu'il remplace. En gelant les terrains, il limite les constructions immobilières aux bâtiments de service et aux villas et petits immeubles d'habitation peu nombreux dont la clientèle sera fournie par les golfeurs, les châtelains conservant la maîtrise du développement de l'opération.

Un paysage qui associe ainsi le château et le village inscrit dans sa structure, de façon assez claire, une symbolisation des rapports sociaux locaux. C'est peut-être aussi pour des raisons sociologiques et pas seulement écologiques que les oppositions à la réalisation du golf furent vives. Car même si la pratique de ce sport s'est diffusée, elle n'en demeure pas moins socialement marquée et classante. Enserré dans ses hectares de gazon frais tondu et ses vallonnements artificiels, le village est devenu un lieu de loisir pour sportifs fortunés. « Toutefois, précise Michel d'Arcangues, le golf est aussi ouvert à ceux qui désirent y jouer, moyennant un droit d'entrée au même tarif que les autres golfs du pays, selon une formule d'abonnement. De plus les enfants du village y ont droit à des cours gratuits chaque semaine avec le professeur. » À Arcangues, les châtelains étant propriétaires des terres agricoles qui entourent le village, ils ont pu mener à bien cette opération immobilière dont la gestion et le développement dépendent désormais, non seulement d'eux, mais aussi des membres actionnaires du golf.

Mais, du fait des transmissions, des partages et des ventes, il est aujourd'hui des châteaux sans terres propres. Dans les environs de Biarritz, une vaste propriété du XVIIIe siècle domine des collines qui, peu à peu, sont gagnées par les jachères et par les chantiers de construction de petites maisons individuelles, ou encore par des voies de circulation qui grignotent lentement le paysage. « Une propriété de cette ampleur, nous confie celui qui y vit, avec vue sur des friches et sur des lotissements, ce n'est plus la peine. Une partie de son intérêt résidait dans la beauté de la vue. » La dégradation du paysage fait prendre conscience de la solidarité entre châtelains et fermiers, attachés les uns et les autres, pour des raisons à la fois différentes et identiques, au maintien de l'activité agricole. Le travail agricole non seulement apportait au domaine une source importante de revenus, mais encore il assurait l'entretien de la qualité esthétique et partant symbolique des lieux. Avec la crise agricole, c'est aussi à une véritable crise du paysage qu'on assiste, menace pour la valeur économique et symbolique des patrimoines.

EN MILIEU URBAIN

Dans la ville, l'inscription spatiale des rapports sociaux se laisse voir moins facilement. Mais on peut lire selon cette logique la déploration par la noblesse et la grande bourgeoisie des évolutions urbaines qui, dans les beaux quartiers, désagrègent des relations qui pouvaient rappeler celles qui existent entre le village et son château. Dans le VIIIe arrondissement de Paris, la disparition des petits commerces locaux, sous la pression des affaires et des magasins de luxe, a fait partir ces commerçants et leurs employés qui assuraient un service très personnalisé aux grandes familles du quartier[15]. Le remplacement de cette infrastructure à vocation quotidienne par les grands couturiers ou les joailliers a supprimé les boulangers et les épiciers, le droguiste et le fleuriste aux services desquels on avait recours et avec qui les rapports, fréquents et chaleureux, pouvaient avoir quelque chose de la richesse de ceux entretenus au village. La transformation des quartiers de l'Ouest parisien, dont se plaignent tant les familles fortunées qui y résident, c'est aussi la disparition de ce paternalisme ordinaire, quotidien, qui forme la trame habituelle des relations des dominants avec les autres groupes sociaux. Sans doute son absence a-t-elle pour effet, désenchanteur, de laisser les privilégiés en tête-à-tête avec leur patrimoine, avec des biens qui ne sont que peu de chose s'ils ne sont légitimés, valorisés et confortés par des rapports sociaux qui puissent faire vivre et ressentir le bonheur d'échapper au lot commun en ayant sous les yeux la reconnaissance de ceux que l'on domine.

Il en va autrement dans les villes de moindre importance où la faible ségrégation de l'habitat conduit à une situation qui rappelle celle du village. L'hôtel particulier des Fontmichel, au cœur de la vieille ville de Grasse, inscrit l'identité de la famille en profondeur dans la réalité locale. Monument historique du XVIIe siècle, le bâtiment, mitoyen avec d'autres immeubles plus modestes, est signalé dans les guides touristiques et fait partie de ceux que l'on montre aux groupes qui visitent la vieille ville. Les Fontmichel, qui y vivent depuis 1774, y ont accumulé un patrimoine non négligeable d'œuvres et d'objets d'art dans une demeure classée qui abrite aussi le cabinet d'avocats de M. Hervé de Fontmichel. Celui-ci, ancien maire de Grasse comme l'ont été plusieurs de ses ancêtres, conseiller régional, vit ainsi dans une maison patricienne fondue dans les habitations plus modestes de ses anciens administrés. On retrouve dans un cadre urbain ces relations de proximité-distance qui sont au principe du fief rural, c'est-à-dire d'une inscription en profondeur des vieilles familles dans le tissu social local.

Autrefois on pouvait aussi accéder à la noblesse par l'exercice du pouvoir local. Au cours du XVIIIe siècle, les « corps de ville », qui correspondent aux municipalités actuelles, « furent dans l'ensemble des organismes prestigieux et les fonctions municipales [furent] recherchées par des familles opulentes, qui dans certaines villes accèdent ainsi à la noblesse (noblesse de cloche)[16] ». Alors que le village de Courson, en Île-de-France, a beaucoup grandi, Patrice Fustier, qui a épousé Hélène de Nervaux-Loÿs, propriétaire du château du lieu, a remarqué que, longtemps maire-adjoint, il était toujours placé à la droite du maire. « C'est à moi qu'on demandait l'avis en premier, et ce quel que soit la nature du problème. On prenait d'abord l'avis du "château" dont je n'étais que le simple représentant. » Les positions familiales dans le tissu local consolident symboliquement et légitiment les positions socialement dominantes. Elles sont aussi en interrelation avec toutes les formes de capitaux, et ici une forme particulière, le capital politique dont le principe peut être trouvé dans cet enracinement local propre à certaines familles.

Patrimoines de jouissance et patrimoines de rapport

Sur le terrain il est parfois difficile de maintenir la distinction entre patrimoine de jouissance et patrimoine de rapport. Les châteaux du Bordelais, le château de la Brouchetière à Jœuf, en Meurthe-et-Moselle, en terre sidérurgique, le château de la Verrerie au Creusot, Contenson au sein de ses forêts, le Fraisse entouré de ses terres agricoles, forment un tout avec les exploitations ou les entreprises qui leur ont permis d'exister. Cette conjonction entre patrimoine immobilier de jouissance et patrimoine de rapport est au principe du capital symbolique dont disposent les familles concernées. Car dans cette proximité se manifestent les rapports sociaux de domination qui organisent la vie économique locale. Les différentes facettes du patrimoine sont étroitement solidaires.

LE VIGNOBLE BORDELAIS

Le vignoble bordelais constitue une forme particulière de patrimoine territorial où s'entremêlent capital immobilier, capital économique et capital culturel (car le vin et ses savoirs ont leur place dans la culture dominante), capital social et capital symbolique. Pour la bourgeoisie viticole bordelaise, un patrimoine de cette nature a une dimension symbolique importante. Il est parfois bien difficile d'isoler cette dimension de la valeur économique dans la mesure où le vignoble est, aussi, un certain rapport social avec un territoire, et la matérialisation de l'histoire de ce rapport.

Les Lur-Saluces étaient propriétaires dans le Sauternais de deux châteaux, Yquem pour la branche aînée et Malle pour la branche cadette. Yquem appartenait à cette même famille depuis plusieurs siècles lorsqu'il fut acheté par le groupe de Bernard Arnault, lequel y maria sa fille, Delphine, en 2005. Ce vin de Sauternes fut classé premier grand cru, seul à obtenir cet honneur dans sa catégorie, par les courtiers de Bordeaux, à la demande de Napoléon III et à l'occasion de l'Exposition universelle de 1855 à Paris. Cette région voit la concentration de nombreuses demeures, dont beaucoup sont classées, qui recèlent toutes meubles anciens et objets d'art. Autour de ces châteaux, les vignobles taillés au cordeau sont comme le coussin de velours sur lequel reposerait un diadème. Tout est élégant et raffiné, le château et les vignes. Les dimensions mythologiques et culturelles du vin anoblissent une activité économique dont la transfiguration permet à la richesse de s'afficher ici sans retenue et sans mauvaise conscience, sans cette agressivité propre aux nouveaux enrichis. La dignité des traditions, la richesse des savoirs que requiert cette viticulture rejaillissent sur les propriétaires. Il y a homologie entre les vignes, fruits d'un travail ancestral, le vin, que le temps bonifie, et les grands viticulteurs du Bordelais dont les familles comme les Cruse ou les Rothschild s'inscrivent dans les lignées. « Signe de cette capacité d'enregistrement du temps, le millésime ; en effet, rare, sinon unique produit végétal à être marqué par l'année de son origine, le vin tire du millésime une double valeur, l'âge et l'identité[17]. » Au classement des vins répond celui des bâtiments : même les chais sont susceptibles d'être ainsi honorés. Chez les Cruse, au château de la Dame Blanche, sur la commune du Taillan, « les chais datent de l'époque d'Henri IV : à demi enterrés, ils comportent deux niveaux et surprennent par l'atmosphère quasi mystique qui y règne, fruit de leur origine monastique, mais surtout de la mystérieuse alchimie de l'alcool qui, pendant des siècles, a noirci et embaumé les voûtes[18] ». Henri Cruse acheta le Taillan à la fin du XIXe siècle et y rassembla « d'étonnantes collections, sauvant [un] retable de l'hôpital de la Manufacture qui risquait d'être définitivement perdu lors de la construction du palais Descas en Paludate et lui donnant une place de choix dans les jardins de sa propriété[19] ».

Au milieu de ces richesses matérielles et symboliques accumulées s'élabore l'alchimie du vin. Car il y a de la magie dans le travail du vin et ce sont les vieux maîtres de chais qui font les bons vins. L'expérience est décisive et elle est valorisée. Bernard Ginestet, ancien propriétaire de Château-Margaux, décrit la relation paternaliste qui en découle entre le maître de chais et les propriétaires, courtiers et négociants. Un paternalisme dont la construction repose sur une estime réciproque des uns et des autres quant à leurs compétences et leurs savoir-faire dans le domaine de la vinification et de l'économie du vin[20]. Le vin, dans son élaboration et sa commercialisation, est le support de relations complexes qui mêlent des groupes socialement très divers mais les réunissent dans un espace spécifique.

LE CHEVAL ET LES ÉCURIES DE COURSES

Le cheval est aussi à l'origine d'une imbrication semblable entre patrimoine de rapport et patrimoine de jouissance, forme de combinaison de capitaux qui semble bien être significative pour les catégories sociales les plus fortunées. M. de Castilla a hérité du haras de la Tuilerie à Silly-en-Gouffern, dans l'Orne. Aussi bien du côté paternel que du côté maternel, les familles ont une tradition liée au cheval. Le père de M. de Castilla montait en concours hippique. La demeure familiale, une vieille maison de maître très soignée, jouxte les installations du haras et les écuries ne sont pas loin. La vie du haras rythme celle de la maison. Et surtout le cheval est un patrimoine vivant qui « alimente le rêve » et qui est le produit de savantes supputations sur les croisements et leur efficacité. « C'est toute une aventure, tout cheval vous permet l'espoir. » Celui par exemple de produire enfin un *crack* et de remporter quelques grands prix. Une écurie de courses, ou plus modestement l'élevage de quelques chevaux de compétition, constitue à la fois un patrimoine de rapport, dont la rentabilité est aléatoire mais qui peut être importante, et surtout une sorte de patrimoine de jouissance dont l'intérêt tient à la forte valeur symbolique de ce type d'activité. Celle-ci réside déjà dans l'importance du réseau de relations qui peuvent s'établir autour du cheval. Que ce soit localement avec tous les rapports enchantés qu'autorisent les compétences rares et partagées entre des agents qui occupent des positions sociales éloignées. Mais aussi par toute la magie des champs de courses qui parviennent à mêler parieurs de tous rangs sociaux et propriétaires, entraîneurs, jockeys et lads. Le monde hippique fait partie des patrimoines à haute valeur symbolique, ce qui est visible sur les hippodromes avec les tribunes des propriétaires et celles réservées aux membres des grands cercles (Jockey, Cercle de Deauville…). Les grands prix sont autant de manifestations mondaines (Grand Prix de Diane, Grand Prix de Deauville) qui permettent à la grande bourgeoisie de se manifester en tant que groupe. En même temps, une écurie de courses bien gérée peut être un patrimoine de rapport tout à fait compétitif avec d'autres formes de placement. On a donc là un cas d'extrême imbrication de diverses formes de capitaux.

LES CHÂTEAUX EN TERRES INDUSTRIELLES

De la même façon le château de la Brouchetière, des Wendel, ou celui de La Verrerie, qui appartint à la famille Schneider, étaient des biens immobiliers de jouissance, résidences principales et lieux de villégiature, mais aussi une partie importante du patrimoine professionnel, usines sidérurgiques en Lorraine et métallurgiques au Creusot. Car ces demeures, par leurs fastes et surtout par leur emplacement, juste à la distance nécessaire des ateliers et des habitations ouvrières, participaient à la construction de la légitimité sociale des patrons.

Le flou entre patrimoine de rapport et patrimoine de jouissance est parfois renforcé par l'origine même de ces constructions. Le château a pu être autrefois le corps principal d'une grosse ferme. Ou, dans le cas de La Verrerie, une ancienne cristallerie, qui fonctionna de 1787 à 1837, et qui fut achetée à cette date par Eugène Schneider pour en faire sa résidence. Au début du XXe siècle, Eugène II, comme aiment à se désigner les héritiers des longues lignées en usant d'un numéro d'ordre pour distinguer les générations qui reprennent les prénoms des ancêtres, entreprend les transformations qui s'avèrent nécessaires pour que La Verrerie puisse tenir son rôle dans la gestion, lourde et complexe, d'un capital social qui est devenu considérable avec le temps. Ce sont les pièces de réception et d'apparat qui font alors l'objet des travaux les plus importants. Il faut se montrer dignes des grands de ce monde que la famille des maîtres de forges est appelée à recevoir. On aménage donc de grands salons au rez-de-chaussée et on transforme l'intérieur de l'un des anciens fours de la cristallerie, imposante construction conique, en une réplique du Petit Trianon de Versailles. Ainsi le château de La Verrerie fut-il mis au diapason de la réussite économique et sociale des Schneider. Dans la grande bourgeoisie, il n'est pas facile de faire la part entre la vie privée et celle des affaires : la résidence est un haut lieu de la sociabilité, d'une vie de relations qui comprend une part d'accumulation et de gestion de capital social.

LE PATRIMOINE DE JOUISSANCE DEVIENT PATRIMOINE DE RAPPORT

En raison d'un déclin relatif des fortunes, mais aussi parce que les frais d'entretien ont augmenté, avec les avantages sociaux arrachés par les salariés, certaines familles éprouvent parfois des difficultés à maintenir dans leur patrimoine ces vastes demeures ruineuses et peu pratiques sans une domesticité importante. Un processus est apparu qui conduit à ce que certains de ces châteaux deviennent des patrimoines de rapport. Un grand nombre de châteaux sont aujourd'hui ouverts au public pour que leurs propriétaires puissent bénéficier de dégrèvements fiscaux. Mais tous les cas de figure se présentent, depuis l'ouverture réglementairement minimale quelques dizaines de jours par an à une ouverture permanente, comme par exemple le château de Chenonceau, dans l'Indre-et-Loire. Le patrimoine de jouissance s'estompe alors au profit du patrimoine de rapport. Le châtelain aménage les communs et s'y replie, abandonnant la demeure des ancêtres à la curiosité des touristes ou aux familles en mal de lieux de prestige pour unir leur descendance. Ou encore aux séminaires et autres colloques dont l'importance sociale se mesure à la majesté des lieux loués. Le marquis de Breteuil, qui fut longtemps président de l'association « La Demeure historique », dont la vocation est d'aider les propriétaires de monuments classés à les entretenir et à les maintenir dans le patrimoine des familles, a ainsi réussi une conversion de patrimoine symbolique en patrimoine économique. Étant entendu que cette conversion n'est pas absolue : le château, comme moyen de travail et comme producteur de ressources, reste cependant chargé de valeur symbolique et affective, identitaire. Il y a simplement eu inversion de l'aspect principal[21].

L'IMBRICATION DES DIFFÉRENTS TYPES DE CAPITAUX

On a là un exemple du flou des frontières et des catégories qui paraît bien être l'une des caractéristiques des milieux socialement dominants. Les différentes formes de capitaux sont étroitement mêlées et l'on passe insensiblement d'un aspect symbolique à une dimension économique, sans abandonner pour autant la tonalité culturelle. Le pouvoir serait aussi un pouvoir sur les catégories. L'agent social ordinaire est classé, répertorié, comptabilisé, recensé. L'aristocrate ou le grand bourgeois est beaucoup plus difficilement classable : pour preuve, on peut souligner que les statistiques officielles, les catégories socioprofessionnelles de l'Insee, ne permettent pas de les cerner. Plus encore : les classements sociaux, en fonction des métiers ou des professions, sont trompeurs. On ne peut jamais réduire un grand bourgeois à la définition de son activité professionnelle. D'abord il en a souvent plusieurs. Mais à supposer qu'il soit cadre commercial dans une entreprise, général d'armée, P-DG, exploitant agricole ou académicien, il va de soi que sa position sociale réelle résulte de sa profession, certes, mais aussi de tous les liens étroitement entretenus avec ses semblables qui occupent les autres positions socialement dominantes. Autrement dit, un grand bourgeois est grand-bourgeois par les systèmes de relations qui l'impliquent dans les réseaux propres à son milieu. Un ouvrier, même misanthrope et vivant replié sur lui-même, restera un ouvrier. Un grand bourgeois ne peut pas être grand-bourgeois tout seul. Son pouvoir n'est pas individuel mais collectif. C'est sa classe sociale qui lui assure sa position dominante. Point n'est besoin d'appartenir à un cercle pour être femme de ménage. On ne saurait être grand-bourgeois sans une sociabilité intense. Au point que la limite entre la vie privée et la vie publique se fait incertaine. « Mes amis deviennent des clients et des clients deviennent mes amis », souligne Lorenz Bäumer, joaillier, qui passe beaucoup de son temps à donner du temps aux autres, avec des déjeuners et des dîners, pour fidéliser sa clientèle. « Mais je le fais par plaisir ! », déclare-t-il, tant la convivialité avec ses semblables est vécue dans le bonheur de la réalisation de soi et de ses dispositions. Il est vrai que ce joaillier fils de diplomate a dû expérimenter très jeune les charmes et l'efficacité des rites de la sociabilité bourgeoise.

On retrouve ce flou dans d'autres aspects de l'existence sociale. La notion de résidence secondaire, qui est aussi une catégorie statistique employée par l'Insee pour classer les logements, n'a pas cours pour désigner certains habitats aristocratiques ou grands-bourgeois. Le duc de Brissac serait surpris qu'on lui demande s'il a l'intention de passer le week-end dans sa résidence secondaire, c'est-à-dire au château de Brissac. Il y a en fait dans ces familles une pluriterritorialité exceptionnelle. Les racines familiales sont entretenues par ces propriétés et châteaux qui sont autant d'ancrages profonds dans une réalité rurale, qui fondent l'identité de la lignée. Le patrimoine intègre ces dimensions. C'est parce que ces familles sont pourvues en toutes formes de capital qu'elles possèdent des biens aussi inclassables. L'accumulation n'est pas seulement économique : on accumule aussi de la mémoire, du prestige, donc du capital symbolique.

L'un des privilèges les plus flagrants des privilégiés est d'être à même de transformer la plupart des espaces en fiefs : par leur capital symbolique, et par leur aisance matérielle aussi, ils peuvent investir un endroit et y dominer socialement.

La confrérie des fiefs

Les grandes familles de l'aristocratie fortunée et de la bourgeoisie privilégient l'entre-soi. Elles aiment à vivre entre elles, dans des espaces hors du commun qu'elles conçoivent et façonnent à leur image. Ces familles ne reconquièrent pas des espaces déjà occupés. Elles créent leur habitat *ex nihilo*, sur des terres vierges. Toute l'histoire des beaux quartiers parisiens est ainsi celle d'une urbanisation dont l'initiative et le moteur sont à rechercher dans la haute société. En même temps, ces familles ont toujours été spatialement très concentrées. Être au principe de l'urbanisation de quartiers neufs leur a permis de rester groupées alors même que, sous la pression des affaires et des commerces de luxe, qui convoitent les belles adresses qu'elles avaient créées, elles quittaient leurs anciens quartiers pour se replier sur un Ouest plus calme et sociologiquement plus homogène.

L'espace propre aux grandes familles ne se limite pas à l'Ouest parisien, ni aux quartiers huppés des villes de province, comme celui du Jardin public à Bordeaux ou du parc de la Tête d'Or à Lyon. Dès la fin du XVIIIe siècle les familles de la noblesse se différencient par leur double ou triple résidence : elles habitent à la ville ou à la campagne en fonction des rythmes sociaux, plus ou moins calqués sur le rythme des saisons. Cette pratique utilise châteaux et hôtels particuliers. À partir du XIXe siècle, les lieux de villégiature, comme Dieppe ou Deauville, offrent l'occasion d'étendre encore les lieux de séjour possibles. La multiterritorialité est tellement liée au mode de vie de l'aristocratie que, lorsque la bourgeoisie cherche à fusionner ou à s'agréger à elle, elle acquiert plusieurs demeures, à la ville et à la campagne. À l'inverse, Claude Brelot a noté qu'au XIXe siècle « la réduction à une résidence unique caractérise les éléments de la noblesse qui sont menacés d'embourgeoisement.

Autrement dit, la maison unique caractérise très bien le déclassement et constitue un signe de menace pour la reproduction sociale[22] ».

Il faut bien habiter quelque part et chaque famille a, en principe, un domicile. Mais disposer d'un deuxième domicile, voire d'un troisième ou d'un quatrième, marque la puissance sociale et signifie un certain pouvoir sur l'espace. Car, dans la noblesse ou la grande bourgeoisie, il ne s'agit pas de résidences secondaires, mais d'un patrimoine ancien, légué de génération en génération, qui abrite depuis des décennies l'existence familiale. La multiterritorialité est consubstantielle à la définition des positions dominantes. Le *Bottin Mondain* l'atteste : très rares sont les familles qui n'indiquent qu'une seule adresse. Les des Monstiers vivent dans le VIIIe arrondissement de Paris et dans leur domaine du Limousin. Les Rochetaillée indiquent, outre leur adresse de Neuilly, dans le quartier Saint-James, deux autres domiciles en province. Depuis deux ans, ils se sont séparés de leur quatrième résidence, le château de Nantas, dans la région de Saint-Étienne. « Il était dans la famille depuis trois cents ans. On l'a vendu, on ne peut pas tout garder », regrette le baron de Rochetaillée. Le domaine de Captan, dans les Landes, a fait l'objet d'une donation de la part de la mère de M. de Rochetaillée en faveur de l'une de ses petites-filles. « C'est une propriété agricole qui ne fait pas de bénéfices, mais pour laquelle on ne perd plus. C'est déjà bien. » Dans la gestion des patrimoines familiaux, le poids de ce parc immobilier de jouissance, devenu démesuré compte tenu de l'évolution des modes de vie et parfois des revenus, est considérable. Certaines familles réorientent leur activité en fonction de l'héritage d'un domaine qu'elles essaient de faire vivre par ses propres ressources pour le conserver dans le patrimoine familial. C'est le cas par exemple du marquis de Breteuil qui a fait du château qui porte son nom (ou dont il porte le nom) un patrimoine de rapport dont les revenus lui permettent de conserver la jouissance.

À Bordeaux, selon leur insertion dans le négoce du vin ou dans celui du pin, les familles possèdent un château dans le vignoble ou une belle demeure dans la forêt des Landes. Mais elles possèdent aussi un hôtel particulier ou un vaste appartement près du Jardin public ou sur le cours Xavier-Arnozan, et une villa à Arcachon ou au Cap-Ferret ainsi qu'un chalet dans les Pyrénées, pour les sports d'hiver. Cette double ou triple territorialité est bien une composante d'une position dominante. Marquer sa place dans l'espace social semble exiger qu'on puisse aussi la marquer dans l'espace géographique. Mais la « vraie patrie » de ces familles hors du commun, comme dit Norbert Elias, est « leur société » pour laquelle leur « attachement est inébranlable », et peu importe que celui-ci exige de « fréquents changements de résidence[23] ».

L'exemple de la famille de Ganay donne la mesure de ce que signifie cette multiterritorialité lorsque les différentes branches familiales et les réseaux d'amitié la démultiplient encore. Jacqueline Sébastien fut la nurse de Pierre de Ganay durant dix-huit mois, dans les années cinquante, et elle conserve un vif souvenir de cette expérience. Pierre de Ganay, fils aîné de Victoire de Montesquiou Fezensac et de Michel de Ganay, vécut les premiers jours de sa vie dans un hôtel particulier de l'esplanade des Invalides. « J'allais promener Pierre dans les jardins du musée Rodin, raconte Jacqueline Sébastien. Mme de Ganay m'avait pris un abonnement, ce qui était très agréable car c'était un endroit très calme. Il n'y avait, c'est du moins mon souvenir, que des nurses avec leurs poupons. » L'été venu, « on partait en vacances dans les différents châteaux. Tout d'abord le château de Montrozier, près de Rodez. C'était un château, je crois, qui appartenait à la marraine de Mme de Ganay. C'était vraiment la campagne. Et puis après on est partis dans le Gers, à

Marsan, dans un château qui appartenait à la famille de Montesquiou[24]. J'avais une chambre au premier étage, une immense chambre que j'occupais avec Pierre, car je ne le quittais pas une seconde. La chambre était tellement grande que ma maison actuelle serait rentrée dedans. Le mois de septembre se passait au château de Courances, chez les beaux-parents de Victoire de Montesquiou, en Île-de-France[25]. Courances, m'avaient-ils dit à l'époque, c'est la réplique en plus petit de Fontainebleau. L'escalier, l'architecture, c'est un château merveilleux qui m'avait fait grand effet. Et puis quand on vit dans un endroit pareil, qu'on peut se promener dans tous les salons… Il y avait des tableaux splendides, et la bibliothèque ! Elle m'avait tellement impressionnée ! Tout était tellement grand ! » Quelques années plus tard, Michel de Ganay et Victoire de Montesquiou, les parents de Pierre, s'installèrent au château de Fleury à Fleury-en-Bière, en Seine-et-Marne, à quelques kilomètres de Courances.

On pourrait multiplier les exemples de ces familles qui, à l'instar des Ganay, disposent directement ou indirectement, qu'ils en soient les propriétaires ou les bénéficiaires par le réseau familial ou amical, de demeures diverses, dont la variété même répond à celle des saisons et des circonstances. L'été dans les châteaux du Sud, l'automne à Courances pour l'ouverture de la chasse, l'hiver dans le faubourg Saint-Germain. Mais toujours dans des lieux exceptionnels, chargés d'histoire, classés bien souvent, hors du commun toujours. Des espaces qui contribuent à faire intérioriser au jeune héritier sa position à l'écart des normes habituelles et le droit inhérent à son groupe d'occuper l'espace, d'y prendre toute sa place. Tous ces châteaux qui abritèrent l'émerveillement de Jacqueline Sébastien n'appartiennent pas à la même personne, ni même à la même famille. Mais ils forment à travers le territoire national un maillage tel que l'apprentissage est vite fait : le monde vous appartient, il est fait pour vous, vous ne voyagez jamais en touriste mais en propriétaire, ou en ami des propriétaires.

L'inscription rurale des familles de la haute société les disperse sur l'ensemble du territoire. Il est d'autres lieux où elles se trouvent rassemblées en des ensembles collectifs qui recréent d'une certaine façon les ghettos du gotha des grandes cités. Il s'agit des lieux de villégiature que la haute société a toujours su se ménager. De même qu'elle fut à l'origine des beaux quartiers parisiens, elle construisit des stations, qu'elles soient thermales, balnéaires ou de sports d'hiver. Pour leurs loisirs aussi, pour les séjours à la campagne, à la montagne ou à la mer, les grandes familles préfèrent, en règle générale, urbaniser elles-mêmes une terre vierge plutôt que de reconquérir un habitat ayant déjà servi. Le petit port de pêche où l'on achète une vieille maison sans être sûr de son voisinage, cela n'est guère le fait des catégories les plus aisées qui, là encore, préféreront décider de leur environnement et construire à leur image l'écrin qui doit abriter leurs loisirs. Deauville, comme on le verra, présente un cas exemplaire de cet urbanisme planifié par quelques individus au profit de familles de la haute société.

Ainsi les familles fortunées disposent-elles par leur patrimoine de jouissance, dont on a vu qu'il n'est pas si simple de le distinguer du patrimoine de rapport, de la possibilité d'inscrire leur existence dans un espace qui n'est pas anonyme, qui n'est pas cet espace interchangeable des citadins sans racines. Ce n'est pas un hasard si les demeures qui autorisent cette connivence avec un terroir sont aussi, bien souvent, une partie du patrimoine national. C'est que ces patrimoines familiaux se confondent avec les histoires familiales et nationales. L'espace et le temps se trouvent réconciliés dans la même plénitude de l'espace unifié et de la durée maîtrisée.

Le patrimoine de jouissance est aussi un instrument de gestion et d'accumulation du capital social, de ce système de relations qui fonde une partie du pouvoir du groupe familial. Les annonces de la revue *Propriétés de France*, éditée par *Le Figaro*, mentionnent avec soin la superficie des pièces de réception et les possibilités d'hébergement des biens proposés à la vente. Les maisons et appartements d'amis, indépendants, sont des atouts soulignés : ces grandes demeures à la campagne ou en bord de mer se doivent de pouvoir accueillir dignement famille et relations.

Aussi ce patrimoine immobilier ne peut-il être limité au statut de patrimoine de jouissance que par une vision réductrice. Dans une conception plus globale de l'économie, on voit le rôle joué par ce patrimoine dans l'accumulation du capital social et du capital symbolique, capitaux qui ne sont pas pris en considération dans les comptes de patrimoine. Certes, les unités de mesure manquent pour que l'on puisse faire entrer ces capitaux dans l'évaluation des patrimoines et de leur distribution. Toutefois, dans une analyse plus qualitative que quantitative, limitée aux sources fiscales, on peut dégager l'impact social de ces autres capitaux et mettre en évidence la multiplicité et la complexité des formes de patrimoine.

Il importe donc de prendre en considération les effets de la cumulativité de ces patrimoines de jouissance partagés et échangés entre les membres de la famille élargie et les réseaux de connaissances et relations. Dans un entre-soi toujours renouvelé, les membres de la haute société fréquentent les mêmes lieux dans un chassé-croisé au rythme variable selon les saisons, l'âge ou les obligations professionnelles, mais toujours à un rythme soutenu. Cela commence avec les appartements parisiens et ces dîners qui sont le quotidien : lorsqu'on ne reçoit pas, c'est que l'on est invité. Or, dans ces échanges, les appartements, avec leurs grandes pièces de réception, sont les cadres indispensables de cette sociabilité qui ne saurait s'épanouir sans être ainsi hébergée dans les meilleures conditions. Comme les invités débordent les limites familiales, on a une sorte de collectivisation du patrimoine immobilier. Il ne saurait pour autant être question de remettre en cause le droit de propriété. Mais les salles à manger et les salons parisiens finissent par former une sorte d'ensemble de lieux quasi publics où la bonne société vit entre elle, avec la même aisance et le même plaisir qu'elle a à se retrouver dans les cercles ou les grands restaurants.

La signification sociale d'un tel univers familier est d'autant plus profonde que les limites nationales ne sont guère significatives dans les hautes classes.

CHAPITRE III
Un cosmopolitisme de bon aloi

Le cosmopolitisme des hautes classes

La collectivisation du patrimoine immobilier ne se limite pas au cadre étroit de Paris et de la France. Le château, le yacht, le chalet sont autant de lieux d'épanouissement de cette vie de relations. Or ces excroissances des beaux quartiers parisiens, ou des grandes métropoles de province, peuvent être situées au-delà des frontières. Si le château est en général sur le sol national, il en va autrement pour le chalet, qui se trouvera en Suisse ou en Autriche. Quant au yacht, il est par essence voyageur et les croisières emmènent sur des mers étrangères. Le palais tunisien, la villa à Marrakech ou à Marbella, l'estancia argentine, sont des formes du patrimoine familial qui sont mobilisées pour cette vie de sociabilité dont l'intensité est proportionnelle à l'importance sociale. Patrick Guerrand-Hermès a pu inviter en 1994 « quelques amateurs de polo à partager sa passion pour ce sport d'élite dans le cadre ensoleillé de sa somptueuse maison de Marrakech[1] ». Parmi les heureux élus, on pouvait remarquer Anne d'Ornano, maire de Deauville, le marquis Arnold de Contades et sa femme, Alain Carignon, maire de Grenoble, Alain Boucheron, joaillier de la place Vendôme. Marrakech est l'un des lieux privilégiés des privilégiés et les familles fortunées sont un certain nombre à y posséder de somptueuses demeures. Ainsi la comtesse Charles de Breteuil, qui y a reçu l'envoyé de la revue *L'Éventail*. « Une jeune et jolie domestique, raconte le journaliste, tire la porte d'entrée, immense et lourde, curieusement cannelée, et vous entrez, étonné par la beauté du hall où trône le portrait d'un baron de Breteuil, entouré de deux immenses vases de Chine… Jamais l'alliance de l'Europe et de l'Orient n'a été aussi réussie[2]. » Le capital social international peut aussi se gérer de façon apparemment aussi simple qu'un pique-nique sur une plage de Marbella, en Andalousie, organisé au bénéfice d'une association dédiée à la recherche sur le sida. Cette manifestation était toutefois marrainée par la reine Sofia d'Espagne. « En robes du soir et parures de joailliers, écrit Henry-Jean Servat, à la lueur de torches et de flambeaux, les marquises et les baronnes de Marbella grignotaient sous les étoiles après avoir été accueillies en grand tralala par la princesse Marie-Louise de Prusse, organisatrice de la soirée[3]. »

ALLIANCES MATRIMONIALES ET INTÉRÊTS ÉCONOMIQUES

Le groupe des pairs dispose ainsi d'un espace collectivisé dans son usage, bien que chacun de ses éléments reste la propriété privée d'une famille. Le territoire en est certes d'abord national mais aussi international. Il y a d'ailleurs à cette délocalisation du patrimoine de jouissance de bonnes raisons objectives.

Les alliances matrimoniales avec des ressortissants de nationalité étrangère sont fréquentes dans ces milieux, et l'aristocratie, depuis des siècles, a pratiqué l'internationalisation des mariages. À travers les Mémoires, les exemples abondent de mariages internationaux. Le prince Jean-Louis de Faucigny-Lucinge a été marié deux fois à des Brésiliennes. Le comte Cahen d'Anvers, marié deux fois lui aussi, a choisi deux Argentines. La mère de Michel d'Arcangues, Eugenia-Maria de Ouro-Preto, était brésilienne, issue d'une grande famille du Minas Gerais et fille de l'ambassadeur du Brésil à Paris. Certains de ses ancêtres étaient espagnols et sa grand-mère était bolivienne. La grand-mère maternelle de Christel Baseden, descendante du riche armateur bordelais A.-D. Bordes, a épousé en secondes noces un Chilien. Aussi, encore aujourd'hui, le mois d'août voit arriver dans la vaste villa familiale des bords du bassin d'Arcachon « la tribu chilienne ». Le réseau des alliances matrimoniales est donc étendu au-delà des frontières nationales[4].

Parallèlement, des fortunes se sont construites à l'étranger. Avec les biens possédés au-delà des mers, on dispose de résidences dont l'exotisme est l'un des attraits. Se rendre dans un pays et une région où l'on a des intérêts, c'est, à une autre échelle, comme revenir chaque année sur ses terres pour la visite d'inspection du domaine. On est une personnalité locale lorsqu'on est le propriétaire ou le principal actionnaire d'une usine essentielle pour la vie d'une région. Le comte Cahen d'Anvers se souvient que, en voyage d'agrément au Maroc, il mit à profit ce déplacement pour rendre visite au Glaoui et s'arrêter dans quelques conserveries, propriétés de la famille, mais qu'il n'avait jamais vues. On s'empressa bien entendu de les lui faire visiter.

Les portefeuilles de valeurs mobilières deviennent de plus en plus internationaux. Un gestionnaire de grandes fortunes peut ainsi « chercher des niches qui payent. Des investissements sur les marchés asiatiques peuvent être extrêmement performants ». En prenant l'exemple de l'une des familles françaises de sa clientèle, ce gestionnaire énumère la liste des pays dans lesquels elle possède des intérêts économiques importants : France, Suisse, Luxembourg, Belgique,

Espagne, États-Unis, Argentine, Brésil, Mexique, Guatemala, Paraguay.

L'internationalisation croissante des grandes fortunes dans le cadre de l'accélération de la mondialisation se manifeste aussi par l'apparition de palmarès de la richesse à travers le monde.

DE PLUS EN PLUS DE RICHES SUR LA PLANÈTE

Depuis 1996, la banque américaine Merril Lynch et la société des services informatiques Capgemini publient chaque année une étude sur la richesse dans le monde et recense les grandes fortunes. Le club mondial des millionnaires (en dollars) a augmenté de 500 000 nouveaux membres en 2005 pour atteindre un effectif de 8,5 millions, soit une augmentation de 6,5 % en un an. Ces fortunes cumulées représentent 33 300 milliards de dollars (soit 26 400 milliards d'euros). Ce montant est en hausse de 8,5 % par rapport à 2004. Ces évaluations n'intègrent ni le patrimoine immobilier, ni les œuvres d'art : elles sous-estiment donc très largement la richesse réelle. En 1996, date de la première recension, l'étude n'avait trouvé que 4 500 000 millionnaires.

En 2005, le groupe des ultrariches, ceux qui par définition détiennent plus de 30 millions de dollars (23,6 millions d'euros), a augmenté de 10 % en 2005 et forme aujourd'hui un club de 85 400 personnes. L'Amérique du Nord arrive en tête avec 12 200 de ces très grandes fortunes. Puis l'Europe, le Moyen-Orient, l'Asie, l'Amérique latine et enfin l'Afrique. Toutefois ce continent bénéficie, si l'on peut dire, de la plus forte croissance relative en 2005 avec une augmentation de 11,5 %. Les gestionnaires de fortunes, qu'ils soient banquiers ou conseillers dans un *family office*, vivent à l'échelle de la planète et multiplient les déplacements à l'étranger afin de rencontrer leurs clients, et les informateurs les plus divers sur les placements possibles. D'où des emplois du temps lourdement chargés.

Cette extension de la richesse explique que le groupe American Express ait cherché à créer un service de plus en plus personnalisé à l'échelle mondiale à travers la conception de la carte de crédit Centurion. Cette grande richesse dont bénéficient un nombre limité de familles, mais un nombre qui croît, rend compte du développement de certains marchés bien particuliers. Ainsi celui des yachts. La société Wally, dont le siège est à Monaco et dont le site internet, en anglais, propose des traductions en arabe, en japonais et en russe, fait partie des bénéficiaires de cet enrichissement mondial. Selon Luca Bassani, son président, « le marché mondial des superyachts, dont la longueur dépasse les 24 mètres, affiche une croissance supérieure à 17,5 % et ne pèse pas moins de six milliards de dollars (4,7 milliards d'euros). La moitié du marché en valeur concerne les mégayachts, plus de 50 mètres. Il progresse de 22 % par an. Dans les dix dernières années, le prix unitaire moyen des mégayachts a doublé pour atteindre aujourd'hui 30 millions de dollars (23,6 millions d'euros). Ce marché prospère parce que les acquéreurs cherchent de plus en plus à remplacer les résidences de bord de mer qui se raréfient par des yachts. Les nouvelles technologies, dans les domaines du confort et de la communication, rendent la vie nettement plus facile à bord en permettant ainsi de longs séjours[5] ».

Dans le palmarès des grandes fortunes professionnelles du monde, publié chaque année par le magazine américain *Forbes*, la France apparaît, en 2004, au 11e rang grâce à Liliane Bettencourt, devancée par 9 Américains, et un Allemand. Ces palmarès nationaux et internationaux sont peut-être à l'origine d'une sorte d'émulation entre ces privilégiés de la fortune. Encore qu'avec le temps la recherche d'une certaine discrétion se fasse jour. Mais ces listes mettent en évidence l'extrême concentration de la richesse sur une terre qui compte aujourd'hui 6,5 milliards d'habitants.

L'univers du luxe est un espace commun aux anciens et aux nouveaux riches, que ces derniers soient issus de pays occidentaux ou de pays émergents, voire sous-développés. Qu'il s'agisse de la haute couture, des yachts ou de la joaillerie, l'argent permet d'acheter des objets précieux. Ce marché a aussi pour effet d'initier les nouveaux arrivants aux raffinements de la fortune, de leur permettre progressivement un accès aux formes les plus sophistiquées de biens auxquels seule la grande fortune donne accès. Cette formation ne saurait suffire à donner toute l'assurance du goût et des manières grandes bourgeoises, mais l'acculturation des nouveaux venus de la fortune passe aussi par ce marché.

MONDIALES MONDANITÉS

Les institutions, comme les cercles, sont précieuses pour gérer les relations entre ces élites. Ceux-ci ont une dimension internationale depuis leur création au XIXe siècle.

Le pouvoir a vocation à déborder les frontières et à nouer des liens avec ceux qui, à l'étranger, sont en position homologue. Les cercles parisiens entretiennent des relations suivies avec leurs semblables dans d'autres pays et ont souvent signé des conventions qui aménagent les conditions d'hospitalité des membres en déplacement. Si bien qu'un membre du Jockey Club sera accueilli à New York avec la plus grande courtoisie au Knickerbocker, club homologue de la 5e avenue. Le Cercle de l'Union Interalliée est ainsi en contact avec 121 clubs à travers 32 pays[6]. Réciproquement l'intégration en France des étrangers qui appartiennent aux sphères dominantes ne pose pas de problème, tant il est vrai que la première internationale fut celle du pouvoir.

Il est des cercles comme le Travellers qui cultivent de manière institutionnelle ce capital international : « Statutairement, le club, de rayonnement international, se compose de 35 % d'Américains, 25 % de Britanniques, d'Espagnols, de Turcs et seulement de 30 % de Français[7]. » Lorsqu'on est français, pour prétendre pouvoir devenir membre de ce cercle créé en 1850, qui occupe le dernier hôtel particulier des Champs-Élysées, au 25 de l'avenue, il faut être dans les affaires et parler couramment l'anglais. Bien entendu, comme dans tous les autres grands cercles, l'exigence du parrainage et la procédure de la cooptation sont là pour assurer le contrôle de la qualité sociale des entrants. Quant aux élites franco-américaines, elles peuvent se retrouver dans un autre cercle, France Amérique, situé à deux pas du Travellers, dans un hôtel particulier de l'avenue Franklin-Roosevelt. À travers des remises de prix, des conférences et des dîners, il s'agit d'entretenir et de développer les relations entre les élites françaises et américaines au plus haut niveau social. De nouveau sur les Champs-Élysées, le cercle auquel appartient Roger de Persuy, la Société des Fils de la Révolution américaine, fut créé par des descendants d'officiers nobles qui avaient participé à la guerre d'Indépendance.

Il est de nombreux autres cercles tournés vers l'étranger, comme l'International Yacht Club d'Antibes, qui offre à ses 19 membres un port de plaisance pour des yachts de plus de 60 mètres et dont certains dépassent les 150 mètres. « Stavros Niarchos, Adnan Kashoggi, John Latzis, le roi Fahd d'Arabie Saoudite, Robert Maxwell, Terry Gleg, autant de noms du gotha mondial des affaires, de la finance et de la politique que vous pourrez peut-être croiser un jour sur le quai », écrivent X. Périssé et D. Dunglas[8], qui ne doivent pas pourtant ignorer que le port du club est privé et que l'accès en est particulièrement difficile. Patrice Fustier appartient à une association anglaise spécialisée dans les plantes rares, le comte Denis de Kergorlay, propriétaire du château de Canisy dans le département de la Manche, et vice-président de « la Demeure historique » est aussi vice-président de la fondation paneuropéenne Europa Nostra qui se préoccupe du patrimoine et de l'environnement à l'échelle européenne. Il existe aussi une association des *Friends of Vieilles maisons françaises* qui regroupe outre-Atlantique les « amis » du patrimoine français. Les exemples de ces associations et clubs internationaux abondent.

Cosmopolitisme des relations, multiterritorialité étendue aux pays étrangers, ce sont là deux composantes essentielles de la spécificité de la haute société. Le *Petit Mondain*, qui classe les familles de la liste mondaine en fonction de leurs lieux de résidence, aboutit à citer une centaine de pays étrangers dans lesquels des familles de la liste ont indiqué une adresse[9]. On trouve en Argentine les grands noms de l'aristocratie française, avec la comtesse de Castellane, le comte Emmanuel de Clermont-Tonnerre, la famille princière des La Tour d'Auvergne. Mais la Belgique est de loin le pays qui abrite le plus de familles de la liste mondaine. Ceci est dû pour une part à la proximité, mais aussi, comme pour la Suisse, à des raisons fiscales. Il y a eu également de nombreuses alliances entre les familles belges et les familles françaises. Le sang bleu n'a jamais eu de frontières et « les nobles étaient les premiers Européens. Avec un cousin dans chaque pays, leurs réseaux fonctionnent depuis des siècles[10] ».

« Si le XIXe siècle est celui de la montée des nationalismes, la noblesse française, elle, connaît l'apogée d'une culture d'ordre qui, par essence, est cosmopolite », affirme Claude-Isabelle Brelot qui voit à ce cosmopolitisme plusieurs raisons : « La persistance de l'endogamie du Gotha, la fidélité à la carrière diplomatique et la communauté d'un mode de vie [...]. Les réseaux lignagers à caractère international apparaissent ainsi comme une première anticipation européenne. Mais le cosmopolitisme nobiliaire est fondé sur une conception clanique, bien plus que sur l'universalisme des droits de l'homme [...]. L'aristocratie nobiliaire se distingue par l'ambition de se poser en élite européenne. Sa culture d'ordre entend transcender le temps et l'espace, non seulement l'espace provincial et national, mais aussi l'Europe, voire le monde[11]. » Avant la guerre de 1914, à une époque où « l'argent coulait à pleins bords, [...] les hautes sphères sociales de l'Europe formaient une internationale de l'amitié, une franc-maçonnerie de l'élégance qui se retrouvait, se recherchait, s'unissait. Ces sociétés appartenaient à une seule toute-puissante confrérie, celle du "monde" », écrivait un historiographe de la grande bourgeoisie au milieu du siècle[12]. Les modalités ont changé, mais la dimension cosmopolite, elle, est plus vivante que jamais.

Aujourd'hui la comtesse de Quesnay, en faisant allusion à ces réseaux de relations internationales, reconnaît qu'« il y a une mafia internationale qui n'est peut-être pas visible à l'œil nu, mais qui existe ». On peut s'étonner de cette référence à une organisation dont la réputation laisse à désirer. C'est sans doute que son auteur voyait une bonne analogie entre l'internationale de la haute société et ce réseau serré de complicités qui unissent des familles en une confrérie secrète dans la défense d'intérêts communs.

Par la famille et le réseau des relations utiles, nobles et grands bourgeois disposent d'un capital cosmopolite dont les dimensions sont culturelles, économiques et sociales. Il est légitime de distinguer cette forme de capital dans la mesure où il produit ses effets dans un champ, dont il est par ailleurs le produit, à savoir celui des relations internationales. Il y a des enjeux particuliers au fait d'inscrire sa personne, sa famille et ses relations à l'échelle de la planète, même si ces relations ne couvrent pas toutes les nations. Être présent dans ces réseaux internationaux, au plus haut niveau de la fortune et du pouvoir, c'est amasser à la fois du capital symbolique, par le prestige social accordé aujourd'hui à l'extension géographique des relations et des alliances, et du capital culturel, par les connaissances spécifiques que suppose et que permet cet enracinement planétaire, connaissances linguistiques d'abord, mais aussi artistiques et littéraires, historiques et ethnographiques. Toutes formes de capitaux dont la conversion en capital économique, c'est-à-dire en profits, est toujours possible[13]. La famille Rothschild est exemplaire d'une construction des différentes branches de la famille à l'échelle internationale[14].

La haute société bénéficie de ce privilège rare d'être chez elle à l'étranger. Pas n'importe où, bien entendu, mais il y a toujours des lieux qui lui sont réservés et où elle est certaine de retrouver l'entre-soi qui, dans le pays d'origine, est l'une des constantes de son mode de vie. Le luxe contribue beaucoup à cette affirmation de l'internationalisation des classes dominantes. Quartiers chic, commerces de luxe et palaces offrent un cadre de vie sans grande surprise mais qui permet, à la manière des cercles dans les grandes villes, de trouver un lieu à l'abri des promiscuités du monde ordinaire.

Le rôle des palaces

Le sentiment d'être partout chez soi est facilité par l'uniformisation des modes de vie des classes privilégiées, entretenu par les palaces internationaux qui ont, depuis César Ritz, fondateur de l'hôtel homonyme de la place Vendôme, mis au point des techniques raffinées pour traiter une clientèle qui ne l'est pas moins. Les établissements de ce rang tiennent à jour un document, le cardex, où sont consignés les habitudes et les goûts de leurs hôtes. Si bien que le « concierge aux clefs d'or » connaît déjà les clients annoncés par son livre de réservation[15]. Tout est prêt pour recevoir l'habitué. Des roses jaunes seront déposées sur la table de sa chambre, parce que l'on sait qu'il aime ces fleurs, et le réfrigérateur contiendra le champagne de la marque qu'il préfère. Au petit déjeuner, on lui servira ses œufs cuits exactement à son goût. Dans la mesure du possible, on lui aura réservé la chambre ou la suite à l'étage où il a ses habitudes. Les palaces sont ainsi un prolongement du patrimoine des familles fortunées. Elles n'y sont pas comme ces clients anonymes des hôtels plus ordinaires où chacun doit à peu près prendre son parti du style et du service proposés[16].

Il en est même pour qui les palaces sont la résidence principale. Depuis 1953, Mme Yvonne Embiricos, veuve d'un très riche armateur grec, avait, au moment de l'enquête, pour résidence principale, une suite de l'Hôtel de Paris à Monte-Carlo. D'après Roger-Louis Bianchini, le grand-père de Mme Embiricos, Sir Basil Zaharoff, un « marchand de canons qui fut l'un des hommes les plus riches du monde, fréquenta l'Hôtel de Paris de la fin du siècle dernier jusqu'à sa mort en 1921[17] ». Dans la famille de son mari, on habitait l'Hôtel de Paris depuis deux générations. « Quand nous sommes rentrés des États-Unis, nous explique Mme Embiricos, alors âgée de quatre-vingts ans, mon mari avait ses trois cousins à l'Hôtel de Paris. C'étaient les clients, je crois, les plus importants, parce qu'il y avait trois grands yachts dans le port. » Mme Embiricos voit des avantages essentiels à la vie de palace. Le service est garanti sans que l'on ait à se soucier de la gestion du personnel. Elle et son mari ont possédé des résidences, mais leur préférence est toujours revenue au palace. « Quand nous sommes arrivés au début de la guerre, en 1940, en Californie, je suis tombée amoureuse d'une maison et mon mari d'une autre. Alors il a acheté les deux, l'une près de la mer, parce qu'il aimait la mer, et l'autre pour moi à Beverly Hills. Mais il disait tout le temps : "Vous savez, ça va vous donner du travail. Je ne sais pas si ça va marcher, parce qu'on n'a jamais habité dans une maison, toujours dans des hôtels." Juste avant d'habiter dans la maison de Beverly Hills, l'Amérique est entrée en guerre et les domestiques, parce qu'ils étaient tous asiatiques, ont été mis dans des camps de concentration. Alors mon mari m'a dit : "On va continuer à vivre à l'hôtel", et il était très content ! »

Une formule certes très coûteuse, mais qui préserve de tout souci domestique. Mme Embiricos cite l'exemple d'un de ses compatriotes, M. Haji-Ioannou, qui occupe, pour ses activités professionnelles, les bureaux qui furent ceux d'Onassis à l'Hôtel de Paris à Monte-Carlo. Il y a donné un dîner pour cent personnes sans avoir à se soucier de la logistique de l'opération. Si cette manière d'organiser son existence quotidienne, qui n'exclut pas la propriété éventuelle, ici ou là, de résidences, est surtout le fait d'une grande bourgeoisie d'affaires internationale, très mobile par nécessité, elle concerne d'autres personnes comme le prince de Polignac qui résidait dans l'autre palace de Monte-Carlo, L'Hermitage, d'ailleurs voisin de celui de Mme Embiricos, dont il était l'un des vieux amis. Le prince de Polignac était président d'honneur de la Société des bains de mer, propriétaire de ces deux palaces ainsi que du casino, tout proche. Il a Jules de Polignac comme ancêtre commun avec le prince Rainier. L'adresse de L'Hermitage figure en tête dans celles mentionnées dans le *Bottin Mondain* par le prince Louis de Polignac, mais elle est suivie par celle d'un domaine dans le Morbihan et d'un appartement dans le VIIe arrondissement de Paris.

Il paraît donc justifié de considérer que le patrimoine des familles fortunées, au moins au sens de patrimoine de jouissance, comprend aussi ces lieux collectifs, comme les palaces ou les grands cercles, qui, sans relever de leur propriété privée, sont réservés à leur seul usage et dans lesquels la familiarité est aussi grande que celle entretenue avec le château de famille. La littérature et les Mémoires ont mis en avant combien ces lieux pouvaient être des supports importants de la mémoire familiale ou du groupe[18].

En France ou à l'étranger, les familles fortunées, lorsqu'elles ne sont pas reçues dans des familles amies, descendent dans les palaces de la Riviera, comme Eden Roc au cap d'Antibes, de Deauville, de Gstaad ou de Marrakech. La présence de ce type d'établissements est indissociable des lieux chic. À Marrakech, on peut supposer que les grandes familles de l'aristocratie et de la grande bourgeoisie internationales seraient moins nombreuses à y avoir une résidence si un palace comme la Mamounia n'y avait concentré depuis longtemps une partie de la vie mondaine internationale dans un havre de paix et de luxe. *A contrario*, la fermeture des grands hôtels des Champs-Élysées, qui furent au nombre de trois, est concomitante d'une certaine dégradation de l'avenue. L'Élysée-Palace ouvre au numéro 103, en 1898, et ferme en 1920, remplacé par le Crédit commercial de France, qui fait aujourd'hui partie du groupe HSBC. L'Astoria, à l'emplacement de l'actuel Drugstore Publicis, vivra cinquante ans, de 1907 à 1957. Le Claridge, mis en service à la fin de la Première Guerre mondiale, ferme en 1977, en laissant la place à une galerie, au numéro 74[19]. Les tarifs élevés de ces établissements, mais aussi les barrières symboliques qui en interdisent l'entrée à ceux qui ne sauraient affronter sereinement l'épreuve du passage devant la réception, où le personnel stylé semble exiger du client d'être capable de se montrer à la hauteur de la situation, font que la clientèle est d'une grande homogénéité sociale. Ces palaces sont, comme les cercles, des lieux d'exception pour une clientèle d'exception. Des havres de sécurité, de calme, où tout vous conforte dans le sentiment d'être à votre place et de mériter les égards dont l'on vous entoure.

Le Palace-Hotel de Gstaad, en Suisse, était à moitié vide en ce 20 juillet 1993, car c'est à Noël qu'il faut être dans cette station, et si possible à Saint-Moritz pour la deuxième quinzaine de février. Son concierge exerce ses fonctions d'accueil depuis vingt ans. « Il connaît tous les clients, selon la directrice de l'établissement, et cela fait plaisir au client d'être reconnu, car c'est comme s'il était chez lui, à la maison ». Comme dans les autres palaces, les grandes maisons de luxe sont présentes par vitrines interposées, ainsi celles de Van Cleef et Arpels dans les cabines d'ascenseur, ce qui contribue à créer un climat hors du commun. D'autant que le personnel peut commercialiser les pièces de joaillerie exposées.

Mais le Palace-Hotel a une forte personnalité. Un peu à l'écart de la station, qu'il domine, son architecture de château bavarois en fait un bâtiment étrange, surtout quand la neige éloigne les horizons. Les suites qui occupent les angles du bâtiment disposent de petits salons ou de salles de bains aménagés dans les tourelles. Ces salles de bains, aériennes, ouvertes de tous côtés sur les sommets, la baignoire épousant la courbure de la tourelle, donnent le sentiment d'avoir à sa disposition ces immensités boisées ou rocheuses parcourues par les bouquetins.

Lorsque la saison bat son plein, c'est-à-dire entre Noël et le jour de l'an, les clients descendent dîner en robe longue ou en smoking. Cela ravit M. de Mazerand, qui appréciait le charme mondain qu'avait Deauville autrefois. Gstaad et Saint-Moritz lui paraissent être aujourd'hui les véritables stations du raffinement et de la fortune qui doit l'accompagner. En février, au Palace-Hotel de Saint-Moritz, lieu suprême de l'élégance selon M. de Mazerand, « tous les bijoutiers du monde sont là. On voit tous les joyaux de si près… Le lac est gelé. Depuis l'hôtel on regarde les parties de polo ou les courses de chevaux [sur le lac], c'est féerique. Des clients se font même transporter sur les sommets avec leur hélicoptère pour jouir des joies de la descente à ski ». Très déçu par Deauville, on y reviendra, M. de Mazerand considère la Suisse comme l'un des derniers espaces qui garantisse « l'entre-soi dans l'élégance raffinée des grands de ce monde ».

Gstaad bénéficie d'une réglementation d'urbanisme draconienne interdisant toute construction qui ne soit pas dans le style du pays, c'est-à-dire un chalet en bois orné de frises sculptées et de motifs floraux ou géométriques peints. Ces chalets, très vastes, sont dans un état d'entretien parfait. Leur luxe ne se laisse pas percevoir aisément. Discrets, au milieu de la végétation, ils abritent pourtant des personnalités connues, du monde du spectacle ou des arts et des lettres. Mais parmi les résidents dont les noms sont moins célèbres, les industriels et banquiers sont nombreux. Julie Andrew fait partie des propriétaires et offre à la ville les illuminations de fin d'année. Le maréchal Montgomery habita non loin. Ainsi que les Kandinsky dont le chalet se nommait Esmeralda. Elisabeth Taylor est toujours là, et elle croisait parfois Charles Trenet, habitué du Palace-Hotel. Armateurs, banquiers, grands propriétaires, industriels, complètent cet univers social. Un palace ne saurait bien entendu être implanté n'importe où : il lui arrive d'être isolé, et de se trouver alors dans un paysage splendide. Mais, lorsqu'il est construit dans une localité, celle-ci ne saurait être tout à fait ordinaire. Les lieux chic présentent une grande sensibilité à leur environnement. Le patrimoine collectif des hautes classes, dans les lieux de villégiature, ne saurait s'accommoder de la présence massive et envahissante des foules libérées par les congés payés[20].

Les écoles du cosmopolitisme

Cette internationalisation du patrimoine des grandes familles s'accompagne d'une culture spécifique, en tout cas d'une « cosmopolitisation » de la culture qui est caractéristique de la grande bourgeoisie et de la noblesse. Ceci est très sensible déjà dans la pratique des langues étrangères. Bien que sous la pression de la concurrence scolaire d'autres couches sociales soient aujourd'hui très attentives à assurer à leurs enfants un apprentissage précoce et efficace dans ce domaine, les classes dominantes bénéficient là encore d'un avantage certain. Le recours aux nurses anglaises ou allemandes, voire espagnoles, selon les traditions et les intérêts familiaux, date du XIXe siècle et s'est maintenu jusqu'à aujourd'hui. Véronique de Montremy, petite-fille de Maurice de Wendel et fille de Berthilde de Wendel, a été élevée par une nurse anglaise après la Seconde Guerre mondiale. Ses deux filles, qui furent scolarisées à Saint-Louis-de-Gonzague, « parlent anglais très très bien parce qu'elles ont eu des jeunes filles [au pair] depuis qu'elles sont nées. Elles ont appris l'anglais comme une langue maternelle. C'est un énorme avantage, mais qui a son prix ». Ces familles n'ont pas recours aux traditionnels voyages linguistiques gérés par des organismes spécialisés. Outre les nurses, les séjours à l'étranger peuvent toujours s'effectuer dans la famille ou dans une famille amie. L'internationalisation commence très tôt par l'apprentissage des langues, dans les meilleures conditions. Voilà une partie du capital humain, du capital culturel, qui est acquise sans trop de difficultés et de manière définitive. L'usage du patrimoine international permet d'entretenir continûment les apprentissages précoces. Les voyages et les contacts avec des étrangers sont l'ordinaire de la vie. De sorte que c'est tout naturellement que Véronique de Montremy a fait ses études supérieures à Harvard, aux États-Unis, ou que Michel d'Arcangues est diplômé du Hamilton College de New York. Inscrire son existence à l'échelle du monde est cristallisé dans la nature même du patrimoine qui a un caractère international prononcé.

LES COLLÈGES SUISSES

Les établissements privés d'enseignement de haut niveau sont un indicateur de plus du caractère international des hautes classes. Il s'agit d'écoles privées et non confessionnelles : à un certain niveau social, on sait faire abstraction de ces différenciations. Éva Thomassin est issue d'une famille argentine qui disposait d'une grande fortune. Elle a passé une partie de sa vie en France et y réside depuis de nombreuses années. Elle a fréquenté ces établissements internationaux. En 1937, « le *finishing school* était à la mode. C'était là qu'allaient les filles très riches ». À l'anglomanie des hautes classes françaises répondait la francophilie des grandes familles d'Amérique latine, ou au moins leur goût pour les choses de l'Europe. « On venait à Paris pour acheter sa robe de mariée, sa vaisselle de Limoges, un bijou, et on repartait. »

Les écoles de haut niveau sont une spécialité suisse, même s'il en existe en France, comme l'École des Roches près de Verneuil-sur-Avre. Éva Thomassin a donc rejoint l'école du Manoir à Lausanne en décembre 1937 et elle y est restée deux ans. « C'était un énorme chalet de trois étages avec un grand jardin et des courts de tennis. J'occupais la chambre que venait de quitter la sœur du roi d'Albanie. » Au-delà des apprentissages scolaires et linguistiques, « les jeunes filles venaient aussi pour apprendre à vivre entre elles. Il était important d'être bien habillée. Il n'était pas question qu'il y en ait là qui ne soient pas de grandes familles bourgeoises, et quelques-unes de familles royales. C'était incroyablement cher ! Moi, c'est ma grand-mère qui m'a offert ce séjour. C'était une chose qu'elle pouvait se permettre parce que ma famille était multimillionnaire. »

Comme tous les grands collèges suisses, Le Manoir se transportait l'hiver à la montagne pour que les jeunes filles, dont certaines venaient de pays où il n'y avait jamais de neige, puissent pratiquer le ski. « On se baignait aussi, car nous avions notre plage privée [l'établissement était au bord du lac Léman]. On traversait l'avenue d'Ouchy, on descendait par un petit chemin et on arrivait à la plage. »

Tous les investissements dont ces jeunes filles avaient le bénéfice n'étaient pas destinés à leur donner un métier. Nombre d'entre elles ne travaillèrent jamais, sinon à gérer le capital social de leur famille, ce qui est d'ailleurs une lourde tâche. C'est justement sur ce point, et d'autant plus que le capital social de ces familles est plus international, que Le Manoir pouvait utilement jouer son rôle. La raison d'être de cette école était de cultiver le capital cosmopolite, dans ses dimensions culturelles, certes, mais aussi sociales. Pour cette raison aussi, l'école n'était pas, et ne pouvait pas être confessionnelle. « Il y avait des jeunes filles juives. Chacune allait à l'église qui lui correspondait. J'allais à l'église catholique. Je rencontrais toujours le roi Alphonse XIII en exil, le dimanche, à l'église de Lausanne. Rodica, la fille d'un ministre roumain, allait à l'église orthodoxe. » Ainsi le capital cosmopolite, à condition d'être accumulé dans la meilleure société, doit-il être fondé sur la tolérance des différences linguistiques mais aussi culturelles et confessionnelles.

Le père d'Éva Thomassin avait lui-même été scolarisé dans un grand collège international en Suisse, Le Rosey, situé à Rolle, non loin de Lausanne, toujours sur les bords du Léman. L'établissement, qui existe encore, fut fondé en 1880, précise la brochure de présentation de cette « école pour la vie ». « Le Rosey reçoit, sans distinction de race, de religion ou de langue, des enfants venus de plus de quarante nations. » Les frais de scolarité s'élèvent à plusieurs dizaines de milliers d'euros par an. La pension est comprise, mais il faut ajouter les allers et retours entre le collège et le domicile des parents, l'argent de poche, etc. Toutefois les mois d'hiver passés à Gstaad, dans le chalet du collège, sont inclus.

« Le Rosey offre l'image d'une microsociété polyglotte où l'on veut mieux se connaître pour mieux se comprendre et mieux se comprendre pour mieux s'aimer. Et ces amitiés internationales sont l'un des biens les plus précieux acquis au Rosey », affirme la brochure de présentation de l'établissement. L'un des plus grands luxes n'est-il pas d'être chez soi aussi à l'étranger, avec des étrangers. Les élèves, du fait de ce cosmopolitisme, conversent entre eux en anglais, nouveau latin des temps modernes. Dans un certain univers social, il est tout simplement impensable de ne pas parler cette langue. Les conversations au cours des dîners passent d'ailleurs aisément du français à l'anglais ou à l'espagnol, en fonction de la nationalité des convives présents, et des sujets de conversation.

Mais ce cosmopolitisme ne signifie pas américanisation, perte des références culturelles nationales, modernisme superficiel. Par leur disposition, les bâtiments du Rosey rappellent le château et ses dépendances. Ils sont disséminés au milieu de terres agricoles, cultivées. Vergers, champs, potagers et serres entourent le collège dont les limites ne sont même pas clôturées. Les élèves vivent, comme au Fraisse, au milieu des champs et des arbres centenaires et peuvent suivre les travaux agricoles au rythme des saisons. Les vénérables façades couvertes de lierre et les vieilles tables de pierre attestent de l'ancienneté des lieux. Les équipements sportifs sont implantés çà et là. La piscine en bordure d'un champ de blé, les courts de tennis, le stand de tir à l'arc sont les compléments indispensables d'une éducation saine. Car il s'agit bien en l'occurrence d'éducation, comme pour tous les établissements de ce type. Là encore il est remarquable que la famille délègue autant à des institutions. Tout se passe comme si cette délégation n'était au fond que la grande confiance que ce milieu a en lui-même. Les enfants peuvent être confiés au groupe des pairs. L'entre-soi, compte tenu de la qualité exceptionnelle du milieu, doit suffire à assurer la qualité des enseignements, des contacts, des acquisitions de tous ordres. Comme si au fond on avait affaire à une grande famille.

L'association des anciens Roséens (AIAR) est chargée de faire fructifier le capital international ainsi accumulé. « Les amitiés internationales tissées pendant les années d'études sont un capital inestimable : partout dans le monde il y a un ancien Roséen prêt à accueillir et à aider un autre ancien[21]. »

LE COLLÈGE DE SION À SÃO PAULO

Ces établissements ont des antennes dans des pays du Sud où la bourgeoisie nationale éprouve un grand attrait pour la culture de la vieille Europe. Les enfants et les petits-enfants du comte Cahen d'Anvers « ont été entièrement éduqués en Argentine dans des collèges anglais ». Le collège français des Oiseaux et le collège suisse de Sion ont des établissements au Brésil. Drosila Vasconcelos a pu suivre les cours du collège de Sion à São Paulo. Au Brésil aussi, les élèves bénéficiaient de plusieurs lieux d'enseignement en fonction des saisons. Durant les mois les plus chauds, janvier et février, le collège fonctionnait dans une ferme située à Petropolis, une station chic au-dessus de Rio de Janeiro. Les centres d'intérêt des jeunes filles durant ces deux mois étaient la piscine et la basse-cour, qui leur donnait l'occasion de s'occuper d'animaux. Le reste de l'année, à São Paulo, le collège offrait, au-delà d'un minimum d'apprentissages de type scolaire, une initiation systématique au mode de vie grand-bourgeois de style européen, ou plus exactement international. Dans le décor réaliste d'un salon, Drosila Vasconcelos apprit ainsi l'art de la conversation et les techniques du corps qui permettent en toutes circonstances de conserver un maintien digne et noble. Une autre pièce mettait à la disposition des élèves le décor d'une salle à manger digne d'une grande demeure. La vaste table, sous son lustre imposant, servait de champ d'exercices pour l'art compliqué de mettre le couvert et de placer les convives. Une fois cette mise en scène réussie, les élèves passaient au mime d'un dîner mondain et devaient se montrer aptes à maîtriser le déroulement sans heurt de cette cérémonie sociale. Chaque collégienne se devait d'être également capable de discerner le cristal du verre au premier coup d'œil et de distinguer la porcelaine de Limoges de celle de Bavière.

Les collégiennes de Sion, qu'elles aient été scolarisées en Suisse ou au Brésil, bénéficient du réseau international constitué à travers le monde par l'établissement d'origine. Il est tout à fait normal, et même recommandé, qu'une élève de São Paulo aille rendre visite à ses homologues parisiennes au cours d'un séjour en France. De telles pratiques visent à élargir le cadre des relations, à étendre le maillage des amitiés et des solidarités. La brochure du lycée Notre-Dame-de-Sion à Paris souligne que, « par sa tradition et par l'accueil dans son internat de jeunes filles venant de pays divers, le lycée Notre-Dame-de-Sion a toujours privilégié l'ouverture sur le monde et plus particulièrement sur l'Europe en mettant l'accent sur les cultures dans leur diversité et leur complémentarité ». Le capital social, à un certain niveau, ne saurait être qu'international. C'est ainsi que Drosila Vasconcelos, pour poursuivre ses études supérieures à Paris, trouvera sans difficulté un emploi de demoiselle de compagnie auprès d'un couple de personnes âgées du

XVIe arrondissement. Les jeunes filles du collège de Sion présentent toutes les qualités requises pour tenir dans la meilleure société ce poste de confiance, où que ce soit dans le monde.

L'ÉCOLE DES ROCHES

Le comte Cahen d'Anvers, banquier et homme d'affaires parisien, et son ami Guy Schÿler, issu de l'une des plus anciennes familles de négociants en vins de Bordeaux, ont fait ensemble leurs études secondaires au Collège de Normandie, à Clères, en Seine-Maritime. L'établissement a depuis disparu et ses élèves ont alors poursuivi leur scolarité à l'École des Roches à Verneuil-sur-Avre, à une centaine de kilomètres à l'ouest de Paris. Conçu sur le modèle des collèges britanniques, en particulier Harow on the Hill, les débuts d'après-midi sont consacrés alternativement aux sports ou à des travaux pratiques dans les 60 hectares du parc de l'école. On y met tout en œuvre, pour des frais de scolarité et de pension qui dépassent les mille euros par mois, pour promouvoir, « mieux qu'un enseignement, une éducation, une culture internationales ! », selon le directeur. L'école accueille ainsi environ 20 % d'élèves non francophones et la possibilité est offerte à tous de préparer un diplôme d'anglais langue étrangère reconnu par l'université de Cambridge. Les condisciples peuvent ensuite compter sur l'Association des anciens élèves de l'École des Roches et de Normandie (AERN) dont les 1 800 adhérents occupent des positions sociales éminentes à travers le monde. « Le Collège de Normandie, se rappelait Guy Schÿler, était une école où l'on rencontrait des Sud-Américains, comme les frères Saavedra, Moro, des Américains, comme celui qui devint le colonel Ridgway Knight et qui fut ambassadeur des États-Unis, Henry Hide, chef de OSS, Robert Guestier Goëlet, des Anglais et des Français qui ont tous été brillants par la suite : Jean Goujon, pilote d'essai, tué en service commandé, le général Jean-Louis de Rougemont. J'ai d'ailleurs gardé des contacts avec, bien sûr, le comte Cahen d'Anvers, mais aussi avec un camarade qui est devenu général, un autre ambassadeur aux États-Unis, d'autres qui étaient pilotes d'avion… » Aussi bien au Collège de Normandie jadis qu'à l'École des Roches, une grande place a toujours été accordée aux sports, tennis, rugby, football, aviation… et à la responsabilisation individuelle. « Il n'y avait pas de pion. Pas de grille. C'était en pleine campagne. C'était fait, en conclut Guy Schÿler, pour former des hommes qui auraient des responsabilités plus tard[22]. » Il en est toujours ainsi : les Roches sont ouvertes aux quatre vents, comme le collège du Rosey, et aucune clôture ne sépare les bâtiments, disséminés dans le vaste parc, du reste du monde. Paradoxalement, ces établissements, fréquentés par les enfants de milieux que l'on peut supposer, *a priori*, comme les plus fermés, comme ayant des raisons de craindre pour leur sécurité, sont très ouverts sur l'extérieur. Ce qui n'est pas sans rappeler la tradition du voyage initiatique, de l'aventure au loin, à la fin de l'adolescence, comme expérience formatrice, rituel de passage qui permet ensuite de prendre les responsabilités de l'adulte. Comme par exemple, pour le comte Cahen d'Anvers, ce long séjour itinérant aux États-Unis qui le vit remplir divers emplois, dont celui de cow-boy, ce qui lui fut facilité par son parfait bilinguisme et sa pratique de l'équitation aux Roches. L'esprit d'initiative et de persévérance des élèves et leur autocontrôle sont parmi les motivations de la création de l'École des Roches comme « école nouvelle » en 1899.

Quant au recrutement international de l'école, l'éditorial de l'annuaire des anciens Rocheux précise que « pouvoir rencontrer des interlocuteurs privilégiés dans 60 pays relevant de 225 professions différentes, c'est un atout, il faut l'utiliser ! ». Sur environ 1 800 anciens élèves, qui ont effectué leur scolarité au début du siècle pour les plus âgés, et qui sont inscrits dans cette association, on peut en compter plus de 350 qui résident à l'étranger. Qu'ils soient natifs de l'un des 60 pays concernés, ou que, de nationalité française, ils y résident de manière durable.

À l'École des Roches, les langues étrangères sont apprises selon la technique de l'immersion, ainsi que le décrit M. Dollfus, ancien élève, qui fut délégué de la direction, chargé de mettre en œuvre des méthodes pédagogiques nouvelles[23]. Les cours sont dispensés exclusivement dans la langue enseignée. Les professeurs organisent des journées durant lesquelles les élèves doivent s'exprimer en anglais ou en espagnol, y compris durant les repas, ou entre eux, durant les moments de loisir et de détente. Bien entendu, les échanges organisés avec des établissements de la même qualité, dispersés à travers le monde, parachèvent l'excellence dans la maîtrise des langues.

Après avoir obtenu ses deux baccalauréats à dix-sept ans au Collège de Normandie, le comte Cahen d'Anvers est parti aux États-Unis d'où il est revenu avec un diplôme de la Harvard Business School pour repartir presque aussitôt prendre en charge la gestion d'une immense propriété de 448 000 hectares au Paraguay. Il commençait ainsi une carrière dont le caractère international ne devait guère se démentir et qui prit appui aussi sur une pratique sportive. C'est ainsi qu'il joua un rôle dans l'univers du polo, sport cosmopolite s'il en est. Il fut également partie prenante dans de grandes chasses, telles celles de la grouse en Écosse ou en Espagne, ou du gros gibier en Allemagne, en Autriche ou en Afrique.

Le collège Saint-Martin-de-France, à Pontoise, est très proche, dans son recrutement et dans son fonctionnement, de l'École des Roches. Ce collège propose des classes de 6e et de 5e franco-anglaises qui fonctionnent en liaison étroite avec le collège britannique de Hawtreys, avec trois trimestres de séjour en Angleterre répartis sur deux ans.

Alexandre et Philippe-Emmanuel de Fontmichel ont perfectionné leur anglais et leur espagnol lors de séjours d'un an dans des pensionnats écossais et madrilènes. « Dès le CM2, se rappelle Alexandre, alors en licence de droit à Assas, nous sommes partis en Écosse, on y a passé une année entière. Puis nous y sommes retournés tout un trimestre au niveau de la 5e ; en 4e et en 3e, nous sommes partis en pension à Madrid pour un an. En Écosse c'était une pension typique, elle était privée, mais ce n'était pas du tout une grande école chic internationale. Nous étions les seuls Français, ils n'acceptaient qu'un seul Français par promotion. » Le résultat est là : les deux frères parlent couramment anglais et espagnol. Philippe-Emmanuel, scolarisé en 1re économique et sociale à Franklin, école tenue par les Jésuites, connue aussi sous le nom de Saint-Louis-de-Gonzague[24], apprend l'arabe en troisième langue, qu'il va essayer de présenter au baccalauréat. « C'est une langue très dure, dit-il, comparée à l'anglais et à l'espagnol, mais qui est tout à fait importante parce que dans quelques années je pense qu'il faudra parler arabe, ce sera nécessaire. » Au-delà du seul apprentissage de la langue, précise Alexandre, « c'est l'ouverture sur d'autres civilisations, car, quand on connaît une langue, on peut découvrir tout ce qui va avec, c'est-à-dire la culture, la civilisation hispanique, écossaise, la culture en général ».

Le capital cosmopolite des hautes classes est une partie essentielle de leur patrimoine, individuel et collectif. Initiée très tôt, par les apprentissages précoces des langues étrangères, puis consolidée par des établissements d'enseignement qui cultivent cette spécificité, atout décisif dans les luttes sociales pour le pouvoir et la notoriété, cette partie du patrimoine des classes dominantes est soutenue par des institutions diverses, dont les cercles, par les réseaux informels, amicaux, et par les réseaux des alliances familiales.

Ce patrimoine cosmopolite est consubstantiel au pouvoir et aux positions sociales dominantes. Il vaut en lui-même et pour lui-même. Mais il est aussi un puissant facteur d'accumulation de capital culturel et par là un facteur de distinction. D'autant que ce capital culturel est l'un des éléments d'un capital patrimonial où toutes les formes de capitaux se valorisent réciproquement. Il y a une relation de dépendance entre ce capital social international, les formes de capital culturel qu'il génère et le caractère international du capital économique. L'internationalisation de l'économie et celle, corrélative, des patrimoines familiaux ne sont pas récentes. Mais le fait qu'elles renvoient l'une à l'autre correspond sans doute au rôle premier de l'importance de l'étranger dans la vie des affaires. Les élites sont cosmopolites parce que leurs intérêts le sont. Le marché de l'art est international depuis longtemps avec Sotheby's à New York et Christie's à Londres. Il serait absurde et risqué pour les élites sociales de limiter le réseau des relations utiles au cadre national. La gestion des fortunes dépasse aujourd'hui les limites des États. Une grande banque privée comme Paribas, en réorganisant ses services, indique que la tendance est à l'amplification de cette dimension internationale[25]. Depuis 1994, la banque a restructuré ses « métiers » à l'échelle mondiale. « Tous les gens qui pratiquent le même métier, explique Pierre de Leusse, quel que soit le pays où ils exercent, appartiennent désormais à un même ensemble, sont dirigés par les mêmes hommes, ont les mêmes objectifs et les mêmes comptes d'exploitation. » C'est le cas de la gestion institutionnelle et privée, retenue comme l'un des quatre métiers stratégiques sur lesquels repose le développement de l'établissement. « De telle sorte que nous sommes 1 100 dans le monde à exercer ce métier-là pour le compte de la Banque Paribas et de ses filiales. » Notre interlocuteur précisant bien que, conformément aux exigences de la confidentialité, chaque compte n'est connu que dans le pays où il est ouvert, et seulement par le gestionnaire ou l'équipe de gestion à qui il est confié dans ce pays. Mais les conseillers auront dans chaque pays la même formation, c'est-à-dire la même connaissance des marchés et les mêmes compétences techniques de gestion. L'entité « métier de la gestion » n'a donc plus une base nationale, mais elle est bel et bien structurée à l'échelle internationale, prenant acte de l'existence, du point de vue économique, d'un seul monde où les problèmes ne sauraient être examinés et leurs solutions appliquées de manière valable sans la prise en compte de l'ensemble des relations de la question traitée avec les autres espaces nationaux.

Cultures, réseaux de relations et gestion des patrimoines familiaux ne sauraient ainsi échapper à cette logique internationale. Faire fortune et la conserver exige une ouverture sur le monde. Il en existe d'autres, dans l'univers scientifique ou dans le champ des luttes politiques, mais l'internationale du pouvoir et de la richesse, la plus ancienne, dispose de structures formelles et informelles qui démultiplient à l'échelle de la planète les pouvoirs et les savoirs d'élites profondément unies dans le souci de la bonne gestion de leur avenir.

CHAPITRE IV

Cérémonies, mondanités et rituels

La famille au cœur des réseaux dans le Bordelais

La transmission réussie du patrimoine économique suppose que soit réalisée celle des autres formes du patrimoine constituées par le capital culturel, le capital scolaire, le capital social et le capital symbolique. La transmission suppose des héritiers aptes et préparés à recevoir ce que les générations antérieures ont accumulé, avec tout le prestige attaché au nom d'une lignée et la densité des réseaux dans laquelle celle-ci s'insère. Aussi « les grands ont de grandes familles », écrit Pierre Bourdieu, pour qui ce serait là une « une loi anthropologique générale ». « Ils ont un intérêt spécifique à entretenir des relations de type familial étendues et, à travers ces relations, une forme particulière de concentration du capital. Autrement dit, malgré toutes les forces de fission qui s'exercent sur elle, la famille reste un des lieux d'accumulation, de conservation et de reproduction de différentes espèces de capital[1]. » Le *Bottin Mondain*, dans son édition 2004, comptait une moyenne de 3,9 enfants par ménage, ce chiffre passant à 4,2 pour les seules familles ayant des enfants. Le recensement de 1999 aboutit à une moyenne beaucoup plus faible : 1,9 enfant par ménage dans l'ensemble de la population française.

La famille est au centre du réseau des relations qui favorisent l'accumulation et la transmission. Des rituels sociaux nombreux et variés font exister le groupe, depuis les cérémonies familiales, dont la magnificence n'est évidemment pas dénuée de sens social, jusqu'aux grands rassemblements périodiques qui scandent la vie mondaine.

Le capital social se construit en prenant appui sur la famille. Mais l'endogamie sociale, voire régionale comme le montre le cas de la grande bourgeoisie bordelaise, limite de façon stricte l'extension du réseau familial. Le champ des familles socialement utiles, avec lesquelles il est raisonnable d'envisager d'établir un lien par le mariage, est étroit. Toutefois, durant les dernières décennies, des évolutions notables se sont produites. Si dans la région de Bordeaux, caractérisée par le maintien des activités viticole et forestière, les alliances matrimoniales sont encore celles de patrimoines, dans d'autres régions, et notamment en Île-de-France, ce qui importe, c'est d'épouser quelqu'un du même groupe social : les patrimoines sont devenus financiers et donc fluides, de sorte qu'il n'y a plus de contrainte géographique, mais seulement des contraintes économiques et sociologiques. Ce n'est pas tant la multiplication des relations que leur qualité sociale et leur extrême enchevêtrement qui donnent au réseau familial, dans la grande bourgeoisie, une importance sociale et symbolique aussi décisive.

C'est une constante pour les membres de la bonne société bordelaise que de souligner combien cette société est fermée sur elle-même[2]. « Dans les dîners où nous sommes reçus, souligne Emmanuel Touton, l'un des grands courtiers de la place, c'est à 90 % toujours les mêmes. Pour les vacances on se déplace tous de 70 kilomètres [pour aller sur les bords du bassin d'Arcachon]. On se marie entre nous, c'est fatal. » En conséquence, « si on est bordelais, conclut Christel Baseden, on est cousin avec tout le monde ! » Et son propre cas semble être une confirmation de cette affirmation[3]. Sa tante a épousé Éric Schÿler, issu de l'une des grandes familles de négociants des Chartrons et frère de Guy Schÿler[4]. Christel Baseden a elle-même épousé le petit-fils d'Antoinette de Vibraye, Mme Clifford Baseden, descendante des propriétaires de Cheverny. Sa propre cousine, Corinne de Secondat de Montesquieu, dont le père est propriétaire du château de Fougères à La Brède, a épousé son beau-frère, Patrick Baseden.

Le réseau familial se ramifie bien au-delà des limites de la parentèle. Mais cette extension prend néanmoins appui sur la vie familiale. Ainsi France de Cerval, issue comme Christel Baseden d'une famille de propriétaires forestiers des Landes, dont le frère, Henri de Cerval, est maître d'équipage en Gironde[5], fut sa marraine de confirmation. Violaine Cruse, dont le patronyme est aussi évocateur de la grande époque des Chartrons que celui des Schÿler, a tenu, elle, le rôle, moins officiel mais fort important, de « copine de soirée ». Emmanuel Touton et Pierre Lawton, dont la mère, Micheline Banzet, avait épousé en premières noces Hubert Cruse, avant de se remarier avec Hugues Lawton après le décès de son premier mari, furent ses chevaliers servants : l'unité géographique et sociale est ici très grande puisque tous ces noms renvoient au Bordelais et à la commercialisation de ses vins. On pourrait continuer le puzzle : Virginie Calvet, dont la famille est elle aussi bien installée dans le négoce du vin à Bordeaux, a épousé Emmanuel Touton et habite en face d'Ariane Cruse, dans le quartier très chic, bien que très discret, du Jardin public. « Quand les familles de Bordeaux se marient entre elles, cela se voit, remarque Christel Baseden. La bague est superbe et les parents vraiment contents. Par exemple les Calvet qui épousent des Denis. Eh bien, ils ont des vies fabuleuses, extraordinaires, car les fortunes s'associent. Les amies de mon âge ont toutes récupéré le dernier étage de l'hôtel particulier à leur mariage, puis sont descendues dans les étages plus nobles dès les premières naissances. Ça fait boule de neige, ça crée un bien-être de famille et tout le monde est content. »

On voit que le réseau familial de la bonne société bordelaise est très serré. Bien entendu il étend quelques pseudopodes dans d'autres directions, et non des moindres : la famille Cruse est ainsi très liée à la famille Peugeot. Violaine est la fille de Henri-François Cruse et de Guillemette Peugeot, qui a donc pour beau-père Jean Cruse. Guillemette Cruse est la fille de Rodolphe Peugeot et la belle-sœur d'Alain Banzet (un des anciens dirigeants du groupe Peugeot, aujourd'hui décédé) et de Liliane Seydoux, qui est la sœur de Jacques et la cousine de Jérôme et Nicolas Seydoux, toutes familles appartenant aux grandes dynasties de la haute société protestante. Le demi-frère de Pierre Lawton, Jean-Paul Cruse, peut aussi relever que son oncle, Alain Banzet, frère de Micheline Banzet, « a fait toute sa vie chez Peugeot. Il était à la fois le fils d'une Peugeot qui est ma grand-mère maternelle et il avait également épousé une Peugeot [Monique Peugeot] ». On pourra noter enfin qu'une fille d'Alain Banzet a épousé un Cruse. Carine Cruse, fille d'Édouard Lawton, a épousé Thierry Peugeot. France Cruse, fille d'Herman Cruse, a épousé Christian Vernes, de la famille des banquiers protestants. La complexité de tels réseaux est sans fin. Que ce soit par les liens de parenté ou par des relations d'ordre amical, il existe un très important niveau d'interconnaissance et de relations. Or ces relations sont aussi des relations d'affaires : les familles mentionnées sont presque toutes en contact en raison des activités économiques dont elles tirent leurs revenus. Les patrimoines de ces familles reflètent les alliances nouées et la nature de l'accumulation réalisée. Dans les Landes, on sait depuis le roman de François Mauriac, *Thérèse*

Desqueyroux, que les évaluations des propriétés entraient dans les stratégies matrimoniales d'une façon quasi explicite. « Bernard Desqueyroux avait hérité de son père, à Argelouse, une maison voisine de celle des Larroque [...]. Songeait-il beaucoup plus à Thérèse ? Tout le pays les mariait, leurs propriétés semblaient faites pour se confondre et le sage garçon était, sur ce point, d'accord avec tout le pays[6]. »

Les réseaux ne sont en définitive aussi imbriqués que dans la mesure où la liste des partis possibles, des familles avec lesquelles il est pensable de s'allier, est somme toute limitée. Le milieu de la grande bourgeoisie bordelaise déborde peu ses frontières propres, et lorsqu'il le fait, ce peut être, comme avec les Peugeot, pour nouer des liens très denses, là encore, avec un nouveau réseau. « L'importance du capital social qu'un individu peut mobiliser, écrit Luc Boltanski, dépend non seulement de ses origines familiales, mais aussi de la surface sociale qu'il maîtrise à titre individuel (elle-même fonction, au moins dans la plupart des cas, du capital social accumulé par la famille), dont dépend à son tour l'étendue de son réseau de relations, multipliée par la surface sociale que maîtrise chacun des membres de sa famille étendue et, à un moindre degré, chacun des membres de son réseau de relations[7]. » On conçoit que la densité du réseau des relations soit, dans le Bordelais, un facteur d'exponentialité du capital social, et un puissant appui mobilisable en cas de besoin.

Un holding familial : les Wendel

Ailleurs aussi les liens entre les grandes familles sont multiples. Les Seillière, les Demachy, les Wendel et les Schneider ont des intérêts industriels et financiers communs, confortés par un système de parenté qui, en quelque sorte, double le réseau des liens économiques. « Au long des années, écrit Ernest-Antoine Seillière, des liens familiaux se sont noués. Les deux filles de Charles Demachy ont épousé l'une, Hélène, Léon Seillière, l'autre, Germaine, Ernest Seillière, futur membre de l'Académie française. Le deuxième fils de ces derniers, Jean, épousera Renée de Wendel. De son côté, Jean Schneider, fils d'Eugène et frère de Charles, se mariera avec Françoise de Curel, descendante de François-Ignace de Wendel, fondateur du Creusot[8]. » Ernest-Antoine Seillière, énarque, gère les sociétés financières de la famille Wendel dont il est membre par sa mère. Il a été président du Medef (Mouvement des entreprises de France) jusqu'en 2005, date à laquelle il a pris la tête du mouvement patronal européen. Il a fêté son cinquantième anniversaire au musée Grévin et ses 387 invités étaient la vivante incarnation d'un capital social remarquable. Gabriel Milési a noté parmi eux la présence de Michel David-Weill (banque Lazard), André Bettencourt (ancien ministre, dont la femme, Liliane Bettencourt, née Schueller, est l'héritière du fondateur de l'Oréal, et à ce titre a détenu la plus grande fortune française), Philippe Bouriez (groupe Cora-Revillon), Jean-François Lemoine (propriétaire de *Sud-Ouest*), Édouard de Ribes (groupe Rivaud, gendre de Jean de Beaumont, président du Cercle de l'Union Interalliée, et lui-même vice-président de ce cercle), Guy et David de Rothschild, Jean-Pierre Soisson (ancien ministre), Pierre-Christian Taittinger (maire du XVIe arrondissement, fortune ayant son origine dans le champagne et l'hôtellerie, avec le Crillon, place de la Concorde, à Paris, et la chaîne Campanile)[9]. La famille joue donc un rôle considérable dans la gestion des affaires. Elle est essentielle dans la transmission du patrimoine de rapport[10]. Aussi est-elle volontiers célébrée avec magnificence.

Le 15 novembre 2004, les descendants de Jean-Martin Wendel ont fêté avec toute la majesté requise le trois centième anniversaire de l'acte fondateur de leur dynastie industrielle et financière. Les forges d'Hayange furent créées en effet en 1704, en ce début de XVIIIe siècle qui vit l'aristocratie perdre le pouvoir au profit de la bourgeoisie montante, avant que les uns et les autres, réconciliés, ne fondent une nouvelle noblesse, celle de l'argent, plus que jamais au pouvoir aujourd'hui. Anoblis en 1727, les Wendel et leurs alliés comptèrent dans leurs rangs des députés, un régent de la Banque de France, un académicien, un président du Medef.

Les lointains héritiers de Jean-Martin Wendel sont aujourd'hui un millier. Détenteurs d'actions du holding Wendel Investissement, et portant souvent un autre patronyme, à l'image d'Ernest-Antoine Seillière qui préside ce groupe financier et qui fut le maître de cérémonie omniprésent de cette soirée, ils en étaient les seuls invités.

La soirée commença, avec exactitude, à 18 heures 30, par une messe d'action de grâces célébrée en l'église de Saint-Thomas-d'Aquin, dans le VIIe arrondissement de Paris, avec la participation de monseigneur Pieplu. Le prêtre remercia les personnes présentes d'avoir donné du travail à leurs ouvriers grâce aux entreprises créées. Dans un raccourci un peu rapide, cette générosité fut rapprochée de la difficulté qu'éprouvent aujourd'hui les jeunes, même diplômés, à trouver où s'embaucher. Envers le désenchantement qui peut en naître, le prêtre félicite l'assistance : « Vous soutenez l'espoir de cette jeunesse désemparée. » Ainsi les descendants se situent dans la continuité d'une famille qui ne cessa de « servir constamment » son pays.

Après l'office, en une sorte de procession improvisée, les membres de la famille vont se rendre au musée d'Orsay, tout proche. Sans hésiter, en habitué de ces beaux quartiers, le cortège s'engage comme un seul homme dans le dédale des petites rues qui offrent le trajet le plus court. D'autres membres de la famille, n'ayant pas assisté à l'office, ont déjà rallié l'ancienne gare, qui brille dans la nuit tombée. Les files s'allongent aux portes de l'édifice, gardées par un service de sécurité de plus en plus débordé devant l'affluence. L'heure avançant, il ne s'agit pas de contrarier la soirée en lui faisant prendre du retard : à 20 h 15 doit commencer la mise en place des héritiers et actionnaires Wendel pour la photographie de famille, dont le programme prévoit qu'elle soit prise à 20 h 30.

Les arrivants sont conviés à rejoindre immédiatement le grand hall du musée, sous la voûte majestueuse. Cette foule de plusieurs centaines de personnes trouve là un cadre à la hauteur de la circonstance. La gare d'Orsay fut habituée aux affluences nombreuses, mais ce fut certainement la première fois que, dans cette multitude, chacun était parent de tous. Une mise en scène de l'une des formes de richesse les plus précieuses de ce groupe qui n'en manque pas. Le capital familial est ainsi exposé dans un rituel banal, celui de la photo de famille, dont l'ampleur, ici, met en évidence toute la différence. Plusieurs centaines de personnes rassemblées par des liens familiaux construits par trois siècles de mariages, détenant des parts du même holding qu'elles contrôlent collectivement, immortalisent leur dynastie dans un temple du XIXe siècle, voué aujourd'hui à la célébration de l'art de cette époque qui vit le triomphe du capitalisme, le tout sous la houlette du plus célèbre d'entre eux, alors président du Medef, qui est aussi celui de leur groupe financier. Triomphe d'une lignée qui voit, le même jour, s'ouvrir une exposition, qui lui est dédiée, dans le même endroit. Après la séance de la photographie, publiée ultérieurement par *Paris-Match*, les uns et les autres se dirigèrent vers les salles d'exposition et vers les buffets.

Sur quatre salles, l'histoire de trois siècles de Wendel est abordée à partir des origines des maîtres de forges et des premières installations industrielles retracées à travers les tableaux, mais aussi les croquis techniques et les photographies.

Un fort agréable buffet attendait les membres du holding familial. Le champagne n'était pas compté. Dans une générosité mettant en exergue l'aisance matérielle du groupe, les plateaux et les verres circulent sous les dorures du Second Empire et des Chemins de fer naissants, emblèmes de l'industrialisation et de l'avènement de dynasties fortunées. Mais devenue un musée, la gare d'Orsay elle-même symbolise le parcours de ces familles dont la richesse matérielle est née dans le travail des mines et des usines, mais qui ont su acquérir ou développer un capital culturel à la hauteur de leur fortune. Le lieu et, tout particulièrement, l'exposition qu'il abrite sont là pour le rappeler. L'affluence fait de cette assemblée une démonstration de sa force collective, du capital social qu'elle représente. Dans la communion à Saint-Thomas-d'Aquin et dans celle du buffet, c'est la même satisfaction d'être ensemble, de ressentir la puissance que donnent les liens tissés et la joie que procure ce sens du collectif, de l'intérêt commun et des valeurs communes, tout autant boursières que morales et existentielles.

Une vie familiale très ritualisée

Aujourd'hui encore, le système d'alliances est tellement imbriqué que dès qu'un nom de personne est évoqué, à l'occasion d'un cocktail ou d'un dîner, les invités construisent immédiatement l'espace des parentés et se lancent, avec maestria, dans l'élaboration orale de l'arbre généalogique. Tant il importe de savoir qui est qui, c'est-à-dire quel est le réseau d'alliances de celui dont on parle. La conscience de l'importance des enjeux de cette vie familiale et mondaine est telle que l'on cousine intensément, de façon très étendue. Cela représente un travail social considérable qui finit par fondre l'individu dans le groupe indissolublement familial et sociologique[11].

On choisit en général le parrain et la marraine de ses enfants au sein de la parenté, ce qui vise, entre autres buts, à renforcer les liens entre les générations. « Oncle, c'est bien, entend-on dire, mais oncle et parrain à la fois, c'est encore mieux. » C'est un prêtre parent de la famille qui baptisera le nouveau-né. Une grande famille, c'est aussi la diversité des attachements affectifs possibles et donc une certaine euphémisation des « conflits de générations » et des « crises de l'adolescence ».

La vie familiale est liée à certains lieux qui en sont emblématiques. Ce peut être l'immeuble parisien, construit par un ancêtre, comme celui qui, sur le Champ-de-Mars, fut édifié par la grand-mère maternelle de Catherine de Persuy, petite-fille de riches industriels du pétrole. « Ma mère, dit-elle, a vécu toute sa vie dans cet immeuble. Quand je suis née, j'ai trente-six ans aujourd'hui, ma grand-mère y avait son appartement et chacun de ses trois enfants avait le sien. Il y avait une ambiance assez exceptionnelle, on se promenait dans l'immeuble, on pouvait aller voir notre grand-mère tous les jours. » La fortune semble autoriser, et peut-être exiger, la cohabitation des générations, forme de structure familiale devenue rare, y compris d'ailleurs dans une partie de la grande bourgeoisie. L'un des privilèges liés à ces vastes demeures est de pouvoir vivre cette cohabitation comme choix et non comme contrainte insupportable. La vie parallèle des générations est un élément qui organise la transmission des traditions et des savoirs, des relations et des biens.

Il reste que, lorsque le grand âge arrive, le repli semble, dans ces milieux aussi, pouvoir devenir la règle. Mais dans des conditions qui restent exceptionnelles. Quand la charge d'un appartement devient trop pesante, « passé un certain âge, raconte Catherine de Persuy, dans ma famille paternelle, on va vivre à l'hôtel où l'on est dégagé de toutes les contraintes matérielles. Mes arrière-grands-parents paternels ont fini leur vie à l'hôtel. Leurs trois filles également ».

Les repas familiaux sont des occasions de prendre la mesure du capital social disponible, c'est-à-dire de l'importance du réseau de relations familiales ou extra-familiales. Il n'est pas de secteur de l'activité sociale où la famille n'ait des « correspondants », qu'il s'agisse des affaires, de l'armée, de la culture, de l'Église. Cette mise en scène du capital indissolublement familial et social contribue à apprendre au futur héritier à se percevoir et à se concevoir comme le maillon d'une lignée, la maille d'un filet, d'un réseau familial qui ainsi s'étend dans le passé, le présent, et se projette dans l'avenir. La famille n'est pas une entité en soi, c'est une véritable construction sociale qui nécessite l'accumulation et la gestion de cette forme particulière de capital social qu'est le capital familial.

Les beaux quartiers favorisent par eux-mêmes l'entretien de ces relations. Alors que les autres catégories sociales sont dispersées dans l'espace urbain, l'extrême concentration spatiale des élites favorise leurs rencontres, impromptues ou délibérées. C'est en voisins qu'on se retrouve à la boulangerie, alors que l'on fréquente aussi le même cercle. Le voisin est aussi un cousin, ou un condisciple de l'École des Roches. Dans les beaux quartiers de Paris, on se rend visite à pied. Passer prendre le thé ou l'apéritif sans avoir à prendre rendez-vous, c'est encore un privilège dans une agglomération où la moindre rencontre nécessite le recours à l'agenda et de longs déplacements. Les rallyes et les cercles, par leur dimension spatiale, prennent rang dans ces dispositifs propres aux hautes classes qui, au moins dans les très grandes villes, peuvent vivre sur quelques kilomètres carrés, tant leur est indifférente, ou du moins peu socialement utile, l'immense majorité du territoire urbain[12]. Cette concentration explique l'homogénéité idéologique telle qu'elle peut se dévoiler à travers des résultats électoraux. En juin 2002, Nicolas Sarkozy est réélu député de sa circonscription à Neuilly-sur-Seine, dès le 1er tour des élections législatives avec près de 69 % des voix. Ce marquage de l'espace est social et familial : c'est aussi toute la parentèle qui vit dans le cercle étroit de la ville utile, c'est-à-dire de quelques quartiers bien délimités[13]. On comprend l'utilité du *Bottin Mondain* : toute la population pertinente y est recensée.

Le patrimoine nominal et ses listes

Les limites du champ des alliances possibles sont précises. L'existence du *Bottin Mondain*, et, avant lui, d'illustres prédécesseurs, comme l'almanach de Gotha, créé en 1763, ou d'ouvrages à vocation régionale, comme le *Livre des familles du Nord* ou le *Tout-Lyon Annuaire*, le montre assez[14]. Le *Livre des familles du Nord* se présente en effet, selon Bruno Duriez, « comme un recueil de généalogies [...] dont les couples d'ancêtres sont généralement nés dans la première moitié du XIXe siècle. C'est la position sociale de ces ancêtres qui détermine l'appartenance de tous leurs descendants au groupe social des "Grandes Familles"[15] ». Le milieu socialement utile est donc cerné par des répertoires nombreux et redondants : listes mondaines, annuaires d'anciens élèves d'écoles de prestige, annuaires des cercles, listes plus informelles comme celles des rallyes. Figurer dans ces énumérations constitue, d'un point de vue mondain, un enjeu aussi décisif que, pour un khâgneux, celui de figurer sur les listes d'admissibles à l'École normale supérieure. Ces listes de noms sont à usage interne. Les noms de famille en ces milieux anciens sont connus et condensent à eux seuls toutes les formes de capitaux cumulés par la famille. Le nom identifie et repère tout ce qui fait la notoriété et le prestige d'une famille.

Le *Bottin Mondain* et le *Who's who* sont les plus connus des annuaires qui recensent l'élite sociale. Toutefois, leurs conditions d'élaboration diffèrent[16]. L'inscription dans le premier est à l'initiative de la personne ou du ménage qui désire y figurer, mais elle suppose que l'on puisse se recommander de deux personnes y étant déjà présentes, ce qui n'est pas sans rappeler la règle du parrainage mise en œuvre dans tous les grands cercles parisiens. Le *Bottin Mondain* comprend quelque 40 000 mentions, qui regroupent les familles par « maison », soit au total 200 000 personnes, dont 145 000 enfants. Leur date de naissance est indiquée, ce qui aide considérablement les mères à constituer leurs rallyes. Les différentes adresses figurent toujours complètes, avec les numéros de téléphone. Car il est de la plus haute importance pour la gestion du capital social d'être accessible aux membres de son milieu. Les téléphones seront indiqués sur le *Bottin Mondain* alors même que la personne sera sur liste rouge pour l'annuaire de France Télécom et le commun des mortels.

L'inscription dans le *Who's who* est par contre à l'initiative des éditeurs de cet ouvrage. Ils décident souverainement des personnalités qu'ils y feront figurer, sur la base de la position sociale occupée et de la notoriété acquise. Aussi le *Who's who* n'est-il pas un répertoire des grandes familles, mais un dictionnaire biographique de personnalités, comprenant aussi bien les responsables politiques des partis de gauche, PCF compris, que les grands dirigeants d'entreprise, les dignitaires de l'Église ou de l'armée, ou encore les membres de l'Institut. Un éclectisme, donc, qui n'offre aucune garantie quant à la respectabilité mondaine des personnalités recensées.

Il n'en est pas de même avec les listes qui président à l'organisation des rallyes ou avec les annuaires des grands cercles. Reflets des sélections et des exclusions liées au processus de la cooptation, ces listes et ces annuaires présentent toutes les garanties d'un choix rigoureux, sans complaisance. Y être équivaut à un brevet d'excellence sociale. Brevet fort envié par ceux qui, trop proches de cet univers pour ne pas se sentir concernés par la consécration que constituerait le fait de voir son nom retenu, en sont toutefois trop loin pour figurer parmi les élus.

Il n'est pas du tout indifférent que, sur ces listes de noms, cohabitent aristocratie et bourgeoisie. Et que les noms nobles soient mis en avant, soit dans la dénomination des rallyes qui portent volontiers le patronyme d'une très ancienne famille (les rallyes étant désignés par les noms des mères fondatrices ou influentes), soit dans l'énumération des noms des membres des instances dirigeantes d'un cercle. Ainsi, alors que 90 % des membres du Cercle du Bois de Boulogne n'appartiennent pas à la noblesse, 8 de ses 12 présidents successifs, depuis 1867, portaient un titre nobiliaire, dont 5 des 6 qui furent en exercice depuis 1941. On retrouve le même phénomène dans d'autres cercles à prédominance bourgeoise, comme le Cercle de l'Union Interalliée avec le comte Jean de Beaumont qui en fut longtemps le président. Autrement dit, les grandes familles de la bourgeoisie trouvent dans une fréquentation familière des noms de l'aristocratie, dans l'utilisation de ces patronymes chargés de références au passé, une sorte de compensation à la banalité formelle de leurs propres noms. En mettant en avant les noms emblématiques de l'aristocratie, la bourgeoisie sait utiliser une partie du capital symbolique véhiculé par un « grand » nom qui, par sa forme même, manifeste plusieurs siècles d'ascendants prestigieux. Le nom, seul ou, à défaut de notoriété propre, dans sa proximité avec de grands noms, joue ainsi un rôle décisif dans l'accumulation et la transmission du capital social. « Le rendement de ce travail d'accumulation et d'entretien du capital social est d'autant plus grand que ce capital est plus important, écrit P. Bourdieu, la limite étant représentée par les détenteurs d'un capital social hérité, symbolisé par un *grand nom*, qui n'ont pas à "faire la connaissance" de toutes leurs "connaissances", qui sont connus de plus de gens qu'ils n'en connaissent, qui, étant recherchés pour leur capital social et valant, parce que "connus", d'être connus (*cf.* "je l'ai bien connu"), sont en mesure de transformer toutes les relations circonstancielles en liaisons durables[17]. »

Cette cohabitation avec des patronymes aux connotations flatteuses n'embellit pas seulement les plus ordinaires, elle produit aussi un effet de groupe, lié à l'énumération elle-même. Listes et annuaires sont des manifestations tangibles du capital social, de son accumulation et du travail de gestion dont il est l'objet. Les rallyes, fondés par une, deux ou trois mères de famille avisées, dont ils portent le plus souvent le nom (rallye La Bretesche-Broglie-Montmorin, rallye Schlumberger), regroupent de façon exclusive, par la constitution de listes fermées, des adolescents appartenant au même monde, le « grand » monde (voir tableau 8, p. 166-167). Il s'agit là d'une rupture avec l'oralité. La liste énoncée officialise et crée du même coup la « réputation » des familles. « La liste implique discontinuité et non-continuité [...]. Elle a un commencement et une fin bien marqués, une limite, un bord, tout comme une pièce d'étoffe [...]. La liste diffère de ce que produit la communication orale [...]. Elle n'est pas la représentation directe de la parole. Elle s'oppose même à la continuité, à la fluidité, à la connexité propres aux formes ordinaires du langage parlé : conversation, discours, etc.[18]. » La liste n'est donc pas l'équivalent des recommandations parentales, des exclusions ou des ostracismes verbaux qui peuvent toujours être interprétés, déjoués : par sa forme écrite, elle exclut et inclut sans possibilité d'exception, de jeu à la marge. L'univers des relations amicales possibles se trouve clairement défini. De ce fait même, la liste érige en groupe une énumération *a priori* arbitraire, groupe qui se doit ensuite de pratiquer certaines activités communes (sorties culturelles, cours de bridge, cours de danse, soirées dansantes) sans lesquelles elle n'aurait pas de raison d'être[19]. Car c'est une autre propriété de la liste de n'être jamais gratuite : elle n'existe que pour permettre d'accomplir la fin qui lui est socialement assignée, c'est-à-dire rester entre soi.

TABLEAU 8.

Liste partielle des membres du rallye La Bretesche-Broglie-Montmorin (vers 1990)

NOM	Adresse	NOM	Adresse
Amaury de Cherisey	1er ardt	Christel de Nervo	16e
Isabelle de Chezelles	6e	Noëlle d'Aboville	16e
Alessandra Serey	6e	Carlos de Cordoüe	16e
Elvire Letourneur	6e	Carine de Vregille	16e
Geoffroy de Verdun	6e	Alexandre de Soye	16e
Dorothée Bacot	7e	Alix O'Neill	16e
Marie-Aimée d'Hotelans	7e	Sophie de Labarre	16e
Laurent de Castelbajac	7e	Marie-Astrid Tarneaud	16e
Florent de Samucewicz	7e	Florence de Ganay	16e
Marie-Astrid d'Harambure	7e	Thomas de Lussac	16e
Thibaut de Ladoucette	7e	Frederico Vecchioli	16e
Elvire de Rochefort	7e	Anne de Buffevent	16e
Anne-Sophie Gilbert	7e	Guillaume de Bartillat	16e
Clémence Maze-Sencier	7e	Ghislain d'Auvigny	16e
Emmanuel Maze Sencier	7e	Albane de Broglie	16e
Philippe de Miribel	7e	Christian Ledoux	16e
Agathe de Baurepaire-Louvagny	7e	Marie-Laure de Bueil	16e

Diane Hervé-Gruyer	7e	Frédérique de Bueil	16e
Patrick d'Hérouville	7e	François-Laurent de Beauregard	17e
Élisabeth de Montmorin	7e	Anne-Laure Morel d'Arleux	17e
Alexandra de Gontaut-Biron	8e	Claire de Bussy	17e
Laurent Bremond	8e	Sybille de Changy	17e
Diane de Poncheville	8e	Frédéric Henriot	Neuilly
Julien Schœnlaub	8e	Catherine Henriot	Neuilly
Patrice Bénilan	8e	Éric Cosserat	Neuilly
Éléonore de Montesquiou Fezensac	15e	Lætitia Gérard	Neuilly
Thibaut de Diesbach	16e	Laurent de Pontevès	Neuilly
Alexandrine de Roquette-Buisson	16e	Maximilien Tieleman	Neuilly
Marie-Gabriella de Roquette-Buisson	16e	Maguelonne de Buchet	Boulogne
Astrid Villeroy de Galhau	16e	Éléonore de la Tour du Pin	Boulogne
Hortense de Labriffe	16e	Pierre-Henri de Villeplée	Bougival
Bénédicte Henry	16e	Stéphane Huygues Despointes	La Celle St.-Cloud
Marie-Laure Papin	16e	Laurence des Rotours	Versailles
Charles-Édouard de Lacretelle	16e	Cécile Pastré	Lisses
Guy-Patrick de Broglie	16e	Chrystèle Brossette	Ste-Foy
Ida de Poncins	16e	Madeleine de Ginestet	Htes-Pyr.
Étienne de Poncins	16e	Hugues de Robien	Amiens
Guenola de Saint-Pierre	16e	Marie-Aimée de Laguiche	Dijon
Thierry de Vulpillières	16e	Camille Francez	Besançon
Lucie de Prémont	16e	Irène Léon-Dufour	Aisne
Jean-Baptiste de Proyart	16e	Aurélie de Chezelles	Londres
Aurélie de Virieu	16e	Constance de Suzannet	Londres
Ombeline de Clermont-Tonnerre	16e	Jean-Edwin Rhea	USA

Cette liste a été établie à partir de la rubrique mondaine de *L'Éventail*, elle n'est donc pas exhaustive. Elle comprend en outre quelques membres du rallye O'Neill qui avait réalisé une soirée commune avec le rallye La Bretesche-Broglie-Montmorin.

Figurer sur une telle liste, où voisinent patronymes bourgeois et aristocratiques, procure un profit symbolique indéniable, pour les simples bourgeois, cela va sans dire, mais aussi pour les enfants de la noblesse. La liste inclut le nom, dans les deux cas, dans un ensemble exceptionnel. Certes, de telles listes ont un usage avant tout privé : elles ne sont pas publiées et restent internes au milieu social dont elles collationnent les enfants. Mais justement, ce qui importe, ce n'est pas de proclamer publiquement une affiliation qui, de toute façon, n'aurait guère de sens pour ceux qui n'appartiennent pas au même univers, mais d'être reconnu par le milieu lui-même comme un membre à part entière du cercle étroit des élus. Dans la chronique mondaine de certains périodiques, le groupe se manifeste publiquement. Mais cela reste à usage interne, les magazines concernés, tels que *Vogue* ou *L'Éventail*[20], ayant une diffusion restreinte, limitée au milieu lui-même. Dans *L'Éventail*, les rallyes, en même temps que d'autres manifestations mondaines, faisaient l'objet de comptes rendus, sous la forme d'une galerie de portraits des invités, les noms des jeunes photographiés et ceux des parents ayant la responsabilité de la soirée fournissant les légendes des clichés. Cette forme de publication de la liste demeure confidentielle, compte tenu du public d'une telle revue. Elle n'a de sens que comme présentation d'un milieu à lui-même, comme mise en scène du groupe en situation. Appartenir au « grand » monde ne se proclame pas à la cantonade. Secte sans prosélytisme : il importe certes d'en être, mais il suffit que cette appartenance soit reconnue des seuls initiés. La discrétion est de règle, sachant très bien qui l'on est. Rien ne saurait être plus vulgaire que l'ostentation d'une affiliation qui ne doit rien à la reconnaissance des profanes.

D'autres listes ont la même fonction : elles sont à forte valeur symbolique, comme la « Liste mondaine » (elle est ainsi explicitement intitulée dans l'ouvrage) du *Bottin Mondain*, certes diffusé commercialement, mais de façon tout de même limitée. Les annuaires des grands cercles, quant à eux, sont confidentiels, d'usage interne, diffusés en principe aux seuls membres. Se les procurer n'est pas aisé pour qui n'appartient pas au sérail, quand ce n'est pas tout simplement impossible. Ces listes valorisent le nom par son voisinage avec d'autres noms de renom, ou tout simplement spectaculaires dans leur forme (doubles ou triples patronymes à rallonges et particules de la noblesse, titres les accompagnant).

Ainsi le grand conseil de l'Union Interalliée, présidé par Pierre-Christian Taittinger, ancien ministre, comprend nombre de personnalités de premier plan, dans des domaines très divers mêlant des grands noms de la noblesse liés à la terre ou aux affaires à des patronymes bourgeois de l'industrie, de la finance et de la politique. Le monde des affaires est largement représenté, avec, par exemple, Michel David-Weill, ancien dirigeant de la banque Lazard. Toutefois c'est l'ensemble des classes dominantes qui y figure, dans ses diverses modalités. Appartenir à un tel cercle, c'est donc s'inscrire dans un réseau de relations couvrant tous les domaines de l'activité sociale au plus haut niveau. C'est une forme particulièrement typique d'accumulation de capital social dont les affiliations à d'autres cercles viennent démultiplier les effets[21]. Certains membres du grand conseil de l'Union Interalliée sont aussi présents au Jockey Club, au Travellers, à l'Automobile Club, au Cercle du Bois de Boulogne, au Polo de Paris. En fonction d'activités spécifiques, ils fréquentent le golf de Saint-Cloud, le Yacht Club de France, la Maison de la chasse et de la nature ou encore le Cercle de Deauville.

Dans ces annuaires, la présence simultanée de parents, ascendants, enfants, collatéraux et cousins met en évidence le capital « familial » propre à ces familles qui, parce qu'elles sont dignes de figurer dans ces énumérations, y apparaissent sous plusieurs occurrences. On a ainsi, dans le *Bottin Mondain*, une accumulation d'homonymes qui met en valeur l'étendue du réseau familial. Dans l'annuaire du Jockey Club, on a pu compter 13 La Rochefoucauld, 7 Broglie, 12 Dampierre, 6 Polignac... Listes et annuaires délimitent un espace « exceptionnel » dans l'espace social, auquel correspondent des fractions spécifiques de l'espace géographique, comme le montrent les adresses des personnes citées.

L'effet de nom ne se manifeste jamais aussi clairement que dans le cas de l'aristocratie. En règle générale, le patronyme, par sa forme même (avec la présence quasi systématique de la particule), et parce qu'il est souvent accompagné du titre, exprime le caractère exceptionnel de la personne. Même lorsque la particule est absente, ce qui ne préjuge pas de l'authenticité de l'appartenance à la noblesse, le rappel fréquent du titre vient suppléer à cette lacune. Aussi, le nom, parfois le titre qui l'accompagne suffisent à établir l'excellence sociale de la personne. C'est pourquoi ces deux éléments font l'objet d'une vigilance sourcilleuse : la présomption de noblesse doit être fondée. La noblesse veille donc à dénoncer les usurpations de noms et de titres, voire à signaler les patronymes qui ne peuvent se prévaloir que d'une simple apparence noble, même en l'absence de toute tentative frauduleuse de la part des familles dont le nom s'orne d'une particule sans qu'elles appartiennent à l'aristocratie et sans qu'elles songent y prétendre. Le laxisme en la matière trouverait sa sanction dans la dévalorisation du patrimoine spécifique que constitue le nom.

TABLEAU 9.

Le grand conseil du Cercle de l'Union Interalliée

NOMS	PROFESSIONS, RESPONSABILITÉS
Pierre-Christian Taittinger (Président du Cercle de l'Union Interalliée)	Maire du 16e arrondissement de Paris, Ancien ministre, ancien vice-président du Sénat.
Édouard Bonnefous (Premier vice-président)	Ancien président de la commission des Finances du Sénat. Ancien ministre d'État. Chancelier de l'Institut de France (Académie des sciences morales et politiques).
Prince Gabriel de Broglie (Vice-président)	Ancien président de la CNCL. Conseiller d'État. Ancien directeur général de Radio-France. Président (1979-1981) de l'Institut national de l'audiovisuel.
Olivier Giscard d'Estaing (Vice-président)	Administrateur de sociétés. Ancien député (1968-1973). Président du Groupement international de coopération économique et commerciale (GICEC).
Edmond Marchegay (Vice-président)	P-DG d'Air Paris (1968-1974). Administrateur de sociétés.
Comte de Ribes (Vice-président)	Banquier. Administrateur de sociétés.
Claude Bertrand (Trésorier)	Directeur-adjoint de la Banque Louis Dreyfus.
Prince Albert II	Prince souverain de Monaco.
Édouard Balladur	Ancien Premier ministre. Ancien ministre de l'Économie.
Jean-Pierre Bouyssonnie	Président, puis président d'honneur Thomson CSF. Président du groupe Thomson-Brandt. Administrateur de sociétés.
John Crawford	Président de la Chambre de commerce américaine en France. Membre du conseil de la Chambre de commerce internationale.

Charles de Croisset	Ancien président du Crédit commercial de France.
Michel David-Weill	Banquier. Président du groupe Lazard. Administrateur de sociétés (BSN Gervais-Danone, Fiat Crédit Corporation, etc.). Membre du conseil artistique de la Réunion des musées nationaux. Membre de l'Institut (Académie des beaux-arts).
Jacques Dreyer	Commissaire aux comptes. Président d'honneur de la Société d'expertise comptable Streco-Durando.
Jean-Louis Gavoty	Exploitant agricole (domicilié avenue Montaigne).
Philippe Guérin	Délégué général, vice-président de la Chambre de commerce France-Canada.
Robert Husson	Président de l'Union française de réassurances. Administrateur de sociétés.
Roger Lebon	Administrateur de sociétés. Président de l'Union des banques à Paris.
Rémi Leroy-Beaulieu	Directeur de banque
Jacques Maillet	Directeur général SNECMA. P-DG d'Intertechnique. Administrateur de sociétés.
Jean Matteoli	Ancien président des Charbonnages de France. Ancien ministre du Travail. Ancien adjoint au maire de Paris.
Jean-Bernard Raimond	Ambassadeur de France. Ancien ministre des Affaires étrangères (1986-1988).
Claude Roland	
Silvestre Tandeau de Marsac	Avocat au barreau de Paris, ancien premier secrétaire de la Conférence du stage des avocats.

SOURCES : *Annuaire* du Cercle de l'Union Interalliée 2005, *Bottin Mondain* et *Who's who*.

La tribu

Avec un réseau serré de relations, avec une unité de lieu, celle des beaux quartiers parisiens, des villégiatures réservées, la noblesse et la grande bourgeoisie évoquent l'idée de tribu. La définition qu'en donnent Michel Panoff et Michel Perrin (« groupe homogène et autonome du point de vue politique et social et occupant un territoire qui lui est propre[22] ») pourrait conforter l'analogie avec la haute société. Il y a certes, de la part des classes privilégiées, une volonté délibérée de contrôler leurs espaces de vie. On a vu l'intensité des échanges et leur caractère socialement exclusif. Toutefois l'analogie trouve vite ses limites dans un fait majeur : les grandes familles s'inscrivent dans des rapports de domination qui impliquent des relations directes avec les groupes sociaux dominés. Il reste que la notion de tribu est volontiers utilisée pour désigner aristocratie et grande bourgeoisie, selon une logique à la fois ironique et envieuse. La tribu est marquée au sceau de l'archaïsme, mais en même temps il est impossible d'en faire partie si l'on n'y appartient pas par la naissance. Or cette « tribu », celle des hautes classes, présente cette singularité de se distinguer d'abord par ses privilèges.

L'un des plus visibles se donne à voir dans les lieux où vit la bonne société. Que ce soit à Paris, à Bordeaux ou dans d'autres grandes métropoles régionales, la grande bourgeoisie entend bien exercer un contrôle sur ses quartiers de résidence. Par ses possibilités financières, elle peut habiter où bon lui semble. Aussi la règle est-elle celle de l'entre-soi, l'un des moyens d'assurer les meilleures conditions à une transmission réussie des différentes formes de patrimoine. Mais le contrôle du territoire ne saurait être absolu car l'espace, en tant que bien économique susceptible d'entrer dans des échanges, est soumis aux lois d'airain du marché. Le goût de l'aristocratie et de la bourgeoisie pour les espaces préservés, à l'abri du commun, ceux des cercles ou des clubs de golf, a son principe dans cette impossibilité de contrôler parfaitement l'environnement de la vie quotidienne. Mais ce contrôle peut en revanche être réalisé par le recours à la cooptation, qui est encore le meilleur moyen de s'assurer de ne pas se commettre avec n'importe qui. La surveillance du territoire doit donc être parachevée par des pratiques sociales qui, en faisant appel à un usage privatif de certains espaces dont l'accès est subordonné à d'autres critères que la simple aisance matérielle, excluent symboliquement et surtout pratiquement ceux qui se trouvent aux marges du groupe. C'est à partir de ces considérations que l'on peut comprendre le goût des hautes classes pour des lieux de villégiature qui ne présentent pas toujours des caractéristiques vraiment exceptionnelles. Sinon celle, essentielle, d'être assuré d'un entre-soi satisfaisant.

L'ÉTÉ À ARCACHON

Le bassin d'Arcachon est représentatif de ces lieux d'exception. Il constitue un prolongement encore préservé des quartiers bourgeois de Bordeaux que toute la bonne société fréquente. Durant les week-ends et les vacances, de nombreuses familles dont la fortune est liée au négoce, au vignoble ou au pin des Landes se retrouvent autour du bassin. Certes, les rives de cet immense plan d'eau ne sont pas uniformes, et leur diversité renvoie parfois à de subtiles distinctions à l'intérieur même de la grande bourgeoisie. Le bassin compte aussi des catégories populaires qui tirent leurs revenus de la pêche, de l'ostréiculture ou encore du tourisme. Il reste que, au-delà de ces variations, Arcachon, Le Moulleau, Le Pyla ou Le Cap-Ferret, dont les villas entourées de vastes parcs exhalent un doux et discret parfum de bien-être, sont des lieux de cristallisation des modes de vie grands-bourgeois. Emmanuel

Touton, courtier en vins, quitte volontiers son bureau du quartier des Chartrons pour Le Cap-Ferret, où se trouve la maison de sa grand-mère, ou pour Le Pyla, où sa femme, fille du grand négociant Jean Calvet, dispose d'une villa. Partagé entre ces deux lieux emblématiques, il ressent plus que d'autres leur proximité et leur divergence. « Il y a une certaine rivalité entre les deux côtés du bassin d'Arcachon. Il y a ceux qui résident à Arcachon, au Moulleau ou au Pyla, et ceux qui sont au Cap-Ferret. C'est une rivalité amicale, mais les Ferret-capiens détestent aller en face et les Arcachonnais et les Pyladais n'aiment pas du tout aller de l'autre côté. » Plus qu'à des spécificités sociales, cette opposition tient à des urbanisations assez différentes.

Arcachon, comme Deauville ou Biarritz, est une station balnéaire créée sous le Second Empire. Le banquier Émile Pereire, natif de Bordeaux, fut le premier à s'intéresser au bassin. Il acquit quelques hectares de forêts et entreprit d'y créer de toutes pièces une ville au grand air, dont la vocation devait être, au départ, de permettre aux personnes fortunées atteintes de maladies pulmonaires de s'y refaire une santé. « Dans cette forêt, achetée en partie par la Compagnie des chemins de fer du Midi [dont il était le président], en partie par lui-même, il fit construire des "chalets" destinés aux "malades de la poitrine". C'était en 1862, le succès fut immédiat. La "Ville d'Hiver" passa ensuite aux mains de particuliers[23]. » Pour lancer le bassin d'Arcachon, dont l'air à la fois océanique et balsamique était considéré comme idéal pour soigner les insuffisances respiratoires, Napoléon III fut mis à contribution. Une première fois en 1859, où il vint en compagnie de l'impératrice Eugénie et du prince impérial, et une seconde fois en 1863, où Émile Pereire lui présenta la Ville d'Hiver.

La Ville d'Hiver, située sur les hauteurs d'Arcachon, sur des dunes boisées, offre encore aujourd'hui un ensemble architectural exceptionnel. La ville fut conçue comme un parc urbain. Elle égrène au long d'allées sinueuses, dont les courbes étaient censées casser les vents du large, ses chalets suisses, ses villas normandes, ses manoirs gothiques et ses pavillons d'inspiration mauresque. Cette diversité finit par donner un charme et une unité à l'ensemble : celle de l'éclectisme des formes propre à l'architecture des lieux de villégiature, stations balnéaires et villes d'eau de la fin du XIXe siècle.

Puis le bord de mer rivalisa avec les collines et on y construisit le long du rivage des villas dont quelques-unes subsistent encore. Certaines familles de la grande bourgeoisie bordelaise eurent leur maison dans la Ville d'Hiver et une autre, pour les séjours de l'été, au bord de l'eau. Comme dans les autres stations qui fleurirent à l'époque, c'est tout un mode de vie qui fut ainsi mis en place, soutenu par les équipements indispensables. « Le casino mauresque, au centre d'un parc de 8 hectares, est inauguré le 16 août 1863. La nouvelle gare et son buffet, dit "chinois" à cause de la forme de sa toiture, sont mis en service en juillet 1864. Dans le quartier du Moulleau, Notre-Dame-des-Passes est construite en 1864 par l'architecte Garros. L'usine à gaz, derrière la gare, assure l'éclairage de la ville. Le "Grand Hôtel" construit en bordure du bassin, à l'ouest de la plage d'Eyrac, est ouvert en 1866[24]. » Plus que Le Moulleau, pourtant créé dès le départ comme station balnéaire, Arcachon connaît une forte pression immobilière : le bord de mer est grignoté par des immeubles de studios et d'appartements de vacances qui, petit à petit, remplacent les villas.

Le Pyla mais surtout Le Cap-Ferret sont d'urbanisation plus récente et ont conservé un aspect plus « sauvage », en particulier à l'extrémité de la pointe du Cap-Ferret. Bénéficiant de deux rivages, sur le bassin et sur l'océan, cette dernière localité offre des paysages variés et changeants. Les villas y sont vastes et elles se dissimulent avec bonheur entre les pins.

Les Bordelais fortunés semblent apprécier le bassin. Sur une côte peu hospitalière, il offre des plages sans danger pour les enfants et la possibilité de pratiquer la plaisance à l'abri des fantaisies de l'océan. Chaque famille propriétaire d'une villa se doit de posséder une embarcation, barque modeste ou plus souvent voilier, presque toujours habitable, hors-bord ou vedette. C'est que l'un des grands plaisirs du lieu est de traverser le plan d'eau, ou de caboter le long du rivage. Emmanuel Touton décrit ainsi la journée type d'un Bordelais en vacances : « Il prend son bateau, il part vers 11 h 30, il emmène ses amis, sa famille et il va au banc d'Arguin [un banc de sable, en grande partie recouvert par l'océan à marée haute, et qui, à marée basse, ferme presque complètement l'accès au bassin]. Il salue tous les Bordelais qu'il y rencontre et il rentre comme tous les autres vers 17 heures. » Du haut de la dune du Pyla, la concentration des embarcations sur le banc d'Arguin, la multitude de voiles sur le bassin, toute cette agitation vacancière et marine ont quelque chose de joyeux, d'euphorique.

Cette impression est encore plus nette le soir du 14 Juillet, lorsque les heureux propriétaires de villas et de bateaux se regroupent à proximité de l'embarcadère d'où sera tiré le traditionnel feu d'artifice. Les bateaux rivalisent de couleurs dans le soir tombant, tous pavillons hissés, feux de position verts, blancs et rouges allumés. On s'interpelle d'une embarcation à l'autre, les ponts ont fait le plein et les fusées de détresse, équipement obligatoire pour la traversée du bassin, servent un apéritif pyrotechnique faisant patienter les spectateurs ordinaires massés sur la plage et les promenades. Dans la nuit devenue d'autant plus noire que l'éclairage public a été coupé, les fusées et les feux de Bengale donnent enfin à cette flottille, où le champagne continue à couler, des allures de bacchanale nautique.

Le 14 Juillet scande ainsi d'un moment fort les

retrouvailles de l'été d'une population où presque tout le monde se connaît. Car on vient sur le bassin toute l'année. L'hiver ou à la mi-saison, on se retrouve sur le parvis de l'église Saint-Seurin de Bordeaux, à la sortie de la messe dominicale, et on se donne rendez-vous pour le thé au Cap-Ferret ou au Moulleau. D'ailleurs, en ce dimanche d'octobre, chacun est déjà en tenue de week-end : vestes de coton huilé pour les jeunes, qui trahissent ainsi une pratique de la chasse à tir ou de la vénerie, foulard de soie pour les messieurs, plutôt que cravates, et pantalons de velours côtelé, jupes aux motifs écossais pour les dames. Mais les villas font surtout le plein à la belle saison, qui permet aussi d'accueillir les branches de la famille qui se sont éloignées de la région. Une promenade sur la plage est alors l'occasion de multiples arrêts, de saluts échangés, de la manifestation ininterrompue de l'unité du groupe. Les voisins des Chartrons ou du Jardin public semblent éprouver un intense plaisir à se retrouver en maillot de bain au bord de ce fragment d'océan calmé. Il est vrai que, bien souvent, ce voisinage tant hivernal qu'estival remonte à plusieurs générations. Christel Baseden passe ses vacances dans l'un des appartements aménagés par sa grand-mère dans l'imposante villa familiale des Genêts. Celle-ci fut construite à l'initiative de son arrière-grand-mère, Blanche Prôme, née Bordes, dont le père fut l'un des grands armateurs de Bordeaux. Sa grand-mère, comtesse Arthur de La Taille-Tétrinville, prenant acte des changements de l'époque, devenue moins favorable aux grands rassemblements permanents de la famille élargie, fit restructurer l'immense villa familiale, située au bord du bassin, les « pieds dans l'eau », comme disent les agents immobiliers, en huit appartements indépendants pour chacun de ses huit enfants. « Nous n'y sommes pour rien, dit l'une de ses filles, c'est un cadeau des dieux ! Aujourd'hui nous sommes indépendants. Moi, je ne m'occupe que de mes enfants et petits-enfants. Mais c'est merveilleux de se retrouver entre frères et sœurs qui deviennent des oncles et des tantes, des cousins germains pour la génération suivante. On fête des quarante ans, des cinquante ans, c'est merveilleux ! Grâce à cette maison, la famille n'a pas éclaté. » Pour que cela soit possible, encore faut-il que l'habitude en soit prise très jeune. Si ces façons de faire peuvent s'émousser, il en reste toujours quelque chose et dans le cas présent l'indépendance accordée aux ménages par la restructuration de la villa a favorisé le maintien de cette tradition de vacances prises en commun. « On a toujours eu l'habitude de passer nos vacances ensemble, conclut positivement cette tante de Christel Baseden. Forcément nous ne faisons pas partie de ces gens qui vont dans des hôtels, qui voyagent et qui ont des vies très dispatchées l'été. Nous quittons notre maison d'habitation pour venir sur Arcachon. C'est aussi une façon de se plier à la tradition. » Celle-ci n'interdit sans doute pas d'autres formes de loisirs et de vacances. Mais elle offre l'avantage d'un niveau d'interconnaissance élevé. Christel Baseden a rencontré son futur mari sur la plage, ses futurs beaux-parents ayant une villa à cent mètres de celle de sa grand-mère. Les descendants de la sœur de celle-ci occupe toujours la villa voisine des Genêts et une brèche a été ouverte pour permettre la libre circulation entre les deux jardins. Sur la plage, Christel Baseden salue de nombreux baigneurs, dont la famille Seillière de Laborde. « Ils sont parisiens, mais ils viennent ici depuis des générations. Ils ont une énorme maison qui surplombe l'église, la villa Saint-Arnaud. »

Cette permanence des habitudes et la qualité des loisirs disponibles sont des éléments qui structurent la mémoire. Il faudrait essayer de comprendre ce que peuvent signifier les expériences enfantines des « grandes vacances » passées dans de telles conditions, en quoi et comment ces expériences contribuent à la structuration des habitus. Les grands-parents de

Jean-Paul Cruse, journaliste, « avaient acheté au Moulleau, à la famille Gervais, celle des petits suisses, une grande maison de style basque ». C'est une constante dans ce genre de milieu de citer ainsi les anciens propriétaires des villas ou des appartements que l'on a achetés : comme si les biens immobiliers eux-mêmes se devaient d'avoir un pedigree. Cela est vrai aussi pour les œuvres et objets d'art, ou les vieux livres dont les provenances sont généralement mentionnées dans les catalogues des commissaires-priseurs. Le bien acquis doit une partie de sa valeur symbolique, et aussi sans doute marchande, à la notoriété de ceux qui le possédèrent. « Dans cette villa, je retrouvais tous mes cousins et cousines du côté de ma mère, poursuit Jean-Paul Cruse. J'y allais tout le temps lorsque j'habitais Bordeaux. Une grande partie des grandes vacances. C'est là que j'ai appris à faire du bateau à voile. Vers l'âge de quatorze, quinze ans, on allait à vélo à Arcachon. Ce qui fait que tous mes souvenirs, tous mes bons souvenirs d'enfance et d'adolescence, sont en fait plus à Arcachon qu'à Bordeaux ou Paris. » Aujourd'hui encore, pour ses vacances, Jean-Paul Cruse retourne dans cette maison familiale où vit la mémoire de ses jeunes années.

Ainsi donc il y a de la tribu dans ces microcosmes sociaux et régionaux. Mais la définition communément acceptée de la tribu lui octroie un statut archaïque. Elle viendrait après les bandes, avant les chefferies et les sociétés étatiques[25]. Aussi, en retenant l'analogie avec la tribu, on risque d'induire une stigmatisation négative en renvoyant la bourgeoisie à un stade moins développé de la civilisation. L'usage du vocable « tribu » présente, entre autres inconvénients, celui de rejeter dans un passé obsolète un groupe social qui, en réalité, tout en inscrivant sa domination dans la tradition, continue à accumuler différents types de capitaux avec une grande efficacité. Il en est ainsi du capital social, dont toutes les formes de sociabilité, y compris celles qui peuvent paraître les plus désuètes aux non-initiés, concourent à son maintien et à son accroissement.

L'efficacité des mondanités

Groupes certes dominants mais aussi minoritaires, la noblesse et la grande bourgeoisie font volontiers l'objet des sarcasmes et de l'ironie des groupes dominés, beaucoup plus nombreux, qui trouvent dans cette dérision dérisoire l'occasion d'une revanche symbolique mais mystifiée. Car, en sous-estimant le pouvoir de ceux qui ont le pouvoir, en riant ou en souriant de ce qui chez eux apparaît comme différent, on ne fait que sous-estimer ce qui constitue leur force sociale et par là on joue contre son camp en favorisant la reproduction des hiérarchies et des inégalités. Il en va ainsi des formes de politesse et des pratiques linguistiques des hautes classes qui prêtent à sourire et provoquent aisément le ricanement de ceux qu'elles écartent de positions éventuellement enviées, et en tout cas hors d'atteinte. Le baisemain, un certain langage à la fois châtié et cru, un accent particulier aux beaux quartiers, les règles de la courtoisie, une élégance discrète mais constante, y compris dans les lieux les plus inattendus, comme la forêt les jours de chasse à courre, un maintien du corps à la fois strict et souple : tous ces signes et bien d'autres sont autant d'affirmations de la position sociale, de proclamations de l'appartenance aux classes dominantes.

Ces manières d'être, apparemment rigides et codifiées, s'opposent à la manifestation de valeurs fondées sur le « naturel », la « décontraction », par exemple dans l'éducation des enfants où le laisser-faire semble prévaloir. Ce sont là des façons d'être qu'affectionnent les classes moyennes intellectuelles. Sans doute faut-il voir dans ce système d'opposition l'une des raisons de la véritable phobie que provoque l'idée même de chasse à courre, pratique souvent considérée dans ces milieux intellectuels urbains comme une survivance de l'Ancien Régime. Cette façon de rejeter dans l'anachronisme le monde de l'autre n'est pourtant guère compatible avec l'approche sociologique pour laquelle toute forme sociale vivante est contemporaine.

À chaque forme spécifique de patrimoine correspondent des formes d'organisation et des rituels, des cérémonies ou des manières mondaines dont la raison d'être est à rechercher dans les conditions de l'accumulation et de la transmission de ces patrimoines.

MANIFESTATIONS MONDAINES

Ainsi, sous des modalités *a priori* assez inattendues en de tels milieux, à travers des sociétés savantes ou des associations de défense, les habitants privilégiés des beaux quartiers parisiens ont toujours essayé de défendre leur patrimoine immobilier menacé par les convoitises des marchands de biens et par le monde des affaires. Les commerces de luxe défendent la griffe spatiale des belles adresses si chèrement acquises en utilisant la forme mondaine de soirées de prestige portes ouvertes[26]. Le champagne coule alors à flots, les buffets sont accueillants : que ce soit pour la soirée des Vendanges, organisée par le Comité de l'avenue Montaigne, qui regroupe les grands couturiers, le Plaza-Athénée et les autres enseignes du luxe, pour la soirée portes ouvertes du Comité Vendôme dont le gros des effectifs est fourni par les joailliers dont le nom est plus connu à Londres, à New York, à Tokyo, à Aboû Dabî ou, depuis peu, à Moscou qu'à Aubervilliers, la prodigalité ostentatoire des établissements de luxe bénéficie à leurs clients, ravis non pas tant de l'aubaine que du plaisir d'être ensemble.

Le capital économique peut fournir la base de manifestations hautement symboliques, orientées moins vers l'extérieur que vers le groupe lui-même. Dans ces manifestations propres aux beaux quartiers de Paris, ou aux établissements de luxe qui s'y abritent, le public est très sévèrement sélectionné, par le système des invitations et par cette autocensure sociale si efficace qui fait que chacun reste à sa place : il n'y a guère d'instituteurs ou de fraiseurs à se risquer place Vendôme ou avenue Montaigne pour profiter de l'occasion, alors même que l'accès en reste formellement libre. Ces cérémonies sociales sont avant tout des célébrations du groupe par lui-même, offices revenant à échéances régulières qui permettent ces réassurances morales que procure tout rite ésotérique.

Il est d'autres occasions où le patrimoine économique en se mettant en scène conforte la symbolique de la domination. C'est le cas dans l'univers hippique. Les écuries de courses sont l'un des biens les plus classants qui soient. Leur possession, qui peut être celle d'un capital de rapport, est aussi souvent celle d'un capital symbolique dont le coût est supérieur à la rentabilité. Mais les avantages du point de vue de l'affirmation de la position sociale occupée sont considérables car le monde des courses concerne, outre les pairs, des catégories populaires qui forment la majorité du public des grands prix. Or ceux-ci, comme celui de Diane à Chantilly, ou celui de Deauville qui, à la fin du mois d'août, clôt la saison de la station, sont l'occasion d'une mise en scène exceptionnelle du pouvoir et de la richesse. Le groupe alors s'expose dans toute la magnificence du luxe des toilettes féminines, dans la rigueur aristocratique des tenues masculines. À Deauville le public populaire peut admirer les unes et les autres et, en prime, assister au déjeuner champêtre de ces heureux élus qui vous font parfois le plaisir de vous présenter une tête connue.

Ces cérémonies mondaines peuvent avoir pour occasions des événements culturels, vernissages, premières, festivals de musique… Les gains symboliques sont les plus élevés dans les circonstances qui mêlent le capital culturel et le capital social au caritatif, lorsque luxe et manifestations de charité se rejoignent. Ce fut le cas du Cirque Molier autrefois, cirque des gens du monde dont les bénéfices allaient à des œuvres de charité et qui mobilisait la bonne société sur les gradins comme sur la piste. Que ce soit au profit de l'enfance malheureuse, de la Croix-Rouge, du Rwanda ou des victimes du sida, les familles fortunées se donnent aussi volontiers en spectacle à l'occasion des ces grands élans collectifs de charité organisée. La visibilité de telles manifestations est élevée : la presse nationale et la presse locale couvrent l'événement, les périodiques spécialisés, *Gala* et *Point de vue*, accordent une place importante aux plus grandes manifestations. Le bal de la Croix-Rouge à Monaco est, depuis plus de cinquante ans, un événement mondain de première grandeur auquel assiste la famille princière. Le prix de l'entrée dépasse le millier d'euros. Mais, « bien que les places soient très chères, leur obtention n'est pas une question d'argent. La difficulté, la seule véritable difficulté, c'est d'être accepté. Pour choisir les 1 000 élus parmi les 3 000 demandeurs qui affluent chaque année en dépit des refus de l'année précédente, la SBM [Société des bains de mer, propriétaire des palaces et du casino] a eu l'idée de nommer un comité de sélection. Là encore un ordre de priorité a été établi : la fidélité, la célébrité, la notabilité, sont les critères retenus[27]. » Les causes à défendre sont diverses. Ainsi à l'automne 1991, le grand joaillier Paolo Bulgari a donné une somptueuse réception à l'orangerie du château de Versailles pour aider le Fonds mondial pour la nature.

À Deauville, le samedi 28 août 1993, le traditionnel gala des Courses, sponsorisé par Mercedes-Benz, organisé au profit des établissements hospitaliers pour jockeys, a amplifié le *melting-pot* social qui se réalise chaque soir au casino. Chaque convive de ce banquet agrémenté d'un spectacle avait acquitté la somme de 1 400 francs (213 euros). Quelques dizaines de badauds attendent les véhicules qui viennent déposer leur lot de smokings et de robes longues devant les marches de l'établissement plus illuminé et resplendissant que jamais. Parmi les spectateurs, certains sont venus spécialement, d'autres ont été surpris alors qu'ils avaient l'innocente intention de passer la soirée dans la salle des machines à sous. Les participants du gala, à la façon des stars à l'entrée du palais du festival de Cannes, doivent donc affronter les regards attentifs d'une haie d'honneur improvisée qui les observe gravir les marches de l'escalier à double révolution, décoré pour l'occasion de volumineuses compositions florales dont l'une, comportant des fruits, reprend fort à propos le thème de la corne d'abondance.

L'atmosphère est détendue, bon enfant. Cette mise en scène de la richesse passe bien. Sans doute parce que l'on est ce soir-là en présence d'une soirée de bienfaisance. Cette caution de la charité permet la mise en spectacle de la domination sociale sans que cela soit vécu comme agressif. Le bénéfice est double, puisque l'on met en évidence la position dominante que l'on occupe dans la société tout en légitimant cette position par les préoccupations sociales qui sont la raison d'être officielle de la soirée. Sur les marches, de jeunes jockeys en tenue tiennent les places qui ailleurs seraient occupées par la Garde républicaine.

Le climat n'est pas tendu et on ne sent pas d'animosité de la part de ceux qui viennent ainsi contempler des toilettes et des façons de vivre qui ne leur seront jamais accessibles. Cette sorte de fascination, au moins apparente, est agrémentée par l'espérance, parfois comblée, d'apercevoir une tête connue, fortune établie, personnalité locale ou vedette de la télévision. Le spectacle vaut la peine et personne ne songe à rompre cette sorte d'enchantement à se sentir soudain si proche de l'inaccessible. Aussi tout cela se passe-t-il dans une confusion relative et une pagaille amusée. Tandis que les participants au gala sablent le champagne, les amateurs de machines à sous se trouvent dans l'impossibilité de rejoindre les salles et patientent en profitant du spectacle derrière les plantes vertes disposées pour leur interdire momentanément le passage. Puis les derniers convives étant arrivés, tous les participants gagnent le grand salon des Ambassadeurs où se déroule le gala. Le déplacement des jardinières par le personnel du casino permet aux badauds de rejoindre la salle des machines à sous. Mouvement complexe, incompris par certains, d'où un mélange inopiné des circulations et des genres pour quelques instants avant que chacun ne retrouve sa vraie place.

LE SENS DES MONDANITÉS

Manifestations culturelles ou de charité, opérations de promotion de produits de luxe, pratique de la chasse, du golf ou de la plaisance, etc. : les occasions d'exercer ses aptitudes à la mondanité, pour qui en est pourvu, sont nombreuses. La vie mondaine est ainsi faite de variations à l'infini sur la même trame, celle des rituels obligés et des réseaux d'interconnaissance de ceux qui appartiennent au « grand monde ». Cette structuration par les mondanités de la vie grande-bourgeoise est quasi quotidienne, si l'on y inclut les dîners et les thés de l'après-midi. Une telle débauche de réceptions a fini par donner au terme « mondanités » une valeur péjorative. Ces formes d'accumulation et de gestion du capital social sont mal acceptées par ceux qui doivent tout à leur capital scolaire. Pour en comprendre l'importance il faut considérer ces techniques à leur place dans l'espace social. On peut alors admettre que le formalisme des mondanités est en réalité en harmonie avec la logique du groupe. Celle-ci intègre une insertion obligée dans le système des relations qui enserre tous les champs d'activité sociale, insertion sans laquelle l'appartenance aux classes dirigeantes n'est jamais achevée et reste incertaine. On peut appliquer à la vie mondaine ce qu'écrivait Norbert Elias à propos de la vie de cour : « On a tendance à juger les hommes d'une autre époque ou d'une autre société en prenant comme critères les valeurs de son propre temps, à sélectionner dans l'infinité des faits ceux-là mêmes qui, à la lumière de ses propres valorisations, semblent revêtir une importance particulière. En procédant de la sorte, il est impossible de discerner les interdépendances des hommes dont on veut comprendre le comportement. On les détache des interrelations qu'ils entretenaient avec d'autres, on les insère d'une manière hétéronome dans des contextes qui ne sont pas les leurs – et qui sont déterminés par l'échelle des valeurs du chercheur et de son temps[28]. » En transposant la distance qui est ici temporelle en distance sociale, on peut appliquer cette analyse aux difficultés des sociologues, toujours menacés d'exercer, sans le savoir, un ethnocentrisme de classe ravageur envers les populations qu'ils étudient, et à présenter comme critique sociale radicale ce qui n'est que le reflet aliéné de la perception confuse de la position dominée. Cette attitude interdit de voir, par exemple, dans des pratiques aussi surannées que le baisemain tout le bénéfice social que procure le fait de les maîtriser. Car autant l'étiquette reste incompréhensible pour les membres des couches moyennes intellectuelles, et par là toujours quelque peu ridicule comme de vieilles manies sans raison, autant elle parle aux initiés, ne serait-ce qu'en tant que signe de reconnaissance fiable entre membres d'une même minorité. « C'est de cette manière, écrit encore N. Elias, que l'on peut comprendre l'étiquette : elle n'a nullement besoin d'être expliquée par des avantages. Par l'étiquette, la société de cour procède à son autoreprésentation, chacun se distinguant de l'autre, tous ensemble se distinguant des personnes étrangères au groupe, chacun et tous ensemble s'administrant la preuve de la valeur absolue de leur existence[29]. »

De l'extérieur, la perception de la vie mondaine porte volontiers à la commisération ou à l'ironie envers ceux qui paraissent ne pouvoir se dérober aux obligations qu'elle implique. C'est oublier que les agents sociaux qui gèrent ainsi leur capital social ont été produits par leur famille et par la société de façon à en avoir à la fois les moyens matériels et culturels et le goût. Il y a un plaisir propre à l'habitus lorsque la pratique est réalisation des dispositions qui le composent. Il y a toujours du plaisir à être ce que l'on est. Aussi, l'homme de cour autrefois et le grand bourgeois aujourd'hui ne ressentent pas comme une corvée, comme une atteinte à leur liberté la nécessité de se plier aux canons de la mondanité. Le vêtement masculin, perçu comme guindé par des instituteurs ou des techniciens qui portent aujourd'hui le jean, va de soi et ce qui pour d'autres est décontraction est au contraire perçu comme laisser-aller de mauvais aloi, que l'on ne saurait se permettre sans le vivre comme une déchéance, un abaissement de la personne, bien loin de songer à le revendiquer comme libération, conquête de la « réalisation de soi ». Là encore, on pourrait transposer ce qu'écrivait N. Elias : « La vie sociale et mondaine à la cour et dans la société de cour était investie d'une fonction double. Elle était d'une part l'équivalent de notre vie privée, elle assurait à ces hommes et à ces femmes détente, plaisirs, divertissements. En même temps, elle tenait lieu de notre vie professionnelle, elle était l'instrument direct de l'autodéfense et de la promotion des hommes de cour, le milieu où se décidait leur ascension ou leur chute[30]. » La vie de cour était donc, comme la vie mondaine, à la fois plaisir, détente et travail social spécifique.

Sans doute faut-il prendre garde au fait qu'entre la

société de cour et la vie mondaine d'aujourd'hui il y a simplement analogie et non pas identité. L'absence du monarque, la perte de l'exclusivité dont bénéficiait la noblesse, les enjeux des pratiques, beaucoup de paramètres ont changé. N. Elias affirme que le « représentant de la bourgeoisie professionnelle [...] reçoit moins de visites privées et ne peut en recevoir autant que l'aristocrate. Ce dernier consacre beaucoup plus de temps à la vie sociale[31] ». Mais cela n'est valable que pour la période qu'il a étudiée. Aujourd'hui, au contraire, l'une des caractéristiques de la vie mondaine est de mêler noblesse et bourgeoisie. Le degré de réussite sociale et l'intégration dans les classes dirigeantes peuvent même s'apprécier en raison du degré d'intégration dans le monde mondain. La disparition de la société de cour a eu pour conséquence cette « banalisation » très relative des mondanités qui ne furent plus l'apanage des seuls aristocrates. Ce fut là l'un des signes de la fusion des élites, d'ailleurs toujours en cours.

Il en résulte que la participation à la vie mondaine est l'un des principes de division les plus discrets mais aussi les plus efficaces qui séparent les classes les plus dominantes de tous les autres groupes sociaux, y compris des nouveaux enrichis ou des hauts responsables de l'administration ou des affaires qui n'appartiennent pas par la naissance à cet univers. Cette insertion dans la vie mondaine est d'autant plus un indicateur de la participation réelle aux sphères les plus centrales du pouvoir et de la domination que l'importance du capital symbolique et du capital social va de pair avec la nécessité plus impérieuse de recourir aux formes les plus sophistiquées de leur gestion, de leur transmission et de leur reproduction. Lorsque la position sociale est pour l'essentiel définie par la position professionnelle, ce qui n'est jamais le cas dans les sphères dominantes, où la personne est irréductible à une position sociale définie de manière unidimensionnelle, le capital social, indispensable aux positions de cadres, peut être en grande partie indépendant d'un travail de gestion interpersonnel, de personne à personne, et se reconstituer sur une base professionnelle – quand il y a, par exemple, changement d'employeur. C'est ce que semble suggérer N. Elias en écrivant que « là où les fondements de l'existence sociale sont essentiellement d'ordre financier ou professionnel, l'entourage social de chaque individu peut être remplacé avec une facilité relative[32] ». Dans tout groupe social, il y a recours à un capital de relations, mais son importance varie selon une très grande amplitude et, par voie de conséquence, ses exigences quant à sa gestion. Le capital social est, dans les grandes familles, une forme de capital à part entière, qui a même ses « professionnels ». Grands bourgeois ou aristocrates ruinés, conjugués au masculin comme au féminin, peuvent alors se reconvertir et se spécialiser dans la gestion du capital social du groupe. On trouve ainsi les spécialistes de l'organisation de chasses mondaines. Telle jeune femme sera sollicitée pour la composition des invités d'un dîner. En chaque espace chic, Deauville, Biarritz, Monte-Carlo, la personne susceptible de mettre en relation avec les familles qui comptent localement existe toujours.

On comprend l'importance, dans les hautes sphères de la société, de tout ce qui concourt à préparer les nouvelles générations à prendre le relais dans ce travail essentiel de gestion du capital social. Préparation réussie, à entendre Alexandre de Fontmichel, étudiant en droit, affirmer que « le droit des affaires, en soi, n'existe pas vraiment. Il faut avoir beaucoup de relations pour faire des affaires, le droit sans relations ne suffisant pas ». Les savoir-faire spécifiques sont une part essentielle de toute bonne éducation et les établissements d'enseignement eux-mêmes, on l'a vu, ne dédaignent pas d'inclure l'apprentissage de telles technologies sociales dans leur programme pédagogique. Durant l'enfance et l'adolescence, les jeunes sont soumis à la fois aux inculcations involontaires de leur milieu, fruits de l'exemple et de l'habitude, et aux inculcations délibérées, apprentissages volontairement orientés vers ces techniques qu'ils auront à mettre en œuvre une fois devenus adultes. Les souvenirs de Christel Baseden relèvent du premier genre d'inculcation : « J'étais invitée partout, à l'époque c'étaient des soirées extraordinaires, robes longues et châteaux à tomber par terre ! C'était toujours dans des maisons de rêve avec de jolis meubles. » La région bordelaise, avec le cercle étroit de sa grande bourgeoisie où l'interconnaissance est très élevée, est favorable à cet apprentissage sans coup férir dans les hôtels particuliers du Jardin public ou du cours Xavier-Arnozan, dans les villas du bassin d'Arcachon, dans les stations de sports d'hiver des Pyrénées ou dans les châteaux du Médoc et du Sauternais.

Mais ces apprentissages en douceur sont étayés par des actions éducatives beaucoup plus délibérées telles que les rallyes. On y apprend le plaisir de l'entre-soi et les conditions qui permettent de goûter ce plaisir. Ces rassemblements de jeunes triés sur le volet ont pour objectif de permettre à chacun de reconnaître sans risque d'erreur son semblable dans toutes les situations envisageables de la vie sociale et de choisir en connaissance de cause ses partenaires pour les relations amicales, amoureuses ou conjugales. En même temps, il s'agit de développer ce que l'on pourrait appeler un esprit de cercle, cette disposition qui fait que l'on n'est jamais aussi bien qu'avec ses pairs qui, eux-mêmes, ne se lasseront pas de votre compagnie. Il s'agit au fond d'inculquer des solidarités fondamentales qui, en faisant ressentir autrui comme son prochain, sont l'un des fondements symboliques les plus forts d'un esprit de classe sans égal.

CHAPITRE V
Richesse et culture

Les familles de l'aristocratie et de la grande bourgeoisie peuvent cumuler toutes les formes de capitaux, et être aussi bien pourvues en capital culturel qu'en capital économique. Mais par cette association même, il devient délicat de faire le partage entre les différentes formes de capitaux. Le capital culturel semble changer de nature et être d'une autre espèce que celui qui assure leur position aux fractions dominées des classes dominantes, c'est-à-dire à ces classes qui doivent tout à leur capital scolaire et culturel. Dans les vieilles familles de la noblesse ou de la grande bourgeoisie, la culture devient un élément matériel et économique du patrimoine, avec ses objets d'art et ses meubles anciens. Leur possession ne va pas sans un certain savoir. Ce savoir et ces objets étant de l'ordre du quotidien, il devient même difficile de maintenir la classique distinction entre les deux sens du mot « culture », qui peut être entendu comme culture « savante » ou comme culture « anthropologique ».

Culture savante et culture anthropologique

La notion de culture renvoie à deux acceptions différentes. La culture « savante » ou « cultivée » fait référence à la production et à la consommation d'œuvres conçues et diffusées dans un champ relativement autonome, le champ culturel. Cette culture est donc le produit d'agents spécialisés, de producteurs culturels dont le métier est d'alimenter un marché spécifique et d'assurer la diffusion et la transmission des savoirs adéquats. Intellectuels, savants, artistes et enseignants forment l'essentiel du corps de ces producteurs et diffuseurs de culture. Les travaux de Pierre Bourdieu ont bien mis en évidence que l'appropriation de ces biens culturels était loin d'être répartie de manière équitable et qu'elle était dépendante des apprentissages scolaires et du capital culturel disponible dans le milieu familial[1].

Il en va autrement avec l'acception anthropologique de la notion de culture. Il ne saurait alors être question d'inégalités dans son partage, puisque, par définition, une telle culture est le système organisé des pratiques, des modes de vie, dans une société ou dans un groupe social. Dans le premier sens, l'existence d'une culture ouvrière ne va pas de soi. Bourdieu récuse même l'idée que des groupes dominés puissent disposer d'une culture « savante » qui leur soit propre. Ils peuvent tout au plus posséder des bribes de cette culture, y avoir un accès déformé, biaisé par la non-maîtrise des règles culturelles. En revanche, au sens anthropologique, on peut affirmer l'existence d'une culture ouvrière (ou aristocratique, ou bourgeoise...), dont les fondements reposent sur les conditions d'existence et sur la place occupée dans l'espace social. L'alimentation, le vêtement, les rapports entre les sexes : par de multiples aspects, les groupes se distinguent les uns des autres et affirment leur identité à travers leur manière de vivre. Le rapport à la culture savante peut entrer dans cette culture anthropologique comme élément du mode de vie, mais selon des modalités très variables en fonction des groupes sociaux.

Au point que dans le cas des fractions dominantes

des classes dominantes, cette distinction entre les deux acceptions du terme « culture » semble se brouiller. Il devient difficile de faire le partage entre la culture cultivée et la vie quotidienne. Non pas que les grands bourgeois ou les aristocrates soient des créateurs culturels, ou même fassent toujours preuve d'une grande culture. Mais ils entretiennent avec les biens culturels des rapports de familiarité. La culture savante est ordinaire. Intégrée au mode de vie, elle constitue une partie de la culture anthropologique du groupe.

DES MAISONS-MUSÉES

Appropriés privativement, les meubles de style, les objets et œuvres d'art, les livres anciens sont les décors anodins et sans prix d'existences hors du commun. Pour les autres groupes sociaux, l'appropriation des biens de culture se fait dans un environnement qui tend à isoler les œuvres. Dans les familles fortunées, les biens de culture semblent échapper à l'effet de musée qui arrache l'œuvre à son contexte. Comme le dit Hans Haacke, « la pratique la plus répandue reste celle qui consiste à décontextualiser les objets, un peu comme la présentation d'une collection de papillons rares[2] ». Les appartements grands-bourgeois, avec leurs meubles anciens, leurs tapis et leurs tapisseries, leurs objets d'art, les tableaux accrochés avec profusion, les portraits des ancêtres, sont à la fois des musées et le cadre de la vie ordinaire dans lequel s'insère l'existence familiale. Tant et si bien que certaines demeures ont été léguées telles quelles pour servir d'écrin à des œuvres présentées « dans leur jus », comme disent les commissaires-priseurs, c'est-à-dire avec tout le quotidien d'une vie familiale qui leur est plus « naturel » que les froides salles d'exposition. Il en est ainsi, à Paris, des musées Nissim de Camondo et Jacquemart-André. C'est aussi le cas du château de

Champs-sur-Marne qui appartenait à la famille Cahen d'Anvers. On trouve bien entendu de semblables exemples à l'étranger. Ainsi, à Londres à la fin du XIXe siècle, Sir Richard Wallace a légué son immense hôtel particulier à l'État, avec le précieux mobilier, les objets d'art et l'exceptionnelle collection de tableaux que cette maison abritait.

La villa Ephrussi de Rothschild à Saint-Jean-Cap-Ferrat, ouverte aujourd'hui au public, a conservé, comme l'avait souhaité sa légataire, Mme Maurice Ephrussi, née baronne Charlotte Béatrix de Rothschild, son ambiance de demeure privée. Cette maison, bâtie, entre 1905 et 1912, « sur la portion la plus étroite de l'isthme du cap Ferrat, [...] domine d'un côté la rade de Villefranche, de l'autre la baie de Beaulieu, commandant une vue éblouissante qui s'étend du cap d'Antibes à Bordighera et la côte italienne. La montagne s'y mêle à la mer, l'âpre parfum de la garrigue et l'air marin aux effluves raffinés des jardins des villas qui par centaines bordent la côte[3] ». La villa fut léguée en 1934 à l'Académie des beaux-arts de l'Institut de France pour devenir un musée. « La villa Ephrussi de Rothschild, écrit Marcel Landowski, secrétaire perpétuel de cette académie, telle la villa d'Hadrien à Tivoli qui rassemblait les merveilles du monde, s'est voulue comme le lieu de rencontre des arts. Les collections rassemblées par Béatrix de Rothschild et son époux Maurice Ephrussi sont encyclopédiques. À elle seule, la villa est une sorte de Victoria and Albert Museum qui rassemble meubles et tapisseries, sculptures et objets d'art, tableaux anciens et modernes. Elle fait partie de ce club très choisi qui rassemble la Wallace Collection à Londres, le musée Jacquemart-André à Paris, la Frick Collection à New York[4]. » Le patio abrite un ensemble d'œuvres d'art médiévales et Renaissance, dont un tableau de Carpaccio. Un salon Louis XVI est décoré de boiseries du XVIIIe siècle provenant de l'hôtel de Crillon, d'un tapis de la Savonnerie. Le salon Louis XV est orné de tapisseries des Gobelins, d'un tableau de Boucher. La maison abrite une collection de porcelaines de Sèvres et de Vincennes, des croquis et esquisses de Fragonard. En tout, « près de 5 000 œuvres d'art », souligne fièrement la brochure remise aux touristes. Au-delà de l'enthousiasme un peu convenu de la part de ceux qui ont la charge de mettre en valeur ce legs, une telle demeure reste exemplaire de cette imbrication de l'art avec la fortune. Elle présente aussi une sorte de musée de l'art des jardins, fort prisé dans la haute société, le parc offrant sur 7 hectares un jardin à la française, mais aussi des jardins espagnol, florentin, japonais, un jardin lapidaire et un jardin exotique.

À quelques kilomètres de là, à Beaulieu-sur-Mer où elle occupe l'extrémité de la pointe des Fourmis, la villa Kerylos fut édifiée à la même époque pour Théodore Reinach. Cet helléniste fervent et fortuné était d'ailleurs parent de celle qui avait fait construire la villa de Saint-Jean-Cap-Ferrat puisque son épouse était née Ephrussi. La villa « se présente, est-il écrit dans la brochure destinée aux visiteurs de cette maison léguée elle aussi à l'Institut de France, comme une restitution remarquable de la Grèce antique, unique au monde, image saisissante de la beauté. Même en Grèce, on ne peut trouver une demeure aussi évocatrice de l'existence des anciens Hellènes du siècle de Périclès à travers un cadre domestique et ce qu'il comporte : reproduction d'œuvres d'art, mobilier, étoffes, fresques, mosaïques. Tout a été pensé, jusqu'à la dissimulation des éléments du confort moderne : miroirs, électricité, piano. » De nouveau il s'agit d'une demeure exceptionnelle, où chaque élément a été conçu pour s'intégrer à cet ensemble devant évoquer la Grèce antique : chaque meuble a été spécialement dessiné, les menuiseries, les dallages des sols. Collections de poteries, de tanagras, de lampes à huile, de céramiques et une bibliothèque consacrée à la Grèce viennent compléter cette évocation. Cette maison qui fut habitée est devenue, telle qu'elle fut conçue et vécue, telle qu'elle abrita la vie familiale et la vie mondaine, un musée, un cadre de vie ainsi immortalisé. En venant la visiter, comme la villa Ephrussi et les autres demeures ainsi léguées, les touristes légitiment le capital symbolique cristallisé avec l'aide du label « Institut de France ». Cette institution, en sacralisant sous la forme du musée ces demeures d'exception, et en les rendant accessibles à un large public, contribue à fonder cette violence symbolique qui associe le bon goût et les dispositions cultivées à la fortune et qui fait de ceux qui en jouissent des personnes de qualité. Les châteaux ouverts au public, qu'ils soient encore propriété privée ou non, réalisent également cette alchimie qui transforme le quotidien des familles privilégiées en éternité de l'art et qui fonde la croyance en l'excellence de ceux qui ont pu vouloir abriter leur existence en de tels écrins.

D'autres demeures, comme l'abbaye des Vaux-de-Cernay, dans les Yvelines, qui appartint aux Rothschild, ont été rachetées et aménagées par des chaînes hôtelières, et donc ouvertes au public tout en conservant une grande partie de la décoration et de l'ameublement d'origine. L'une de ces chaînes, les « Hôtels particuliers », a « le souci » d'offrir à ses hôtes « des lieux d'exception ». Ce groupe, dirigé par Philippe et Gérard Savry, entend faire vivre « l'âme des pierres, l'esprit d'un lieu, intemporelles valeurs de réflexion, d'évasion ». Plusieurs châteaux ont été transformés en hôtels de luxe. Aux Vaux-de-Cernay, les chambres ont conservé le caractère que leur avaient donné les Rothschild. La plomberie du XIXe siècle n'a pas été changée dans les salles de bains. Il n'y a pas de télévision dans les chambres. L'ensemble garde un aspect assez rustique qui met en valeur la patine des lieux et respecte les aménagements dans lesquels vécurent les anciens propriétaires. Visiteurs des maisons léguées et clients de ces hôtels « particuliers » y peuvent vivre un temps dans l'atmosphère et dans le décor de grandes familles à la fortune légendaire. Ce qui ne va pas sans entraîner quelques effets de domination symbolique dans lesquels il est bien difficile de faire la part entre les effets du capital culturel et ceux du capital économique. Tant il est vrai que, dans ces maisons-musées, dans ces musées-maisons, la violence symbolique ressentie est le produit de l'évidence de la richesse et de la légitimité qu'elle retire du contenu culturel revêtu par sa manifestation.

La culture savante contribue à définir la culture anthropologique des grandes familles par l'insertion de la production culturelle dans l'univers grand-bourgeois. Ce qui ne fait que se renforcer sous la pression de la concurrence des prétendants, c'est-à-dire des nouveaux enrichis. Aussi les enfants de la grande bourgeoisie se doivent aujourd'hui de réaliser des cursus scolaires brillants. De sorte que, « actuellement, écrit Pierre Bourdieu, une fraction de plus en plus grande du patronat, dans le monde entier, sort des meilleures écoles. Ceux qui dominent le monde économique, les patrons de l'industrie et du commerce, sans être de grands intellectuels, ne sont plus du tout les bourgeois bornés du XIXe siècle. Au XIXe siècle, les artistes, Baudelaire, Flaubert, pouvaient s'opposer aux "bourgeois", comme à des béotiens, des philistins stupides. Aujourd'hui les patrons sont souvent des gens raffinés, au moins sur le terrain des stratégies sociales de manipulation, et aussi dans le domaine de l'art, qui, lors même qu'il est le produit de ruptures hérétiques et de véritables révolutions symboliques, peut entrer sans problèmes dans l'art de vivre bourgeois[5]. »

LE LIVRE ET LA LECTURE

Ces considérations générales sur la place de la culture dans les modes de vie grands-bourgeois méritent que l'on y apporte des nuances et des précisions.

En particulier sur la place réservée au livre et à la lecture. Le livre est certes présent en raison de la pratique répandue de la bibliophilie ou de l'existence dans le patrimoine familial d'une bibliothèque à laquelle chaque génération apporte sa contribution. Mais la fréquentation des textes collectionnés, et du livre en général, est très variable. Faibles et grands lecteurs peuvent voisiner dans les mêmes familles ou dans les mêmes salons. C'est que la lecture est l'une des pratiques culturelles les plus solitaires qui soient. C'est donc une pratique très peu mondaine. Or le rapport de la grande bourgeoisie à la culture est avant tout mondain : les activités culturelles font partie des formes de sociabilité propres au groupe. L'ameublement et la décoration des demeures, par leur contribution à l'aménagement des lieux de sociabilité que sont les pièces de réception et les chambres ou les maisons d'amis, font intervenir la culture dans cet aspect de la vie grande-bourgeoise. La bibliophilie prend sens dans ce cadre. La lecture n'est pas la forme culturelle la plus centrale dans un groupe social plus porté vers des activités qui lui permettent d'affirmer son existence et d'entretenir ses réseaux. Par contre, les classes moyennes intellectuelles, moins favorisées en capital économique mais bien pourvues en capital culturel et scolaire, valoriseront d'abord la lecture, l'une des pratiques culturelles les plus accessibles matériellement.

Dans l'effort pour apprécier dans leurs relations les pratiques culturelles et construire l'espace des configurations de pratiques possibles, il faut se garder de hiérarchiser, de mettre en œuvre un ethnocentrisme de classe qui aurait tendance à réduire la culture au livre, c'est-à-dire à un produit largement accessible à ceux qui disposent d'un bon capital culturel et scolaire, sans pour autant bénéficier d'un capital économique qui les autoriserait à une appropriation autre que symbolique des différentes productions culturelles. Il faut se garder aussi de hiérarchiser les lectures possibles, les domaines, les genres ou les auteurs, en fonction des lectures propres à l'univers social du chercheur. Une telle hiérarchisation ne peut que conduire à un mépris plus ou moins euphémisé pour les hiérarchies indigènes. On remarquera aussi que le chercheur est, en principe, un professionnel de la lecture, de même que les professeurs de l'enseignement secondaire ou supérieur. Ce n'est donc pas à l'aune des performances de ces spécialistes qu'il faut apprécier celles de nobles ou de grands bourgeois qui ont ailleurs, dans les affaires en particulier, l'essentiel de leurs activités. On retrouve ce même point de vue dans l'élaboration d'une enquête comme celle sur les « pratiques culturelles des Français » menée de 1973 à 1997 par le Département des études et de la prospective du ministère de la Culture et de la Communication[6] : elle donne largement la priorité à la consommation symbolique des œuvres de culture sur leur possession.

Ces nuances apportées, il reste que, par la qualité de leur cadre de vie, les enfants de la noblesse et de la grande bourgeoisie bénéficient d'une atmosphère où des éléments de culture savante sont présents en nombre. Ils finissent par entretenir un rapport familier et intime avec la culture savante et légitime, comme avec leur langue maternelle. Cette familiarité permet une identification immédiate des styles, des époques, des artistes, et transforme en goûts vécus et souvent perçus comme innés les apprentissages familiaux. Incorporée comme les bonnes manières et le langage châtié, la culture, à la fois savante et anthropologique, devient un élément essentiel des classements sociaux, avec la transformation en différences de nature des acquisitions les plus sociales.

Grandir dans un musée

Les références à un cadre de vie exceptionnel abondent aussi bien dans les volumes de souvenirs qui décrivent par le menu l'existence quotidienne de la noblesse et de la grande bourgeoisie que dans les entretiens réalisés auprès des familles de ces milieux. Cette proximité matérielle avec les œuvres d'art, leur intégration dans l'univers domestique, ont des effets en profondeur sur le rapport aux productions culturelles. L'origine d'une partie des différences culturelles internes aux classes dominantes doit être recherchée dans l'inégale possibilité d'acquérir des œuvres pour en faire le décor de la vie quotidienne. « Le fait que pour les membres de la fraction dominée [des classes dominantes], écrit Pierre Bourdieu, et en particulier pour les professeurs, l'œuvre d'art soit exclusivement (ou principalement) un objet d'appropriation symbolique, c'est-à-dire d'accumulation sous forme de savoir et d'ostentation sous forme de discours, tandis que les membres des fractions dominantes sont en mesure de s'approprier matériellement les objets contemplés ou leurs pareils, par là insérés dans la série des biens de luxe, que l'on "possède" et dont on "jouit", sans avoir besoin de manifester autrement la délectation qu'ils procurent et le goût dont ils témoignent, contribue aussi à favoriser deux rapports fondamentalement différents à l'œuvre d'art [...]. La conjonction de l'appropriation matérielle et de l'appropriation symbolique donne à la possession des biens de luxe [...] une légitimité qui en [fait] le symbole par excellence de l'excellence[7]. »

La description, par l'héritière de l'une des plus anciennes familles de la noblesse française, Victoire de Montesquiou, fille du duc de Montesquiou Fezensac, de l'appartement d'une proche parente est caractéristique des souvenirs enchantés que peut générer l'environnement privilégié d'une enfance qui ne l'est pas moins. « Nous déjeunions toujours chez elle, au 44, avenue Gabriel, écrit-elle. Dans cet appartement donnant sur le marché aux Timbres et sur le Guignol, tout n'était que beauté : les murs du grand salon et le mobilier recouverts de tapisseries des Gobelins à fond rose, d'après des cartons de Barcher. Sur les tables, les commodes en marqueterie, des personnages de Meissen montés sur bronze côtoyaient les bustes de Rodin, dont la plupart représentaient mamie Fenaille, mon arrière-grand-mère. Des tableaux de Fragonard, de Boucher, les gravures de Debucourt, donnaient à cet ensemble d'un esthétisme parfait une poésie irrésistible[8]. » Les portraits de famille figurent en bonne place dans ces galeries privées. « Ma grand-mère ressemblait au tableau que Foujita avait fait d'elle », se souvient Victoire de Montesquiou. Qu'ils aient pour sujet un membre de la famille, un lieu qui lui fut cher, comme le château des ancêtres, ou une pratique favorite, comme la chasse à courre, les tableaux s'inscrivent souvent dans le contexte familial. Ils représentent une partie de la saga de la lignée.

Ces cadres de vie sont à l'origine de souvenirs d'enfance qui sortent de l'ordinaire. « J'ai vécu une enfance exceptionnelle, stupéfiante, raconte Monique de Rothschild. D'ailleurs je me demande souvent si ce n'est pas un rêve éveillé, tant j'ai parfois du mal à réaliser que j'ai vécu cette enfance-là. J'ai grandi à l'abbaye des Vaux-de-Cernay, propriété fabuleuse qui appartenait à mon grand-père. C'est pour moi un conte, une légende. C'était étonnant à tous égards avec les quatre-vingts chevaux aux écuries, avec l'eau de source de la fontaine Saint-Thibault qui était mise en bouteilles sur place, avec une étiquette. C'était une propriété magique. Même l'odeur, ce mélange de pierre et de bois. » Monique de Rothschild a passé son enfance, jusqu'à l'âge de sept ans, au milieu des dentelles de pierre des salles gothiques et des vestiges d'une abbaye cistercienne du XIIe siècle, sous les croisées d'ogives qui abritaient des collections d'art du Moyen Âge et de la Renaissance, des sculptures des XVe et XVIe siècles, des pièces d'orfèvrerie, des tapisseries[9].

Le château d'Arcangues, près de Biarritz, contient de nombreuses œuvres d'art. Le très vaste salon de réception, où Michel d'Arcangues accueille ses visiteurs devant un tableau de Renoir, est éclairé par une verrière, à la façon de celui de Ferrières. Cet immense « hall » s'élève sur deux niveaux. Le premier étage est marqué par une galerie en encorbellement qui surplombe le rez-de-chaussée sur les quatre côtés. Cette galerie est occupée par la bibliothèque qui abrite 15 000 volumes. Ces amples espaces sont envahis par les souvenirs de famille, les photographies, les tableaux, les objets d'art, dans une profusion qui fait oublier la majesté des lieux et parvient à leur donner une chaude intimité. Il est bien difficile de faire la part du culturel et du familial dans un tel univers. Passionnés de littérature et de cinéma, le grand-père et le père de Michel d'Arcangues ont publié plusieurs volumes de poésie et de souvenirs ou d'essais critiques. Ils ont accueilli dans leur maison de nombreux artistes et écrivains dont les photos dédicacées, les lettres, les ouvrages dédiés remplissent plusieurs vitrines d'un salon attenant au grand hall. Maurice Ravel, Stravinsky, Hemingway, Cocteau, mais aussi Churchill ou de Gaulle, parmi bien d'autres, ont ainsi honoré Arcangues de leur présence. La trace de leur passage nourrit ce musée privé d'une note très familiale : la culture ici est la vie même.

Au cœur de la vieille ville de Grasse, l'hôtel particulier où vit la famille Fontmichel mêle la culture artistique et historique à la vie la plus quotidienne. Cet hôtel est dans la famille depuis 1774. Il offre une enfilade de salons « décorés de toiles exécutées à Francfort dans la maison natale de Goethe à la demande du comte de Theas Thorenc [le premier propriétaire de cette demeure] qui s'y trouvait en qualité de représentant de Louis XV en 1759 ». Classé monument historique dans certaines de ses parties, cet immeuble bénéficie de mentions dans les guides consacrés à la région[10].

Le comte Hervé de Fontmichel, ancien élève de l'Institut d'études politiques de Paris, est issu d'une famille dont la noblesse fut acquise par charge au XVIIIe siècle. Elle avait la particularité de combiner « des moyens financiers relativement importants avec un très haut niveau culturel », les études y ayant toujours été très valorisées. Au capital scolaire s'ajoute le fait que les hommes de cette famille « ont tous contracté des mariages avec des femmes intelligentes, brillantes, diverses, et le fait qu'ils étaient tous extrêmement musiciens ». Pour corroborer ces affirmations, Hervé de Fontmichel rappelle que l'un de ses ancêtres fut choisi, à la création de l'École normale supérieure, en 1794, pour être l'un des deux jeunes lettrés du département des Alpes-Maritimes à faire partie de la première promotion du nouveau et prestigieux établissement. « C'était un poète latin [...]. Mon arrière-grand-père a été Grand Prix de Rome de composition musicale en 1822, mais ce fut également un historien de valeur. » Dans son cabinet d'avocat, qui occupe le dernier étage de l'imposant bâtiment, maître de Fontmichel travaille sur un bureau derrière lequel Chateaubriand le précéda. Il a appartenu en effet à l'une des maîtresses de l'écrivain, la marquise de Custine, et fut réalisé « par l'ébéniste parisien Gaudreaux, sous Louis XV. Mon père était un grand lecteur de Chateaubriand et de tous les historiens du XIXe siècle ». Les meubles eux-mêmes ont leur pedigree et leur fonction est éclipsée par la qualité des rappels historiques et l'évocation d'ancêtres. Le mobilier est ainsi un support matériel de la transmission culturelle et de l'identité familiale.

Âgé de vingt ans, étudiant en droit, Alexandre, l'un

des fils de M. de Fontmichel, affirme qu'en « grandissant entouré de belles choses, on ne peut que les apprécier par la suite. On a des parents très cultivés qui ne nous ont jamais dit : "Ce tableau est joli parce qu'il coûte cher", mais qui nous ont toujours expliqué les origines des tableaux, qui nous ont parlé des peintres et de la façon dont ils peignaient. On nous a donc appris à aimer les belles choses pour ce qu'elles sont et non pas pour ce qu'elles pourraient valoir si on les vendait. Et d'aimer le beau pour le beau, c'est agréable parce que ça permet de voir la beauté des choses sans tout de suite voir le côté patrimonial ».

LES AVOIRS CULTURELS ET LEURS SAVOIRS

Les biens immobiliers, les objets de luxe comme le mobilier d'époque ou de style, les arts de la table, les vieux livres, la haute joaillerie, les sculptures ou les tableaux vont de pair avec un langage et une culture spécialisés qui permettent de comprendre et d'apprécier les techniques mises en œuvre dans leur réalisation. Aussi les membres de ces familles évoluent-ils dans les ventes aux enchères, chez les antiquaires ou dans les galeries d'art avec l'aisance que donnent compétence et érudition. Ces savoirs, à la fois techniques et culturels, liés aux objets de luxe et aux objets d'art, sont transmis au sein de la famille par cette familiarisation insensible dont bénéficient ceux qui grandissent dans de véritables musées. Ces apprentissages savants se réalisent d'abord dans le cadre de la vie quotidienne et doivent une partie de leur efficacité au fait que c'est l'identité familiale elle-même qui est, aussi, transmise à travers eux.

Les techniques et les savoirs ainsi acquis permettent d'appréhender ceux du peintre, de l'orfèvre ou de l'ébéniste et d'apprécier le travail réalisé, la qualité de l'objet d'art. La richesse du vocabulaire associé à ces objets et son usage courant, dans les salles de ventes ou les revues d'art et de décoration, témoignent de l'imprégnation de la grande bourgeoisie par cette culture. « Il est des domaines, écrit Claude Duneton, où le Français perd toute notion d'abstraction et de détachement hautain, où il redevient tout à coup sérieux, concret, tatillon, même, dans son besoin de désigner les choses avec une minutie farouche. Quel domaine ? Voilà qui est surprenant ! Le domaine technique qui fait partie de la conversation et des préoccupations des hautes sphères de la société[11] ! » Les exemples donnés concernent la joaillerie et le monde du cheval. Ces vocabulaires et savoirs sont partagés avec les praticiens, artisans, éleveurs et entraîneurs. Le monde de l'art, celui de l'architecture ou l'art des jardins auraient pu fournir d'autres lexiques, dont l'usage dépasse celui des professionnels pour concerner aussi les amateurs éclairés, parmi lesquels les membres des familles nobles ou bourgeoises sont nombreux.

Toute cette culture technique est marquée du sceau de la tradition, ce qui la préserve de la menace d'obsolescence. Dans les techniques traditionnelles de la haute joaillerie, il s'agit de reproduire des gestes ancestraux. Ces savoirs traditionnels peuvent concerner des domaines aussi variés que l'œnologie ou l'élevage des chevaux (on parle d'ailleurs aussi de « négociants-éleveurs » dans le domaine du vin). La connaissance de l'histoire de l'art et de l'évolution de ses techniques est très prisée. Ces savoirs sont en profonde homologie avec l'idée de lignée. Il s'agit au fil du temps, parfois, d'améliorer et d'affiner. Mais surtout, plus le temps passe, plus l'objet produit et l'activité elle-même sont valorisés. On est donc aux antipodes de l'électronique et de l'informatique où le temps rend vite obsolètes matériels et technologies. Où le critère de la rapidité est essentiel, ce qui n'a guère de sens dans l'artisanat de luxe et encore moins dans la production artistique.

Grandir dans un musée, y faire ses premiers

apprentissages, au sein d'un patrimoine culturel et artistique, cela contribue à former l'œil, comme on dit sur le marché de l'art. Tant et si bien que le titre d'expert en œuvres d'art n'exige aucun diplôme, ce qui était également le cas, jusqu'en 1973, pour la charge de commissaire-priseur elle-même[12]. Il n'est pas étonnant dans ces conditions que les experts comme les commissaires-priseurs aient des origines sociales élevées. « De longue date, les charges de commissaires-priseurs ont été acquises par un nombre relativement restreint de familles. Étant donné le coût élevé d'acquisition des charges, celles-ci étaient traditionnellement acquises par la bourgeoisie d'offices ou, plus largement, par la bourgeoisie de robe[13]. » Toutefois la fortune ne suffisait pas et un minimum de références artistiques et culturelles étaient nécessaires, sauf à ruiner la charge. Cette compétence est acquise dès le plus jeune âge par la longue fréquentation des œuvres chez soi, chez les grands-parents et les autres membres de la famille, chez les amis de cette famille, dans tout cet univers résidentiel de la grande bourgeoise où vit dans une existence semi-clandestine une partie importante du patrimoine culturel national. Les incorporations réussies d'une compétence familièrement acquise sont vécues et apparaissent comme un don personnel, une qualité innée de la personne.

Aujourd'hui la fonction de commissaire-priseur exige au moins la possession d'une licence de droit et d'un diplôme sanctionnant deux années d'études d'histoire de l'art (ou de deux années d'études de droit et d'une licence d'histoire de l'art) complétées par deux années de stage dans une société de ventes aux enchères volontaires et un office de commissaire-priseur judiciaire, après un examen d'entrée, sanctionnées à leur issue par un examen professionnel. Cette réglementation nouvelle semble notamment avoir été adoptée en raison de difficultés survenues dans l'exercice de la profession, les charges transmises par héritage n'étant pas toujours assumées de façon satisfaisante. Cela n'a pas changé les caractéristiques sociales du recrutement des commissaires-priseurs qui restent très majoritairement issus de bonnes familles. Même si, comme le note Alain Quemin, « on peut voir dans cette origine sociale commune le poids lié à l'acquisition d'une charge », même si « l'exercice professionnel des commissaires-priseurs s'appuie sur un "travail" qui nécessite de maîtriser les règles du jeu de la sociabilité bourgeoise et d'appartenir aux bons réseaux », la formation de « l'œil » par une enfance immergée dans les objets et les œuvres d'art est décisive. « L'orientation d'enfants de la bourgeoisie vers la profession de commissaire-priseur s'explique aussi par le type d'expertise sociale qui est mis en œuvre dans le cadre de l'exercice professionnel[14]. » Tel collaborateur de Jacques Tajan se souvient d'« avoir toujours habité dans des maisons où il y avait de jolies choses. Mes ancêtres, ajoute-t-il, avaient des relations étroites avec des marchands de tableaux fort célèbres ». En fait, comme dans le monde de la banque, on a ici une profonde homogénéité sociale entre le commerce de l'art, l'univers des ventes aux enchères et la grande bourgeoisie. Les professionnels et leurs clients appartiennent au même monde, parlent le même langage, ont les mêmes manières et les mêmes goûts. Tant et si bien que les vocations de commissaire-priseur sont encore présentes parmi les jeunes de ces milieux. Philippe-Emmanuel de Fontmichel envisage cette carrière, « parce que le métier touche le commerce, le droit, les sciences humaines, la culture et l'art ».

Mais les héritiers manifestent parfois quelque coquetterie à reconnaître les effets d'un tel environnement sur la formation des goûts et de la sensibilité. Comme Thierry de Valréal, expert en tableaux modernes, propriétaire d'une galerie d'art, qui se refuse à admettre que le cadre d'une enfance dans une grande famille de la noblesse ait pu contribuer à former son goût pour les beaux objets. Quelques secondes après avoir affirmé qu'il n'était en rien prédestiné à assumer les occupations professionnelles qui sont les siennes, sa « famille n'étant pas du tout là-dedans », il reconnaît implicitement avoir grandi dans un environnement hors du commun. « J'ai eu la chance par mon milieu familial d'être dans de belles choses », dit-il. Mais c'est pour ajouter aussitôt que ces belles choses, « on les voit sans les voir, puisqu'on est dedans. On ne fait pas attention ». Cette dénégation, très fréquente, a sans doute pour raison d'être la difficulté de percevoir clairement les effets de ces influences d'autant plus décisives qu'elles s'exercent sans être ressenties. Mais, en outre, en minimisant l'influence reconnue au milieu social, à ce qui peut être considéré comme relevant de l'acquis, on préserve le rôle de l'inné, de la qualité intrinsèque de la personne. Par cette dénégation, on s'offre la possibilité de recourir à l'explication par le don, perçue comme plus valorisante que celle qui renvoie aux héritages et aux transmissions socialement déterminées. Ou, plus précisément, on inscrit l'excellence sociale dans la logique d'un don héréditaire, d'un don familial. C'est l'ensemble de la lignée qui est exceptionnelle.

Ce domaine du goût cultivé, de la connaissance intime des styles et des objets est l'un des plus classants car il renvoie à des expériences primordiales, fondatrices des identités individuelles autant que sociales. L'intériorisation, l'incorporation des savoirs ainsi constitués transfigurent en qualités innées les capacités de jugement acquises. On comprend que cette aisance ou son contraire, cette maladresse, dans la maîtrise des biens de culture soient au principe de jugements sans appel sur les personnes, reconnues et cooptées ou méprisées et rejetées. Ces jugements sociaux sont mis en œuvre pour séparer le bon grain de l'ivraie, à l'intérieur même des familles fortunées, en distinguant nouveaux riches et vieilles familles dans l'aisance relative à maîtriser époques, styles et écoles. On peut avoir fait fortune sans avoir hérité de ces savoirs si spécifiques. Le recours à des spécialistes, accompagné d'une remise de soi culturelle, comme le patient contraint de s'en remettre aux savoirs du chef de clinique, révèle la misère culturelle de ces parvenus de la fortune qui se trahissent comme tels lorsque, chez l'antiquaire, leur désarroi les place à la merci de professionnels. Ceux-ci sont alors sollicités pour aider le néophyte fortuné à s'orienter dans ce dédale où seule une longue pratique permet de se mouvoir avec aisance. Les sommes en jeu sont importantes mais il s'agit pour le nouveau venu sur ce marché de l'art et des antiquités de ne pas commettre d'impair et de n'acheter que ce qui a une indéniable légitimité culturelle, et donc une réelle valeur symbolique. « Ces nouveaux venus, qui ont beaucoup d'argent mais encore peu d'expérience des objets d'art, iront naturellement prendre conseil et acheter chez les grands antiquaires », constate Christiane de Nicolay-Mazery qui travaillait, à l'époque de l'entretien, dans l'étude de son cousin, Raymond de Nicolay, considéré comme *le* commissaire-priseur des familles de l'aristocratie. « Ce n'est qu'après avoir longtemps acheté chez les grands antiquaires que les fortunes récentes se risquent à fréquenter les salles des ventes où il faut se déterminer rapidement et seul, même si l'on a pu auparavant prendre quelques conseils. »

ART DE VIVRE ET ŒUVRES D'ART

Le commerce des objets d'art et des antiquités prend d'ailleurs des formes mondaines caractéristiques de cette imbrication de la sociabilité, de la culture et des affaires propre à la haute société. Mme Girardet est antiquaire sur les hauteurs de Sainte-Maxime, face au port de Saint-Tropez que l'on aperçoit depuis chez elle par-delà le golfe. Elle entretient des relations suivies avec toutes les familles anciennes de la région. « J'ai acheté des objets à de grandes familles d'ici, dit-elle, lorsqu'elles ont eu des besoins d'argent, notamment au moment d'une succession. » Elle a fait construire, sur les plans conçus par son fils, architecte, une villa que la lumière traverse de toutes parts, très moderne mais parfaitement intégrée à la colline. Elle y vit au milieu de ses meubles, de ses tableaux, de ses vases, de ses statues en terre cuite, de sa collection de négrillons ou d'objets en marqueterie de paille[15]. La villa est l'écrin dans lequel sont présentées les merveilles qu'elle propose de vendre à ses hôtes fortunés qu'elle reçoit à dîner. On visite la maison et Mme Girardet conseille les plus hésitants dans l'achat de telle ou telle pièce. « Les familles nouvellement enrichies, dit-elle, achètent fort cher de jolies choses, comme si elles cherchaient à acquérir à n'importe quel prix quelque légitimité en s'appropriant des meubles anciens ayant appartenu à de grandes familles anciennes. »

À ce niveau de fortune, on prend volontiers plusieurs avis et si l'antiquaire a toujours son mot à dire, Mme Girardet doit compter avec la rivalité du décorateur qui, venu tout exprès de Paris par avion, accompagne ses clientes qui souvent s'en remettent assez aveuglément à ses diktats. « C'est lui qui fait la loi. »

Le rapport savant à l'art et à la culture légitime les fortunes nouvelles. François Pinault et Bernard Arnault ne s'y sont pas trompés. Si bien que, concurrents dans les affaires, ils vont s'affronter aussi sur le terrain de la culture. Lorsque le premier sponsorise une exposition, le second assure le mécénat d'une autre. François Pinault achète Christie's, la célèbre maison de ventes aux enchères de Londres, en 1998. En 2001, Bernard Arnault prend le contrôle de la maison homologue de New York, Sotheby's. Tous deux ont le projet de réaliser, chacun de son côté, cela va sans dire, une fondation d'art qui portera leur nom[16].

L'une des caractéristiques de la haute société est de tout transformer en culturel, de faire de chaque domaine de l'activité humaine un prétexte à collections et à savoirs apparemment désintéressés. Il en est ainsi avec le vin et l'œnologie. Le vin est en parfaite harmonie avec l'idée de lignée, non seulement parce qu'il se bonifie en vieillissant, du moins jusqu'à un certain âge, mais aussi parce que les pieds de vigne, comme les chevaux et les chiens de meute, sont l'objet de soins incessants, de croisements savants et d'un élevage de tous les instants. Une vigne est le produit maîtrisé de la durée, de l'observation, des essais et des erreurs dans la recherche de l'amélioration de la lignée. Il n'est donc pas incohérent qu'il puisse y avoir des ventes de vins prestigieux dans des lieux de renom. Maître Tajan a dispersé le 22 novembre 1993, dans les salons de l'hôtel George V, les quelque 3 000 bouteilles de la cave de l'hôtel particulier de la comtesse Josée de Chambrun. Des crus de tout premier ordre, comme des yquem 1900 ou des château-ladore 1875, de « belle et aristocratique provenance », ne pouvaient qu'attirer des collectionneurs qui prennent en compte l'étiquette, l'aspect extérieur de la bouteille et du vin, même si celui-ci, plus que centenaire, n'est plus buvable. Toutefois on peut aussi rêver de boire un vin exceptionnel. « Pour les amateurs, déclare un des collaborateurs de l'étude aux visiteurs de l'exposition, c'est aussi pour le goût, pour un certain hédonisme. Boire un bordeaux de grand cru comme 1945, avec des amis, c'est vraiment un moment d'exception. »

Tous les aspects de la vie quotidienne sont donc transfigurés, transformés en éléments culturels, la distinction entre le culturel et l'anthropologique n'ayant plus de sens. Comme si le bon goût, la distinction, la qualité et le raffinement des références venaient à chaque instant légitimer et conforter la position des dominants. Le dernier tailleur acheté vient de chez

Chanel, la montre offerte pour les dix-huit ans d'un adolescent est signée Cartier, et le gâteau meringué est un chef-d'œuvre de Lenôtre. La griffe contribue à sanctifier les objets du quotidien et à en changer le statut : les objets de consommation, simples supports nécessaires aux pratiques ordinaires de la vie ordinaire, deviennent des objets d'art dignes des musées, des défilés de mode, des rubriques culinaires de grands journaux, des revues de décoration ou d'architecture. L'art envahit la vie quotidienne de ceux qui peuvent faire de leur quotidien un art de vivre.

LES ARTS DE CÉLÉBRATION

Cet art de vivre est à l'origine de commandes et suscite indirectement l'existence de certains secteurs de la production d'œuvres. L'art du portrait et les arts animaliers et cynégétiques en sont des exemples. Ces formes d'art, suscitées par la bourgeoisie elle-même, sont alors encore plus imbriquées avec l'existence quotidienne de ces familles.

Avant l'apparition de la photographie, les familles de la noblesse et de la grande bourgeoisie ont recours aux artistes plasticiens pour immortaliser leurs traits. Ces artistes appartiennent parfois à la famille elle-même, comme la duchesse de Doudeauville, épouse de Stanislas de La Rochefoucauld, qui peignit des portraits de ses proches, objets d'une vente aux enchères en 1989 à l'hôtel Drouot. Il n'est pas rare que des artistes de renom contribuent à l'entretien de la mémoire familiale. La galerie de portraits des ancêtres en perpétue le souvenir tout en accroissant le capital symbolique de la famille dont le nom entre ainsi dans l'histoire de l'art. Les exemples abondent. Deux petites filles de la famille Cahen d'Anvers sont saisies en bleu et rose par Auguste Renoir. Foujita fut un peintre quasi officiel de la bonne société et réalisa plusieurs portraits de la comtesse de Noailles[17]. Lorsqu'ils sont ceux de personnages ordinaires, les noms des modèles des peintres sont généralement omis dans le titre du tableau. Il en va autrement lorsqu'il s'agit de personnalités connues dont le nom continue à figurer dans les catalogues ou les guides des musées après que l'œuvre a quitté le patrimoine de la famille. Il en est ainsi dans la demeure du peintre Hébert (1817-1908), rue du Cherche-Midi, dans le VIe arrondissement de Paris, transformée en musée. On peut y contempler des portraits de femmes de la haute société à côté de ceux de servantes. Ainsi « Agnès de Pourtalès, marquise de Loys-Chandieu », tient compagnie à une « Jeune lavandière songeuse ».

La passion de la chasse à courre a suscité, au sein de l'art animalier, tout un secteur de production qui vient en retour conforter et légitimer une pratique magnifiée par sa célébration artistique. Les arts de la vénerie, dans leur réalisme, entretiennent, nourrissent la passion des veneurs qui voient dans ces œuvres une sorte de consécration. Ce qui est valorisé d'abord, c'est la parfaite connaissance des animaux, de leur morphologie, de leurs attitudes. La précision recherchée exige, comme pendant la chasse, une attention et une patience de tous les instants dans le souci de la finesse et le soin du détail. Les aquarelles du baron Karl Reille sont ainsi d'excellentes évocations des épisodes de telle ou telle chasse. Cette peinture de circonstance, dont la production n'est pas tarie, est un rappel des émotions cynégétiques et les veneurs, parmi ceux qui en ont les moyens, sont nombreux à orner leurs demeures d'œuvres de cette sorte. En cela, les arts de la vénerie sont des arts d'illustration où l'invention proprement plastique est au service de la relation enchantée des veneurs à la nature, à la forêt et aux animaux. L'art doit rendre compte de ces émotions, en saisir les fondements, et ce de la seule façon possible, avec le réalisme propre aux arts de célébration.

Ces formes artistiques mêlent intimement les

œuvres plastiques à la vie quotidienne des familles, à leur mémoire, à leurs passions. On trouve l'équivalent des arts de la vénerie dans les traditions des peintres et artistes de la vie maritime. Le musée de la Marine créé par Roland de La Poype à Antibes constitue l'une des attractions du Marineland dont il est le fondateur. Descendant de l'amiral de La Poype de Ventrieux, il a hérité de collections déjà remarquables qu'il a développées par la suite. De nombreuses maquettes retracent l'évolution des différents modes de navigation, à rames, à voile ou à moteur, de l'Antiquité à nos jours. De multiples objets, curieux ou raffinés, évoquent la mer sous tous ses aspects, et les voyages au loin qu'elle suggère. Des pipes à opium en écaille de tortue voisinent avec des cannes en vertèbres de requin, des marqueteries en nacre ou des bijoux en os de baleine. De nombreux tableaux évoquent les batailles navales et les voyages au long cours. Une tapisserie du XVIe siècle représente une scène de chasse à la baleine. Le Marineland offre des attractions liées à la mer ou aux pays exotiques, avec ses spectacles d'orques et de dauphins et une tropicale jungle des papillons. L'ensemble formait, en 1995, une entreprise de 85 salariés permanents (sensiblement plus en haute saison), sur les 5 hectares aux portes d'Antibes et de Biot, et accueillait quelque 800 000 visiteurs par an. Roland de La Poype, propriétaire de l'ensemble, a développé sa fortune à partir d'innovations technologiques liées aux matières plastiques (les berlingots Dop, la carrosserie de la Méhari). Affaires et culture sont ainsi mêlées et ce musée de la mer permet de prendre la mesure des richesses qui peuvent être accumulées dans un cadre familial.

CONNIVENCES CULTURELLES

Le musée privé que constitue la demeure d'une grande famille est utilisé pour des pratiques dont l'orientation pédagogique est parfois délibérée. Il s'agit de s'appuyer sur cette présence constante d'œuvres remarquables, chargées d'histoire et de culture, pour développer goûts et connaissances. Là encore, entretiens et mémoires abondent en témoignages sur une enfance où le cadre de vie est prétexte à leçons d'histoire, de littérature et d'histoire de l'art.

La comtesse Jean de Pange décrit ainsi la maison familiale, propriété de ses grands-parents. « Les magnifiques meubles et les objets d'art de la collection [du grand-père] remplissaient la maison. Le rez-de-chaussée surtout était un véritable musée[18]. » Puis elle montre comment les éléments de ce musée intervenaient dans son éducation. « Les fauteuils et les canapés des grands salons étaient recouverts de tapisseries sans doute très belles, représentant des fables ou des scènes de la mythologie. Ma grand-mère inventait un jeu de poursuite entre les meubles d'un fauteuil à l'autre en chantonnant : *Promenons-nous dans le bois/Pendant que le loup n'y est pas !* Mais, chemin faisant, elle me donnait des explications sur les personnages et les animaux des mythes anciens. Elle savait parfaitement ces histoires des dieux des Grecs et des Romains[19]. » Par ce patrimoine familial, la culture savante entre dans la sphère domestique, s'y love comme le chat sur le canapé, elle y ronronne tout à son aise. Animal familier, elle est un compagnon de tous les jours, elle est vivante et chaleureuse, réconfortante par sa présence constante qui assure la continuité entre le domestique et le public, entre la culture familiale et celle des musées, des salles de spectacles, des établissements d'enseignement. La culture n'est pas une compétence particulière, acquise par une attitude délibérément extravertie et tournée vers les établissements spécialisés dans sa diffusion, mais une manière d'être, une manière de vivre, un élément de l'habitus comme la politesse, le respect des ancêtres et des traditions, le goût pour l'entre-soi.

La familiarité avec la culture s'appuie aussi sur l'aisance financière. Véronique de Montremy se rappelle la librairie à l'angle de l'avenue Marceau « où papa nous avait ouvert un compte absolument illimité, ce qui était génial car la responsable de la librairie adorait tout ce qui était littérature étrangère. Tous les samedis après-midi, nous passions au moins une heure à discuter de livres étrangers. Car papa était quand même très centré sur les XIXe et XXe siècles français. De telle sorte que c'est grâce à cette dame, une sorte de mentor intellectuel, que nous avons beaucoup lu de littérature étrangère ». Sa grand-mère maternelle lui a offert un séjour à Bayreuth, à l'époque du festival, en récompense de sa réussite au baccalauréat. « Donc je suis allée à Bayreuth pour mon bachot. La culture était vraiment intégrée à la vie. »

L'école peut prendre le relais du milieu familial, mais pas n'importe quelle école, bien entendu. Éva Thomassin, on l'a vu, fille d'une riche famille originaire d'Argentine, pensionnaire dans un établissement scolaire de Lausanne fréquenté par des enfants royaux et des héritiers de grandes fortunes internationales, raconte comment ces écoles privées exceptionnelles peuvent reproduire ce rapport de connivence avec l'univers culturel. « Il y a eu un voyage en Italie, de Milan à Naples. Toute l'Italie, pour visiter les musées. C'est un voyage que je n'oublierai jamais, les trains merveilleux de cette époque, les tableaux que j'ai vus dans les musées. On devait être très, très bien accompagnées pour qu'on nous fasse aimer à ce point la peinture, les Fra Angelico… Inoubliable ! À tel point que quand je vois un tableau aujourd'hui, je le reconnais tout de suite. L'autre jour, j'ai dit : “Ah ! c'est un Filippo Lippi.” Ça ne s'oublie pas. » Cet apprentissage culturel a toujours aussi une dimension mondaine : il s'agit de maîtriser la culture nécessaire à une gestion efficace du capital social. « On nous préparait à entrer dans un salon et à savoir discuter intelligemment, de façon cultivée.» D'ailleurs ce qui caractérise les établissements scolaires prisés par les grandes familles réside dans la complémentarité avec laquelle ils assurent la transmission de toutes les formes de capitaux, scolaire, culturel, mais aussi social, symbolique et même physique par l'importance accordée au corps et aux sports. En somme, une éducation totale pour un homme total.

La culture savante est un élément fondamental de la pédagogie implicite mise en œuvre par les classes supérieures. Le rallye culturel, première étape des rallyes qui regroupent de façon exclusive, par la constitution de listes fermées, des adolescents qui appartiennent au même monde, est l'une des formes mondaines de la familiarisation avec les œuvres de culture[20]. Il n'est pas indifférent en effet que dans ces groupes de jeunes issus de bonnes familles les visites de châteaux ou d'églises et les spectacles se fassent de manière collective. Le rallye créé par le comte Henri de Burton a commencé ses activités par une série de visites culturelles. Dont Chantilly. « Nous sommes allés à la messe dans l'église d'un village dont les vitraux sont très beaux. Le curé était prévenu pour nous faire visiter l'église. » Ensuite le château de Chantilly. « Pour cela, poursuit M. de Burton, j'avais appelé un ami membre de l'Institut, de l'Académie des beaux-arts, qui m'a mis en contact avec l'administration de Chantilly. On avait son pique-nique. Dans l'aristocratie, on fait les choses simplement. On a mangé le pique-nique dans le jeu de paume. Nous avons fait remarquer aux enfants qu'il s'agissait là d'un privilège dont il fallait avoir conscience. » La simplicité, ainsi, n'exclut pas le traitement de faveur, qui ne serait pas accordé à n'importe qui : ne pique-nique pas qui veut dans une salle d'un monument historique. Et ce que, justement, les jeunes apprennent ainsi, c'est qu'ils ne sont pas n'importe qui.

Ils l'apprennent aussi en échappant à l'anonymat

du touriste moyen. Le curé les attend et leur fait visiter l'église, l'administration du château les accueille et leur accorde ce qu'elle refuse aux autres. Les visites sont ainsi l'occasion d'expérimenter le capital social dont on dispose par l'entremise des parents et dont on est appelé à hériter. Le rallye a découvert quelques ambassades. « Les enfants seuls ont visité l'ambassade d'Angleterre, mais l'ambassadeur – j'ai beaucoup d'amis ambassadeurs – avait invité les parents à prendre le thé. » Au château de Breteuil, « nous avons été reçus par M. et Mme de Breteuil. Ce sont des amis. Nous avons pique-niqué au pied de l'orangerie ». Dans leurs souvenirs, les jeunes ne pourront plus dissocier le plaisir de la familiarité acquise avec une œuvre de culture et le sentiment que les conditions inhabituelles dont ils ont bénéficié pour accéder à cette œuvre n'étaient dues qu'à la qualité de leur famille. La culture, ainsi, n'est pas séparée de la vie mondaine : au contraire, elle en est un aspect indissociable qui pourra culminer avec les premières théâtrales, les vernissages et autres conférences. Ce qui est inculqué, c'est une familiarité extrême avec la culture qui dépasse celle que peuvent transmettre les parents : c'est la familiarité sociale d'une élite dans son ensemble avec le passé culturel, le patrimoine national et international. Comme l'écrit Fernand de Saint-Simon à propos d'un autre rallye, « le monde, c'est bien, la culture c'est mieux, mais les deux ensemble, c'est ce qu'il y a de meilleur[21] ».

Une culture bien établie

La familiarité entretenue avec les œuvres de culture, les savoirs accumulés à leur propos, leur présence dans l'univers familial et dans l'environnement quotidien, induisent sûreté et sérénité dans les rapports entre les amateurs éclairés et les choses de l'art. Pour une part parce que les œuvres et les objets relèvent souvent d'un art connu, certifié, entériné par les historiens. Mais surtout parce que, sur la base de modes collectifs d'appropriation, en tant que prétextes ou supports d'une sociabilité intense, les manifestations culturelles enracinent l'art au cœur de l'identité sociale du groupe. Toutefois cette inculcation du rapport savant à la culture savante trouve assez fréquemment une certaine limite dans le caractère « classique », ou au moins consacré de la culture ainsi transmise. Les familles envisagées ici sont de vieilles familles, dont les positions dominantes et les fortunes sont anciennes. Or plus ces familles sont anciennes, plus le patrimoine peut être riche en objets et œuvres d'art, mais plus aussi ce patrimoine sera éloigné des formes de la production artistique moderne ou contemporaine. Thierry de Valréal explique que des vieilles familles de noblesse de robe ou de banquiers protestants ont laissé passer l'impressionnisme ou le fauvisme et plus généralement tout l'art moderne (au sens des commissaires-priseurs, c'est-à-dire postérieur à 1830). « On restait avec nos vieilles croûtes, les portraits de nos grands-mères et des paysages, encore dans l'esprit du XVIIIe ou début XIXe, explique-t-il. On ne travaillait pas. La bourgeoisie montante, industrielle, elle, a gagné de l'argent. Ils ont construit les beaux hôtels dans Paris, tous les immeubles d'Haussmann, qu'il a fallu ensuite décorer. Et qu'est-ce qu'ils sont allés acheter ? Ce qui se faisait au goût du jour. On les regardait en se disant : qu'est-ce que c'est que ces nouveaux riches. Et ces nouveaux riches de l'époque, ils achetaient la peinture qui se faisait à ce moment-là. Vous trouverez très rarement dans les familles aristocratiques des tableaux de Renoir, des tableaux de Picasso, ou des tableaux de Monet et Manet. Très peu. Alors que chez les gens qui étaient dans l'industrie, ou la banque, les finances, tout ce qui a explosé à la fin du XIXe, eux ils sont allés acheter ce qui se faisait, les peintres contemporains. Alors il y en a qui, manque de pot, ont acheté les pompiers, qui aujourd'hui ne valent plus rien. Alors qu'ils ont payé ça des fortunes. Mais ils allaient aussi acheter une toile de Cézanne qui se vendait très difficilement, un Gauguin, un Lautrec, ou des peintres comme ça. Tous ces nouveaux riches ont acheté ce qui se faisait. »

Ainsi les enfants des plus vieilles familles ne sont-ils pas toujours les mieux placés pour être initiés et sensibilisés à l'art vivant. Ce qu'ils ont sous les yeux les rend plus proches des œuvres classiques, d'époques plus anciennes, celles où une grande partie du patrimoine fut accumulé. « Moi, quand je suis rentré dans ce métier, reconnaît Thierry de Valréal, j'étais bercé par la peinture traditionnelle : XVIIIe, XIXe. Je reconnais que, lorsque je suis rentré sur le marché de l'art, je regardais un tableau de Braque, de Picasso, je regardais ça et je me disais : maïs qu'est-ce que c'est que ces barbouillages ? Parce que je n'étais pas mûr, je n'étais pas prêt. »

Véronique de Montremy, fille de Berthilde de Wendel, dont la fortune familiale est établie depuis le XVIIIe siècle, raconte que, pour ses grands-parents maternels, « l'idée d'acheter un Picasso ne leur serait jamais venue à l'esprit. On achetait du XVIIIe ! Et on s'arrêtait à 1789, date à laquelle l'esthétique disparaissait ». Du côté paternel, où, toutes proportions gardées, la fortune est beaucoup moins importante, « il y avait un goût esthétique très prononcé. Mon arrière-grand-mère voyageait systématiquement en Italie. Elle a construit et aménagé l'hôtel particulier de l'avenue Marceau. Mon grand-père, lui, avait des responsabilités dans les musées nationaux. Il aimait tout ce qui était gothique, les coffres, les statues dorées, les tapisseries, mais aussi les meubles Louis XV. C'était toujours l'esthétique de l'ancien ». On retrouve les mêmes dispositions chez de jeunes contemporains. « Moi, avoue Alexandre de Fontmichel, je suis un peu rétro dans mes goûts artistiques. Je ne suis pas très friand de peinture moderne. » Son frère, Philippe-Emmanuel, reconnaît que quand il voit « des tableaux modernes faits de manière barbare », il n'en « comprend pas le sens ».

Norbert Elias, à propos de la société de cour, a insisté sur l'homologie entre la culture classique et cette société. « Le *style artistique* auquel on a donné le nom de "classicisme", écrit-il, tire son origine de cette même disposition d'esprit. Ce qui caractérise le classicisme, c'est la même ordonnance claire et rationnelle des structures, le calcul minutieux de l'effet et de la valeur de prestige de l'ensemble, l'absence de toute ornementation spontanée, de tout étalage non contrôlé de sensibilité[22]. » On tient sans doute là l'un des principes de cette illusion bien fondée qui veut que, dans les représentations que s'en font les classes moyennes ou supérieures intellectuelles, qui doivent l'essentiel de leurs positions sociales à leur capital culturel et scolaire, les classes possédantes soient peu au fait de la culture vivante et au mieux simplement familières de la culture consacrée. C'est faire peu de cas du mécénat et de l'intervention dans le marché de l'art des familles de la grande bourgeoisie les plus culturellement actives. La succession de René Tassin de Montaigu, dispersée par maître Jacques Tajan au cours d'une vente dans les salons de l'hôtel George V le 13 juin 1995, était pour l'essentiel consacrée à l'art contemporain, avec des œuvres signées Arman, Klein, Mathieu, Christo, Chaissac, Delaunay.

De plus, un patrimoine et une culture classiques offrent de bonnes bases pour un apprentissage rapide et une ouverture sur des formes plus contemporaines. D'autant que la nécessité plus ou moins impérative de travailler et/ou de passer par les fourches caudines de la sélection scolaire transforme le rapport à la culture. Thierry de Valréal travaille en tant qu'expert en tableaux modernes avec l'une des plus grandes études parisiennes de commissaires-priseurs, avec les compagnies d'assurances et auprès de la cour d'appel de Paris.

Toujours est-il que, le plus souvent, dans les vieilles familles la formation du goût est d'abord classique. On pourrait donner d'autres exemples dans les domaines de la littérature ou de la musique, à partir du contenu des rayonnages des bibliothèques ou de ce que les membres de la famille musiciens interprètent dans le cadre domestique. Mais n'est-ce pas, aussi, la voie royale pour accéder aux formes les plus contemporaines avec toute la culture que requiert implicitement l'accès aux œuvres apparemment les plus éloignées des traditions académiques ?

L'APPROPRIATION PRIVÉE DES BIENS CULTURELS PUBLICS

Les formes publiques de diffusion des œuvres culturelles se sont beaucoup développées depuis le début du XXe siècle : musées, salles de spectacles, théâtres et cinémas, bibliothèques. L'accès à ces équipements est ouvert à un large public. Pourtant la noblesse et la grande bourgeoisie s'inscrivent à contre-courant et montrent une nette propension à donner un caractère aussi privé que possible à leur approche des œuvres ainsi socialisées. Il fut un temps où les grandes familles, qui assuraient les moyens d'existence des artistes et des écrivains, pouvaient les convoquer à leur domicile et y organiser spectacles, concerts ou encore orner leur table de la présence d'auteurs illustres. Mais cette forme privée d'appropriation de la culture vivante pouvait aussi prendre un tour moins domestique. Ainsi, jusqu'en 1914, on avait sa loge à l'Opéra, loge dont la location à l'année faisait partie des privilèges mondains[23]. Les « baux de loge », comme on les appelait, équivalaient quasiment à un droit de propriété : les bénéficiaires avaient le loisir de décorer les lieux à leur goût et pouvaient y recevoir famille et amis à leur guise. Culture et sociabilité étaient ainsi étroitement mêlées.

Si ces formes anciennes d'appropriation des biens culturels publics sont en régression, elles sont encore très présentes. Les grandes familles n'échappent pas au mouvement général de socialisation de la consommation culturelle, mais elles conservent nombre de traits qui rappellent les étapes antérieures. Une publication caractéristique de ce milieu, le *Bottin Mondain*, consacre soixante pages de son édition 2006 aux renseignements pratiques sur les musées et les salles de théâtre et de concerts, dont cinquante présentent les plans détaillés des salles avec la numérotation des places. Cet ouvrage se voulant l'annuaire pratique indispensable aux familles de la bonne société, la présence d'une rubrique aussi fournie met bien en évidence leur rapport privilégié avec le monde du spectacle et l'imbrication de cette vie culturelle avec la vie familiale et les formes de la sociabilité dans ce milieu.

Il est devenu difficile d'obtenir des places pour une représentation à l'Opéra, et la location des loges à l'année a disparu. Mais les membres des grands cercles parisiens se sont dotés d'un service, une agence de tourisme, qui se charge aussi de l'organisation de certains loisirs culturels. Les membres du Jockey Club, du Cercle de l'Union Interalliée, de l'Automobile Club de France, du Cercle du Bois de Boulogne, du Polo de Paris, peuvent faire appel à cette agence qui est toujours en mesure d'obtenir les places demandées. Mais cela n'est rien. Intercercles Voyages est à même d'organiser des modes privés d'appropriation des biens culturels publics : « En France et à l'étranger, selon le responsable de l'agence, après les horaires d'ouverture, nous faisons ouvrir tel ou tel musée, nous faisons une visite privée. Puis le dîner a lieu dans le musée, avec la présence du conservateur. Cela, bien sûr, à guichets fermés. Le musée est à nous.» Intercercles Voyages se doit de montrer sans cesse aux membres des clubs dont l'organisation est l'émanation «qu'ils ne sont pas traités comme les autres». Cela évoque les sorties culturelles des rallyes.

Autrement dit, si le poids du secteur public dans la diffusion des biens de culture est devenu considérable, les familles anciennes et fortunées entretiennent tout de même un rapport privilégié avec ces biens et apprécient avant tout des formes d'appropriation qui leur permettent d'échapper à la cohue et au sort commun. Il ne s'agit pas d'un simple souci de confort. Les vernissages chic et les premières sont l'occasion de bousculades mémorables. Mais elles ont lieu entre soi : on ne sort pas de l'univers des pairs et la promiscuité n'est que physique et non sociale. Ces visites privées de lieux publics, accompagnées d'un cocktail ou d'un dîner, sont autant d'occasions de gérer cette forme de capital qui est essentielle à ces milieux, le capital social. La culture, comme élément du mode de vie du groupe, constitue l'un de ses principes identitaires. Capital culturel et capital social, inextricablement liés, se renforcent mutuellement. L'activité d'associations culturelles comme l'AROP (Association pour le rayonnement de l'Opéra de Paris), qui fut présidée par la comtesse Guy de Brantes, est exemplaire de ce point de vue. Les membres de cette association ont assisté à une représentation de *Lucia di Lammermoor* de Donizetti. Après le spectacle, les invités se sont retrouvés pour un dîner, soirée qui eut les honneurs d'un compte rendu dans le numéro du 14 février 1995 de *Point de vue*. On a donc à la fois la participation à une activité culturelle et une cérémonie sociale qui, comme toute cérémonie, a aussi comme fonction de conforter la croyance en l'excellence sociale du groupe. Les mondanités culturelles de la haute société font ainsi partie de ces stratégies implicites, non délibérées, qui permettent de redonner à ceux dont la foi serait vacillante la certitude de la légitimité de leurs privilèges et, pour tous, de consolider cette assurance de soi sans laquelle il serait vain de vouloir établir sa suprématie sociale.

Les grandes familles sont également présentes dans le processus de socialisation des biens culturels par le système des dons, legs et dations aux musées. « Les Rothschild, à eux seuls, interviennent dans la liste des 2 700 donateurs du Louvre pour une vingtaine de noms. Des noms en face desquels, de surcroît, s'inscrivent non point quelques pièces, mais le plus souvent d'impressionnantes séries[24]. » Michel David-Weill, dont la fortune dépasserait le milliard d'euros[25], ancien président du groupe Lazard et membre du grand conseil du Cercle de l'Union Interalliée, petit-fils de David David-Weill, régent de la Banque de France en 1936, appartient à une famille dont les membres « comptent parmi les plus munificents donataires des musées de France ». Michel David-Weill est « membre de l'Institut, président du Conseil européen du mécénat, membre du conseil de la Réunion des musées nationaux de France, comme du Conseil des musées aux États-Unis[26] ». Bien que Michel David-Weill « participe au financement de nombreuses œuvres de charité, qu'il ait déjà légué, comme son père et son grand-père, de très nombreuses pièces aux musées et surtout au Louvre, qu'il soutienne le musée des Arts décoratifs dont sa femme s'occupe personnellement, le nom de David-Weill n'apparaît jamais, ou en tout petit ». Martine Orange précise en note qu'« il existe une rotonde David-Weill au musée du Louvre où se trouvent des œuvres du XVIIe et du XVIIIe siècle léguées par David et Pierre. De même, le département des Arts islamiques du musée doit beaucoup à la famille et en particulier à Jean, oncle de Michel David-Weill, qui en a été le conservateur[27] ».

Mieux comprendre le rapport à la culture des familles qui cumulent toutes les formes de richesse permet un autre regard sur les pratiques culturelles des autres catégories sociales. Car les avoirs culturels et artistiques, quand ils se combinent aux savoirs et aux compétences qui leur sont associés, procurent des profits considérables dont les intermédiaires culturels et plus généralement les couches moyennes intellectuelles sous-évaluent la portée dans les rapports de domination et dans les processus de la reproduction sociale.

CÉRÉMONIES SOCIALES ET CÉRÉMONIES CULTURELLES

Cette gestion collective du rapport à l'univers culturel se donne à voir dans certaines cérémonies où le groupe constitué fête tout à la fois son existence et son lien privilégié à la culture. Il en est ainsi à l'occasion des soirées «portes ouvertes» organisées dans ces hauts lieux du marché de l'art et des antiquités que sont le Triangle rive droite et le Carré rive gauche. Ces deux dénominations sont celles d'associations qui regroupent, pour la première, quelque 80 galeries ayant pignon sur rue avenue Matignon, rue de Miromesnil, rue de Penthièvre, c'est-à-dire dans le quartier de l'Élysée, et, pour la seconde, environ 130 antiquaires dont les boutiques sont installées dans le carré que délimitent le quai Voltaire, la rue du Bac, la rue de l'Université et la rue des Saints-Pères, entre le musée d'Orsay et l'école des Beaux-Arts, dans le VIIe arrondissement, à la limite est du faubourg Saint-Germain[28].

Les propriétaires de galeries et les antiquaires de ces quartiers organisent des journées portes ouvertes tous les ans. L'expression est à prendre au pied de la lettre : les portes de ces boutiques, qui recèlent des trésors, sont habituellement fermées et il faut sonner pour se les faire ouvrir, ce qui est très dissuasif pour les simples curieux. Selon le président du Triangle rive droite, ces journées sont d'abord l'occasion de réaliser un vernissage collectif et donc de rassembler le plus de monde possible. Les galeries du Triangle font preuve d'un grand éclectisme, allant de Buffet à Dubuffet, de Michel Henry à Poliakoff. Mais avec une majorité de galeries dédiées à l'art contemporain. Les antiquaires du Carré rive gauche présentent du mobilier d'époque et de style, des objets d'art et d'ameublement, des tableaux anciens, des œuvres en provenance d'Extrême-Orient... Tous ces objets sont dignes des plus grands musées.

Au sud du quai Voltaire, entre la rue du Bac et la rue des Saints-Pères, ce quartier d'antiquaires haut de gamme est proche de l'école des Beaux-Arts. Aussi certains, dans la foule élégante qui se presse sur les trottoirs et dans les boutiques, à l'occasion de la soirée inaugurale des « cinq jours de l'objet extraordinaire », ont-ils quelque chose de l'artiste, un savant négligé de la tenue manifestant qu'ils sont là pour la beauté des choses et non par vanité mondaine. Pourtant le costume croisé est encore très présent, mais une écharpe rouge, un panama élégamment ôté à l'entrée d'une boutique, sont de ces détails qui, en marquant un certain détachement à l'égard des canons de l'élégance convenue, suffisent à montrer que l'on n'est pas ici dans la compagnie, honnête mais besogneuse, de vulgaires cadres supérieurs. Il est vrai que, même rétribués de manière convenable, bien peu de ces derniers seraient à même de s'offrir une paire de sièges XVIIe à 15 000 euros pièce, ou le tableau de Jan Bruegel proposé pour plus d'un million d'euros. Alors que d'ordinaire les boutiques sont fermées et ne s'ouvrent qu'au coup de sonnette du visiteur, elles semblent, ce jour-là, aussi accessibles au tout-venant qu'une épicerie de quartier. Et pourtant les barrières sociales demeurent : ne pénètrent dans ces chapelles du bon goût cultivé et dispendieux que ceux qui peuvent s'y sentir à leur aise et se renseigner avec naturel sur le prix des objets exposés ou saisir la coupe de champagne qui leur est tendue comme une chose allant de soi et non comme une aubaine inespérée.

Alors, bien sûr, le champagne coulait à flots pour honorer tout ce beau monde de toutes nationalités qui se pressait dans les boutiques car la richesse est, par définition, internationale. Mais, comme place Vendôme, à l'occasion des journées portes ouvertes des grands joailliers, en décembre, les personnes qui viennent ici appartiennent au cercle étroit des grandes fortunes. Aussi n'est-il pas étonnant qu'ils se connaissent et se reconnaissent : « Alors, on est de tous les salons, de toutes les fêtes ? »

En des occasions semblables, l'adéquation momentanée de l'assistance et du cadre urbain apparaît presque parfaite. Et il faut voir dans la qualité d'un tel accord la raison de l'aspect enjoué de tous ces visages reposés malgré l'heure tardive, de ces manières qui restent affables en dépit de l'affluence. À n'en pas douter, les hommes et les femmes qui sont là ont l'assurance d'être bien à leur place, la coupe de champagne à la main, se livrant sans retenue aux plaisirs de la conversation en bonne compagnie.

C'est à une cérémonie sociale, à une célébration tout à la fois solennelle et enjouée que l'on a alors l'impression d'assister. Fortune et culture font bon ménage. Les invités sont les clients privilégiés de ces boutiques, les biens qu'elles recèlent sont les leurs, sinon individuellement, du moins collectivement.

La notion de capital patrimonial

La notion de capital patrimonial désigne cette imbrication de différentes formes de capitaux qui paraît spécifique aux classes dominantes, et qui mêle capital économique, capital symbolique, capital culturel et capital social. Tout objet d'art est le support de ces différentes dimensions. Le livre est source de savoir, donc de capital culturel, mais c'est aussi un objet de collection, un manuscrit calligraphié, une édition originale dédicacée par un grand auteur, ou encore un ouvrage relié par un artiste connu. Il peut alors atteindre une grande valeur vénale : en 1995, l'étude Tajan a mis aux enchères, dans les salons de l'hôtel George V, une trentaine de « beaux livres dans de belles reliures », selon le catalogue, dont les estimations atteignaient 200 000 francs (30 490 euros) pour une édition de *Paul et Virginie*, de Bernardin de Saint-Pierre, en deux volumes, 60 000 francs (9 150 euros) pour une édition du livre de Prévert et Ribemont-Dessaignes consacré à Miró, avec une reliure, 10 lithographies et de nombreuses reproductions d'œuvres du peintre, ou encore 500 000 francs (76 250 euros) pour une édition de 31 descriptions d'animaux tirées de l'*Histoire naturelle* de Buffon avec pour chacune une eau-forte de Picasso, la reliure étant de Paul Bonnet. Une édition de *L'Odyssée*, estimée à 250 000 francs (38 150 euros), illustre la sociabilité liée à ce type de biens culturels puisqu'elle est due à la Compagnie des Bibliophiles de l'Automobile Club de France, sociabilité de toute façon affichée par le caractère de rituel mondain que revêt une telle vente[29]. Le livre peut donc fournir aussi une forme de gestion et d'accumulation du capital social. La bibliothèque du château de l'Esparrou, dans les Pyrénées-Orientales, qui appartient à la famille Sauvy, dont la fortune a été constituée pour l'essentiel à partir du vin et de son négoce, comptait, en 1995, un millier de volumes environ. Parmi eux figurent de nombreux envois dédicacés par les auteurs à François Sauvy (1862-1906). Fondateur de cette bibliothèque, il recevait des écrivains et des peintres. Beaucoup de ces livres sont reliés selon le modèle propre à l'Esparrou. Ils en viennent ainsi à faire intégralement partie, y compris dans leur présentation matérielle, du fonds patrimonial représenté par le domaine[30].

Les classes dominantes possèdent objets d'art, tableaux, vieux livres, meubles, demeures qui ont une grande valeur économique, mais qui ne peuvent se réduire à cette dimension. Ces biens culturels sont aussi une partie de la mémoire familiale et de la notoriété du nom. Ce capital est patrimonial dans la mesure où il est la forme matérielle de l'accumulation sur plusieurs générations de la bonne fortune qui a permis à la famille de se constituer et de se maintenir.

ÉCHAPPER À L'USURE DU TEMPS

En cela, les grandes familles bénéficient d'un régime de faveur. Pour les autres groupes sociaux, en effet, ces souvenirs et cette sédimentation du passé ne peuvent s'inscrire que de manière exceptionnelle dans des traces matérielles. En général, les biens accumulés perdent leur valeur au fil du temps et des générations et deviennent ainsi obsolètes. Tandis que les demeures des grandes familles et ce qu'elles contiennent accèdent au statut enviable de monuments historiques et d'œuvres d'art. Les biens qui forment ce capital patrimonial sont en homologie avec les dispositions propres aux familles de la noblesse et de la bourgeoisie : ils ont une propension très nette à s'inscrire dans la longue durée, voire dans l'éternité. Ces familles, qui se sont elles-mêmes constituées dans des lignées longues, valorisent les biens qui échappent à l'usure du temps car elles s'appuient sur ce temps, dans la succession des générations, pour assurer et légitimer leur position dominante. La plupart des biens accumulés, château ou hôtel particulier, tableaux de maîtres ou mobilier, orfèvrerie ou joaillerie, vieillissent si bien que non seulement leur valeur monétaire ne cesse d'augmenter, mais encore leur valeur symbolique, étant de plus en plus recherchés sur les marchés spécialisés. Les objets et les savoirs spécifiques qui leur sont liés ne cessent de se valoriser, ils ne peuvent devenir obsolètes. Alors que, dans les autres groupes sociaux, les résidences familiales, ayant peu de signification historique, et le mobilier, de médiocre qualité, se dévalorisent au fil du temps.

Cette bonification exceptionnelle de ce qui, chez les autres, tend à se dévaluer rend compte, pour une part au moins, du paradoxe du contentement relatif ressenti par les châtelains contraints d'ouvrir leur demeure au public[31]. Les visiteurs, qui représentent certes une intrusion dans le berceau familial, manifestent aussi par leur présence la qualité du lieu habité par la famille et donc celle de la famille elle-même. Le sentiment de remplir un devoir, une responsabilité héritée avec le château, domine : il s'agit de maintenir le patrimoine que l'on a reçu en dépôt, dont on a en quelque sorte l'usufruit mais dont les véritables propriétaires sont l'ensemble des membres de la famille, voire le peuple de France dont on aurait ainsi en charge une part du patrimoine. Loin de perdre son identité dans cette ouverture au public, le châtelain et ses proches assurent une charge héritée qui conforte leur identité d'exception.

Le service « Monuments et Musées Gestion » de l'Institut de France est un organisme collectif grâce auquel les grandes familles peuvent assurer l'entretien des fragments de leur capital patrimonial tombés dans le domaine public. Il en est ainsi avec les villas Ephrussi de Rothschild et Kerylos, léguées à l'Institut. Le précurseur en la matière a été le duc d'Aumale qui a fait don du domaine de Chantilly à cette même institution à la fin du siècle dernier, à charge pour elle « de conserver ce domaine, avec le musée et la bibliothèque qu'il renferme, et de les mettre à la disposition du public ». Les liens entre les grandes familles et les académies qui forment l'Institut sont anciens et étroits. Par son testament en date du 19 janvier 1912,

Mme Nélie Jacquemart, veuve de M. Edmond André, a légué l'ensemble de ses biens et de ses collections artistiques à l'Institut. Il en est de même pour le musée Marmottan et ses collections d'œuvres impressionnistes. L'architecte de la villa Kerylos était membre de l'Académie des beaux-arts tandis que son propriétaire, Théodore Reinach, était membre de l'Académie des inscriptions et belles-lettres. L'Institut est donc là pour prendre en charge les biens dont il assurera la pérennité matérielle et symbolique : grâce à son intervention, la mémoire des personnalités fortunées pourra être préservée malgré l'absence de légataires privés.

L'ARGENT ET LA CULTURE

Cette imbrication de l'économique avec le culturel et le symbolique, les dimensions affectives de ce patrimoine, expliquent l'irrationalité de certains comportements. Car il est bien difficile dans un tel contexte d'adopter la ligne de conduite d'un agent économique qui ne chercherait qu'à maximiser ses profits monétaires. C'est qu'il y a bien d'autres types de profits possibles que le seul profit économique. Certes, pour certains, les œuvres sont réduites à leur seule dimension vénale. Comme le reconnaît Thierry de Valréal, les objets d'art n'étant pas soumis à l'impôt de solidarité sur la fortune, des contribuables fortunés ont pu choisir d'investir dans ce domaine pour réduire l'assiette de l'impôt. Certains, même, tentent de spéculer sur les œuvres d'art. « Je suis allé la semaine dernière chez quelqu'un à Neuilly, raconte-t-il, qui s'occupait de pierres précieuses, et comme les pierres précieuses, ça ne marche pas du tout en ce moment, eh bien, il a réalisé un peu de son stock et il s'est reporté sur les tableaux. Il n'y a aucun sentiment. C'est au poids, au mètre. Et c'est au coffre, et puis il vous revend ça dans les six mois. C'est uniquement l'appât du gain. »

Certes, comme l'écrit Raymonde Moulin, « les collectionneurs spéculateurs considèrent, à la limite, le tableau comme l'équivalent d'une action boursière ». Cependant ces hommes d'affaires, en intervenant sur le marché de l'art, « anoblissent leurs activités professionnelles en leur donnant un aspect de jeu et d'apparente gratuité ». Les motivations du spéculateur apparaissent alors dans toute leur ambiguïté. « La jouissance esthétique n'exclut pas le gain, la consommation ostentatoire n'est pas indépendante du calcul rationnel, l'anoblissement conféré par l'art à celui qui le possède pouvant se conjuguer avec le prestige associé à l'activité capitaliste elle-même[32]. »

Toutefois un objet d'art est toujours aussi une partie du patrimoine, au sens strictement économique du terme. Les familles fortunées n'aiment guère le dire, ni même y penser, mais les tableaux, les meubles, les pendules, les objets de table, tout cela représente potentiellement des sommes considérables. C'est donc là une réserve dans laquelle il est toujours possible de puiser, même si cette éventualité apparaît sacrilège, invraisemblable avant que la nécessité ne la rende inéluctable. Ou même avant qu'il apparaisse plus raisonnable de se défaire de certains biens afin de faire face plus confortablement à des échéances comme l'installation des enfants ou des petits-enfants.

La non-prise en compte des œuvres d'art dans l'assiette de l'ISF est justifiée par plusieurs considérations, relatives au marché de l'art, qu'il s'agirait de protéger, ou encore par la difficulté à évaluer la valeur de ces biens d'un caractère particulier[33]. De ce point de vue, les comptes patrimoniaux eux-mêmes reculent devant leur délicate inclusion dans les estimations chiffrées[34]. Mais, au-delà de causes techniques indéniables, ce traitement particulier des œuvres les situe hors du champ de l'économie. Même en cas de succession, alors qu'elles redeviennent imposables, la possibilité de la dation, c'est-à-dire d'acquitter les droits sous la forme de dons à l'État d'une partie des biens concernés, maintient ce statut d'exception. Cela revient à signifier que la famille est détentrice d'une partie du patrimoine national. Il y a dans cette réglementation un encouragement à la dénégation de l'importance de la valeur vénale de ces biens. Ou du moins il y a affirmation qu'autre chose est en jeu, d'une valeur supérieure à toute estimation en termes monétaires. Dans le film de Marianne Lamour, déjà signalé, on demande à l'ex-épouse du duc de La Rochefoucauld pourquoi la famille ne vend pas un tableau de grand prix pour pouvoir faire quelques travaux indispensables au château. « On y pense très souvent, répond-elle, mais on ne le fait jamais. Ces tableaux appartiennent à François-Xavier [âgé de sept ans au moment du tournage, futur héritier du titre de duc et du château] et après ils appartiendront à son fils à lui. Il faudra les garder. Ce tableau-ci, dit-elle en montrant un portrait, représente Ernestine de La Rochefoucauld et il est attribué à David. Le vendre permettrait de passer un été entier en Grèce sur un yacht style Onassis, avec quarante maîtres d'hôtel. Et puis non, il restera là. »

Pourtant le marché de l'art voit se réaliser des transactions dont les niveaux sont étonnants. Le 15 décembre 1993 a eu lieu, dans les salons de l'hôtel George V, une vente de tableaux anciens, du XVe siècle au début du XIXe, dirigée par maître Tajan. Le prix d'adjudication le plus bas a été de 55 000 francs (8 390 euros). Mais les prix ont été souvent beaucoup plus élevés. Il y a eu 95 « lots » mis aux enchères et tous ont trouvé acquéreur. Le total des enchères a atteint 92 millions de francs (14 millions d'euros). Les acheteurs ayant à régler 9,495 % de frais, ce sont environ 100 millions de francs (15 millions d'euros) qui ont été consacrés ce soir-là à l'achat de tableaux. Le tout a duré une heure et demie. La somme atteinte doit beaucoup à un seul tableau, une vue de Venise par Canaletto. Pour cette œuvre, les enchères ont atteint 66 millions de francs (10 millions d'euros), hors frais.

DISPERSION ET RECOMPOSITION DES PATRIMOINES : LES VENTES AUX ENCHÈRES

Les ventes aux enchères publiques peuvent parfois permettre aux familles de reconstituer une partie de leur capital patrimonial dispersé pour des raisons diverses. « Quand je vais à Drouot – cela m'est encore arrivé il n'y a pas longtemps –, raconte Thierry de Valréal, je rachète des couverts aux armes des Valréal : ça m'énerve de les voir passer. Si j'ai de l'argent à ce moment-là, je les rachète. Ce qui m'irrite, c'est que quelqu'un les vende avant de prévenir les membres de la famille. » Les commissaires-priseurs sont bien entendu particulièrement bien placés pour voir passer dans les ventes des biens qui auraient appartenu à la famille.

La mémoire de la famille d'où proviennent les objets mis en vente n'est pas pour autant perdue. Elle est utilisée pour valoriser les œuvres. Chaque fois que la provenance d'un objet d'art est connue, elle est mentionnée dans le catalogue de la vente car elle intervient dans son évaluation. On parle de pedigree dans ces catalogues, y compris pour un meuble, et les anciens propriétaires sont aussi importants, et parfois plus, que les créateurs eux-mêmes. La provenance fait partie de la griffe, de la qualité de l'œuvre. D'ailleurs les commissaires-priseurs n'hésitent pas à organiser certaines ventes dans le cadre qui avait abrité les objets et pour lequel ils avaient été rassemblés ou créés. C'est ainsi qu'une partie des collections d'Hussein Pacha a été vendue aux enchères au Sporting Club de Monte-Carlo et une autre partie dans la somptueuse villa de l'ancien propriétaire à Saint-Jean-Cap-Ferrat, voisine de la villa Ephrussi de Rothschild. Selon l'un des responsables de cette vente, « les enchères sont montées parce qu'elles se déroulaient dans la villa même du pacha. Elles auraient été certainement moins élevées si elles avaient eu lieu à Drouot. La magie des lieux entre complètement dans la définition du prix dans la mesure où les acheteurs ont l'impression de s'approprier une histoire, un passé et un nom liés à une figure mondaine de la Côte d'Azur des années cinquante ».

Cette importance des lieux où se déroulent les ventes vaut pour nombre d'entre elles et les commissaires-priseurs en ont bien pris conscience puisque, à Paris, ils diversifient ces lieux et quittent Drouot pour le théâtre des Champs-Élysées ou l'hôtel George V lorsqu'ils veulent donner un éclat particulier à certaines enchères. « Il existe un lien étroit, écrit Alain Quemin, entre la qualité des objets vendus et le lieu, mais aussi entre les caractéristiques des biens et celles des habitants des différents quartiers, les beaux objets étant dispersés dans les beaux quartiers[35]. » Ainsi les locaux dépendant de Drouot sont-ils eux-mêmes hiérarchisés, depuis Drouot-Montaigne au théâtre des Champs-Élysées, situé sur l'avenue du luxe qui concentre aujourd'hui les grands couturiers, jusqu'à Drouot-Nord, dans le XVIIIe arrondissement, en passant par Drouot-Richelieu, dont les bâtiments rénovés sont au cœur du IXe.

Les ventes publiques sont des lieux où se forme le capital patrimonial. C'est une source d'achats importante pour les professionnels mais aussi les collectionneurs et les familles. De telle sorte que l'univers des ventes aux enchères, lorsqu'il s'agit des plus prestigieuses, est d'une grande homogénéité sociale. Les commissaires-priseurs, les experts, les particuliers acheteurs ou vendeurs, certains acheteurs professionnels, beaucoup appartiennent à la haute société ou en sont très proches. Il n'est pas étonnant alors que l'on retrouve les uns et les autres dans les mêmes grands cercles, dans les mêmes dîners et dans les mêmes réceptions. « Les activités sociales pratiquées en dehors des heures de travail peuvent toujours permettre de trouver de la marchandise à disperser, écrit Alain Quemin. Cela explique en partie pourquoi les commissaires-priseurs aiment des sports comme le golf, [...] qui les mettent également en contact avec autant de correspondants (notaires, avocats...) et de clients potentiels. L'investissement temporel [...] qu'ils réalisent dans des clubs et associations ou dans des dîners en ville relève de la même logique[36]. »

Il y a certes une relative homologie entre un commissaire-priseur, ses spécificités sociales, et sa clientèle. Ainsi celle de Raymond de Nicolay est-elle considérée comme l'une des plus aristocratiques qui soient. D'ailleurs, précise Christiane de Nicolay-Mazery, « on ne fait que du volontaire, pas du judiciaire, on ne travaille pas du tout avec des familles ruinées ». Dans un autre point de cet espace professionnel, la clientèle de maître Jacques Tajan, selon l'un de ses collaborateurs, serait plutôt composée de gros industriels, de familles nouvellement fortunées. Mais il y a une grande diversité au sein de l'ancienne profession, d'ailleurs clivée depuis la réforme de juillet 2000 entre commissaires-priseurs habilités et responsables de sociétés de ventes aux enchères prenant en charge les ventes volontaires et commissaires-priseurs judiciaires désormais en charge de ce seul secteur (même si de nombreux professionnels cumulent de fait les deux fonctions volontaire et judiciaire comme dans l'ancienne profession). Nous nous sommes intéressés ici uniquement aux commissaires-priseurs spécialisés dans les ventes d'art.

Ces ventes aux enchères sont un espace d'échanges où, en définitive, les mêmes biens, tout en changeant de propriétaires, ne quittent pas le milieu grand-bourgeois. Commissaires-priseurs et experts apparaissent comme l'un des maillons de ce corps collectif qui gère, accumule et redistribue les patrimoines. Tout se passe comme si ces professionnels avaient en charge de drainer les objets de valeurs, les « belles choses », celles qui sont dignes des grands antiquaires et des vastes demeures des beaux quartiers, vers leurs propriétaires naturels, ceux qui disposent à la fois des moyens matériels et des moyens culturels pour s'approprier matériellement et symboliquement ces biens.

Les œuvres d'art, lorsqu'elles appartiennent depuis plusieurs générations à une même famille, sont indissolublement du capital économique, du capital culturel et du capital symbolique. Autrement dit du capital patrimonial. À tel point que ce capital patrimonial est lui-même agrémenté d'une griffe : on parle du style Givenchy ou du style Rothschild pour désigner la façon dont a été conçu et composé l'aménagement des résidences de ces familles. Givenchy a contribué dans les années soixante à réhabiliter le style Boulle et il sait associer le style Régence à des bergères recouvertes de lin et à des sculptures contemporaines. Le style Rothschild serait caractérisé par un mélange d'objets et de meubles du XVIIIe siècle avec des objets et des meubles de style Napoléon III, très confortables avec leurs épais capitons de soie rouge.

On peut comprendre une part du rapport privilégié qu'entretiennent ces familles avec la culture dominante à partir de l'existence de ce capital patrimonial dont le rôle est important dans le maintien de leur position sociale. Le désir et le plaisir de culture sont d'autant plus vifs et présents qu'ils sont ressentis comme un passage à l'acte de l'habitus dont de nombreux aspects renvoient à ce capital patrimonial. Pour les familles des classes dominantes, les pratiques culturelles se confondent avec les pratiques anthropologiques, la vie culturelle est un aspect principal du mode de vie et, dans les pratiques culturelles, la satisfaction est d'autant plus grande que c'est une manière d'être ce que l'on est.

ART ET PATRIMOINE

Les différentes formes de capital, ainsi fondues en un seul, sous l'espèce patrimoniale, sont difficilement dissociables. Les centres de gestion de patrimoine des grandes banques d'affaires le savent, qui ont intégré dans leur gestion la dimension culturelle. Ainsi, la Banque Paribas gère de manière globale les différents éléments des patrimoines, un service spécialisé étant chargé des œuvres d'art. « Cette équipe, précise Pierre de Leusse, existe depuis 1975, elle est dirigée par la même personne issue de l'École du Louvre. L'approche à la Banque Paribas n'a jamais été une approche en termes d'investissement. Il s'agit plutôt d'avoir un pôle de compétence disponible pour nos clients qui en auraient besoin. C'est la même conception tout à la fois d'intermédiaire dans les transactions et de conseil qui vaut pour les autres services. »

Par ailleurs, la Banque Paribas cultive les relations avec sa clientèle notamment par des invitations « à des manifestations culturelles et artistiques organisées sous l'égide de la Fondation Paribas ». Les clients du centre de gestion de patrimoines recevront donc des invitations aux premières de l'Opéra, à des concerts de musique baroque sud-américaine ou du quatuor Isaïe. Certains concerts sont donnés dans l'orangerie de l'immeuble du siège de Paribas, espace magique, constitué d'un patio couvert dont le calme, au cœur du brouhaha du quartier de l'Opéra, tient du miracle et procure ce même sentiment d'échapper au sort commun et d'accéder à un espace hors des contraintes ordinaires que celui qui règne dans les salons des grands cercles, eux aussi situés au cœur tumultueux du centre-ouest de Paris. Ces clients particulièrement choyés reçoivent, de temps à autre, les livres d'art édités par la Fondation Paribas. L'une des activités permanentes de cette fondation est de concevoir et de publier des catalogues, comme ceux du musée de la Porcelaine de Limoges ou du musée Nissim de Camondo, à Paris.

La formule « art et patrimoine » a d'ailleurs un certain succès dans les milieux fortunés. La revue *Intercercles* a une rubrique intitulée de cette façon. Des articles y ont été consacrés à l'exposition des Nabis au Grand Palais ou à une exposition Gromaire, plus confidentielle mais intéressant plus directement le patrimoine puisque se tenant dans une galerie du faubourg Saint-Honoré[37]. C'est sous cette appellation désignant l'imbrication de l'économique et du culturel que le Crédit municipal de Paris, autrefois dénommé Mont-de-Piété, a créé un secteur d'activité ayant comme slogan : « La finance et l'art, tout est là. » Différentes équipes y offrent des services spécialisés, comme le financement sur œuvres d'art, l'assistance juridique et fiscale, les conseils en placements et acquisitions, les services bancaires, les ventes aux enchères, la restauration et le transport des œuvres, et des conférences sur l'art. Mais si ce service a contribué à transformer l'image du Crédit municipal, il n'est pas sûr qu'il soit arrivé à rivaliser avec les services des grandes banques d'affaires, car il semble avoir connu quelques difficultés. Toujours est-il que les publicités abondamment publiées par le Crédit municipal dans *Le Courrier du Jockey Club* ou *Intercercles magazine* mettent en évidence combien les gestionnaires de fortunes ou les financiers savent à quel point culture et richesse sont solidaires.

On a même pu parler de « quartier patrimonial » à propos du Marais ou du faubourg Saint-Germain. Or ces quartiers, menacés un moment de dégradation et de dégénérescence urbaine, furent créés et longtemps habités par la haute société. La valeur sociale et symbolique de ces quartiers tenait à la solidarité de tous les éléments, y compris historiques, dont les qualités conjuguées en faisaient des quartiers d'exception. Par l'action de l'État, avec l'intervention d'André Malraux, ils bénéficièrent du statut de secteur sauvegardé, ce qui leur permit de préserver la qualité collective de leur habitat. Maintenir la valeur patrimoniale d'un quartier suppose ainsi la mise en œuvre d'une action collective, seule à même de maintenir ou de restituer ce qui est l'œuvre d'un groupe social dans son urbanisation d'un quartier tout entier, comme c'est aujourd'hui encore le cas pour des lotissements chic de la région parisienne ou de la Côte d'Azur.

CHAPITRE VI

La collectivisation de la propriété individuelle : les lotissements chic

« Propriété privée, défense d'entrer » : ce panneau qui orne le hall des immeubles bourgeois, la grille des voies privées du XVIe arrondissement, le porche de l'hôtel particulier parisien et de la villa au bord de la mer, ou encore arrête le touriste à l'orée du parc du château, semble faire du grand bourgeois ou de l'aristocrate un individualiste déterminé dès lors que le bien dont il s'est réservé l'usage est en cause. À l'image d'ailleurs de la plupart des propriétaires qui, grands ou modestes, sont attachés à sauvegarder l'intimité de la sphère privée.

Mais le patrimoine immobilier des grandes familles voit sa valeur d'usage et sa valeur d'échange dépendre des immeubles et de la population qui, par leur voisinage, en forment l'environnement architectural et social. La valeur d'un immeuble ou d'une maison individuelle est liée aux caractéristiques physiques et sociologiques de l'espace dans lequel l'édifice s'insère. Cette dépendance semble plus marquée pour les biens les plus prisés dont la valeur tient pour une grande part au contexte dont ils peuvent bénéficier. Ainsi, pour qu'il y ait effet de griffe spatiale, c'est-à-dire pour qu'un quartier jouisse d'une réputation liée à la qualité sociale de ceux qui y vivent, il est nécessaire que l'ensemble des éléments qui constituent ce quartier soient « chic ». Il s'agit aussi bien de l'architecture et du paysage urbain que du style de vie et de l'allure de ceux qui l'habitent.

Le maintien de cette griffe ne va pas de soi et les espaces les plus valorisés peuvent être menacés d'être « dégriffés », comme ces vêtements vendus au rabais après que la marque les authentifiant leur eut été ôtée. Pour maîtriser les qualités sociales et urbanistiques d'un espace chic, il faut, paradoxalement, que l'individualisme, si consubstantiel à la propriété immobilière privée, soit contenu au profit de modes collectifs de gestion, voire au profit même de modes collectifs de constitution de ces patrimoines.

Dans le cas d'un urbanisme concerté dès le départ comme, dans la banlieue ouest de Paris, à Maisons-Laffitte et au Vésinet, ou dans les parcs de Saint-Tropez, les familles de la haute société interviennent au niveau institutionnel et réglementaire avec les cahiers de charges et les plans d'urbanisme qui s'en inspirent. Puis les modes de gestion de ces lieux d'exception sont contrôlés par les familles ou leurs représentants. Le pouvoir social donne un pouvoir considérable sur l'espace, qui s'exprime parfois par des institutions *ad hoc*. Celles-ci permettent de surveiller les processus urbains et d'intervenir avec efficacité comme c'est le cas dans nombre de lotissements chic.

En effet, les classes dominantes ont inventé dès le XIXe siècle le lotissement, l'une des premières formes de l'urbanisme concerté. Le patrimoine ainsi constitué est à la fois familial, dans la mesure où il reste la propriété privée d'une famille, et collectif pour la partie qui est possédée en copropriété. Chaque partenaire, à partir de règlements d'urbanisme draconiens, dispose d'un droit de regard sur les autres. Ce n'est qu'au début du XXe siècle que les réformateurs sociaux mettront en œuvre des procédures semblables en faveur de la main-d'œuvre ouvrière avec la réalisation des cités-jardins[1]. Mais l'urbanisme opérationnel, le souci des paysages et de l'environnement avaient pu s'exprimer dans des réalisations dont la vocation était loin d'être sociale, bien avant de s'appliquer aux banlieues populaires[2].

La création des grands lotissements de la bourgeoisie

LE PARC DE MAISONS-LAFFITTE

L'un des premiers promoteurs immobiliers fut le banquier Jacques Laffitte qui, face à de graves difficultés financières en 1830, résolut de lotir la plus grande partie du parc du château de Maisons dont il était propriétaire. L'opération fut conçue sous un jour original : un cahier des charges a défini de strictes règles de construction, « avec une largeur de vues et un désir de normes sévères à propos desquelles on peut, un siècle avant qu'il fût en usage, prononcer le mot d'urbanisme[3] ». Sur les 307 hectares du parc, 171 furent vendus par lots individuels tandis que 136 restèrent la propriété collective des acquéreurs sous la forme de places, de squares, de parcelles boisées et d'avenues plantées. Celles-ci, à l'exclusion de toute voie dénommée rue, le terme étant sans doute trop ordinaire, développent 70 kilomètres de larges artères verdoyantes.

Aujourd'hui ce lotissement, ou plutôt le « Parc », comme il est d'usage de désigner avec respect cette urbanisation, originale à bien des égards, couvre 60 % du territoire communal et regroupe 40 % de la population de Maisons-Laffitte. Le Parc est toujours régi par le cahier des charges élaboré sous le contrôle de Jacques Laffitte en 1834. Plus de cent soixante-dix ans plus tard, les actes de vente signés chez le notaire en reproduisent encore le texte. Comme si les nouveaux habitants, en prenant possession de leur maison, se trouvaient dans la situation de ces héritiers « hérités » par leur héritage, pris dans le devoir de maintenir et de transmettre à leur tour.

Le plan d'occupation des sols (POS) est particulièrement restrictif dans le Parc « et ne permet pas, selon le maire-adjoint chargé des affaires économiques et de l'environnement, la réalisation, sauf très, très rare exception, de collectifs ; ce qui fait qu'aujourd'hui n'est véritablement possible dans le Parc que la construction de maisons individuelles ». Le cahier des charges de 1834 est publié dans le rapport de présentation du POS et toutes ses contraintes et servitudes sont toujours en vigueur.

Le banquier Laffitte, dans sa volonté de créer un habitat exceptionnel réservé à une élite sociale, avait prévu de « faire élever sur chaque portion de terrain vendue une maison d'habitation dont les constructions [devraient] être terminées dans le cours d'une année à partir du jour du contrat de vente et d'y consacrer une somme de 2 000 francs au moins ». Ceci dans le but d'éviter que des constructions précaires et provisoires viennent gâter le paysage. Toujours pour préserver l'aspect champêtre du Parc, les clôtures des propriétés se doivent d'être discrètes. On ne peut « se clore sur la partie bordant les avenues, boulevards, places et carrefours, que par des haies-charmilles, sauts-de-loup ou murs à hauteur d'appui ». Le caractère résidentiel est absolu. Est interdite dans le Parc la présence « des usines, des manufactures, des exploitations ». « Ni commerce, ni industrie, ni, en un mot, exercer un état quelconque pouvant nuire, soit par le bruit, soit par l'odeur », ne sont acceptés.

Jacques Laffitte, dans les dépliants publicitaires de l'époque, revendiquait le terme de « colonie », alors très à la mode, signifiant par là qu'il entendait bien créer un phalanstère bourgeois. « En somme, conclut Georges Poisson, il conciliait, non sans élégance, sa nécessité de spéculation, son souci d'esthétique et son désir de garder l'illusion d'un parc intact et continuant à lui appartenir[4]. »

En 2005, la population de Maisons-Laffitte demeure fortunée, avec 771 foyers fiscaux assujettis à l'ISF, soit à peu près autant que la ville de Nancy, qui compte 781 assujettis, mais qui est presque cinq fois plus peuplée (104 000 habitants pour 22 000 à Maisons-Laffitte en 1999). En outre les 771 foyers qui paient l'ISF dans cette ville habitent certainement pour la plupart dans le Parc, qui ne regroupe que 40 % de la population de la commune, soit 8 700 habitants.

LA VILLE NOUVELLE DU VÉSINET

Au Vésinet, sous d'autres modalités, on retrouve cette urbanisation d'un grand domaine sur un mode collectif. La commune, non loin de Maisons-Laffitte, toujours donc dans cet ouest résidentiel de l'agglomération de Paris, a été créée en 1875 à partir d'un lotissement dont les terrains formaient la forêt du Vésinet, partagée à l'origine entre les trois communes de Chatou, Le Pecq et Croissy. La commune actuelle se confond avec les limites de l'opération telle qu'elle fut conçue au XIXe siècle.

Sous le Second Empire, le duc de Morny, demi-frère de Napoléon III, en fut l'instigateur. Il eut l'idée de provoquer un échange entre les 300 hectares de la forêt de Malmaison et les 400 hectares du bois du Vésinet, pour agrandir la propriété de la maison impériale, mais surtout pour récupérer auprès du banquier chargé de l'opération les sommes qu'il lui avait confiées. Pour réaliser le lotissement, Morny choisit un industriel fortuné, Alphonse Pallu. « Avec sa double expérience de chef d'entreprise et d'administrateur local [il avait été maire de sa commune auvergnate, puis conseiller général], Pallu comprit l'importance de l'œuvre à réaliser en faisant du Vésinet, bien desservi par le chemin de fer, un lotissement modèle en essayant de réaliser cette éternelle idée des hommes : marier la ville et la nature. Pallu imagina de faire pour le bois du Vésinet ce qui avait été fait pour le parc de François Mansart [à Maisons-Laffitte] : le transformer en une “colonie”, comme on disait alors, un lieu de résidence d’été où des rivières, des pièces d’eau, des pelouses entoureraient les habitations disséminées dans la verdure[5]. » Comme à Maisons-Laffitte, le patrimoine des familles aisées s’inscrit dans un ensemble collectif, paysage enchanteur sur lequel les intéressés veillent avec un soin jaloux.

D’ailleurs la notion de paysage urbain était revendiquée. Le cahier des charges prévoyait, en 1858, l’interdiction de tout établissement industriel et de clôtures qui auraient été susceptibles de briser la vue. Seules entreprises autorisées, les pépiniéristes et autres jardiniers étaient supposés ne pouvoir gâter le caractère bucolique de ce qui n’était pas encore une commune. Le Vésinet fut conçu comme un gigantesque parc anglais, agrémenté de cinq lacs reliés par des rivières d’une longueur totale de quatre kilomètres. La propriété individuelle de chaque acquéreur devait s’inscrire d’emblée dans ce décor. « L’idée essentielle du comte de Choulot [chargé par Pallu de concevoir l’aménagement général du terrain] étant de dessiner et même de peindre, disait-il, un ensemble paysager où les couleurs, les perspectives, les tracés de plantations se composeraient en un tout harmonieux auquel les propriétaires seraient intégrés et même asservis[6]. » De telle sorte que, comme à Maisons-Laffitte, les parties privées et les parties publiques doivent se fondre dans « une même composition afin de sauvegarder l’unité de l’ensemble : idée nouvelle et même révolutionnaire, au moins en France, en cet âge d’or de la “propriété” où chaque petit domaine, soigneusement clôturé, était conçu et aménagé en abstraction complète de l’environnement[7] ».

Pour Georges Poisson, on l'a vu, il s'agissait de marier la ville et la nature ; pour d'autres, c'est même un retour à la nature dont l'idée « se développe et se répand vers la fin du XVIIIe siècle avec un défenseur ardent en la personne de Jean-Jacques Rousseau[8] ». Mais on peut aussi interpréter cette urbanisation champêtre comme la réalisation du désir d'une bourgeoisie montante d'adopter un mode de vie aristocratique tout à la fois marqué de multiterritorialité et de flou dans les lignes de division entre la ville et la campagne. Le château matérialise cette utopie du mélange de l'urbain et du rural[9], tandis que l'hôtel particulier du faubourg Saint-Germain se veut le symbole de la campagne à la ville[10]. C'est d'ailleurs à un esthète noble, le comte de Choulot, qu'Alphonse Pallu demanda de dessiner le parc résidentiel du Vésinet. Pour la réalisation de ce projet, une société en commandite par actions fut créée. La société, propriétaire de tous les sols, traitait directement, sans intermédiaires administratifs, avec les acquéreurs de lots.

D'AUTRES EXPÉRIENCES

C'est également sous le Second Empire que furent lotis les terrains du nord de Neuilly, qui correspondaient à la propriété du duc d'Orléans. « Napoléon III décida, au mépris de tout droit, de faire lotir l'immense parc des Orléans qui se trouvait entre la rue de Villiers, la Seine et l'enceinte de M. Thiers. On fit de l'ancienne propriété royale 700 lots, desservis par 7 boulevards. Plus du tiers actuel de Neuilly est bâti sur l'emplacement du domaine[11]. » Mais là encore un cahier des charges, toujours aux fins de préservation des qualités de l'espace d'origine, prévoyait des servitudes diverses depuis les clôtures et les plantations d'arbres jusqu'à la largeur des voies. L'une des caractéristiques principales de ces cahiers des charges était le « gaspillage » d'espace que les règles imposaient. La taille des terrains constructibles, toujours élevée, l'importance des espaces publics ou collectifs, l'obligation de recul par rapport aux limites des propriétés, toutes ces clauses organisent une dépense ostentatoire d'espace qui, en se transformant en capital symbolique, est l'une des garanties du maintien de l'excellence de ces résidences et donc du maintien, voire de l'augmentation de leur valeur vénale.

Le XIXe siècle vit d'autres lotissements chic, comme le Hameau fleuri, à Billancourt (1840), ou encore le parc du château à Chatou (1862)[12]. Nettement plus tard, le lotissement d'une partie du parc de Sceaux à partir de 1926 est une opération semblable où la rigueur des règlements d'urbanisme vient garantir à tous un maintien de la qualité des lieux. Avec des exigences bien moindres, les réformateurs sociaux appliquèrent les principes du lotissement pour l'amélioration des conditions de vie des familles ouvrières en créant les cités-jardins comme à Suresnes (1921-1947) ou à Châtenay-Malabry à partir de 1931. Si certaines conceptions qui avaient présidé aux opérations du Vésinet ou de Maisons-Laffitte se retrouvent bien dans les réalisations des offices d'HBM (Habitations à bon marché), les différences sont considérables. Elles sont visibles dans le rapport à l'espace, beaucoup plus généreux dans les communes bourgeoises : la prodigalité avec laquelle il en est fait usage est l'un des marquages symboliques les plus immédiatement lisibles. Le pouvoir est pouvoir sur l'espace et y occuper une grande place signifie aussi toute la place que l'on entend occuper dans l'espace social.

Plusieurs conditions semblent nécessaires pour une transmission réussie de génération en génération des lotissements bourgeois de la région parisienne : un positionnement à l'ouest, une certaine ampleur de la réalisation et la maîtrise par les propriétaires des aspects réglementaires et urbanistiques. Ces trois conditions sont liées et par exemple un positionnement à l'est peut suffire à ce qu'un lotissement bourgeois à l'origine ne se transmette pas aussi bien, en tant que tel, que celui de Maisons-Laffitte ou du Vésinet.

UN CONTRE-EXEMPLE : LE PARC DU CHÂTEAU DU RAINCY

Les origines du Raincy, ville bourgeoise perdue dans les terres ouvrières et communistes de la Seine-Saint-Denis, sont semblables à celles de Maisons-Laffitte : le parc d'un château loti par un homme d'affaires avisé.

Jacques Bordier, intendant des finances depuis 1649, se fit construire un château au Raincy avec les concours les plus prestigieux de l'époque, Le Vau pour l'architecture, Le Nôtre pour les jardins et Le Brun pour la décoration[13]. Au XVIIIe siècle « le parc fut complètement transformé selon les exigences d'un temps qui découvrait la nature. Les ans sont envolés de la rigueur et d'un ordre où la raison guidait le dessin d'un Le Nôtre[14] ». En 1812, Napoléon devint propriétaire du Raincy. « Le parc était alors indiqué comme couvrant 193 hectares dont 74 en arbres de haute futaie, 37 en bois taillés, 2 en terres labourables, 1 en potager et 79 en prairies. Le tout enclos de murs[15]. » Puis Le Raincy, devenu propriété personnelle de Louis-Philippe, fut mis sous séquestre et confisqué après les événements de 1848. En 1854 fut constituée, sous la direction d'un homme d'affaires, Delion, une société civile pour acheter les lots proposés par ce qui était alors l'administration des Domaines, ce qui fut fait dès 1855. Mais très vite, contrairement à ce qui se passa au Vésinet et surtout à Maisons-Laffitte, la structure institutionnelle disparut. En effet, dès « le 16 septembre 1859, les ventes étant achevées, la Compagnie foncière fut dissoute et les 700 acquéreurs se trouvèrent dans la nécessité de s'organiser. Il n'était pas pensable de demander à la commune de Livry de prendre en charge les services nécessaires à la colonie qui affirmait sa communauté propre[16] ». Aussi les habitants du parc ont-ils demandé que celui-ci soit constitué en commune. Ce qui fut fait par un décret impérial du 20 mai 1869, Le Vésinet ayant dû attendre 1875 pour exister. Le Raincy demeure encore aujourd'hui une commune bourgeoise avec, en 1999, 11,3 % d'ouvriers parmi la population active résidante, contre 17,5 % pour l'ensemble de l'agglomération de Paris. Mais parce que situé à l'est, au cœur d'un département où la population est beaucoup plus modeste que dans les Hauts-de-Seine ou les Yvelines, il semble que le patrimoine collectif constitué par le lotissement du parc du château du Raincy, aujourd'hui détruit, ait du mal à se maintenir comme espace aussi chic que Le Vésinet ou Maisons-Laffitte. On peut encore retrouver le dessin sinueux des allées de l'ancien parc à l'anglaise. La beauté de la vue, toujours aussi dégagée, puisqu'il s'agit d'un coteau aux pentes parfois assez prononcées, n'est altérée que par la grande hétérogénéité des propriétés. De grandes maisons bourgeoises[17] côtoient de très modestes pavillons ouvriers sans qu'il y ait d'espaces proprement réservés aux uns ou aux autres.

Approche statistique des spécificités locales

Maisons-Laffitte et Le Vésinet ont conservé, en raison de leurs origines, une population dont le niveau social est supérieur à celui de l'ensemble de l'agglomération de Paris[18]. La différence est moins nette en faveur du Raincy, même si elle est encore perceptible. En 1999, les cadres et professions intellectuelles supérieures passent de 22,3 % pour l'ensemble de l'agglomération à 27,4 % au Raincy, 38,1 % à Maisons-Laffitte et 46,2 % au Vésinet. À l'inverse, les ouvriers représentent 5,1 % des actifs de cette commune, 8,8 % et 11,3 % de ceux de Maisons-Laffitte et du Raincy contre 17,5 % pour l'ensemble de l'agglomération (tableau 10 et graphique). Ces chiffres seraient encore plus accusés si on les établissait pour les seuls îlots de ces communes qui correspondent aux lotissements étudiés. On pourrait alors éliminer le centre du Vésinet, certes compris dans le périmètre de l'opération d'urbanisme d'origine, mais dont le rôle a toujours été de fournir un centre commercial à la cité avec un habitat dense traité en immeubles collectifs. La différence serait encore plus nette à Maisons-Laffitte en ne retenant que les 40 % de la population communale qui habitent dans le Parc proprement dit.

TABLEAU 10.

Répartition de la population active selon la catégorie socioprofessionnelle

	Agglomération de Paris	Le Raincy	Maisons-Laffite	Le Vésinet
agriculteurs	0,0	0,0	0,1	0,1
artisans, commerçants	5,2	8,2	6,6	8,3
cadres, professions intellectuelles supérieures	22,3	27,4	38,1	46,2
professions intermédiaires	24,8	27,4	26,2	22,6
employés	30,2	25,7	20,2	17,8
ouvriers	17,5	11,3	8,8	5,1
ensemble	100,0	100,0	100,0	100,0

SOURCE : Insee, recensement de la population de 1999, exploitation complémentaire.

GRAPHIQUE DU TABLEAU 10.

Poids statistique des cadres supérieurs
et des ouvriers

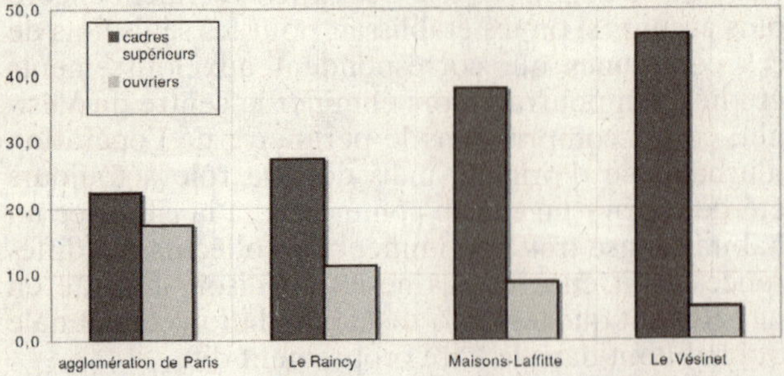

SOURCE : recensement de la population 1999. Exploitation complémentaire.

Les résultats du recensement concernant les niveaux de diplômes vont dans le même sens. Ainsi 16 % de la population âgée de 15 ans ou plus, dans l'ensemble de l'agglomération, disposait, en 1999, d'un diplôme supérieur au niveau d'études « bac + 2 ». Ce taux était de 17,2 % au Raincy, de 27,3 % à Maisons-Laffitte et de 34,5 % au Vésinet. Parallèlement, le dépouillement au quart du recensement donnait un taux de chômage de 6,9 % au Vésinet, de 7,6 % à Maisons-Laffitte, de 9 % au Raincy contre 11,8 % pour l'ensemble de l'agglomération. Ces indicateurs de niveau social sont donc tous convergents. La population du Raincy apparaît comme moins favorisée, tout se passant comme si des enclaves bourgeoises dans un environnement prolétarien étaient condamnées à connaître une évolution qui les rapproche du tissu urbain dans lesquelles elles s'insèrent.

La distribution par âges montre un poids plus important des tranches d'âges les plus élevées dans les communes considérées. On compte 23,7 % de per-

TABLEAU 11.

Répartition des logements (maisons individuelles et logements en collectifs) selon la date de leur construction

	Type de logement	Avant 1915	1915 à 1948	1949 à 1967	1968 à 1974	1975 à 1981	1982 à 1989	1990 ou après	Total
Agglomération de Paris	Maison individuelle	10,8	22,0	19,0	12,1	11,5	14,3	10,2	100,0
	Logement en immeuble collectif	20,5	13,5	23,5	18,1	9,8	6,4	8,2	100,0
Le Raincy	Maison individuelle	35,0	33,5	11,8	6,0	5,2	4,3	4,1	100,0
	Logement en immeuble collectif	21,2	19,0	17,4	9,9	13,9	11,7	6,9	100,0
Maisons-Laffitte	Maison individuelle	25,5	32,1	19,5	5,2	4,7	6,6	6,4	100,0
	Logement en immeuble collectif	10,5	10,0	45,8	11,5	9,6	6,0	6,7	100,0
Le Vésinet	Maison individuelle	31,5	34,7	17,4	5,9	3,7	4,2	2,6	100,0
	Logement en immeuble collectif	11,0	14,4	43,1	8,5	10,0	5,4	7,7	100,0

SOURCE : Insee, recensement de la population 1999. Exploitation principale et complémentaire.

sonnes de plus de 60 ans au Vésinet, 22,7 % à Maisons-Laffitte, 22,3 % au Raincy, mais seulement 16,8 % dans l'ensemble de l'agglomération. Inversement les jeunes adultes, et donc en même temps les jeunes de 0 à 14 ans, sont proportionnellement moins nombreux : 46,6 % de personnes âgées de 20 à 49 ans pour l'ensemble de l'agglomération, 38,9 % au Vésinet, 41,5 % à Maisons-Laffitte, 42,2 % au Raincy. Plus la population est aisée, plus elle est âgée.

Le parc immobilier présente des caractéristiques remarquables. Dans l'agglomération, 32,8 % des maisons individuelles ont été construites avant 1949. Mais cette proportion passe à 68,5 % au Raincy, 57,6 % à Maisons-Laffitte et 66,2 % au Vésinet. Or il s'agit d'une banlieue déjà lointaine où la plupart des communes n'ont connu que récemment une urbanisation massive et donc où les dates de construction sont beaucoup plus récentes. Nos trois communes faisaient en effet partie de l'ancienne Seine-et-Oise. Pour ce qui est des logements en immeubles collectifs, Le Raincy ne diffère pas nettement de l'ensemble de l'agglomération. En revanche au Vésinet et à Maisons-Laffitte, l'urbanisation sous forme collective est plus récente : respectivement 74,7 % et 79,6 % des logements sont postérieurs à 1948, contre 66 % pour l'agglomération (tableau 11, p. 257). L'essentiel se joue d'ailleurs entre 1949 et 1967, c'est-à-dire dans une période où la faiblesse de la réglementation de l'urbanisme et la pression d'une crise aiguë du logement ont conduit à une effort de construction relativement marqué.

Le statut d'occupation et la taille des logements vont dans le même sens : l'habitat dans les communes considérées est spécifique et le serait encore plus si l'on ne prenait en compte que le périmètre des lotissements du XIXe siècle. En 1999, on comptait 41,6 % de propriétaires de leur logement dans l'ensemble de l'agglomération de Paris, mais ce taux varie entre

61 % et 64 % dans les communes étudiées. Quant à la taille des logements, elle est exceptionnelle : 5 pièces ou plus dans 17 % des cas dans l'agglomération, mais 29 % au Raincy, 25 % à Maisons-Laffitte et plus de 40 % au Vésinet, qui apparaît là encore particulièrement favorisé. Le nombre moyen de pièces par logement reflète la forte présence des grands logements : il passe de 3,2 pour l'agglomération à 4,3 pour Le Vésinet (tableau 12, p. 260). La logique qui veut que, dans l'agglomération, les plus vieux logements soient aussi les plus petits, et les plus vétustes, se trouve ici inversée. Dans l'agglomération, les logements antérieurs à 1915 comptent en moyenne 2,8 pièces, ceux du Vésinet en offrent 5,5. Par contre, les moyennes sont respectivement de 3,2 et 3,6 pièces pour les logements postérieurs à 1990. Ce sont les opérations du XIXe siècle qui donnent leur avantage à nos communes de banlieue. Enfin le poids du secteur HLM est particulièrement faible dans les communes ayant connu cette urbanisation bourgeoise ancienne : dans l'agglomération, en 1999, 24,7 % des logements sont de ce type, tous statuts d'occupation confondus (y compris les propriétaires...). Cette part de logements sociaux tombe à 4,8 % au Raincy, 6,4 % à Maisons-Laffitte et 5,6 % au Vésinet. La loi SRU, qui exige un quota de 20 % de logements sociaux à terme dans les villes de plus de 1 500 habitants faisant partie d'une agglomération de plus de 50 000 habitants, a tout lieu d'être appliquée dans ces communes. Pourtant, au Raincy, la municipalité s'est montrée réticente à combler son retard. C'est aussi le cas de la ville de Neuilly. Il est vrai que la recherche de l'entre-soi, une constante des familles bourgeoises, est directement menacée par cette mesure qui entend assurer une plus grande diversité sociale dans les villes et éviter la concentration des familles les plus démunies dans ce qui à terme menacerait de devenir des ghettos.

Quelle que soit la période considérée, l'avantage reste toujours aux communes du Vésinet, de Maisons-Laffitte ou même du Raincy, mais cet avantage se réduit : c'est dans la réalisation ancienne de lotissements hors du commun que l'on doit rechercher la source de l'originalité de ces communes.

TABLEAU 12.

Nombre moyen de pièces par logement

	Avant 1915	1915 à 1948	1949 à 1967	1968 à 1974	1975 à 1981	1982 à 1989	1990 ou après	Ensemble
Agglomération de Paris	2,8	2,9	3,3	3,3	3,4	3,7	3,2	**3,2**
Le Raincy	4,1	3,5	3,5	3,7	3,3	3,4	3,4	**3,6**
Maisons-Laffitte	4,1	3,7	3,5	3,4	3,1	3,6	3,6	**3,6**
Le Vésinet	5,5	4,3	3,9	3,9	3,6	4,1	3,6	**4,3**

Source : Insee, recensement de la population 1999. Exploitation principale et complémentaire.

À lotissement d'exception, gestion exceptionnelle

À Maisons-Laffitte, les limites du lotissement de l'ancien parc du château conçu par François Mansart au XVIIe siècle sont signalées à l'entrée, flanquée de ses pavillons d'origine, par un grand panneau « Parc de Maisons-Laffitte – Propriété privée ». D'emblée les particularités de la voirie s'imposent avec ses larges avenues arborées, comme l'avenue Albine, prénom de la fille du banquier Jacques Laffitte. La trame urbaine porte l'empreinte de l'histoire du parc. François

Mansart, qui avait construit le château de Maisons pour René de Longueil, surintendant des finances, avait dessiné le parc autour de deux grands axes et d'une demi-étoile d'où partaient des allées destinées à faciliter la chasse. Puis le maréchal Lannes, ayant racheté le château et son parc en 1804, traça de nombreuses voies organisées en une grande composition circulaire et rayonnante sur le thème de la croix de la Légion d'honneur. Leurs noms ajoutent à la symbolique napoléonienne : les avenues d'Austerlitz, de Wagram, de la Moskowa, de Marengo, de Sainte-Hélène, convergent vers la place Napoléon.

Enfin, Jacques Laffitte racheta l'ensemble du domaine et lotit le parc en définissant les zones constructibles. Il en est résulté un cadre urbain qui laisse une place considérable aux arbres. Il n'y a pas de trottoirs bitumés mais des chemins le long des avenues. Le Parc semble prendre le dessus sur les constructions, les maisons sont à peine visibles et disparaissent derrière les frondaisons de grands arbres centenaires. Peu de voitures circulent alors que, pourtant, les avenues privées sont ouvertes au public, la municipalité, sous forme d'une subvention, contribuant à leur entretien. Mais, selon un agent immobilier dont les bureaux se trouvent près de l'entrée principale, « le Parc est un espace clos, ce n'est pas une voie traversière, seuls les habitants y circulent car on ne peut aller nulle part ailleurs que dans le Parc ». En effet, celui-ci est bordé par la Seine au nord et à l'est et par la forêt de Saint-Germain-en-Laye à l'ouest. Seul le sud du Parc s'ouvre sur le vieux village de Maisons-Laffitte dont les rues étroites contrastent avec ses avenues spacieuses et verdoyantes.

En 1994, le groupement d'intérêt économique « Galop » avait décidé la fermeture des hippodromes de Maisons-Laffitte et de Chantilly en raison de leurs déficits financiers. Une campagne de pétitions qui a recueilli 16 000 signatures et un montage financier complexe ont permis à la ville de Maisons-Laffitte de racheter son hippodrome et de signer un accord le 1er juin 1995 avec France Galop, société alors présidée par Jean-Luc Lagardère qui avait exprimé son intention de relancer les courses hippiques en France. À Maisons-Laffitte, il y avait autrefois 10 000 spectateurs pour les grands prix, il n'y en a plus que 2 000 au maximum. Toutefois le cheval est encore omniprésent. Dans les allées brumeuses, au petit matin, les quelque 800 chevaux de course et leurs lads foulent avec élégance le tapis de feuilles mortes. D'ailleurs, depuis 1990, un arrêté accorde la « priorité aux chevaux » sur les automobiles, comme l'indiquent de nombreux panneaux.

Que ce soit à l'automne, où les feuilles mortes tombées à terre et non encore ramassées forment un tout coloré et lumineux avec celles restées sur les arbres, ou en hiver, lorsque la neige mêle pelouses, arbres et maisons dans un camaïeu de bleus, dans le Parc, le promeneur oublie qu'il déambule dans une ville à part de 8 300 habitants[19], pas loin des 11 800 de Mende, préfecture de la Lozère. Le bruit est proscrit depuis longtemps, puisque, selon un arrêté de 1864, on ne peut « sonner du cor de chasse, trompe et instruments de même nature à l'intérieur du village de Maisons et de la colonie ». Aujourd'hui un panneau indique que « par arrêté municipal du 18 mars 1933 les jeux de balle et de ballon sont interdits ». Jean Cocteau qui y est né le 5 juillet 1889 a laissé une description de cette « manière de parc d'entraîneurs semé de villas, de jardins, d'avenues de tilleuls, de pelouses, de plates-bandes, de jets d'eau sur des places. Le cheval de course et la bicyclette y régnaient en maître. On y jouait au tennis les uns chez les autres, dans un monde bourgeois que l'affaire Dreyfus divisait [...]. Tout composait pour l'enfance un domaine propre à flatter cette illusion qu'elle a de vivre dans des lieux uniques au monde[20] ».

Mais pour qu'un tel paysage ait pu survivre il a bien entendu fallu toute la vigilance des propriétaires. Au nombre de 2 800, dont 700 pour les maisons individuelles et 2 100 pour les appartements en immeubles collectifs, ils sont toujours regroupés au sein de l'Association syndicale autorisée du parc de Maisons-Laffitte, fondée en 1869. Cette association a le statut d'un établissement public administratif et elle est placée sous la tutelle du préfet des Yvelines[21]. Tout propriétaire en est obligatoirement membre, y compris les personnes morales et donc la Société sportive d'encouragement et la Société des steeple-chases[22]. Le percepteur est le comptable de l'association et c'est donc lui qui prélève la contribution de chaque propriétaire, contribution qui s'ajoute à la taxe d'habitation de la ville. L'entretien du Parc est assuré par la quinzaine d'ouvriers employés par l'Association syndicale autorisée. Pour les permis de construire dans le parc, le maire consulte le conseil syndical de l'association avant de prendre sa décision. « Or, précise son secrétaire général, nous sommes très attentifs aux permis de construire. Nous avons même quatre gardes qui sont d'anciens gendarmes et qui sont non seulement chargés de surveiller la circulation et le stationnement mais également les constructions et les travaux effectués. Car le risque, c'est de devenir Neuilly, en se surdensifiant. » Le cahier des charges envisageait deux protections : l'interdiction des activités industrielles et commerciales et la non-constructibilité des réserves boisées, qui sont la propriété de l'association. Dans les années soixante, de nombreux immeubles collectifs furent réalisés. « Au début de 1963, 10 immeubles étaient en construction et 23 en projet. Leur édification jetait bas des plantations centenaires et modifiait tout l'équilibre du quartier. Ils s'élevaient sans plan général, au petit bonheur des transactions, avec des normes de construction abusives[23]. » Le mécontentement fut grand et c'est d'ailleurs cette année-là que des propriétaires se regroupèrent en créant l'Association de sauvegarde et de mise en valeur du parc de Maisons-Laffitte. En 1963, le maire était également président du conseil syndical du Parc, organe exécutif de l'association, et ce cumul de fonctions lui donnait une plus grande marge de liberté pour délivrer les permis de construire. Depuis, ce cumul a été rendu impossible.

Selon un habitant, l'Association de sauvegarde représente aussi un des moyens pour se faire élire à l'Association syndicale. L'Association de sauvegarde a la réputation d'être très stricte quant à la préservation de l'ensemble historique et du cadre naturel du Parc. « Ce sont, d'après cet habitant, de véritables chiens de garde. Il y a parmi eux des gens qui sont fanatiquement opposés à ce que quoi que ce soit change. » Cet habitant du Parc, qui se voit reprocher de ne pas recrépir la façade de sa maison, se félicite par ailleurs que des constructions collectives aient été réalisées dans les années cinquante et soixante car elles ont permis un meilleur « équilibre sociologique », grâce à ces appartements financièrement plus accessibles. « Et puis cela nous a donné l'égout, alors qu'avant nous n'avions que des puisards, et l'éclairage public, tandis qu'autrefois, le soir, le Parc était sinistre, dans une obscurité quasi totale. »

Ces immeubles collectifs présentent un autre avantage : ils permettent aux habitants âgés de trouver à se reloger sur place, en appartement, lorsqu'ils sont amenés à quitter une villa devenue trop grande. De surcroît, « les personnes âgées se trouvent ici, selon le maire-adjoint de Maisons-Laffitte, dans un univers très médicalisé. On a une centaine de médecins, des hôpitaux et des cliniques ; Maisons-Laffitte est une des villes les plus médicalisées de France ».

L'agent immobilier estime que « globalement c'est un "plus" d'habiter le Parc, mais il demeure quand même le problème de l'éloignement, de l'isolement et les difficultés inhérentes à l'entretien de grandes parcelles. L'absence de commerçants ici explique qu'il y ait des propriétés de ville qui se vendent au même prix que dans le Parc».

Du fait de l'emblème du cheval, de la situation d'enclos de la commune, il y a une forte identité de Maisons-Laffitte, une identité quasi provinciale. «On vend, précise le même professionnel, 50 % de nos logements à des gens qui habitent déjà Maisons-Laffitte et pour les maisons, c'est 75 %. Car Maisons-Laffitte fonctionne comme une ville de province, beaucoup de vieilles familles sont là depuis longtemps. C'est d'ailleurs Maisons-Laffitte qui attache, ce n'est pas forcément le Parc, c'est un phénomène de localisation.»

Pour préserver le parc de Maisons-Laffitte, les réglementations auront été fort utiles. Les plans d'urbanisme ont comblé les lacunes du cahier des charges. Aujourd'hui c'est le plan d'occupation des sols (POS) qui vient à son secours. «S'il n'y avait pas de POS, remarque M. Langlumé, maire-adjoint, il n'y aurait plus les écuries actuelles mais des résidences réalisées par les promoteurs.» Par ailleurs, de nombreuses avenues sont inscrites à l'inventaire des Monuments historiques. C'est le cas des avenues Albine et Eglé. Les autres sont classées comme sites ainsi que, depuis 1989, toutes les réserves, ces espaces plantés inconstructibles qui sont la propriété de l'association.

Au Vésinet, la confusion est totale entre le lotissement et la municipalité. Pour la plus grande satisfaction de la société Pallu et des propriétaires, le lotissement est constitué en commune en 1875. Auparavant, Le Vésinet «s'administre lui-même, selon ses propres lois et au moyen de ses délégués propres, sans que les communes mères aient la plupart du temps à intervenir : aussi quand on les sollicite de remplir leur rôle, par exemple en matière d'éclairage et de police, y mettent-elles la plus mauvaise volonté possible. Pourtant les habitants du Vésinet sont contribuables dans les communes dont ils dépendent, bien que les charges correspondantes soient assurées par la société. Les Vésigondins en auront vite assez de cette sujétion administrative et financière sans objet, alors que les communes voisines feront tout pour conserver le pactole[24] ». La nouvelle commune ne comprenait que des terrains qui appartiennent à la société Pallu, et Alphonse Pallu en fut le premier maire. « Ainsi, en moins de vingt ans, [il] avait réalisé son rêve : d'un bois faire une cité résidentielle modèle et en devenir le chef[25]. » De telle sorte qu'encore aujourd'hui le POS du Vésinet doit largement au cahier des charges de 1858. Le Vésinet est resté résidentiel et bourgeoisement habité. La commune présente encore en certains endroits un paysage rare avec ses lacs, ses ruisseaux bordés de sentiers de randonnée baptisés du nom des communes étrangères avec lesquelles Le Vésinet est jumelé, comme la promenade Oakwood en hommage à la cité américaine. Pour ne pas gâter le paysage arboré, de nombreux trottoirs ne sont pas goudronnés pour mieux se fondre dans la verdure. Ces « banquettes anglaises » reviennent assez cher quant à leur entretien. Toute la zone dite « naturelle non constructible », qui comprend ces « coulées », lacs, rivières et pelouses, constitue un site classé de sorte que « toute modification importante dans l'aménagement des mouvements de terrain, plantations ou voies la parcourant sera soumise au préalable à l'autorisation ministérielle » comme le stipule le règlement du POS.

L'idée de paysage si chère au comte de Choulot préside encore aujourd'hui aux réflexions des responsables municipaux. Ils se sont assuré le concours d'un architecte urbaniste, Gérard Bauer, dont les réflexions sur les plans d'aménagement de cette commune résidentielle ont pour base « un projet urbain. Autrement dit, je pars de ce que je veux obtenir puis j'en déduis les règles ». D'ordinaire, précise-t-il, on fait l'inverse. « Mais c'est possible au Vésinet car l'idée générale que ses habitants se font du Vésinet prime sur les intérêts particuliers. C'est pourquoi certains peuvent accepter des entorses au droit individuel de propriété pour sauvegarder l'ensemble. » Donner priorité, en certains cas, au paysage sur la règle d'urbanisme signifie qu'au nom du paysage il peut y avoir des inégalités de traitements entre des parcelles identiques, avec par exemple des COS différents[26]. Mais ces atteintes au droit individuel de propriété sont concevables au Vésinet car les habitants savent bien que leur patrimoine individuel ne tire sa valeur que des qualités physiques, urbaines et sociales tout à fait exceptionnelles de l'ensemble.

D'ailleurs, depuis 1965, la ville est inscrite à l'inventaire national des Sites. Les exceptions aux règles coutumières y sont nombreuses. Ainsi, selon M. Lallemand, maire-adjoint à l'urbanisme, « même avant la loi de décentralisation de 1982, c'était le maire du Vésinet qui délivrait le permis de construire ». Tout est spécial au Vésinet, même le RER. Sa gare semble avoir poussé naturellement entre les arbres. « La transformation en 1972 du vénérable chemin de fer en métro régional aurait pu entraîner une catastrophique "modernisation" de la gare et de ses abords. Mais les habitants, qui souhaitaient conserver l'agréable sensation quotidienne de passer directement du train au parc, exigèrent que l'emprise des voies et du stationnement demeure réduite au minimum[27]. »

Comme à Maisons-Laffitte, les habitants ont créé une association de sauvegarde au début des années soixante devant ce qu'ils considéraient comme une densification importante du Vésinet avec la construction de petits collectifs.

Le Vésinet reste aujourd'hui tout à fait en harmonie avec ses armes adoptées en 1898. Au centre, un cor de chasse rappelle qu'avant l'urbanisation, les allées du bois du Vésinet étaient parcourues par des chasses à courre. Branches et feuilles de chêne évoquent cette même forêt et le caractère verdoyant conservé par la commune.

La qualité exceptionnelle du paysage urbain est elle-même source de rentrées financières avec les nombreux films qui y sont tournés[28]. Le Vésinet entend bien conserver son caractère résidentiel. « Il n'existe aucune industrie au Vésinet », est-il bien précisé dans le rapport de présentation du POS qui spécifie que la taxe professionnelle ne représente que 19,41 % du budget communal, alors que la moyenne nationale est de 44,97 % [29].

Les parcs de Saint-Tropez

Les lieux de villégiature sont propices à la réalisation de lotissements chic. Les beaux endroits sont rares, il faut donc les préserver, que ce soit sur les hauteurs de Marbella, en Espagne, ou de Ramatuelle, avec le domaine de La Tourraque, ou encore sur les bords de mer avec les parcs de Saint-Tropez. M. et Mme Georges Hervet possèdent une villa dans ce lotissement discret où ils ne se rendent qu'en juillet et août, avec parfois un court séjour en hiver[30]. La majorité des maisons, vastes et somptueuses, ne sont occupées que quelques semaines par an. Le recours à une gestion collective grâce à une association syndicale des propriétaires apparaît comme le moyen le plus rationnel de faire face aux problèmes posés par l'entretien et la surveillance de propriétés délaissées durant de longs mois[31]. On comprend que la formule du « lotissement » soit très utilisée : la taille des terrains est suffisante pour assurer à chacun son indépendance, le plus petit lot étant, aux Parcs, de 5 000 mètres carrés, ce qui est d'ailleurs la surface minimale définie par le POS pour rendre un terrain constructible. Mais la mise en commun de services permanents permet d'assurer la surveillance et l'entretien des espaces communs qui isolent chaque villa en créant une zone protégée. La multiplication de ces « lotissements » chic, sur la Côte d'Azur et ailleurs, permet d'assurer cet entre-soi et cette sécurité auxquels les familles de la grande bourgeoisie tiennent beaucoup. Cela a un prix, et la contribution annuelle au fonctionnement des services communs des Parcs est de l'ordre de 10 000 euros. Pour cette somme ne sont assurés que le gardiennage des parties collectives et l'entretien de la voirie et des plantations communes. Chaque propriétaire doit donc assumer pour sa part le gardiennage de sa villa et son entretien, y compris celui du jardin : pour cela, M. et Mme Hervet emploient un couple, logé sur place à demeure. Si l'association offre quelques autres services communs, comme des courts de tennis ou les leçons d'un maître-nageur, leur accès est payant. Le fils aîné des Hervet doit s'acquitter d'une cotisation de 1 000 euros pour avoir la possibilité de pratiquer le tennis lorsqu'il se trouve en vacances aux Parcs. Ce que sa mère « ne trouve pas très élevé ». Il est clair, toutefois, que le calme, les services et la sécurité ont leur prix.

Sur la carte IGN au 1/25 000, on peut voir, à quelques kilomètres du centre de Saint-Tropez, entre le cap Saint-Pierre et la pointe de l'Ay, un ensemble de routes sinueuses qui desservent les constructions disséminées et qui zigzaguent autour du signe symbolisant le château. On en conclut aisément à la présence d'un lotissement réalisé dans le parc. La carte Michelin, moins détaillée, apporte une précieuse indication supplémentaire, dissuasive pour le promeneur : la route principale de ce réseau, seule reprise sur cette carte, y figure en rouge, elle est donc interdite à la circulation. Sur place, il s'avère qu'une barrière empêche en effet le passage des automobiles étrangères au lotissement. Un petit bâtiment abrite en permanence un agent de sécurité qui peut accorder aux invités ou aux fournisseurs l'autorisation de pénétrer dans les parcs de Saint-Tropez.

Les piétons, eux, curieusement, sont acceptés, et ce depuis le cahier des charges d'origine, établi en 1956. Toutefois un panneau avertit le promeneur qu'il pénètre dans un territoire où il n'est que toléré, grâce à la bienveillance des propriétaires des lieux. « Les Parcs groupent des propriétés absolument privées, y lit-on. Leurs résidents vous souhaitent la bienvenue et vous offrent pour votre promenade à pied l'agrément d'avenues qui sillonnent les plus beaux sites du cap. Ils attendent de vous en retour que vous respectiez le calme et la tenue de ces lieux. » Les promeneurs sont invités à ne pas quitter ces avenues, à ne pas cueillir de fleurs, à ne pas pique-niquer. Le directeur des Parcs, responsable de l'entretien et du gardiennage, estime qu'il s'agit là d'une faveur tout à fait désintéressée puisque la municipalité n'intervient ni pour l'entretien de la voirie ni pour celui des réseaux d'eaux usées, qui sont à la charge des propriétaires. Ceux-ci, simplement, trouveraient « plus élégant d'ouvrir que de se barricader ». Il en va de même pour l'entretien du sentier du littoral, cimenté en partie, dans les passages difficiles, avec çà et là l'aménagement de marches qui aident à franchir les rochers trop raides. Ce sentier, d'ailleurs obligatoire, en principe, sur tout le bord de mer, permet de prendre la mesure du privilège que représente le fait de disposer de pareilles demeures aussi vastes, surplombant la Méditerranée, agrémentées de grands parcs ouverts aux horizons marins. Toutefois les propriétaires laissent croire que les véritables privilégiés, ce sont les promeneurs qu'ils autorisent ainsi à longer leurs pelouses et à entrevoir leurs piscines. Les panneaux disposés le long du sentier rappellent en effet que se promener en un tel lieu doit être apprécié à sa juste valeur. « Nous avons aménagé tout le long des rivages une promenade pour les piétons : nous vous souhaitons d'en profiter agréablement », est-il courtoisement écrit en préambule. Puis viennent les recommandations, à peu près identiques à celles qui figurent à l'entrée principale. Avec une précision utile : « Nos gardes sont assermentés pour dresser procès-verbaux aux contrevenants. » Suit une phrase ambiguë : « Merci pour le respect de ces dispositions afin de nous aider à maintenir ce privilège dans les Parcs. » À la réflexion, il ne peut s'agir que du privilège des heureux promeneurs admis à longer le paradis, le territoire des dieux.

Entourant le château Borelli, les Parcs, dont le nom fut à l'origine « Parc du cap Saint-Pierre », occupent 120 hectares. Les villas dominent le golfe de Saint-Tropez, pour celles qui occupent les positions les plus élevées, dont celle de M. et Mme Hervet, ou donnent directement sur le rivage, rocheux à cet endroit. L'ensemble de cette propriété appartenait à Jean Bréaud, lié au monde de la finance et de l'immobilier, qui a donc procédé au lotissement de ses terrains à la fin des années cinquante. Le château, au plus haut du cap, a été transformé en cinq appartements dont certains ont été vendus trois millions d'euros. Plus de 150 villas s'égrènent, derrière les frondaisons de leurs parcs, le long des allées sinueuses et pentues. Elles sont peu visibles depuis les petites routes, et la présence de promeneurs, selon Mme Hervet, ne gêne pas les propriétaires, à l'abri derrière une végétation abondante et d'autant plus efficace que les constructions sont en général éloignées des chemins. Cyprès, pins, tilleuls, eucalyptus, mimosas, forment un écrin de verdure qui assure calme et discrétion. À tel point que les jardins ne sont pas clôturés et que les Parcs eux-mêmes sont largement ouverts sur la campagne environnante. Mais la végétation luxuriante dissimule avec efficacité cet espace préservé, indemne des ravages d'un certain tourisme, et donne l'impression au promeneur de se trouver dans un parc public. Même l'été, alors que les foules se pressent sur les quais de Saint-Tropez ou sur les plages, il n'y a que peu de curieux dans ce havre de paix. Pour l'essentiel, selon Mme Hervet, ce sont des gens des environs et des ornithologues, les Parcs étant un refuge pour les oiseaux. Mais les visiteurs viennent surtout, en nombre limité, hors saison, profitant du calme et de la luxuriance de la végétation. La barrière et le gardien à l'entrée ont peut-être un effet dissuasif, la timidité sociale empêchant de venir lire le panneau qui précise bien que l'entrée est libre pour les piétons. Le sentier des douaniers est lui plus fréquenté l'été.

Les maisons, dont certaines sont vastes pour des « résidences secondaires », comptant dix pièces ou plus, sont en très bon état alors qu'elles ne sont utilisées qu'un ou deux mois par an pour la plupart. Il est vrai que le cahier des charges exige un excellent entretien des villas et que l'on ne saurait, aux Parcs, admettre ce que Mme Hervet, née princesse Marie d'Arenberg, a connu ailleurs, dans les châteaux de la famille, où l'entretien des jardins et l'état des menuiseries laissaient parfois à désirer. Ces villas, récentes puisque le lotissement ne date que des années cinquante, sont en général construites dans un style provençal et n'ont rien à voir avec les édifices fantaisistes et rococo du début du siècle, comme on peut en voir à Biarritz ou à Deauville. La villa de la famille Hervet, crépie en rose, a été dessinée en 1977 par l'un des architectes à la mode sur la Côte d'Azur, Herrerra. Elle est construite de plain-pied, mais, en raison de la déclivité du terrain, sur plusieurs niveaux. Située au sommet du cap, elle bénéficie d'une vue remarquable sur la mer dont on profite pleinement à partir du salon, « ouvert de tous les côtés ». Une salle à manger et un salon réservé aux enfants complètent les pièces de réception. Avec six chambres et quatre salles de bains, on peut recevoir famille et amis dans ce cadre enchanteur complété par la piscine, élément dont presque toutes les villas bénéficient. Dans un tel cadre, avec le service du couple de gardiens et celui d'une cuisinière ramenée de Paris, on peut supposer que les conditions sont remplies pour qu'il puisse être possible de passer un séjour agréable, malgré la cohue estivale qui envahit la région.

Les heureux propriétaires de ces lieux privilégient avant tout le calme et la discrétion, comme le directeur des Parcs ou le personnel de gardiennage savent le faire comprendre. Le mutisme sur l'identité des personnalités vivant en ces lieux est résolument impénétrable, de même que tout ce qui concerne les nationalités, les spécificités sociales et professionnelles. Heureusement le *Bottin Mondain* est d'un secours utile, même s'il reste insuffisant. Quatorze propriétaires ont pu être ainsi identifiés, soit un peu moins de 10 % du total.

Tous ces propriétaires ont une résidence à Paris ou à Neuilly, à deux exceptions près, l'une en faveur de Boulogne-Billancourt, commune dont l'embourgeoisement est très marqué, l'autre en faveur de Chamalières (mais dans ce cas il y a aussi une adresse en Floride...). À Paris les adresses se situent dans les beaux quartiers. L'avenue Foch, qui est l'une des adresses les plus chères de la capitale, et le VIIe arrondissement sont bien représentés. Le code 116 désigne le nord du XVIe arrondissement, plus chic que le sud, désigné par le code 016. Beaucoup de ces heureux propriétaires sont donc voisins à la ville comme en vacances. D'autant que certains fréquentent les mêmes clubs, deux étant à l'Interallié et quatre au Polo. Des promeneurs tropéziens ont complété ces informations lacunaires, révélant la présence de Bernard Arnault, président du groupe LVMH, décrivant la fabuleuse demeure d'un homme d'affaires saoudien, invisible depuis la route de desserte, ou insistant sur la présence dans certains jardins de pistes d'hélicoptère, moyen de transport bien utile au plus fort de la saison.

L'Association syndicale des propriétaires qui, avec les mêmes statuts qu'à Maisons-Laffitte, gère les parcs de Saint-Tropez n'exerce aucun contrôle sur les ventes et les achats de villas. L'une d'elles était proposée dans *Propriétés de France*[32] en ces termes : « Les parcs de Saint-Tropez. Charme, sérénité, quiétude, exposition sud et vue sur mer. Splendide terrain et petite maison existante avec piscine dans un domaine privé, gardé et de très haute notoriété. Permis de construire accordé de 380 mètres carrés. » Le niveau des prix pratiqués suffit à assurer une rigoureuse sélection, certaines maisons ayant été négociées, à la fin des années quatre-vingt, au maximum de la croissance des valeurs immobilières, pour dix millions d'euros. Le marché est revenu à des niveaux plus raisonnables, mais on ne peut trouver de maison aux Parcs à moins de deux millions d'euros. La discrétion des lieux et les contraintes du cahier des charges contribuent à trier les acheteurs potentiels, mais la pression sur la région est telle, la demande si forte que tous les acheteurs ne se plient pas volontiers aux contraintes collectives et il arrive que l'association des propriétaires doive engager des actions en justice pour faire respecter le cahier des charges à des nouveaux venus peu soucieux du cadre exceptionnel.

Conclusion : des formes de gestion collective

Le pouvoir social est donc aussi un pouvoir sur l'espace. Cette forme particulière du pouvoir se traduit par la capacité à maîtriser l'environnement résidentiel, tant du point de vue de sa composition sociale que de celui de l'aménagement et des paysages. Au XIXe siècle, le Second Empire fut une période d'intense urbanisation. Que ce soit dans la région parisienne ou dans les lieux de villégiature, stations balnéaires ou stations thermales, la haute société a beaucoup fait construire. Pour sa résidence ou ses loisirs, des moda-

TABLEAU 13.

Caractéristiques sociales et résidentielles de propriétaires de villas dans les parcs de Saint-Tropez en 1995[33]

NOM (NOM DE LA VILLA) CERCLES ET CLUBS	AUTRES ADRESSES	« PROFESSION »	ÉPOUSE ET ÉPOUX
Gérard Adam de Villiers (Macui) MBC	av. Foch, Paris 116	écrivain (auteur des romans d'espionnage SAS)	Christine Loncle
comte Romée de Regnauld de Bellescize (Laurediane)	• pl. St-Sulpice Paris 6 • château de Saint-Léger, Côte-d'Or	conseiller d'État, maître des requêtes au Conseil d'État	comtesse Diane de Bonneval
Fernand Bricout (Skiouros)	av. du Colonel-Bonnet Paris 016	professeur à la faculté de médecine	Cécilia Médina
Michel Canque (La Restanque)	• av. Thermale, Chamalières, Puy-de-Dôme • Holley by the Sea Gulf Breeze, Floride États-Unis	docteur en médecine	Monique Marcilhacy
François Dalle (Les Quatre Oliviers)	av. Frédéric-Le-Play Paris 7	administrateur de sociétés (dont Philips et BNP), P-DG de l'Oréal, vice-président de Nestlé	Geneviève Clément
Alain-Pierre Duvaux (La Pierrire) ACF-CI-P	bd d'Argenson, Neuilly	administrateur de sociétés	Josiane Berliet
Albert Frère (La Bastide de l'Ay) CDC-P	• domaine de La Peupleraie, Gerpinnes, Belgique • av. Foch Paris 8		Christine Hennuy
Didier Hallenstein (La Grivolière)	rue de Paris, Boulogne-Billancourt		Sophie Bricout, fille de Fernand Bricout, ci-dessus

NOM (NOM DE LA VILLA) CERCLES ET CLUBS	AUTRES ADRESSES	« PROFESSION »	ÉPOUSE ET ÉPOUX
Georges Hervet (La Beriaude) Cl-DV-GM-P	• bd Maurice-Barrès Neuilly • Menetou-Salon, Cher	Banque Hervet	S.A.S la princesse Marie d'Arenberg [les d'Arenberg possèdent le château de Menetou]
Antoine Le Conte (L'Olivade) RC	• av. Henri-Martin Paris 116 • Le Pré Naudin Saint-Viatre, Loir-et-Cher	[grande famille, nombreuses alliances importantes]	Nicole Vitry
Mme Solange Miot (La Tramontane) P-St C	bd Maillot, Neuilly	Née Solange Hervet, fille de Henri Hervet, le père de Georges ci-dessus, donc son frère	veuve de Jacques Miot, banquier, P-DG de Francefi
Mme Michel Motte (La Bergerie)	pl. du Palais-Bourbon Paris 7	née Claire Droulers, d'une famille d'industriels du Nord	veuve de Michel Motte, l'un des multiples descendants de la lignée des Motte, grands industriels du Nord
Mme Prevesianos (La Bergerie)	pl. du Palais-Bourbon Paris 7		fille de Mme Michel Motte, ci-dessus.
Gérard Rebut (Aulx sauvages)	av. Georges-Mandel Paris 116		Brigitte Deleplanque

SOURCES : *Bottin Mondain* et *Who's who*.

lités nouvelles sont apparues qui tendaient à assurer un contrôle étroit des processus urbains. Tout s'est passé comme s'il s'agissait de ne rien laisser au hasard. Deux soucis principaux et d'ailleurs étroitement imbriqués sont au principe de cette prudence urbanistique : d'une part la nécessité sociale de s'assurer de l'entre-soi, dans les limites d'un espace que l'on se choisit, se ménage et s'aménage, et d'autre part le goût pour un cadre de vie qui soit le digne écrin d'existences exceptionnelles. Pour construire un environnement social et un environnement urbain hors du commun, ces tenants du libéralisme économique et de l'initiative individuelle font appel à des formes collectives comme le lotissement et le cahier des charges.

Maisons-Laffitte et Le Vésinet présentent cette particularité *a priori* assez étonnante de classes sociales aisées engagées collectivement dans la défense d'un patrimoine qui apparaît comme indissolublement individuel, familial et collectif. Ce paradoxe n'est compréhensible que si l'on tient compte du fait que les valeurs de ces patrimoines, aussi bien les valeurs d'usage que les valeurs d'échange, ne sont ce qu'elles sont que par leur renforcement réciproque. Le contre-exemple du Raincy tend à le montrer. L'environnement est pour beaucoup dans la valeur d'un bien immobilier. Sa valeur la plus précieuse réside dans sa valeur symbolique. Mais que l'environnement sociologique vienne à se dégrader et cette valeur symbolique est menacée. Le travail social destiné à assurer les meilleures conditions de transmission est alors important. On retrouve au niveau du groupe social les mêmes angoisses, en tout cas les mêmes préoccupations qu'au niveau de la structure familiale : comment assurer, dans les meilleures conditions, la pérennité du pouvoir, dont un habitat d'exception est l'un des facteurs puisqu'il le manifeste symboliquement.

La représentation du sens commun associe aménagement du territoire et hauts fonctionnaires, planification urbaine et XXe siècle, alors que ceux qui cumulent toutes les sortes de capitaux ont toujours su, discrètement, mais efficacement, maîtriser certains aspects du développement urbain à leur profit. Il est vrai toutefois qu'en laissant faire les forces du marché ce contrôle peut échapper même à ceux qui disposent des meilleurs atouts. Aussi, comme on va le voir dans certains lieux de villégiature, lorsque ses intérêts à la fois familiaux et économiques sont en jeu, la grande bourgeoisie n'hésite pas à casser la logique du marché à son profit. On voit alors se développer dans quelques espaces à part un protectionnisme urbain tout à fait remarquable, condition de la préservation des avantages acquis et des rentes de situation.

CHAPITRE VII

Espaces contestés, espaces défendus

Le cas des lotissements chic de la banlieue parisienne a montré que le maintien de la qualité urbaine n'allait pas de soi. Pour assurer une transmission réussie, il apparaît nécessaire que les propriétaires unissent leurs efforts pour contrôler au mieux les processus de l'évolution urbaine qui risquent toujours de conduire à une certaine « dégradation ». Dès le début du siècle, des voix se faisaient entendre parmi les grandes familles qui occupaient les hôtels particuliers des Champs-Élysées pour dénoncer ce qui était déjà perçu comme l'amorce d'un déclin[1]. Dans les années 1880, les membres du Cercle de Deauville s'étaient fait l'écho de craintes semblables, n'hésitant pas à parler de « la dégénérescence de la clientèle de notre plage[2] ».

À l'origine d'un beau quartier ou d'un lieu de villégiature réputé, la présence des familles de la haute société, le calme engendré par la profusion de l'espace et de la verdure, l'élégance de l'architecture, la perfection d'une vie sociale autorisée par l'entre-soi que savent se ménager aristocrates et grands bourgeois, expliquent le prestige de ces lieux d'exception. Mais un destin funeste semble attaché au devenir des espaces chic, comme si leurs qualités rares contenaient en puissance le processus de leur dépérissement. Car les belles adresses attirent et attisent la convoitise de ceux qui disposent des ressources économiques suffisantes pour y accéder sans maîtriser nécessairement les codes de conduite et les manières de la vieille bourgeoisie qui a fait ces espaces. Aujourd'hui, hommes d'affaires nouvellement enrichis et vedettes de l'audiovisuel sont perçus comme le ver dans le fruit : un danger fatal pour la permanence de la qualité. Les affaires et les commerces de luxe, en envahissant les immeubles réservés autrefois à l'habitation, vident les quartiers du centre-ouest de Paris de leur vie sociale traditionnelle et menacent les repères identitaires et spatiaux des grandes familles. À Deauville et dans d'autres lieux de villégiature, la diversification du public soulève des inquiétudes semblables.

Pour enrayer l'inéluctabilité de cette loi urbaine qui fait que la grandeur a toujours appelé la décadence, les propriétaires ou futurs propriétaires s'organisent. Face à un urbanisme anarchique, parce que livré aux lois du marché, des associations et des comités de défense des beaux quartiers tentent de préserver le privilège de l'entre-soi et le respect de l'ordre architectural par des actions ou des interventions plus ou moins ponctuelles.

Une vieille tradition : la défense des beaux quartiers

Dès la fin du XIXe siècle, après le traumatisme haussmannien, les grandes familles se mobilisent à travers des associations et des sociétés savantes. Il s'agit de faire en sorte qu'on ne puisse plus détruire n'importe quoi. Dans certains arrondissements, le combat peut dépasser la défense des vieilles pierres. Il en fut ainsi dans le VIIIe arrondissement où la Société historique et archéologique, fondée en 1899, regroupait alors des propriétaires et des locataires soucieux, bien sûr, de préserver la beauté architecturale et urbaine de leur arrondissement, mais aussi le bien-être de l'entre-soi des grandes familles. Il est vrai que ces familles fortunées de la rive droite étaient poussées vers l'ouest par l'emprise que les banques et les compagnies d'assurances ne cessaient d'étendre sur les Grands Boulevards et sur tout le IXe arrondissement, tandis que, sur l'autre rive, les nobles habitants du faubourg Saint-Germain cédaient du terrain devant la pression des ministères et des ambassades. Par leur départ, les familles pouvaient réaliser une bonne affaire. Toutefois, certaines d'entre elles, notamment celles dont les revenus étaient essentiellement terriens, après la chute des fermages en 1946, ont mal vendu leurs biens. Pressées de réaliser une partie de leur patrimoine, il leur est arrivé de le brader.

Devant cette poussée des activités tertiaires, nombre de grandes familles ont créé des associations de défense dans leur arrondissement ou dans leur quartier. Le cas de la rue du Cirque est exemplaire. Cette rue étroite et tranquille, car elle n'est empruntée que par les riverains, parallèle à l'avenue Matignon et à l'avenue de Marigny, joint l'avenue Gabriel à la rue du Faubourg-Saint-Honoré. Une galerie marchande a été ouverte entre le 16 de l'avenue Matignon et les 9 et 11 de la rue du Cirque. À deux pas de l'Élysée, cette rue, depuis toujours très « bien » habitée, est encore exceptionnellement résidentielle dans un VIIIe arrondissement où un grand nombre de logements ont été transformés en bureaux. Les huit appartements des 9 et 11 de la rue du Cirque qui ont été supprimés représentaient une surface totale de 1 700 mètres carrés, soit une surface moyenne de 212 mètres carrés…

L'enjeu n'était pas architectural. Les façades de la fin du XIXe siècle ont été préservées, et même mieux, l'un des immeubles de la rue du Cirque ayant été construit dans les années trente, sa façade a été reconstruite dans le style des autres bâtiments de façon à accentuer la cohésion de l'ensemble. Les craintes, toutefois, furent d'autant plus vives que l'opération, à l'origine, comprenait une salle des ventes et un entrepôt sous douane qui lui était lié, ce qui impliquait une circulation de camions auxquels les habitants de la rue n'étaient guère habitués. Le problème résidait également dans les nuisances que cette galerie marchande risquait de susciter, dont les moindres n'étaient pas celles liées à l'éventualité de la présence dans la rue de la population fréquentant les Champs-Élysées, qui jusqu'alors n'y venait pas. Bien sûr, en raison de la proximité de l'avenue Matignon, ce sont des galeries d'art qui auraient dû occuper – et l'ont fait – cette nouvelle infrastructure commerciale. Mais, comme disait, sceptique, l'un des propriétaires, « on sait ce que sont devenues les Halles ». Une telle perspective inquiéta les riverains. « Au point de vue de notre agrément de vie et de notre isolement, c'est très dommageable car badauds et clients vont aller et venir », soulignait ce même interlocuteur.

L'émotion a été vive et l'association a bien vite compté 90 membres, 98 % des familles de la rue étant ainsi représentées. La comtesse de Brantes, belle-mère de Valéry Giscard d'Estaing, figurait parmi eux et sans doute avait-elle participé au travail de prosélytisme qui consista à remettre à chaque famille une lettre d'information. Leur homogénéité sociale n'est pas pour rien dans la mobilisation des habitants. Cette activité a renforcé les liens entre voisins. Une convivialité s'est développée et des dîners réunissent encore, de temps à autre, les « militants ».

Dans un premier temps, la société d'assurances AXA, promotrice de l'opération, a refusé toute négociation. L'Association de la rue du Cirque a alors travaillé en étroite collaboration avec SOS Paris, créée en 1972 par Marthe de Rohan-Chabot. Il s'agissait à l'époque de tenter d'empêcher la réalisation de projets, chers à Georges Pompidou, visant à permettre une meilleure pénétration de la circulation automobile dans la capitale. SOS Paris comptait en 1992 environ 800 membres. Bien que son combat ne concerne pas seulement les beaux quartiers, l'association comprend des membres qui appartiennent à la meilleure société. En 1992, son président, Philippe Denis, est un ancien président de plusieurs filiales financières du Crédit commercial de France. Il est issu d'une famille de la bourgeoisie de province et il est membre de plusieurs cercles, dont l'Automobile Club de France et le Polo de Paris. Selon ses propres paroles, SOS Paris « regroupe du beau monde et du petit linge ». Henri Fabre-Luce, neveu de Mme de Brantes, a été un temps l'avocat de cette association. Sur la liste des membres figurent des Clermont-Tonnerre, le baron Guy de Rothschild, Anne de Lacretelle, le marquis de Breteuil, la princesse de Faucigny-Lucinge. Pour porter des patronymes moins connus, la grande bourgeoisie n'en est pas moins très présente avec, par exemple, Jacques Cheuvreux, ancien agent de change, aujourd'hui P-DG d'une société de Bourse. D'ailleurs, si les domiciles des membres de SOS Paris sont dispersés dans tous les arrondissements, ils sont proportionnellement plus nombreux dans les beaux quartiers : 15 % sont situés dans le VIIe arrondissement, 14 % dans le XVIe. SOS Paris a vocation à étendre son action à toute la capitale, parfois en appuyant telle association de quartier, comme ce fut le cas avec celle de la rue du Cirque.

Les deux associations ont travaillé de façon conjointe pour provoquer l'intervention d'« appuis politiques très puissants » afin de faire échouer ou au moins de modifier les projets de galerie marchande de la société d'assurances AXA. Un premier permis de construire est refusé en mai 1991. Un an plus tard, un nouveau projet est accepté. Mais le nouveau permis ne comporte plus les parkings sur trois niveaux sous l'immeuble comme cela était prévu. Puis des tractations entre les associations et l'avocat de la société

AXA ont abouti à la suppression dans le projet de deux éléments importants, la salle des ventes et l'entrepôt sous douane, qui devaient entraîner une importante circulation de camions de 12 tonnes dans une rue jusqu'alors d'une tranquillité exceptionnelle. La galerie sera réalisée, mais avec de sérieux amendements au projet initial qui en ont limité les nuisances.

Ainsi, les familles les plus privilégiées ne sont pas à l'abri d'un « accident » urbain de ce type. Les familles et les affaires entrent en concurrence pour l'appropriation des espaces les plus cotés. Mais les associations de défense comme celles de la rue du Cirque ou SOS Paris ne sont que des pis-aller et elles interviennent quand l'espace urbain est déjà menacé. Il est d'autres situations où les familles de la haute société entendent contrôler l'ensemble du processus de construction et maîtriser l'espace dans le cadre d'opérations d'urbanisme concertées comme celles qui furent réalisées sous le Second Empire.

L'aristocratie et la bourgeoisie au bord de la mer : la dynamique urbaine de Deauville

Il est des lieux de villégiature où les familles de la haute société se trouvent réunies en des ensembles collectifs qui recréent d'une certaine façon les ghettos du gotha des grandes cités. Il s'agit des lieux de villégiature que la bourgeoisie a toujours su se ménager. Comme elle fut à l'origine des beaux quartiers parisiens, elle construisit des « stations », qu'elles soient thermales, balnéaires ou de sports d'hiver. Pour leurs loisirs aussi, pour les séjours à la campagne, à la montagne ou à la mer, les grandes familles préfèrent, en règle générale, urbaniser elles-mêmes une terre vierge plutôt que de reconquérir un habitat ayant déjà servi. Mis à part Les Portes-en-Ré[3], le petit port de pêche où l'on achète une vieille maison sans être sûr de son voisinage, cela n'est guère le fait des catégories les plus aisées qui, là encore, préféreront décider de leur environnement et construire à leur image l'écrin qui doit abriter leurs loisirs. Deauville présente un cas exemplaire de cet urbanisme planifié par quelques individus au profit de familles de la haute société.

DES MARAIS À LA BELLE ADRESSE BALNÉAIRE

Deauville est, avant la lettre, une ville nouvelle, sortie des marais du bord de mer par la volonté de quelques riches hommes d'affaires du Second Empire, avec le projet délibéré d'offrir un cadre digne de la haute société acquise à l'idée des bienfaits des bains de mer dont elle allait lancer la mode. La création de la ville, à partir de 1859, vient peu après le succès mondain de Dieppe, qui fut un temps le lieu d'élection de l'aristocratie du faubourg Saint-Germain, et celui de Trouville, qui n'est séparée de Deauville que par la Touques, modeste rivière maritime. Mais dans les cas de Dieppe et de Trouville, les villas et les hôtels de luxe vinrent se greffer sur des cités de pêcheurs dont le caractère populaire enraya la réussite mondaine. L'hétérogénéité sociale, qui fait le charme des vieux quartiers parisiens pour nombre de membres des classes moyennes qui aiment à y résider, n'offre que peu d'attraits pour la haute société, du moins lorsqu'il s'agit d'offrir les conditions optimales pour un séjour prolongé.

Des hommes d'affaires avisés, soucieux de disposer pour eux-mêmes d'un lieu de villégiature en bord de mer et conscients des profits qui pouvaient naître de la nouvelle mode, jetèrent leur dévolu sur les marais qui, au sud de la Touques, séparaient du bord de mer le petit village rural de Deauville, perché sur une colline. Le conseil municipal, assemblée bien modeste alors, accepta le 31 août 1859 de céder aux sieurs Donon et

Olliffe ces marais sans valeur, propriété de la commune, qui servaient de maigres pâturages.

Donon, banquier, fondateur de la Caisse d'escompte, dirigea de nombreuses sociétés, dont la Société de travaux publics et de construction. Le docteur Olliffe était né en Angleterre en 1808 et avait fait des études de médecine à Paris où il avait exercé comme praticien attaché à l'ambassade britannique. « Il aimait la vie mondaine et ses animateurs, et par réciprocité, la société, empreinte d'une certaine teinte d'anglomanie, l'accepta[4]. » D'autant plus aisément, sans doute, qu'il avait, par son mariage, acquis une fortune considérable. Les deux initiateurs de l'opération reçurent le soutien du duc de Morny, demi-frère de Napoléon III, qui jouait un rôle de premier plan dans la vie mondaine du Second Empire. Il contribua de façon décisive au lancement de Deauville en lui apportant la caution d'un personnage important du régime. Dans un ouvrage sur l'hôtellerie de luxe, les auteurs écrivent que « cette politique de création et/ou de développement touristique mise en place dans les années 1850-1860 est particulièrement intéressante à étudier du point de vue de l'urbanisme et des enjeux sociaux et économiques en matière urbaine. Comme le souligne Marie-Hélène Contal, "l'aménagement de stations thermales et balnéaires est pour Napoléon III un support de démonstration, une mise à l'essai des projets impériaux sur l'expansion économique et urbaine"[5] ».

Le trio tomba d'accord pour désigner Breney comme architecte en chef de la nouvelle Société anonyme des immeubles de Deauville[6]. Dès 1861, il sera le nouveau maire de la commune, tous les pouvoirs étant ainsi rassemblés entre les mains d'un groupe solidaire. En disciple d'Haussmann, Breney conçoit de larges avenues qui se coupent à angle droit et de vastes places. La première villa est édifiée en 1861. C'est celle du duc de Morny, baptisée *Sergewna*, en l'honneur du second fils du duc, le suffixe étant un hommage aux origines russes de la duchesse.

Les grandes familles emboîtent le pas. Elles achètent des lots et font construire des villas à l'architecture souvent imaginative. Du style normand au style mauresque, en passant par toutes les fantaisies des riches propriétaires, les inventions architecturales, baroques et néoclassiques, foisonnent. « Cet exotisme-là, écrit Jean-Didier Urbain, annonce l'utopie balnéaire contemporaine. En convoquant les styles arabe, asiatique ou scandinave, palais persans ou chalets suisses, en un lieu où ils n'ont pas lieu d'être, les anachronismes volontaires de cette architecture hétéroclite dressée derrière la promenade ou sur la dune scellent la rupture de l'avant-pays avec le reste du monde[7]. » Les affaires sont florissantes. « Après lotissement et viabilisation partielle, les ventes commencent en 1861 et rapidement les prix s'élèvent. Dès 1863, certains terrains, achetés 33 centimes le mètre carré, sont revendus sur la base de 8 à 10 francs[8]. » Or les parcelles sont vastes, elles peuvent atteindre ou dépasser 10 000 mètres carrés. Sur celle du duc de Morny, dès 1912, on pourra construire le Royal, un palace de plus de 300 chambres. Au prix du terrain, il fallait bien entendu ajouter celui du coût de la construction de villas imposantes et pourvues de tout le confort de l'époque.

Le public intéressé est constitué par des familles fortunées qui réalisent un placement en même temps que le désir de disposer d'une résidence en bord de mer. D'ailleurs banquiers et hommes d'affaires achètent des terrains beaucoup plus importants que ce qu'il serait nécessaire pour construire la villa familiale, et parfois en lots spatialement séparés : en gestionnaires avisés de fortunes considérables, ils allient à la recherche d'un cadre de vie agréable pour les vacances d'été les bénéfices probables d'opérations foncières ou immobilières fructueuses, tout en gardant un droit de regard sur le peuplement de Deauville. Le marché contrôlé, les premiers occupants peuvent gérer l'arrivée de nouveaux propriétaires sur un mode proche de celui de la cooptation. Il n'y a pas de meilleur moyen de s'assurer de la « qualité » des futurs voisins. On peut retrouver des traits semblables dans « la participation de l'aristocratie anglaise à la création de villes de villégiature », qu'il s'agisse de villes d'eaux ou de stations balnéaires[9].

À la manière des villes nouvelles et des nouveaux villages construits ces deux dernières décennies en Île-de-France et à la périphérie des grandes agglomérations, ce n'est pas seulement un produit immobilier qui est proposé, mais tout un style de vie. À Deauville, il s'agit d'offrir un habitat et un environnement qui soient propices à l'épanouissement du mode de vie aristocratique et grand-bourgeois. Pour cela, il faut assurer des moyens de communication rapides et agréables avec Paris. C'est chose faite en 1863 avec l'inauguration de la ligne de chemin de fer et de la gare. L'hippodrome et le casino ouvrent l'année suivante, un an avant les établissements de culte, l'église Saint-Augustin et le temple protestant. En 1866 est inauguré le bassin à flots.

Deauville se devait d'accorder une place de choix au cheval. Le nouvel hippodrome couvre à lui seul 65 des 357 hectares que compte la ville. Le Cercle de Deauville est créé en 1873 dans le but, selon son secrétaire-gérant, le comte Guy de Jouvencel, d'accueillir les propriétaires d'écuries de courses et de leur offrir les commodités et les agréments de la vie de cercle à l'image de celle qu'ils prisent à Paris. Le Cercle de Deauville occupe encore le bâtiment construit alors pour lui en front de mer, les salons s'avançant en demi-rotonde vers le rivage. Il constitue l'un des rares témoins de cette époque pionnière et symbolise aujourd'hui l'originalité de Deauville, station balnéaire sortie du néant par la volonté de quelques hommes d'affaires et familles fortunées. Il s'agit d'un urbanisme opérationnel qui a dû réaliser l'ensemble des infrastructures nécessaires, y compris les établissements de culte ou les locaux de ce cercle. « C'est à ma connaissance le seul bâtiment construit pour l'usage d'un cercle et dont la destination n'a pas changé depuis cent vingt années d'existence », souligne le comte de Jouvencel. Ville nouvelle, Deauville se devait de produire simultanément l'ensemble des bâtiments et des équipements indispensables à sa vocation de station balnéaire mondaine.

En 1870, un plan indique la liste des propriétaires des villas de la Terrasse de Deauville, aujourd'hui boulevard Eugène-Cornuché, fondateur du casino actuel et des grands hôtels de la station. On trouvait, sur le bord de mer, M. Tenré, banquier à Paris, le marquis de Salamanca, le baron Poisson, M. Boitelle, préfet de police, le comte de Gontaut-Biron, etc.[10]. Les villas des trois promoteurs de Deauville étaient contiguës, et d'ailleurs les premières à avoir été construites. Il n'en reste aujourd'hui que quelques gravures. Outre l'hôtel Royal qui a remplacé la villa du duc de Morny, des immeubles de quatre étages ont fait disparaître celles d'Olliffe et de Donon, comme cela a été le cas sur tout le bord de mer.

Ce bord de mer est étonnamment loin des premières constructions. En réalité, les villas ont bien été construites à la limite de la plage. Mais à deux reprises, en 1872 et en 1876, de violentes tempêtes abandonnèrent des masses de galets et d'alluvions, faisant reculer de trois cents mètres la laisse des pleines mers. Cela n'empêcha pas la station de connaître le succès que l'on sait. Les lais, ces étendues sableuses et peu attrayantes qui séparaient dorénavant les villas du bord de mer, posèrent bien quelques problèmes d'aménagement, mais elles n'entravèrent pas la mise en valeur de la ville, initiée par Donon et Olliffe. Tant il est vrai que les familles en séjour à Deauville en attendent bien autre chose que les bains de mer, même si ceux-ci restent une motivation de leur venue. Les palaces, le casino, les hippodromes, le golf furent et sont encore au principe de l'organisation de la vie quotidienne à Deauville pour ceux qui y sont en villégiature, au point qu'il n'est pas rare, encore aujourd'hui, que l'on vous rappelle sur le mode de la plaisanterie qu'à Deauville « il y a aussi la mer ».

ELLE ÉTAIT FAITE POUR EUX, ILS ÉTAIENT FAITS POUR ELLE : DEAUVILLE À SON APOGÉE

Les villas, les palaces, le casino, les boutiques de luxe, sont autant de formes du social cristallisées dans des objets urbains. Ils sont emblématiques d'un niveau de fortune et d'un mode de vie. Ils sont une forme objectivée de la réalité sociale. Les agents sociaux, et en l'occurrence ceux qui fréquentent ces endroits, sont aussi un produit de la société. Ils sont du social incorporé, dans les mentalités, les habitudes, les goûts mais aussi les attitudes corporelles et les multiples manières d'être qui trahissent sans cesse la position dans la société. La vie urbaine peut alors être analysée comme étant le résultat de l'interaction permanente entre ces deux formes du social.

Or, à Deauville, jusque dans les années soixante, les familles fortunées de l'aristocratie et de la bourgeoisie vivaient en harmonie avec un cadre de vie balnéaire non seulement construit pour elles, mais encore à l'initiative de certains de leurs membres. Cette adéquation rare n'est jamais aussi bien perçue qu'avec le recul du temps, alors que l'évolution urbaine a introduit quelques hiatus entre la ville et les gens. Deauville était, comme Cannes et Biarritz, un lieu de villégiature. Le Royal était un hôtel de vacances où les familles arrivaient vers le 14 Juillet et repartaient le lendemain du Grand Prix de Deauville, traditionnellement couru le dernier dimanche d'août. Aujourd'hui les séjours sont beaucoup plus courts : Deauville est devenue une ville de week-end, comme tous les entretiens l'ont confirmé. Outre la lecture des ouvrages sur Deauville, l'enquête s'appuie sur des observations de type ethnographique réalisées au cours d'un séjour prolongé durant l'été 1993. Une quinzaine d'entretiens ont été menés auprès de familles ayant une résidence à Deauville, auprès du personnel de l'industrie hôtelière, de membres du Cercle de Deauville, de l'archiviste de la ville.

L'interprétation de l'histoire de Deauville que nous proposent les familles de l'aristocratie et de la grande bourgeoisie est une interprétation partielle de faits et d'événements sur lesquels on peut porter d'autres appréciations. Ce qui est vécu comme « dévalorisation » par certains sera ressenti comme « démocratisation » par d'autres. Certaines innovations perçues comme catastrophiques par les uns seront défendues par leurs promoteurs comme ce qui a permis à la station d'éviter de devenir une « ville fantôme, réservée à quelques privilégiés ». Tant il est vrai que les représentations du monde social varient comme les positions que l'on y occupe et les intérêts que l'on y défend. Des entretiens réalisés dans la rue et sur les « planches » auprès de « nouveaux venus » et auprès du public populaire du Grand Prix de Deauville viennent apporter d'autres points de vue.

Le style a changé. Le mode de vie grand-bourgeois allait tellement de soi qu'il était impensable, au Cercle de Deauville, que l'on puisse dîner autrement qu'en smoking. Y compris pour les membres, dans la salle à manger qui leur était réservée et qui était donc le lieu public le plus privé de la ville, où l'assurance d'être entre soi était la plus totale. Après le dîner, les convives avaient l'habitude de se rendre en voisins au casino. L'établissement, raconte M. de Jouvencel, « était très heureux d'accueillir les membres du Cercle de Deauville qui y allaient plutôt pour rencontrer des amis que pour jouer, prendre un verre au bar, faire un petit tour avant d'aller se coucher. C'était très élégant et très convivial ».

Le Cercle, qui a toujours regroupé l'élite de l'élite dans l'intimité feutrée de salons qui n'ont guère changé depuis le XIXe siècle, était certes le fleuron mondain de la ville, mais n'y détonnait point. La profonde homogénéité sociale entre les estivants avait pour corollaire une grande perméabilité entre les lieux. « À telle enseigne, se souvient le comte de Jouvencel, que, lorsque j'étais jeune membre de ce cercle, le maître d'hôtel qui encaissait les repas acceptait tout à fait que l'on sorte de sa poche un jeton du casino pour payer son addition. C'était une monnaie qui avait cours dans le Cercle. »

Les liens étaient encore plus étroits avec le monde hippique, le Cercle ayant même eu en charge, jusqu'en 1920, la gestion des courses. La plupart des membres étaient propriétaires d'écuries ou passionnés de courses. Encore aujourd'hui ils disposent d'une tribune réservée sur l'hippodrome, à la façon du Jockey Club dont les membres jouissent d'une tribune à Longchamp et à Chantilly.

Le baron Guy de Rothschild, membre du Cercle de Deauville, est propriétaire-éleveur de chevaux au haras de Meautry, à trois kilomètres de la ville. Son nom est d'autant plus associé à la station que les Rothschild y ont leurs habitudes depuis plusieurs générations. « Mon père, raconte Guy de Rothschild, passait lui aussi la saison à Deauville. Il avait hérité de son père la passion des chevaux. Il en élevait depuis sa jeunesse [11]. »

C'est d'ailleurs lors du gala des Courses, soirée de prestige qui se tient chaque année dans le somptueux salon des Ambassadeurs du casino, que Guy de Rothschild fit la connaissance de celle qui devint sa femme, Marie-Hélène de Zuylen de Nyevelt de Haar.

Au cours de cette soirée traditionnelle dans la vie mondaine de Deauville, propriétaires, entraîneurs, éleveurs et jockeys sont à l'honneur. Les efforts consacrés à l'« amélioration de la race chevaline » sont récompensés par la remise solennelle de divers prix.

Le monde hippique est constitutif de l'univers ordinaire des milieux sociaux les plus élevés. On trouvait aussi, à la belle époque de Deauville, le tir au pigeon, très pratiqué au Cercle, et le polo qui était et demeure l'un des pôles d'attraction du sommet de la saison à la fin du mois d'août. Le Yacht Club avait son Club House non pas sur le port mais sur la plage, à peu près en face du casino, ce qui n'était pas toujours pratique pour les plaisanciers dont le bateau était amarré loin, mais ce qui offrait un emplacement idéal pour les juges de régates. Le golf fut présent dès la fin du siècle dernier. Deauville disposait ainsi de l'ensemble des infrastructures de plein air que la bonne société pouvait souhaiter trouver sur un lieu de villégiature.

Cette correspondance avec les attentes d'un public privilégié doit beaucoup à la personnalité de ceux qui conçurent et mirent en chantier la station. Ils étaient du même monde et ce qu'ils faisaient leur convenait autant qu'à ceux qu'ils cherchaient à attirer et satisfaire. Les planches, l'une des célébrités de la ville, sont un élément très significatif de cette adéquation entre un cadre et ceux qui sont appelés à y vivre. Ce long trottoir de bois, d'un bois exotique capable de supporter les intempéries et l'humidité sans en pâtir, long de plusieurs centaines de mètres, permet la promenade, et on ne peut que penser aux élégantes se rendant autrefois au bois (de Boulogne) ou flânant sur les Champs-Élysées. Les planches ont cette vertu d'autoriser la marche en bord de mer sans qu'il y ait à craindre de se tordre le pied et à redouter les contorsions disgracieuses d'un équilibre incertain. « Jusque dans les années soixante, se souvient M. de Jouvencel, vous alliez à pied jusqu'aux planches, les hommes avaient des pantalons blancs, un blazer et un panama. Ils prenaient un verre au bar du Soleil, au bord des planches. C'était tout à fait autre chose qu'aujourd'hui. »

M. de Mazerand, descendant de l'une des premières familles à avoir fait construire une villa en bord de mer, a toujours aimé fréquenter le casino. Mais il est loin de correspondre à ce qu'il fut du temps de sa splendeur. Du point de vue des sommes jouées tout d'abord. « M. André Citroën jouait des sommes astronomiques, un million de francs-or ! » Après la Seconde Guerre mondiale encore, une certaine aristocratie de l'argent « pouvait jouer deux millions le coup. Ce qui représentait à l'époque la valeur d'une villa en bord de mer ». Mais il fallait savoir tenir son rang et l'argent n'est rien sans l'élégance qui vous permet de manifester que votre position relève aussi des qualités de la personne. « Une femme arrivait pour la saison avec trente robes longues, une pour chaque soir. » Certaines familles poussaient le sens de l'hospitalité et de la courtoisie jusqu'à retenir des chambres dans les palaces pour y loger leurs invités. Les salles de jeu du casino étaient aussi de hauts lieux de l'élégance, celle des bijoux et des robes de haute couture. On pouvait y côtoyer les grands noms de l'industrie, du spectacle, voire des têtes couronnées. Deauville était le prolongement estival des beaux quartiers parisiens et abritait sous d'autres formes le même univers du luxe et du pouvoir.

DE NOUVEAUX VENUS

Selon la rumeur, Deauville aujourd'hui, « c'est le Sentier ». Ce terme générique entend désigner une population composée de familles juives, originaires d'Afrique du Nord, où elles bénéficiaient déjà d'une position sociale assez aisée, améliorée encore par les investissements réalisés dans l'industrie de la confection du quartier parisien du Sentier. De la part de membres de la « bonne » société, une telle assertion revient à déplorer le remplacement d'une population de vieille bourgeoisie ou de noblesse fortunée par des familles plus récemment enrichies, ne disposant pas des manières ni du réseau de relations qui puissent accréditer l'appartenance à l'excellence sociale. En d'autres termes, il s'agit de nouveaux riches. Le discours ici n'est pas différent de celui que l'on entend dans les beaux quartiers parisiens, où l'on se plaint facilement de la présence de voisins estimés ne pas appartenir à la meilleure société et qui ne doivent qu'à leur argent de pouvoir y résider.

Quelle que soit la réalité statistique de la présence de ces nouveaux venus à Deauville, ils sont rendus responsables du fait que Deauville, « ce n'est plus ce que c'était ». Les bases sur lesquelles reposent de tels jugements sont confuses. Afficher sa richesse, en faire étalage, serait considéré comme vulgaire, malséant. Il est vrai que, par exemple, la multiplication de véhicules voyants, aux couleurs rutilantes et aux moteurs vrombissants, véhicules 4 × 4 aux chromes surabondants ou petits bolides japonais écarlates, quand il ne s'agit pas de Ferrari faisant avec complaisance plusieurs fois le tour de la place Morny, cœur de l'animation urbaine à Deauville, a tout de la mise en scène délibérée de l'aisance matérielle. Cet exhibitionnisme de la fortune, vieux bourgeois et membres du Cercle disent l'avoir en horreur. Mais, simultanément, les mêmes personnes regrettent vivement l'abandon, dans les soirées au casino, de la robe longue et du smoking. Il y a l'art et la manière de s'afficher : il faut le faire avec classe. Il faut surtout que l'affirmation de son rang soit plus à usage interne qu'à usage externe : l'élégance de la tenue, la courtoisie des manières (la pratique du baisemain), sont plus une façon de s'identifier à un groupe que de proclamer vers l'extérieur son étrangeté. Ce que le « nouveau riche », tenté de marquer les distances relativement nouvelles et modestes qui le séparent du commun, est toujours porté à faire.

L'une des raisons de cette référence quasi obligée au « Sentier » réside dans la grande homogénéité relative de ce milieu au sein duquel l'interconnaissance est très élevée. En conséquence, les familles se promènent ensemble sur les planches, les jeunes forment des réseaux d'amis qui occupent les terrasses des cafés et les trottoirs de la place Morny. Le groupe se donne à voir. Toutes raisons qui en font, dans les représentations, la cause principale de ce qui a changé. Bien sûr, la grande bourgeoisie ou la noblesse ne furent pas toujours d'une grande discrétion. Les grandes soirées au casino, les réceptions dans telle ou telle villa, les équipages partant en promenade, les rencontres sur les planches et les groupes aux discussions animées ne manquèrent pas. Ce qui pose problème, c'est que le groupe nouveau apparaît comme concurrent pour l'occupation de l'espace. Ce caractère conflictuel est d'autant plus exacerbé qu'il met en évidence ce que les grandes familles se sont évertuées à dénier ou à euphémiser : la discrétion que doit adopter l'usage de la richesse n'est guère compatible en effet avec la magnificence de villas somptueuses, qui n'abritent la fortune qu'avec, au fond, une modestie toute relative. L'écrin laisse deviner ou imaginer un contenu hors du commun. On peut alors se demander si l'irritation, le désagrément ressenti par les vieilles familles de Deauville en présence de ces nouvelles catégories, ne renvoient pas à un certain malaise inconscient devant le rappel de ce qu'elles-mêmes ont pu mettre en scène de leur puissance et de leur richesse.

L'évolution de Deauville rappelle celle des beaux quartiers parisiens : après la réalisation d'opérations immobilières de grande ampleur, sous le contrôle direct ou indirect de la meilleure société qui se faisait construire hôtels particuliers et immeubles de rapport, l'emballement du marché immobilier produit une diversification sociologique des habitants, le seul critère de sélection devenant la solvabilité. La concurrence pour l'occupation de l'espace devient alors très forte du seul fait que beaux quartiers et belles adresses constituent un label de qualité, une griffe spatiale en quelque sorte, l'adresse jouant le rôle de la marque, de la griffe apposée par le grand couturier. Disposer d'un pied-à-terre à Deauville peut entrer dans une stratégie de recherche de la légitimité de la réussite sociale au même titre que la résidence dans un beau quartier parisien ou à Neuilly. Cela prouve, déjà, que l'on en a les moyens. Mais aussi que ces moyens ont été utilisés avec discernement en choisissant ce qui pouvait avoir le plus de valeur symbolique, autrement dit avec une connaissance efficace de cette symbolique, premier pas vers l'accession à la légitimité sociale. Ce qui conduit à la cohabitation dans les lieux publics, le casino, les restaurants, les palaces, sur les planches ou dans les immeubles en copropriété. Car il n'y a de critères de cooptation que pour l'admission au Cercle. Tous les autres lieux relèvent de la logique marchande : qu'il s'agisse des cabines en bord de mer et des parasols multicolores qui font la joie des photographes, ou des tables du Ciro's et de chez Miocque, les restaurants à la mode, qu'il s'agisse des suites du Normandy et du Royal ou de l'accès aux tables des salles de jeu et aux machines à sous.

Mais pour que cette évolution soit possible, il fallait que les circonstances s'y prêtent. L'amélioration des conditions des voyages au loin a favorisé l'adoption de nouvelles habitudes en ce qui concerne les vacances par les familles fortunées. Les voyages à l'étranger se sont multipliés, de même qu'à l'intérieur du territoire national : les longs séjours dans la villa familiale se font plus rares. Deauville, devenue si proche de Paris, a vu sa vocation changer : elle est devenue ville de week-end. Au point que l'on parle volontiers de

XXIe arrondissement de Paris. Il existe d'ailleurs un périodique au titre évocateur : *Deauville-Trouville, Côte fleurie : le 21e arrondissement, le magazine de l'Élite.* Aujourd'hui, même en saison, c'est-à-dire au mois d'août, la ville tend à se vider le dimanche soir pour refaire le plein le vendredi suivant. Ce changement opéré dans les rythmes s'accompagne d'une démocratisation des brefs séjours à la mer qui concernent parfois des gens peu fortunés, venus se promener sur les planches et fréquenter la salle des machines à sous du casino.

Toutefois la valeur des témoignages qui reviennent sur les splendeurs du passé mérite un examen attentif. À toutes les époques et en des lieux fort divers, il semble que ceux qui bénéficient des positions les plus élevées et des conditions de vie les plus favorables expriment toujours leur inquiétude, voire leurs récriminations contre ce qu'ils considèrent comme une menace de dégradation. Nous avions déjà constaté cela à propos des Champs-Élysées : dès le début du siècle, des voix se faisaient entendre, parmi les grandes familles des hôtels particuliers, pour dénoncer ce qui était déjà perçu comme un déclin de l'avenue[12]. À la même époque, à Deauville, le comité directeur du Cercle s'était fait l'écho de craintes semblables. Ainsi peut-on lire dans le compte rendu de sa séance du 8 juin 1886 que « dans l'état actuel, les courses constituent par le fait le seul attrait véritable [de Deauville]. Aussi, de saison en saison, peut-on constater la dégénérescence de la clientèle de notre plage. Un public trop partagé, et ne se recrutant plus guère que dans le monde spécial des courses, a remplacé par le nombre, mais non par la qualité, la société élégante des premières années. Là est le péril pour l'avenir de Deauville. Nous ne devons pas avoir de soin plus pressant que d'y remédier par tous les moyens à notre portée. Dans cet ordre d'idée, nous ne saurions mieux faire que de donner un bal dont le succès serait certain et qui donnerait une vive satisfaction aux éléments que nous désirons garder autour de nous». Sur ces attendus, le comité retint le principe du bal proposé. Les élites sociales se sentent toujours talonnées par les prétendants et en cela menacées. Il leur faut préserver cet entre-soi où elles peuvent être elles-mêmes. Essentiellement parce que l'homogénéité sociale est l'une des conditions de la réalisation heureuse des dispositions de l'habitus. Cette remarque est d'ailleurs valable pour tous les groupes sociaux. Mais les classes privilégiées, parce que disposant des moyens qui leur permettent de choisir leur environnement résidentiel, sont les plus attentives à s'assurer le contrôle de leur cadre de vie. Et elles expriment volontiers craintes et griefs à ce sujet.

Le péril serait aujourd'hui consommé à Deauville. M. de Mazerand regrette qu'avec l'ouverture de la salle de machines à sous le casino ait perdu son âme. «Maintenant tout le monde rentre. Tandis que dans le temps, au mois d'août, il y avait environ 200 personnes qui admiraient à l'entrée du casino, comme un véritable spectacle, l'arrivée des hommes en smoking et des femmes en robe de soirée, qui se rendaient à la salle de jeu. Il y avait du rêve et de la magie.»

On retrouve à Deauville les mêmes arguments que ceux utilisés par les grandes familles du VIIIe arrondissement de Paris pour dénoncer la transformation des Champs-Élysées. Ainsi, un certain laisser-aller dans les tenues et les attitudes choque. «L'année dernière, en venant au Cercle depuis mon domicile, raconte, encore outré, l'un de ses membres, j'ai vu, devant la porte même du Cercle, des Asiatiques qui avaient ouvert les deux portes de leur voiture et qui avaient installé une serviette sur le trottoir. C'était très chic et très élégant! Ils étaient assis par terre autour de la serviette, il y avait du pâté, en un mot ils saucissonnaient sur le trottoir! Devant la porte du cercle! En plein milieu de l'après-midi, je n'avais jamais vu ça!

Voilà ce qu'on voit aujourd'hui à Deauville ! » On y voit aussi des familles dormir dans les voitures, faire la sieste en laissant dépasser leurs pieds des portières. La perception des hiérarchies sociales passe ainsi de façon explicite par le maintien du corps, le style vestimentaire et les manières de faire. Et l'étonnement, voire la réprobation à l'encontre de ceux dont les postures sont jugées relâchées concernent aussi bien les nouveaux riches que les gens modestes.

Certains lieux cristallisent ces problèmes de cohabitation entre agents sociaux pourvus d'habitus fort différents. Il en est ainsi, sur les Champs-Élysées, des établissements de restauration rapide, McDonald's et autres, où se trouvent rassemblés cette « faune », comme disent les habitants privilégiés du VIIIe arrondissement, dont la présence est mal acceptée. Ces établissements n'ont fait qu'une timide apparition à Deauville et les grandes chaînes ne se sont pas encore implantées. Mais depuis plusieurs années le casino a ouvert une salle de machines à sous qui joue le même rôle que les fast-foods des Champs-Élysées dans les représentations et la déploration de ce qui ne va pas. Cette salle est dénoncée comme ayant pour effet d'attirer une population qui n'avait pas autrefois sa place dans la station, et encore moins au casino. Dans l'esprit de nombre de nos interlocuteurs, elle est devenue l'un des facteurs de ce qu'ils vivent comme le déclin de Deauville.

Les machines à sous concentrent les inquiétudes. Mais il y a d'autres sujets de récrimination, comme les politiques de prix des palaces qui, devant la difficulté à atteindre un taux d'occupation suffisant, offrent des forfaits qui permettent de passer une semaine dans l'un de ces luxueux établissements pour des sommes bien inférieures aux tarifs officiels[13]. La piscine olympique, réalisée sur les lais de mer, en face du Royal et du Cercle, et les marinas de Port Deauville sont jugées gâter les perspectives et les points de vue et par là contribuer à une dévalorisation du site.

Il est bien clair pour l'observateur qu'un hiatus s'est creusé entre un décor fait de villas et de palaces, conçus au siècle dernier pour l'aristocratie et la bourgeoisie, et une population plus mêlée qu'autrefois, dont les éléments les plus éloignés de la haute société traditionnelle manifestent une discordance radicale avec un cadre pour lequel ils ne sont pas faits, ou plutôt qui n'a pas été fait pour eux. Il en est ainsi dans les halls des palaces qui voient des groupes de jeunes en jeans bavarder avec une volubilité qui paraît agressive dans un cadre si évidemment conçu pour les conversations feutrées, ou qui voient passer des clients dans des tenues de touristes moyens, baskets aux pieds et chemisettes largement ouvertes portées au-dessus du short. Dans la grande salle de jeu du casino, la majesté des lieux contraste avec la désinvolture apparente de nombre de joueurs, en bras de chemise, sans cravate, en pantalon parfois pour les femmes, le jean n'étant pas rare sous les dorures, près de la rotonde qui abrite le bar, devant les fresques ornant les murs, dans les profonds fauteuils des coins-salons. Le contraste le plus aigu est celui qui oppose cette partie du public aux croupiers aux smokings impeccables, à la tenue toujours digne et aux gestes précis et élégants. Déjà dans les années cinquante, selon un ancien petit argentier du Royal, lorsque les membres du personnel allaient au casino, ils étaient reconnus parce que, disaient-ils, « nous, au moins, on ne fait pas de fautes de maintien ». Si les baskets et les tenues de plage sont prohibées, y compris pour l'accès aux machines à sous dont la salle est nettement séparée de celle des tables de jeu (roulette, black jack, chemin de fer, baccara), les styles vestimentaires et les attitudes évoquent plus la détente que l'élégance. Au point que, de la part de ceux qui appartiennent à un autre univers social, et qui ont une expérience un peu ancienne des lieux, la déploration est systématique. Comme le souligne une femme de l'aristocratie, au restaurant du casino qui surplombe légèrement la salle de jeu, « il ne suffit pas d'avoir de l'argent, il faut encore être éduqué ». Depuis la table où elle dîne en compagnie de son mari, elle exprime toute sa réprobation pour les tenues négligées et son regret des toilettes d'antan qui faisaient une grande partie du charme des soirées en cet endroit. Sans doute ce qui peut être ressenti comme un mépris de classe exprime-t-il avant tout une éducation fondée sur le contrôle de soi, sur une affirmation de la culture et des codes contre le laisser-aller que d'autres revendiquent au nom du « naturel ».

Mais c'est précisément la beauté du décor, sa qualité largement reconnue, qui attire aussi ces nouveaux venus, nouveaux riches volontiers stigmatisés par ceux dont ils dérangent les habitudes. Comme les autres, ils ne sont pas insensibles aux petites places fleuries, à la gaieté des parasols aux tons vifs mais harmonieux, au trot matinal des chevaux partant à l'entraînement. « On a l'impression d'un rêve », nous ont-ils dit. La majesté du casino magnifié par une débauche d'électricité attire en nombre ces nouveaux habitués, fréquemment amateurs de machines à sous ou de tables de jeu. Cela fait partie de la fête, de cette ambiance « fabuleuse et festive » où ils aiment à se retrouver, de week-end en week-end. La proximité de Paris et les fastes qui demeurent au-delà des changements de public font que la station continue à connaître un vif succès, même si certains l'ont déjà désertée.

Les villes n'évoluent que lentement, leurs transformations peuvent prendre du retard sur celles de la société et il peut ainsi s'instaurer des décalages entre les formes urbaines et les réalités sociales qui les travaillent et les engendrent. Ainsi les médiations sont-elles trop complexes et les pesanteurs trop fortes pour que les harmonies qui parviennent parfois à s'établir entre les cadres urbains et les agents sociaux puissent être durables. À Deauville, cela s'exprime par ces hiatus entre le décor de la vie mondaine d'autrefois, qui perdure, et des agents sociaux, c'est-à-dire aussi des corps modelés par la société, dont les apprentissages ne leur permettent pas une insertion en douceur dans cet écrin produit pour d'autres.

LA GESTION DE LA COHABITATION

Les familles de la noblesse et de la vieille bourgeoisie, depuis longtemps installées à Deauville, les familles parisiennes nouvellement enrichies et celles, plus ou moins modestes, qui passent par Deauville à l'occasion d'un week-end au bord de la mer, les personnels du groupe Lucien Barrière[14], la municipalité, dirigée depuis 1962 par Michel d'Ornano, puis, à partir de 1977, par sa femme, Anne d'Ornano : tous ont à gérer cette hétérogénéité sociale. Travail incertain et délicat : en tant que station balnéaire, Deauville est soumise aux modes, aux aléas de l'époque. On change plus facilement de lieu de villégiature que de domicile. Sauf pour les grandes familles qui conservent là une partie de leur mémoire abritée des embruns et des vents du large dans les grandes maisons du siècle dernier. Mais dans un processus d'effritement de leurs positions, leur hégémonie sur cette ville sortie des marais n'est plus absolue et il leur faut composer, ou ruser.

Les modalités selon lesquelles sont gérées les promiscuités sociales varient en fonction des lieux, des circonstances et des enjeux. La clientèle des palaces a changé. Les halls de ces établissements voient se côtoyer des clients divers, même si tous, par définition, disposent de revenus confortables. Il en va ainsi dans les étages et, bien que les chambres soient suffisamment bien insonorisées pour que votre voisin puisse faire marcher sa télévision en mettant le son au maximum sans vous gêner, l'ambiance des couloirs laisse quelquefois à désirer, lorsque, par exemple, des enfants s'autorisent à les transformer en aires de jeux. Sans compter que le style des parents peut apparaître à certains comme exagérément décontracté. Aussi a-t-il été envisagé d'organiser une sorte de cloisonnement interne aux établissements. Tel étage serait classé comme chic, mondain, et on éviterait d'y loger les familles au mode de vie trop détendu. Par contre, les adeptes de l'élégance traditionnelle, du baisemain et de l'éducation stricte des enfants bénéficieraient d'aires au calme assuré et au voisinage en harmonie avec ce qui fait la distinction. Un tel projet ne fait qu'étendre à l'hôtel proprement dit ce qui est depuis très longtemps la règle dans la restauration de haut niveau : les maîtres d'hôtel y veillent à placer chaque client dans la salle en tenant compte de sa personnalité et de celles de ses voisins. En outre, les tables sont inégalement agréables et stratégiques pour la vue qu'elles peuvent offrir sur l'extérieur et sur les autres clients. Là aussi il s'agit de traiter chacun avec diplomatie en fonction de son rang, connu, ou, plus difficile, évalué et supposé sur son apparence et ses manières.

Le casino, qui est accessible à un public plus large que celui des palaces, offre encore plus d'occasions de confrontations de modes de vie différents. Depuis juillet 1988, les machines à sous y ont attiré une nouvelle clientèle. Mais, pour des raisons réglementaires liées à des problèmes de sécurité, les casinos ne peuvent disposer que d'une seule entrée publique. Si bien que les joueurs, qu'ils aillent affronter les « bandits manchots », s'asseoir autour des tables de jeu ou participer à un dîner mondain, passent par le même hall et gravissent le même escalier. La confusion a pu être à son comble à certains moments de l'arrivée des invités au gala des Courses. Mais dans ces circonstances il y a tout de même une grande adéquation entre la position sociale et celle que l'on doit occuper ce soir-là dans l'espace du casino. La distance sociale est considérable, explicite, le risque d'erreur est nul. Chacun sait, ou croit savoir à quoi s'en tenir sur l'autre. À la limite, une telle clarté dans la dissymétrie des rapports ne laisse pas d'autre choix que la condescendance acceptée ou l'évitement. Dans d'autres circonstances, ces lieux deviennent emblématiques des inégalités sociales et peuvent être le théâtre d'un affrontement verbal, comme en ce jeudi 26 août 1993 lors d'une manifestation contre des menaces de licenciement organisée par la CGT. On pouvait lire sur les pancartes brandies par les manifestants bloquant l'entrée de l'établissement des slogans tels que : « La bourgeoisie claque son fric dans les casinos où le luxe insolent s'affiche. »

Le casino offre parfois des rapprochements sociaux inattendus. Il en était ainsi dans l'après-midi du 28 août 1993, à l'occasion de la vente-signature par Guy de Rothschild de son dernier livre[15]. Installé en ce lieu stratégique que constitue le palier en haut de l'escalier du casino, l'auteur a passé l'après-midi derrière sa table à attendre le lecteur-client-admirateur. Cette fois, la situation a quelque chose d'incongru. Certes l'auteur apparaît détendu et il répondra avec amabilité aux questions d'une journaliste du quotidien local tout en faisant preuve de la plus grande courtoisie envers les lecteurs auxquels il dédicacera son œuvre. Mais pendant ce temps les joueurs des machines à sous passent en nombre devant lui, jetant un regard distrait sur le personnage, pressés qu'ils sont d'aller tenter leur chance. Et tout l'après-midi retentira, comme à l'habitude, le tintamarre métallique des pièces libérées par les machines, ce vacarme n'ayant qu'un rapport assez lointain avec les gains réels de l'ensemble des joueurs. L'auteur n'avait sans doute pas prévu cette promiscuité. Il y avait quelque chose d'extraordinairement insolite dans cette rencontre inattendue entre l'une des plus grandes fortunes de France et l'illusion sonore de l'abondance générée par cette monnaie tintinnabulante. À l'euphémisation distinguée de la richesse héritée et maîtrisée répondait ainsi la recherche quelque peu désespérée du gain immédiat, dans une sorte de raccourci saisissant qui pouvait faire sentir tout ce que redoute la vieille bourgeoisie dans la promiscuité des nouveaux riches : l'impudeur et le cynisme de l'argent fraîchement accumulé qui ne craint pas de se faire entendre et remarquer. Membre de l'Automobile Club de France et du Cercle de Deauville, le baron Guy de Rothschild n'est certes pas un nouveau riche et ses origines juives, qu'il revendique, affirmant hautement sa solidarité avec sa communauté, ne l'empêchent pas de faire partie de la « meilleure société[16] ». Tant il vrai que les appartenances religieuses sont de peu de poids en regard du label d'excellence que fournit l'ancienneté de la fortune, et de la famille dont elle provient. C'est socialement que s'établissent les clivages et les antagonismes : la grande bourgeoisie fonde son unité sur sa position dans l'espace social, non sur une religion. C'est en tant que nouveaux venus, en tant que prétendants qui se trouvent être, dans les années récentes et à Deauville, majoritairement d'origine juive, que les nouveaux habitués de la station dérangent ceux qui sont déjà en place. Quant aux touristes plus modestes, pique-niqueurs du dimanche, le laisser-aller de leur comportement et de leurs tenues, tel du moins que les membres du Cercle de Deauville peuvent le percevoir, suscite une réprobation immédiate et entière.

On comprend mieux alors que certaines institutions aux apparences un peu surannées soient encore bien vivantes. Le Cercle de Deauville offre ainsi un havre de bon goût et de distinction. Ouvert seulement au mois d'août, c'est-à-dire pendant la haute saison de la station, il comprend 282 membres, uniquement des hommes à l'image de certains cercles et clubs parisiens. Il est vrai que près de la moitié d'entre eux (133) habitent Paris, mais uniquement dans les beaux quartiers, c'est-à-dire dans les XVIe, VIIIe, VIIe et XVIIe arrondissements, par ordre décroissant du nombre de membres concernés. Il y a une soixantaine d'adresses en province et une quarantaine à l'étranger, mais seulement trois à Deauville : on comprend que le Cercle ne soit ouvert qu'en août.

Le poids de la noblesse est important dans cette institution. Les présidents ont toujours porté un titre et, en 1993, le poste était occupé par le duc de Noailles, le vice-président étant le duc d'Audiffret-Pasquier. Parmi les 282 membres, 82 disposaient d'un patronyme d'apparence noble, dont 56 s'ornaient d'un titre. En 2005, le président, en la personne du vicomte Jean d'Indy, était toujours noble. On est toutefois loin du poids de la noblesse au Jockey Club et le Cercle de Deauville a vocation à rassembler plus largement. Il vrai qu'il est seul sur la place et que la bonne société mondaine n'a pas d'autre choix. Le Cercle constitue une sorte d'abrégé de la haute société parisienne. On y trouvait en 1993 aussi bien des personnalités du monde politique (Édouard Balladur qui possède une villa dans le centre de la station), des industriels du luxe (Claude Guerlain, Kilian Hennessy ou Henry Racamier, ancien P-DG de la maison Vuitton), des industriels ou des hommes d'affaires (Jean-Luc Lagardère, Jean-Louis Hachette ou Guy de Rothschild) que de nombreuses personnalités étrangères qui permettent de donner un caractère international au capital social géré dans ce type d'institutions.

La famille d'Ornano y est présente depuis trois générations. Michel d'Ornano, bien que n'appartenant pas à une vieille famille de Deauville, offrait, pour la direction des affaires municipales, l'avantage de porter un grand nom de la noblesse d'Empire. Sa femme, Anne de Contades, est issue d'une famille de noblesse plus ancienne. L'un et l'autre ont contribué par leur présence élégante à poursuivre l'œuvre des familles de la noblesse et de la grande bourgeoisie. Leur fils est entré au Cercle de Deauville où son père et son grand-père avaient été présents. C'est donc une famille conforme à l'idéal des grandes familles intéressées au devenir de Deauville qui a pu contrôler le pouvoir municipal.

La cooptation au cercle de Deauville est la règle. Un cercle n'est pas une association à laquelle il suffit de verser sa cotisation pour y avoir accès. Si bien que, le critère de la fortune étant secondaire, les familles nouvellement enrichies se trouvent écartées de fait, parfois au profit de familles aux revenus inférieurs, mais dont les quartiers de noblesse ou de bourgeoisie suppléent aux infortunes, relatives, des affaires.

Aussi, selon le comte de Jouvencel, le Cercle de Deauville est-il un des rares havres de paix pour les familles ayant un certain rang à tenir. « Être ici, précise-t-il dans l'un de ces salons auxquels la patine du temps donne un caractère un peu vieillot et dont les cercles ont le secret, c'est la tranquillité, on est chez soi, on est entre nous, on ne subit pas. Je peux vous dire que la plupart des membres qui viennent ici garent leur voiture dans la cour pour tout leur séjour et chacun va à pied du cercle au champ de courses, c'est très agréable. » Être chez soi, cela signifie « se retrouver entre gens de bonne compagnie. Avec des gens qui tiendront leur fourchette comme vous et moi, qui savent se tenir à table ». Sans doute le respect des manières de table n'a-t-il une telle importance qu'en raison de la place qu'occupent déjeuners et dîners dans l'existence sociale de ces groupes où la gestion du réseau de relations est une tâche prioritaire. Comme tous les grands cercles, celui de Deauville offre un service de restauration à ses membres qui ont le loisir d'y inviter, sous leur responsabilité, qui bon leur semble. Autre espace réservé, celui de la tribune privée à l'hippodrome, où le respect des convenances s'impose : « Aucun membre ne peut entrer dans cette tribune, tient à préciser M. de Jouvencel, s'il n'a pas une cravate. » Sans doute cette attention à ces petites choses qui font toute la différence est-elle au principe de ce qui apparaît être une constante dans la haute société : la déploration de la dégradation des manières du public qui fréquente certains endroits réputés chic. On a vu que le comité du Cercle de Deauville s'est préoccupé de la fréquentation de la station dès 1886.

Il faut la pratique commune d'une activité où se mêle la passion pour que les distances sociales puissent être suspendues, au moins provisoirement, durant le temps de l'activité elle-même. Le Deauville Yacht Club fut aussi un lieu chic. Il a fait partie des cercles mentionnés par le *Bottin Mondain*, mais il n'y figure plus en 2006. Il fut fondé en 1928, assez tardivement compte tenu de la date de création de la station. L'industriel Louis Bréguet en fut l'un des animateurs les plus actifs. Puis la composition du club s'est diversifiée. On y trouve, en 1992, des grandes fortunes, mais aussi des ingénieurs, des cadres supérieurs, voire les représentants de quelques professions plus modestes, dont un artisan charpentier. Sur 246 membres, 5 seulement portent un nom d'apparence noble, ce qui est une proportion sans commune mesure avec celle du Cercle de Deauville. La voile, comme ailleurs la vénerie, transcende les différences de classe. Si, au cercle, l'excellence sociale des membres est admise et même revendiquée comme ce qui fait la spécificité de l'institution, le président du Yacht Club se montre très soucieux de faire admettre que ce qui rassemble ses membres, c'est le goût de la mer et des bateaux. Le club a abandonné ses installations en bord de plage, à proximité du Royal, bien trop loin des quais pour de vrais passionnés de la mer. Les bateaux sont d'ailleurs les seules résidences secondaires de certains des membres, qui vivent donc, lorsqu'ils sont à Deauville, dans le confort relatif des voiliers.

Sur le terrain d'une passion commune peuvent donc se rejoindre des agents distants socialement. Les courses et le cheval en donnent un autre exemple. Le monde hippique, du côté des propriétaires, reste bien évidemment lié à la haute société. Les courses de Deauville ont été fondées en 1864 par le duc de Morny, donc tout au début de la réalisation de la station. Il y a deux hippodromes, celui de la Touques, dont 65 des 72 hectares sont situés sur la commune de Deauville, occupant 21 % de sa superficie. Pour réaliser l'autre hippodrome situé sur la commune de Clairefontaine, Deauville a dû y acheter 25 hectares. Ce sont des endroits où s'organisent la vie balnéaire et la vie mondaine, au même titre qu'au casino ou sur les terrains de golf. Grands prix, championnat de polo, ventes des yearlings, (jeunes pur-sang d'un an à un an et demi), toutes ces manifestations attirent un public nombreux et concentrent la bonne société.

Ainsi en ce 29 août 1993, jour du Grand Prix de Deauville, qui est le sommet de la saison, la firme Lancel (bagagerie de luxe) a fait installer des tentes et un buffet en plein air à côté des tribunes. Les invitées, robes de cocktails et capelines, et les invités, costumes clairs et panamas, arrivent à pied d'un parking peu éloigné où ils ont abandonné leur véhicule. De temps à autre, un hélicoptère y dépose quelques personnalités. Sous le regard amusé ou admiratif de nombreux badauds arrivés avec deux heures d'avance sur le départ de la première course pour pouvoir profiter du spectacle gratuit de cette mondaine assemblée, les invités se dirigent avec assurance vers le buffet et grignotent en bavardant et en buvant le champagne qui leur est généreusement offert. Tout cela au son d'un orchestre qui déverse des flots de musique de café-concert, et au vu de tout un public ravi par cette scène. « Ça fait huit ans que l'on vient, dit un couple très modeste. On s'arrange pour venir le dernier week-end d'août pour le prix Lancel. Notre but, ce n'est pas les courses, ce sont les toilettes. » L'épouse d'un petit agriculteur breton déclare aimer « le défilé de ces dames, les grandes toilettes, les chapeaux. Pour moi, c'est un bonheur de spectacle. Deauville, c'est quand même une renommée. Mais hier soir, c'était 1 400 francs l'entrée [213 euros : il s'agit du gala des Courses]. Nous n'étions pas de la fête, ça ne pouvait pas être des nôtres. »

De simples barrières en bois blanc, d'un mètre de haut environ, délimitent l'espace sacré, celui où le commun ne peut entrer. Mais les heureux élus, loin d'être à l'abri des regards, paraissent au contraire en représentation, offrant le spectacle rare d'une réunion mondaine et d'un déjeuner, abrité sous les tentes mais exposé aux regards. Tout se passe comme si on était là pour être vu. On se laisse photographier et filmer par la presse, mais aussi par les badauds qui profitent de l'aubaine pour fixer quelques images qui leur paraissent exotiques. Le contraste accusé entre les deux publics ne semble pas poser problème. Aux complets-veston de bonne coupe correspondent les chemisettes à carreaux, aux silhouettes épaisses et fatiguées les maintiens sveltes et élancés, soigneusement mis en valeur par des tenues ajustées : le monde du prêt-à-porter s'oppose à celui du sur-mesure. Mais tout cela se passe dans une ambiance détendue, comme si le fait de se retrouver ensemble, bien que de chaque côté de la barrière, exprimait une connivence plus forte que les divisions sociales, autour de la fête et du goût partagé pour cette atmosphère si particulière des champs de courses, où, malgré ce marquage social de l'espace, chacun ayant ses tribunes, ses lieux propres, s'exprime une sorte de communauté, temporaire mais réelle. Une atmosphère que l'on retrouve aux rendez-vous des chasses à courre, sur le Grand Prix automobile de Monaco : dans des situations où la compétition efface les différences qui renaîtront aussitôt le vainqueur désigné. Une sorte de messe sociale où les dominants et les dominés célèbrent un instant ensemble l'organisation sociale qui les a produits et les fait vivre. De ces situations sont absentes les couches sociales qui doivent leur position à leur capital scolaire. Ainsi, au cœur de l'une des stations balnéaires les plus chic, il y a place pour ces instants et ces espaces de dénégation des contradictions, ou plutôt de sublimation des antagonismes sociaux.

Cérémonies mondaines, soins apportés à la décoration florale des rues, entretien méticuleux de la plage et parasols multicolores, restauration luxueuse du casino, tout est fait à Deauville pour maintenir une atmosphère, une ambiance dignes du passé prestigieux de la station. La ville garde un cachet particulier, avec les places fleuries, le trot des chevaux au petit matin sur les pavés lorsqu'ils partent pour l'entraînement sur la plage, la débauche électrique des illuminations du casino. Mais ces efforts pour assurer la continuité trouvent leurs limites dans leur propre logique : le prestige dont les familles de la haute société dotent les lieux qu'elles ont choisis ruine à terme la valeur urbaine. Le succès mondain est bientôt suivi d'un succès plus ordinaire. La haute société et la foule ne sont guère compatibles. Deauville, comme les Grands Boulevards autrefois ou les Champs-Élysées aujourd'hui, a été submergée par une population plus diverse, qui n'appartient plus exclusivement aux plus hautes sphères de la société. Il n'y a aucun jugement de valeur à porter sur cet état de fait. Il suffit de constater qu'en ce domaine le pouvoir sur l'espace trouve sa limite dans les lois du marché : la valorisation extrême de certains espaces porte en elle-même les germes de leur évolution et de leur mutation sociale.

Les congés payés et la Sécurité sociale

Il est d'autres lieux de villégiature qui doivent leur évolution à l'État-providence et à ses politiques sociales. Les congés payés, dont l'influence ne se fait sentir que de façon marginale à Deauville, et la Sécurité sociale ont profondément affecté la physionomie de stations balnéaires et de stations thermales en autorisant leur fréquentation par des catégories sociales qui, jusqu'à ces acquis sociaux, ne pouvaient se le permettre. Lieux d'exception, les espaces aménagés par et pour la grande bourgeoisie sont donc soumis à la convoitise des prétendants, des nouveaux enrichis, mais aussi à celle de catégories sociales démunies.

ARCACHON : BORD DE MER ET VILLE D'HIVER

Il n'y a pas si longtemps, la station d'Arcachon égrenait ses villas rococo ou néogothiques, basques ou mauresques, le long du bord de mer. Dans cette diversité propre aux villes balnéaires et aux villes d'eaux du Second Empire, la grande bourgeoisie bordelaise avait ses résidences. Victime de sa célébrité et de l'agrément de son cadre, le bord de mer a vu disparaître les villas, remplacées par des immeubles sans charme, avec vue sur le bassin, vides durant de nombreux mois. Il subsiste quelques témoins du glorieux passé de la station, comme la villa Saint-Yves de la famille de Broglie. Ou comme l'imposante villa où Christel Baseden passe l'été, à quelques pas de la propriété occupée par ses beaux-parents. « Regardez, dit-elle, la villa de mes beaux-parents. Ils se sont battus pendant des générations pour la garder, mais à notre génération on sait que ce sera fini. Dans dix ans, ce sera certainement un immeuble. Il y a cinq enfants. Admettons qu'il y en ait trois qui désirent la garder. Ils doivent déjà dédommager les autres. C'est un budget faramineux. Et puis il y a les travaux. Alors il y a toujours un promoteur qui arrive au bon moment avec un beau budget et les gens plongent. On râle tous, on a toujours critiqué ceux qui se sont laissé tenter, mais on fera la même chose, on ne pourra pas faire autrement. » Sans doute aurait-il fallu que le mode de gestion des problèmes urbains soit plus collectif, comme à Maisons-Laffitte ou au Vésinet.

Le destin de la Ville d'Hiver, sur les hauteurs d'Arcachon, vient, *a contrario*, souligner l'importance de la collectivisation des mesures de défense du patrimoine, bien que d'une manière différente de ce qui se passe dans les lotissements chic de la banlieue parisienne. En effet, la défense collective du patrimoine urbain ne s'est organisée, dans la Ville d'Hiver, qu'après le départ des familles de la grande bourgeoisie, et le sauvetage des villas s'est accompagné d'un renouvellement de la population. Une bourgeoisie moyenne, qui dispose de revenus confortables mais qui n'appartient pas aux couches les plus élevées de la société, est ainsi venue remplacer les vieilles familles fortunées qui étaient à l'origine du quartier. La Ville d'Hiver est un exemple de transfert de patrimoine de la grande bourgeoisie aux classes moyennes aisées et de l'accès de ces classes au capital «spatial» de la grande bourgeoise.

Sur les hauteurs d'Arcachon, la Ville d'Hiver était destinée, en raison de la qualité vivifiante de son air, à abriter, durant la mauvaise saison, les malades atteints d'affections pulmonaires.

La possession d'une villa protégée des vents du large mais privée de perspectives marines, allait souvent de pair avec celle d'une autre résidence, préférée l'été, en bordure du bassin. Peu à peu, l'importance accordée aux bienfaits de l'air salubre et en même temps la méfiance à l'égard des vents du large décrurent et les villas de l'intérieur furent délaissées au profit de ces résidences au bord de l'eau. Si bien que, vers les années cinquante, la Ville d'Hiver était à l'abandon, de nombreuses villas étant tombées en déshérence. Il s'en fallut de peu que cet ensemble architectural exceptionnel, très représentatif de l'architecture balnéaire du siècle dernier, ne disparaisse au profit de petits immeubles d'appartements et de studios de vacances. Des commerçants, des professions libérales, des enseignants parfois, achetèrent les vieilles maisons dont l'état était souvent peu engageant. La présidente de l'association qui regroupe les nouveaux propriétaires appartient aux couches moyennes qui n'ont pas hérité d'une villa, mais qui cherchent, par un travail de restauration important, à pouvoir vivre dans des maisons au passé prestigieux. Le délabrement des villas était dû en partie au fait qu'elles furent construites très rapidement, selon des techniques de quasi-préfabrication. Une fois les terrains acquis et lotis, Émile Pereire, en homme d'affaires avisé, hâta la construction. « On utilise la technique du préfabriqué (le mot n'est pas encore inventé). Les anciens fournisseurs de la Compagnie du Midi sont mis à contribution pour la fabrication d'éléments qui sont transportés par rail jusqu'à Arcachon[17]. » Soigneusement caché par l'abondance décorative et la variété des styles, ce caractère rudimentaire du gros œuvre ne rebuta pas les nouveaux occupants qui firent de la Ville d'Hiver leur résidence principale, travaillant tous à Arcachon ou dans les environs.

Mais cette réaffectation sociologique des villas ne s'est pas faite sans difficultés, surtout lorsqu'il s'est agi de préserver l'ensemble du site. La lutte dont la villa Teresa fut l'objet est révélatrice d'enjeux contradictoires. Cette villa, l'une des plus majestueuses du lieu, élevée au milieu d'un vaste parc, fut mise en vente il y a quelques années. Elle fut acquise par un promoteur dont les intentions étaient de la raser pour libérer le terrain et construire un immeuble de 24 appartements dont la rentabilité était assurée. Mais les nouveaux habitants de la Ville d'Hiver se sont mobilisés, ils ont créé une association de sauvegarde et, avec l'appui d'associations écologiques, ils ont réussi à faire classer la villa, *in extremis*, en mars 1980, à l'inventaire supplémentaire des Monuments historiques. La villa Teresa, ainsi sauvée, fut transformée en hôtel tout en conservant son aspect et donc son charme. Bien mieux, ses nouveaux propriétaires lui ont redonné sa majesté d'antan en rétablissant les panneaux décoratifs en carrelage de céramique qui ornaient l'entrée et qui avaient été pillés, ainsi que les rampes monumentales de l'escalier d'honneur dont le bois avait servi à réchauffer des squatters frileux. Puis la Ville d'Hiver fut inscrite parmi les sites pittoresques de la Gironde, au titre de la loi de 1930. « Il y a 285 villas dans la Ville d'Hiver, précise la propriétaire de la villa Teresa. C'est comme au Vésinet, sauf qu'ici c'est une dune qui a été lotie. Nous sommes en contact avec la ville du Vésinet qui nous a fait parvenir son nouveau POS. » Mais si la même volonté de protéger des sites urbains exceptionnels est partagée, il reste que ce patrimoine balnéaire a été abandonné par la grande bourgeoisie au profit d'un autre groupe social.

BIARRITZ À LA RECHERCHE DE SON IDENTITÉ

Biarritz, victime de son succès, a subi des transformations considérables. Cette station est aujourd'hui à la recherche de son identité. Didier Borotra paraît avoir évincé le maire sortant grâce à un programme qui faisait la part belle à une réhabilitation de l'image de la station par la mise en valeur des symboles qui la situent dans un passé prestigieux. C'est ainsi que le casino, édifié en 1929 par l'architecte Alfred Lamblé, a été restauré « dans le respect étroit de l'architecture Arts déco de 1928, mais en modernisant toutes les fonctions : théâtre, salle de congrès, salle de jeu. Le casino, poursuit Michel Veunac, maire-adjoint responsable de la communication, est un peu le symbole de la philosophie qui guide la municipalité actuelle dans une volonté de développement de la ville articulant modernité et tradition ».

Pour certains, l'identité de Biarritz se construit à la Belle Époque et pendant l'entre-deux-guerres. Pour d'autres, c'est Eugénie de Montijo puis le couple impérial qui, comme Morny créa Deauville, ont lancé la station. Pour les premiers, le rôle du couple impérial à Biarritz tient plus du mythe que du référent identitaire et symbolique légitime. Les seconds regrettent que les dépliants touristiques soient trop discrets sur les origines napoléoniennes de Biarritz et militent, comme le fait la délégation biarrote des Amis de Napoléon III, qui compte une centaine de membres dans la cité, pour que la station ait au moins une avenue dédiée à l'Empereur. Il existe une paroisse Sainte-Eugénie inaugurée en 1856 et une avenue de l'Impératrice, mais rien n'est consacré à la mémoire de son illustre mari. Toutefois, ne serait-ce que par l'importance de la délégation locale des Amis de Napoléon III, le souvenir de l'Empereur est vivace dans la station. Plus qu'à Arcachon ou Deauville, où, à notre connaissance, il n'existe pas de semblable délégation. Il est vrai que le rôle de Napoléon III n'y fut qu'indirect.

En fait, à Biarritz, personne n'ignore que le magnifique Hôtel du Palais a été édifié au début du siècle à l'emplacement de la Villa Eugénie, que Napoléon III avait fait construire en dix mois, en 1854, sur un terrain très bien situé puisque surplombant l'océan. Ce qui permet aujourd'hui à la salle à manger du palace international d'offrir un panorama exceptionnel entre ciel et mer, entre rochers et écume.

C'est dans cet établissement de grand renom, racheté en 1956 par la municipalité, et dont le directeur est lui-même membre des Amis de Napoléon III, qu'ont lieu les réunions de cette association qui y donne ses conférences et ses banquets. Le souvenir napoléonien est ravivé chaque année par l'attribution du prix Napoléon III qui est décerné par la ville de Biarritz. Il est remis dans les salons de l'Hôtel du Palais sous la présidence de S. A. le prince Murat et du maire de la cité. Chaque année, les Amis de Napoléon III participent aux trois messes célébrées dans la chapelle impériale, léguée à la municipalité, à l'occasion des anniversaires de la mort de l'Empereur, de l'Impératrice et du prince impérial.

C'est encore dans le cadre somptueux de l'Hôtel du Palais qu'est donné le bal impérial dont des revues comme *L'Éventail* ou *Point de vue* rendent compte volontiers. En 1990, il était présidé par la comtesse de Barcelone, mère du roi d'Espagne, Juan Carlos. « Biarritz est internationale depuis Napoléon III, qui était, de ce point de vue, particulièrement ouvert, sa femme étant espagnole », rappelle M. Bognar, président de la délégation locale des Amis de Napoléon III. La présence espagnole est encore attestée par celle du marquis Pedro de Carvajal, qui figure sur l'une des photographies publiées par *Point de vue.* « Les invités en costume d'époque, note *L'Éventail*, ont fait revivre pour un soir les fastes et les élégances du Biarritz de Napoléon III[18]. » Ce VIIe bal impérial n'était pas donné uniquement en l'honneur du souvenir de l'Empereur et de sa famille, mais il avait aussi, comme nombre de manifestations de ce type, une vocation caritative puisqu'il fut organisé au profit de l'œuvre du Rayon vert, qui vient en aide à l'enfance malheureuse.

Selon Jean-Claude Lachnitt, secrétaire général de la Fondation Napoléon, « la vie du couple impérial n'était pas tellement mondaine et protocolaire à Biarritz. L'Impératrice tenait à ce que l'étiquette de la Cour soit réduite au minimum ». Pourtant tout le gotha international était attiré par la nouvelle station. « Les Biarrots médusés verront arriver successivement la reine Isabelle d'Espagne, le roi de Wurtemberg, Léopold II de Belgique, les souverains du Portugal, le prince Jérôme Bonaparte, le prince Albrecht de Bavière, le comte Walewski, les princes de Metternich, les écrivains Prosper Mérimée et Octave Feuillet, sans oublier l'illustre Bismarck, le chancelier de fer qui poursuit une idylle avec la charmante princesse

Orloff[19]. » On voit que le succès de Biarritz doit beaucoup à l'attachement que le couple impérial lui voua.

Cette querelle autour de l'identité à donner à la station, à mettre en avant, est étroitement liée aux enjeux quant à son avenir. La recherche emblématique d'un passé chargé de prestige, le rappel des heures de gloire d'une station où séjournèrent les grands de ce monde, sont sans doute autant de moyens de signifier l'exceptionnalité d'un lieu dont la pression touristique, devenue massive, risque de ruiner l'attrait pour les catégories sociales qui en avaient fait l'un de leurs lieux de prédilection.

Deauville, Arcachon, Biarritz : ces trois exemples montrent combien l'infrastructure balnéaire des côtes françaises est liée au développement économique du Second Empire. Coïncidant avec l'apparition de la mode des bains de mer et avec la réalisation du réseau ferré, des bases solides étaient ainsi lancées pour enraciner la vocation touristique du littoral. Un développement qui, à travers les hésitations et les inflexions de l'histoire, ne devait pas se démentir jusqu'à nos jours. À ces exemples balnéaires, il faudrait, pour être complet, ajouter ceux des stations thermales et des stations de montagne. Le Second Empire modela ainsi nombre des dimensions touristiques du territoire national.

LES STATIONS THERMALES : ENGHIEN-LES-BAINS ET VICHY

Si l'instauration des congés payés a eu sa part dans l'évolution de Deauville, d'Arcachon et de Biarritz, en permettant, à des catégories qui jusqu'alors n'en avaient guère la possibilité, de fréquenter le bord de mer, la Sécurité sociale eut pour effet de modifier la fréquentation des villes d'eaux. Il en fut ainsi à Vichy et, dans une moindre mesure, à Enghien-les-Bains, dont le rôle thermal n'atteignit jamais le même renom.

Au début du XIXe siècle, Enghien devient une ville d'eaux à la mode pour les Parisiens qui en sont si proches. Située au nord de Gennevilliers et d'Épinay-sur-Seine, elle est aujourd'hui enserrée dans une banlieue ouvrière et industrielle, et constitue, comme Le Raincy, une enclave bourgeoise en terre populaire. Ce n'était pas le cas au début de son succès, lorsque le petit hameau, alors isolé, était envahi l'été par les familles aisées qui venaient chercher sur les bords de son lac un peu de fraîcheur dans leurs résidences que l'on n'appelait pas encore secondaires. La station thermale de Paris fut créée en 1821, à l'initiative de M. Peligot, administrateur de l'hôpital Saint-Louis. La gare, inaugurée en 1846, permit aux curistes et aux visiteurs d'affluer dans ce nouveau lieu de villégiature. Enghien obtint le statut de commune à part entière peu après, en 1850. Il fallut encore attendre un demi-siècle pour la mise en service de l'hippodrome, en 1879. Un premier casino fonctionna à partir de 1901, l'établissement actuel, au bord du lac, datant de 1934. La station semble avoir démarré lentement et n'avoir atteint son rythme de croisière que progressivement. Il est vrai qu'elle ne fit pas l'objet d'une opération d'urbanisme concerté comme Deauville, ou encore comme Maisons-Laffitte ou Le Vésinet. L'apogée de la station est peut-être atteint vers 1936. À cette date, 15 familles recensées dans le *Bottin Mondain* donnent Enghien-les-Bains, Seine-et-Oise, comme lieu de résidence, ce qui est beaucoup, puisque l'on compte 22 mentions pour Maisons-Laffitte et 37 pour Le Vésinet, mais beaucoup moins et le plus souvent pas du tout pour de nombreuses autres communes.

Encore aujourd'hui, Enghien demeure un espace chic, avec son casino et son théâtre, son palace, qui font partie de la même chaîne Lucien Barrière que les établissements de Deauville. À partir de 1968, semblable en cela aux autres communes bourgeoises de la banlieue parisienne, comme Maisons-Laffitte,

Le Vésinet ou Neuilly, Enghien voit sa population diminuer : elle passe de 12 000 habitants en 1968 à 9 735 en 1982 pour remonter à 10 368 au dernier recensement. Les villes voisines, Deuil-la-Barre en particulier, ont, elles, connu une croissance soutenue et régulière. Il est vrai que, « pour les ménages de revenus modestes ou moyens, il a toujours été difficile de trouver un logement à Enghien[20] ». Pourtant, si la commune possède encore aujourd'hui les attributs d'un lieu de villégiature chic, avec son palace qui fait face au lac d'une superficie de 44 hectares, son casino et son hippodrome, elle fait aussi figure de ville moyenne avec ses fonctions multiples. Sa fonction résidentielle affirmée est doublée aujourd'hui d'une fonction commerciale dont l'influence déborde les strictes limites communales. La fonction médicale demeure, avec l'établissement thermal qui accueille plusieurs milliers de curistes par an, l'exploitation des eaux sulfurées étant d'ailleurs la condition légale du maintien de l'exploitation des jeux, d'où l'intérêt du groupe Barrière pour le thermalisme[21]. Mais cette fonction médicale s'est démocratisée avec la prise en charge des cures par la Sécurité sociale. De même, compte tenu de l'environnement immédiat et de l'insertion de la commune dans une banlieue peu favorisée, la fréquentation de loisir s'est développée et socialement diversifiée.

Malgré les spécificités liées à son environnement urbain, l'évolution d'Enghien est tout de même similaire à celle d'autres villes d'eaux, et singulièrement à celle de Vichy. Selon le docteur Pilloy, qui a exercé comme médecin dans cette ville, cette station a retrouvé son statut premier, perdant celui de lieu de villégiature qui s'y était greffé. Les grands palaces, dont l'un abrita le gouvernement de Vichy, ont été fermés, vendus et transformés en appartements. Pour ce médecin, la décolonisation n'a pas été pour rien dans ce déclin : « La clientèle s'est complètement modifiée avec la disparition des colonies. Car les coloniaux venaient en nombre à Vichy pour soigner leur foie gonflé par le pastis [...]. Vichy ne vit aujourd'hui que grâce aux gens pris en charge par la Sécurité sociale. Et c'est une clientèle qui dépense peu. » À Vichy, comme à Biarritz, il y a des luttes symboliques qui visent à affirmer telle ou telle image de la station. L'association des Amis de Napoléon III y est également très active, bien que moins fournie en membres.

Ayant pris sa retraite à Anglet, près de Biarritz, le docteur Pilloy expérimente dans sa nouvelle résidence, un appartement aménagé dans une vaste villa ayant appartenu à une riche famille sud-américaine, les Santos-Suarez, une évolution semblable, celle d'une relative démocratisation des stations balnéaires comme des stations thermales. Les Santos-Suarez, qui donnaient dans leur demeure des fêtes auxquelles assistait le roi Farouk, se sont ruinés au casino, rappelle Mme Pilloy. Le parc a été loti, et comme à Deauville, Arcachon, Vichy ou Enghien, la densification s'est accompagnée de profonds changements dans la population, qu'il s'agisse de résidents permanents ou de familles en villégiature.

Il semble que l'élément fort de ces évolutions réside dans le bouleversement du thermalisme, consécutif à son accessibilité aux catégories sociales modestes à travers les prises en charge par les systèmes de protection sociale, et dans la pression touristique irrésistible liée à la généralisation des congés payés. S'il est vrai que ces lieux de vacances, de loisirs ou de repos créés par la haute société constituent bien un patrimoine sous une forme collective, les acquis sociaux des travailleurs modestes, et même des classes moyennes, conduisent à une remise en question des privilèges spatiaux de la grande bourgeoisie.

Mais celle-ci n'est pas sans ressources : la thalassothérapie est arrivée à point nommé. Ce nouveau type de soins ne concernait que 150 000 curistes contre

600 000 pour le thermalisme à la fin des années 1980. Malgré sa non-prise en charge par la Sécurité sociale, la thalassothérapie a vu sa fréquentation atteindre 350 000 curistes alors que ceux du thermalisme stagnaient (546 000 en 2003). Ainsi congés payés et Sécurité sociale sont-ils au principe d'une évolution des lieux privilégiés. On retrouve dans les espaces chic cette sorte de malédiction urbaine qui veut que les lieux à la mode, les lieux de la richesse et de la vie mondaine, soient très régulièrement l'enjeu de rivalités, de luttes pour leur appropriation[22].

DE JEUNES OUVRIERS À LA CONQUÊTE DE LA CÔTE D'AZUR

Outre les processus généraux de démocratisation des stations balnéaires ou thermales, rendues plus accessibles par les acquis sociaux, des revendications explicites sur les espaces les plus enviables ont pu, çà et là, menacer de remettre en cause le monopole de fait des hautes classes. Ainsi, dans les années cinquante, un mouvement de jeunesse a pu faire du slogan « La Côte d'Azur à la portée de tous » un mot d'ordre qui a eu des conséquences concrètes.

Les CLAJ (Clubs de loisirs et d'action de la jeunesse), un mouvement né dans le sillage de celui des Auberges de jeunesse, d'inspiration progressiste et un moment chrétienne, se portèrent acquéreurs en 1952 d'une vieille villa blanche abandonnée, entre Nice et Monaco, à Cap-d'Ail, au bord de la Méditerranée, l'une des localisations les plus recherchées de la Côte d'Azur. Cette villa fait partie des 1 956 résidences qui, de Saint-Tropez à Menton, jouissent du privilège d'avoir les pieds dans l'eau[23]. La villa acquise par les CLAJ est bien entendu environnée de demeures plus luxueuses les unes que les autres. Celle, si justement baptisée « Le Grand Large », ouvre de tous côtés sur la mer. Utilisant le marbre blanc avec abondance, elle abrite une grande fortune étrangère et offre dans son jardin de deux hectares une piscine dont le trop-plein se déverse en cascade dans la mer. La lointaine propriétaire de la villa des CLAJ, Mme Théodora de Janotta, résidait au Brésil et devait peu se soucier de la personnalité de ceux qui achetèrent cette maison couverte de lierre. C'est alors la pacifique invasion des jeunes ouvriers et ouvrières qui entreprennent la remise en état des lieux. « De tous côtés surgissent les "millionnaires du dimanche" comme les appellera Enrico Macias quelques années plus tard [...]. Sur les murs, papier de verre et couteaux de peintres grattent les lambris de plâtre rose et toutes les écailles du passé, le passé snob et nostalgique de la Côte d'Azur des princes russes, des lords anglais, des fortunés de la guerre et des trafics, des vieilles Bugatti et des casinos rococo[24]. » Les jeunes qui mènent cette opération sont souvent de la région. Ils estiment avoir droit eux aussi, au bord de mer, à ce « coin paradisiaque ». Après la remise en état des lieux, ils savoureront le « plaisir suprême de pouvoir glisser dans cet écrin de résidences luxueuses sa propre réalisation populaire et joyeuse ». Plaisir de l'interdit, d'accéder à l'inaccessible. Mais qui ne va pas sans soulever les protestations indignées de certains voisins, affolés encore aujourd'hui par cette promiscuité qu'ils avaient justement voulu fuir en s'établissant dans ces lieux privilégiés. Les jeunes des CLAJ semblent avoir été sensibles aux différences d'attitudes entre grande bourgeoisie et ceux qui étaient peut-être de nouveaux enrichis. « Les voisins célèbres restent discrets. Winston Churchill, Boussac, nous ne les verrons jamais ! Sacha Guitry, grand seigneur, refusera de signer des pétitions contre la villa Thalassa, relais international de la Jeunesse. Les autres, roquets de la fortune, pingres de la renommée, s'agiteront dans tous les sens, avec à leur tête le maire promoteur et agent immobilier. Les classes intermédiaires sont toujours les plus acharnées à défendre leur lopin de propriété[25]. »

L'opération sera rééditée en 1956. Cette fois, les CLAJ acquièrent « une magnifique villa appartenant à la marquise du Boisgelin ! La villa Sperling est située dans ce quartier haut de gamme de Cimiez, qui jouxte les hauteurs du Regina Palace [à Nice][26]. »

Toutefois c'est plutôt sous la forme de ce qui a été appelé « les châteaux du social » que le processus se prolongera[27]. Une partie du patrimoine des familles fortunées sera ainsi vendue à des municipalités, comités d'entreprise et autres mutuelles qui en feront des lieux de vacances, de soins ou de convalescence. Il n'est pas indifférent que ces activités socialement très marquées viennent s'implanter dans les lieux dont ce n'était pas la destination. On ne saurait réduire à une fonctionnalité douteuse, même si l'espace disponible est un aspect qui facilite ces installations, le choix de ces bâtiments. Il y a aussi des effets symboliques dans de telles localisations.

On retrouve ainsi, d'une autre façon, des difficultés inhérentes au maintien dans leur intégralité des patrimoines immobiliers des familles fortunées. Que ce soit le château de famille, ou la villa du bord de mer, des pressions diverses mettent en cause la transmission de ces biens. Du point de vue des lieux de villégiature, la question se pose de savoir si de nouvelles régions ont été investies par ces familles. Un quartier sur les hauteurs de Marbella, telle station suisse, tel village de Sardaigne, semblent jouer aujourd'hui un rôle important dans la localisation de ces lieux de villégiature. Par ailleurs Biarritz et Monte-Carlo ont encore de beaux restes.

Au-delà de ces vicissitudes sur les lieux de séjour ou les maisons de famille, c'est la permanence d'une partie importante du patrimoine qui est en jeu, d'autant plus importante qu'il s'agit de ce qui n'a pas de prix, c'est-à-dire de ce qui soutient la mémoire familiale, constitue les fondations de son capital symbolique et supporte donc toutes les autres formes de capitaux.

Ces difficultés affectent également les espaces de loisirs que les hautes classes ont toujours su se préserver. Ces patrimoines de « villégiature » peuvent représenter une part importante du patrimoine de jouissance. Car, à la manière du château, les demeures familiales du bord de mer sont les écrins dans lesquels sont pieusement conservés les souvenirs enchantés de l'enfance. Mais aussi ceux de la vie familiale et mondaine des longs séjours balnéaires. Aux gains affectifs sont mêlés les gains symboliques de résidences dans des cadres exceptionnels et qui bénéficient en outre d'un environnement social hors pair. Là encore il y a un effet de griffe et la valeur de la résidence de vacances dépend aussi, comme dans les beaux quartiers parisiens ou les lotissements de la banlieue ouest résidentielle, de la qualité sociale d'un voisinage trié. Maintenir de tels espaces au niveau de perfection urbaine atteint représente un travail social qu'il serait vain de vouloir mener individuellement et qui, même pris en charge collectivement, n'est pas toujours couronné de succès.

CHAPITRE VIII
Le devoir de transmettre

Le maintien du patrimoine au sein de la famille au fil des générations ne va pas de soi. Tout un travail est nécessaire, avec des stratégies symboliques et économiques spécifiques visant à maintenir, à retransmettre ce qui a été reçu et à transmettre ce que l'on a soi-même acquis. Selon D. Kessler et A. Masson, l'altruisme intergénérationnel est rare, les legs de précaution étant plus fréquents que les legs de transmission : ce qui est hérité relève de l'épargne de prévoyance des légataires plus que d'une accumulation destinée à être léguée. Mais il existe un « noyau dur restreint de transmetteurs » dont le recrutement se limite pratiquement aux ménages les plus aisés[1].

La transmission des biens n'est pas seulement la transmission d'un patrimoine mais aussi la transmission d'un rapport social. « Ce qui institue l'institution de l'héritage, c'est la transmission d'un rapport ; *elle est rapport de transmission d'un rapport*[2] », ce qui signifie que l'héritier doit être apte à hériter, que l'héritier doit même être capable d'être hérité par son héritage. La transmission de biens importants constitue un processus collectif, un ensemble de négociations entre les générations, entre les parents et les enfants. C'est l'une des raisons pour lesquelles les « nouveaux riches » sont l'objet de la suspicion des familles anciennes car ils n'ont pas encore fait la preuve de leur capacité à transmettre ce rapport. « La richesse est intrinsèquement honorable et confère l'honneur à son propriétaire. Par un surcroît de raffinement, il y aura désormais plus d'honneur à posséder une richesse transmise par des ancêtres ou d'autres prédécesseurs qu'à en acquérir par ses propres efforts[3]. »

La transmission des patrimoines sera saisie ici comme rapport social et comme processus collectif au sein du groupe familial. Les chapitres précédents ont insisté sur le fait que, dans les grandes familles, l'individu n'est pas considéré en lui-même, mais en fonction de sa place et de son rôle dans la structure familiale. Il n'est qu'un élément d'un tout qui le transcende[4]. Ce qui importe, c'est la pérennité de la famille, même si au fil des générations il peut se présenter des héritiers mal préparés ou inaptes à assumer leur charge. Il faut donc utiliser avec prudence les contre-exemples qui viennent à l'esprit, tant la possibilité de récupération du système est importante. On connaît le cas de Wittgenstein qui, ayant renoncé à son héritage, considérable, en fit bénéficier ses sœurs et son frère, assurant ainsi la continuité collective, bien que la lignée individuelle fût rompue. Mais si la dimension économique de la transmission fut refusée, les aspects moraux et culturels semblent ne pas avoir pu l'être. Le projet paternel, lui aussi construit à partir d'une rupture, fut d'une certaine façon assumé par un fils qui en a intériorisé l'essentiel. Il n'est pas si aisé de refuser d'être l'enfant de ses parents et la volonté de rupture affichée n'est pas toujours la garantie d'une critique conséquente de ce qui est transmis[5].

Don, contre-don et contrat entre les générations

Dans la majorité des familles françaises, on n'aborde guère le sujet de l'héritage. Le silence peut s'expliquer, dans les milieux les plus modestes, par le fait qu'il n'y a rien à transmettre ou si peu... Dans les milieux intermédiaires, les couches moyennes des villes, il semble qu'il y ait une très grande dénégation de la transmission des quelques biens à hériter. « L'absence de parole sur l'héritage, affirme Anne Gotman, résulte en premier lieu de ce que sa perspective est strictement associée à l'événement même de la mort [...]. Mort, convoitise et soumission, telles sont les principales raisons du silence familial qui impose aux héritiers une absolue discrétion non seulement verbale, mais également de pensée. Il est une règle qui fait l'unanimité quant à la perspective de l'héritage : celle-ci ne doit pas être, un héritage ne s'attend pas. Mieux, on ne s'y attend pas. L'héritage ne se présente pas sous la forme d'un interdit mais d'une non-pensée[6]. » Aussi peut-on voir une analogie entre l'héritage et l'échange symbolique effectué sous la forme du don et du contre-don selon le modèle exposé par Marcel Mauss[7]. Le respect et l'amour filial, qui sont moralement dus aux parents constituent le contre-don indispensable à une transmission sans culpabilité après le décès d'êtres chers. Le don des parents, posthume, ne peut être reçu sereinement sans le contre-don anticipé de l'amour filial et donc sans que soit tue la perspective incontournable de la mort et de l'héritage. La relation est enchantée : la mort et la transmission vont de soi, mais on évite de traiter de cette question. C'est là l'une des propriétés de l'économie des échanges symboliques : « C'est le *tabou de l'explicitation* (dont la forme par excellence est le prix). Dire ce qu'il en est, déclarer la vérité de l'échange, ou, comme on dit parfois, "la vérité des prix" (quand on fait un cadeau, on enlève l'étiquette...), c'est anéantir l'échange. On voit en passant que les conduites dont l'échange de dons est le paradigme posent un problème très difficile pour la sociologie, qui, par définition, explicite : elle est obligée de dire ce qui va de soi et qui doit rester tacite, non dit, sous peine d'être détruit en tant que tel[8]. » L'héritage est donc en général un échange qui va sans dire.

LE MAILLON DE LA LIGNÉE

Il en va autrement avec les riches héritiers. Le respect des ancêtres, le devoir de transmettre à son tour, le fait de se vivre comme le maillon d'une lignée, se sentir n'être que l'usufruitier de biens qui, au fond, ne vous appartiennent pas, dont vous n'êtes que le dépositaire, tout cela ne se vit pas spontanément sur le mode de l'évidence et doit s'apprendre. Au point que Jean d'Ormesson, dans sa préface à l'autobiographie de Victoire de Montesquiou, affirme que « c'est un terrible handicap d'être né dans tant de passé[9] ». Car ce passé, il faut l'assumer, savoir s'en montrer digne. Thierry de Valréal se dit incapable de faire sortir de la famille, par leur vente, les tableaux et le château dont il a hérité. « Quand je regarde tous ces biens, je ne pense pas une minute à l'argent, je ne mets pas de valeurs sur tous ces objets. » Patrice Fustier et sa femme Hélène de Nervaux-Loÿs sont copropriétaires du domaine de Courson en Île-de-France. Comme nombre de châtelains ou de propriétaires de monuments historiques, propriétés de la famille depuis plusieurs générations, ils se sentent « responsables d'un dépôt avec Courson, qui nous est confié mais qui n'est pas vraiment nôtre. Notre parc est le produit de six générations d'amateurs de jardins ».

Le marquis François des Monstiers pense qu'il a pris conscience d'être le maillon d'une lignée dès l'âge de sept ou huit ans. « Parce qu'on me disait de la maison : “Tu sais, elle n'est pas à toi, on te la prête. Il faudra que tu la laisses derrière toi.” Nous ne sommes jamais propriétaires, conclut-il, alors âgé de quatre-vingt-deux ans, nous ne sommes que locataires mais nous sommes responsables de ces biens, le temps où

Dieu nous prête vie. C'est une charge morale très lourde que j'ai ressentie avant même d'être propriétaire de cette maison, car c'est une notion que l'on m'avait inculquée très jeune.» Alors qu'il s'agit d'un château Renaissance, M. des Monstiers parle, comme d'ailleurs les aristocrates du Jockey Club dont il est membre, de maison. «Dans des familles comme les nôtres, explique-t-il, on ne parle jamais de château mais de maison, parce que, justement, c'est le côté familial qui prime. Mes parents ont ainsi fêté en 1928 le sept-centième anniversaire de notre maison, puisque l'acquisition de cette propriété par notre famille remonte aux environs de 1228. Elle est restée dans notre famille de mâle en mâle jusqu'à aujourd'hui.» La maison est l'objectivation, la matérialisation de la lignée, le lieu privilégié de l'accumulation du capital familial, forme spécifique du capital social[10]. Cette inscription de la lignée, cristallisée dans la maison, est aussi, de façon symbolique, une certaine maîtrise du passé et de l'avenir que bien peu de groupes sociaux peuvent envisager.

La paysannerie est l'un des rares milieux à partager ce privilège avec l'aristocratie et la grande bourgeoisie ancienne. La monographie d'une famille de paysans des Pyrénées, les Mélouga, que Frédéric Le Play a réalisée à Cauterets, en août 1856, montre que grâce à tout un travail de socialisation et d'inculcation auprès des enfants, dès le plus jeune âge, la maison de la famille Mélouga et ses propriétés agricoles se sont perpétuées dans leur intégralité de génération en génération. Car, selon Le Play, «le bien est toujours transmis à l'aîné des enfants (garçon ou fille)». La maison reste ainsi associée au nom de la famille Mélouga, dans une imbrication forte entre le capital économique, lié aux biens, et le capital symbolique, accumulé autour du nom de la famille, puisque même lorsque l'aînée est une fille, son prétendant, pour l'épouser, doit accepter d'en porter le nom. Les autres enfants peuvent rester célibataires à la maison et contribuer au travail domestique et agricole, ou partir moyennant une dot. « À quelques nuances près », comme dit Le Play, seuls des moyens légaux sont mis en œuvre pour conserver ainsi le patrimoine dans son intégralité au sein de la famille. Cela n'est possible que parce que « chaque membre d'une communauté, appréciant de bonne heure les avantages qui s'attachent à la conservation d'un bien patrimonial, subordonne à ce sentiment toute sa conduite et se prête avec déférence aux intentions du père de famille[11] ». L'objectif de cette monographie de la famille Mélouga, comme exemple de la famille-souche dont l'extension semblait à Le Play le moyen le plus efficace de lutter contre la montée de l'individualisme et la désorganisation sociale grandissante, est de montrer à Napoléon III les méfaits du Code civil de 1804 liés à l'obligation de partager les biens familiaux de manière égalitaire entre les enfants. Sur ce point, Le Play a dû bénéficier de l'accord des familles aristocratiques et en tout cas en bénéficierait aujourd'hui, tant leur ressentiment est vif à l'égard de cet aspect du code.

Les travaux de Pierre Bourdieu sur « le célibat et la condition paysanne » dans le Béarn montrent que, encore au milieu du XXe siècle, nombre d'aspects du système de transmission à la faveur de l'aîné se maintiennent. « La compensation accordée aux cadets n'est qu'une concession forcée à l'impératif de l'équité, la coutume successorale privilégie résolument la sauvegarde du patrimoine, octroyé à l'aîné, sans que soient sacrifiés, comme autrefois en Angleterre, les droits de cadets[12]. » « À la fois lignage et patrimoine, ajoute P. Bourdieu, la maison, “la maysou”, demeure, tandis que passent les générations qui la personnifient[13]. » De même, les travaux d'Élisabeth Claverie et Pierre Malmaison sur le Gévaudan[14] ou les observations que nous avons pu faire en Pays basque français tendraient à prouver la prégnance de ce système de transmission préciputaire dans le sud et surtout le sud-ouest de la France, où l'aîné (ou celui qui est désigné comme tel dans le cas du Gévaudan) doit à la fois gérer la maison, et les activités qui lui sont liées, sur le plan matériel et défendre l'honneur de la famille et de la maison, cette fois, sur le plan symbolique.

La capacité à concevoir l'avenir sur le long terme apparaît tributaire de la possibilité de faire référence à un passé, aussi riche et lointain que possible. La demeure grande-bourgeoise ou aristocratique est, de ce point de vue, un véritable sanctuaire du passé familial : Mémoires non publiés mais précieusement conservés, vieux livres, collections, meubles, bijoux, portraits de famille, œuvres d'art, bibelots, tout fait sens car tout a une histoire. « Quand le rapport métaphorique de la demeure et du domaine à la famille qui y vit, y a vécu et y vivra est le plus étroit, quand on peut parler indifféremment de grande famille ou de grande maison, le terme en vient à désigner simultanément la demeure matérielle et la présence permanente dont elle est le lieu et le symbole », écrit Marc Augé[15]. Cette ambivalence du terme « maison », qui peut désigner la construction ou ceux qu'elle abrite, le bâtiment ou la famille qui y vit, a été notée par Émile Benveniste qui relève la tendance généralisée dans le monde indo-européen « à identifier le groupement social avec son habitat matériel », d'où les contaminations qu'il observe entre les deux racines, pourtant distinctes, *dem-* - (famille) et **dem*(∂) (bâtir)[16]. Mais cette histoire, cette inscription de la mémoire familiale dans un lieu, il faut la poursuivre, c'est une des acceptions de « noblesse oblige ». Ce devoir de poursuivre ce que les ancêtres ont légué est d'ordre économique – il s'agit de biens aux valeurs vénales élevées –, mais aussi d'ordre symbolique et affectif.

Si les notions de don et de contre-don peuvent être utiles pour comprendre le jeu et les enjeux entre les générations dans la plupart des groupes sociaux, il en va autrement dans les hautes classes où la transmission inéluctable n'est ni déniée ni euphémisée. Certes, il y a bien un acte social qui s'apparente au don en ce sens que ce qui est transmis paraît l'être sans contrepartie et sans être dissociable de la personne du donateur. Des expressions usuelles comme les « biens de famille » ou le « vase de ma tante » en témoignent[17].

En matière d'héritage, le don/contre-don s'établit dans une relation interpersonnelle forte, comme l'écrivent F. Bloch et M. Buisson : « Que le donataire se sente accepté comme sujet dans ce "quelque chose de soi" qui passe dans le don, alors il recevra celui-ci comme une invitation à donner à son tour. Que le donataire sente, au contraire, que le don ne lui est pas vraiment destiné, qu'il n'est pas vraiment reconnu par le donateur comme une personne ayant sa propre subjectivité, alors il s'esquivera, refusera la relation dont il se sent prisonnier : ce qui, dans le cadre familial, n'est pas toujours simple[18] ! » Toute l'éducation, dans les grandes familles, prépare explicitement à ce passage du relais. Il y a beaucoup à transmettre, économiquement et symboliquement ; l'explicitation est incontournable. Il importe que le don soit bien reçu et qu'il puisse générer le contre-don, c'est-à-dire la perpétuation du nom, la permanence de la lignée. D'où la nature contractuelle du rapport entre les générations plutôt que la tonalité du don/contre-don, dont la relation enchantée parce que déniée ne saurait satisfaire aux exigences complexes de ces transmissions exceptionnelles par leur volume et leur composition. Les services bancaires de gestion de fortunes viennent aussi renforcer le niveau d'explicitation des transmissions entre générations. « Nous savons, écrit la Banque

Paribas dans un texte publicitaire paru dans *Le Courrier du Jockey Club*, que nous n'avons pas été indignes de notre mission lorsque nous entendons un fils se féliciter de la gestion de son père… qui, en fait, était un peu celle de notre banque. »

Dans le documentaire télévisé consacré à la famille La Rochefoucauld[19], la duchesse de Liancourt expose les méthodes éducatives qu'elle met en œuvre pour préparer son fils, François-Xavier, à hériter du titre et du château des ducs de La Rochefoucauld : « Nous essayons de l'élever de manière simple. Il y a deux facettes dans son éducation. Il y a tout d'abord la vie quotidienne avec la valeur d'exemple de ses parents, mais il y a un plus, car il va falloir qu'il apprenne qu'il fait partie d'une famille qui a mille ans. C'est pourquoi nous lui avons choisi pour parrain Jean-Dominique de La Rochefoucauld, l'historien de la famille. Nous comptons beaucoup sur lui pour lui apprendre ce qu'était sa famille et pour qu'il assure la continuité. » Quand il y a gros à hériter, les injonctions formalisées et les discours moralisateurs sont très présents. Entre les générations, dans les milieux dominants, la structure de l'échange n'est pas refoulée, elle est explicitée au niveau individuel et au niveau collectif. L'inculcation de valeurs morales et culturelles n'est pas incompatible avec le fait que l'on donne à voir le calcul suivant : « On te donne, tu dois recevoir mais tu devras rendre, tu n'es qu'un usufruitier. » Il est possible d'étaler au grand jour la réalité du rapport, d'expliciter les tenants et les aboutissants de l'héritage, et même les conséquences de la mort des parents, parce qu'il ne s'agit jamais de recevoir seulement un legs. Celui-ci est en même temps une charge, un devoir, celui d'assurer le passage du relais à son tour et de faire en sorte que puisse survivre la lignée dans l'immortalité apparente du patrimoine matériel et symbolique. Le groupe des pairs, noblesse ou grande bourgeoisie, veille à ce que les héritiers remplissent bien leur mission et ne dérogent pas. Le fils prodigue constitue une figure symétrique et tout autant abhorrée que celle du nouveau riche.

Selon l'article 578 du Code civil, « l'usufruit est le droit de jouir des choses dont un autre a la propriété, comme le propriétaire lui-même, mais à la charge d'en conserver la substance ». Et le propriétaire, en l'occurrence, c'est la famille dans sa durée, la lignée dans sa réalité transcendante.

LES VIVANTS ET LES MORTS

Pour qu'il y ait transmission et réception de l'héritage dans de bonnes conditions, la croyance dans la lignée est indispensable, et même une certaine idéalisation, voire une « sacralisation » de la famille qui doit être vécue comme source d'enchantement. « Pourquoi, demande Christiane de Nicolay-Mazery dans l'introduction de son livre, *La Vie de château*, ai-je voulu vous entraîner avec moi à travers la campagne française tout au long d'une année ? Non pas pour vous montrer des demeures historiques, mais pour vous faire partager l'intimité de maisons que j'ai aimées, des maisons de famille, conservées de génération en génération, où chacun a laissé son empreinte. Des maisons qui réchauffent le cœur, douces à ceux qui naissent à la vie, apaisantes à ceux qui s'apprêtent à la quitter[20]. » La mort est dans la vie, mais inscrire sa propre disparition dans la logique de la lignée permet de l'assumer avec plus de sérénité. « J'ai intériorisé très jeune, grâce aux photos que je découvrais dans les archives familiales, que la succession des générations est un processus irréversible, confie Christiane de Nicolay-Mazery. Je regardais tel oncle ou telle tante à cinq ans, puis le jour de son mariage et enfin sur son lit de mort. Quelques instants plus tard, je retrouvais une grand-mère ou une arrière-grand-mère fixées ainsi par le photographe aux différents âges de la vie.

J'intériorisais ainsi l'inéluctabilité des cycles de la vie et leur apparente ressemblance. » La familiarité avec les générations antérieures varie selon les milieux sociaux. Il se peut que la mémoire soit proportionnelle à l'importance des patrimoines. Sous une forme ramassée et donc simplificatrice, on peut admettre que la misère fait vivre dans l'immédiateté et l'opulence dans l'éternité. Ce qui n'est pas l'un de ses moindres charmes.

Les familles les plus riches organisent de leur vivant au moins une partie de leur succession. Selon Anne Laferrère et Luc Arrondel, d'après une étude réalisée à partir d'un échantillon des déclarations de succession de l'année 1987, « au sein des 1 % les plus riches, près d'une succession sur trois est répartie inégalitairement. Les gens fortunés semblent donc organiser leur "succession" en partie de leur vivant et fixent plus souvent que les autres ménages les parts destinées à chaque héritier (en dehors de ce qui leur est *réservé* par le droit)[21] ».

La transmission des biens matériels au sein d'une même famille entre les générations doit permettre à chacun de reprendre le flambeau comme dans une course de relais, chaque coureur étant en permanence confronté à la double nature, économique et symbolique, des biens hérités. De quasi-techniques pédagogiques préparent aux échéances inéluctables. Les livres de raison, cahiers sur lesquels les chefs de famille successifs consignent événements, réflexions et conseils à l'usage des futures générations, constituent de véritables manuels du parfait héritier. Thomas Mann fait jouer à celui des Buddenbrook un rôle important dans la formation de son héroïne. « Elle se grisait de l'importance avec laquelle l'on traitait ici des événements les plus modestes, de l'histoire de la famille… La tête dans ses mains, elle appuya ses coudes et elle lut avec une dévotion croissante, fière et grave. Tout son passé à elle, pourtant si restreint, s'y déroulait au complet. Sa naissance, ses maladies d'enfant, sa première classe, son entrée au pensionnat de Mlle Weichbrodt, sa première communion… Tout était consigné par le consul, de sa petite écriture cursive de commerçant, minutieusement, avec un respect presque religieux de l'événement en soi : le moindre d'entre eux n'était-il pas issu de la volonté d'un Dieu qui avait merveilleusement dirigé les destins de la famille ?… Qu'allait-il être rapporté à l'avenir, à la suite de son nom, ce nom qu'elle avait reçu de sa grand-mère Antoinette ? Tout cela serait lu par les membres futurs de la famille avec la même piété qu'elle éprouvait à suivre maintenant les événements passés[22]. »

La catégorie même d'*ancêtre* est à constituer, elle ne va pas de soi : il faut que tout un travail de deuil ait pu s'effectuer dans de bonnes conditions pour que le mort devienne ancêtre, comme le dit si justement Marc Augé. « Lorsque le mort est devenu ancêtre, l'héritage peut redevenir patrimoine transmis et à transmettre, l'identité s'ancrer simultanément dans l'évidence des ascendants et des descendants, du passé recomposé et du futur antérieur : dans l'image des autres en tous les cas[23]. » La place attribuée à la mort dans les grandes familles anciennes contribue à faire des morts des ancêtres. La mort n'est pas tout à fait la même, subjectivement, c'est-à-dire aussi socialement, lorsqu'elle vient prendre place dans la succession des générations. De votre vivant, vous savez que votre souvenir sera célébré de multiples façons, par les portraits de la galerie des tableaux de famille, par la fanfare de vénerie qui vous est dédiée et qui, sonnée à la fin d'une journée de chasse, vous fera, un instant, revivre dans la pensée des veneurs avertis et parcourir de nouveau un coin de forêt où vous avez accumulé tant de souvenirs[24]. La transmission du patrimoine est indissociable de la construction de la lignée et de la mémoire familiale. Sans patrimoine à transmettre, peu de mémoire vivante. « La mémoire des pauvres, écrit Albert Camus, déjà est moins nourrie que celle des riches, elle a moins de repères dans l'espace puisqu'ils quittent rarement le lieu où ils vivent, moins de repères aussi dans le temps d'une vie uniforme et grise. Bien sûr il y a la mémoire du cœur dont on dit qu'elle est la plus sûre, mais le cœur s'use à la peine et au travail, il oublie plus vite sous le poids des fatigues. Le temps perdu ne se retrouve que chez les riches. Pour les pauvres il marque seulement les traces vagues du chemin de la mort. Et puis, pour bien supporter, il ne faut pas trop se souvenir[25]. »

Ces liens entre les vivants et les morts se tissent dès le plus jeune âge. Christiane de Nicolay-Mazery décrit ainsi son enfance au château familial dans la Sarthe : « À travers les portraits, les objets personnels et les meubles : beaucoup de mes ancêtres s'étaient assis dans ce fauteuil, ils avaient habité cette chambre, s'étaient promenés dans cette allée… Je sentais la présence de tout un monde qui me semblait très vivant. Il y avait aussi beaucoup de lettres écrites par mes ancêtres qui étaient ainsi à la fois morts et vivants. Dans les greniers où j'aimais aller, toutes les générations se mélangeaient, je ne faisais pas de différence entre l'ancien et le nouveau. Et pourtant je n'ai connu ni mes arrière-grands-parents ni mes grands-parents, mais *ils étaient là*. Je lisais dans la bibliothèque les lettres que ma grand-mère écrivait à son mari et celles de mon arrière-grand-mère manifestant ses préoccupations pour le mariage de telle ou tel. » Pour Christiane de Nicolay-Mazery, ses ancêtres étaient actifs et elle était active vis-à-vis d'eux : « Je voulais savoir qui ils étaient. Je cherchais les ressemblances, les signes de tempérament, de caractère, le sens des responsabilités, certains traits d'humour que je retrouvais chez les vivants. » Dans le souterrain qui conduit du château à l'église du village se trouve le caveau familial « où il y avait mes grands-parents, la place future de mes parents. Il y avait déjà les “trous” pour nous». La mort est bien assumée dans la mesure où elle est présente avec les ancêtres qui se mêlent ainsi à la vie quotidienne d’une petite fille. La mort est prise en charge collectivement par la famille mais aussi par les domestiques et les gens du village. Le père de Christiane de Nicolay-Mazery est mort en 1991. Le souvenir des arrière-grands-parents immortalisés dans les motifs des vitraux l’attendait à l’église. «C’étaient six hommes travaillant sur la propriété qui portaient le cercueil. Le village était silencieux, toutes les boutiques fermées, un peu comme si on enterrait le père du village.»

Dès la naissance, coutumes et rituels plus ou moins fixés règlent l’inscription du bébé dans la lignée. «La robe de baptême est familiale, raconte Christiane de Nicolay-Mazery. Mes enfants ont été baptisés dans la robe de baptême de mon père et de ses frères, qui avait servi à ma grand-mère paternelle. Au-dessus de la robe, j’avais rajouté un petit manteau blanc qui avait été porté par mon beau-père. Le voile de la mariée est également un voile de famille, ainsi que le bijou qui tient le voile. Autrefois on utilisait aussi le même dessus de lit pour les accouchées. On le mettait pour les visites. Le drap du mort est également un objet familial, un grand drap en velours bleu marine avec des broderies en fil d’argent que l’on dépose sur le cercueil. On réhabille de génération en génération le berceau du bébé. Celui de mes enfants était une balancelle en fer forgé blanc avec de l’organdi blanc. C’était le berceau de mon beau-père, il a servi pour mes trois enfants, je l’ai gardé et il resservira.» Certes, comme pour d’autres aspects des pratiques, cette transmission, beaucoup plus chargée de sens symbolique que de valeur matérielle, se retrouve dans d’autres milieux sociaux. Les berceaux, par exemple, passent volontiers de génération en génération. Mais il est rare que cette inscription des moments forts de la vie familiale

– la naissance, le mariage et la mort – s'inscrivent avec autant de systématicité et de force dans les objets du passé, dans les symboles familiaux venus des temps anciens, inscrivant ainsi l'existence individuelle dans la longue durée. Venant se cumuler avec tout le reste, cette fétichisation contribue au culte de la famille. Il arrive assez souvent que de jeunes fiancés se présentent chez Lorenz Bäumer, joaillier de la place Vendôme, avec une perle ou une pierre qui a appartenu à une aïeule. Ils demandent au joaillier de la remonter de manière plus moderne. Le bijou, et surtout la pierre précieuse, parce qu'elle symbolise l'éternité, sont des symboles de cette durée de la famille défiant le temps.

Tout se passe comme si, dans ces rituels, ce culte de la mémoire et cette omniprésence du passé, il s'agissait de donner aux morts, le plus rapidement possible, le statut d'ancêtres, et aux vivants celui de continuateurs de la lignée. Sans doute parce que, comme l'écrit Marc Augé, « les morts sont encombrants, les ancêtres rassurent[26] ». Mais aussi parce que cette transfiguration, privilège des grandes familles qui disposent des ressources indispensables à ce culte des morts bien particulier, est l'un des éléments fondateurs du capital symbolique qui leur est propre.

Les ancêtres de la famille des Monstiers reposent dans la chapelle du château du Fraisse, mais ils sont aussi présents, peints ou photographiés, un peu partout, dans les salons, les couloirs, les salles de jeux et les chambres. Louis des Monstiers, le petit-fils aîné de l'actuel propriétaire, sera appelé à prendre la relève. Pour lui, les ancêtres sont toujours là, au point qu'il raconte volontiers à leur propos quelque plaisante anecdote. Lui aussi recherche des ressemblances entre les vivants et les morts. Le regard de ses ancêtres immortalisés sur les toiles qui ornent les murs des salons lui semble être une injonction à ne pas casser une chaîne commencée au XIIIe siècle.

Louis des Monstiers, alors âgé de vingt-sept ans, titulaire d'un DESS d'aménagement du territoire, qui, dit-il, devrait lui donner une vision plus globale et lui permettre de mieux diriger le Fraisse, est prêt. Il aime le château, berceau de sa famille, écrin merveilleux de son enfance. Il y fait toujours quelque chose, cirant les reliures des vieux livres, plantant deux rangées d'arbres pour isoler visuellement le tennis, concevant des projets de restauration pour le « vieux château », la partie des bâtiments qui date du XVe siècle. Il dit ne pas exister vraiment en tant que « Louis », mais en tant que « des Monstiers ». Le « nous » prime sur le « je ». La tradition est ainsi l'un des piliers des transmissions réussies. C'est probablement dans ces milieux enracinés dans une longue lignée que l'illusion biographique dont parle Pierre Bourdieu est la moins présente[27]. Car le poids de l'héritage est tel qu'il a le dernier mot sur l'héritier en tant qu'individu. L'héritier est avant tout hérité par un héritage fruit du travail des ancêtres, qui doit être transmis à son tour. La reprise des mêmes prénoms de génération en génération vient contester l'illusion de l'individualité. Il y a un double processus, familial, de nomination, par le prénom et par le patronyme, qui subjugue l'individualité avec, pour compensation, un gain symbolique considérable.

Car plus les déterminismes sont forts et structurants, plus ils tendent à passer inaperçus et plus, en conséquence, ils pourront être vécus positivement, comme exprimant la possibilité pour la personne de décider librement. Ce qui est encore plus vrai lorsqu'il y a harmonie entre les habitus, les systèmes de dispositions intériorisés comme une seconde nature, et les conditions de la pratique[28]. La pratique peut alors être vécue, paradoxalement, sur le mode de la réalisation de la vocation, de l'accomplissement de soi, alors même qu'elle est le produit d'un habitus parfaitement adapté aux conditions qui l'ont engendré. Louis des Monstiers est voué au Fraisse et entend bien s'y vouer et s'y dévouer dans la réalisation accomplie de ce qui est son identité, celle de la lignée dont il est issu. Poser la question de la conscience de ces déterminismes ne saurait remettre en cause cette certitude d'être là où toute l'histoire familiale vous incite à être. Le sentiment de liberté et de plénitude dans la conduite de son existence ne saurait en effet être plus entier que dans ces conditions où le sens même de l'existence vous est donné par votre naissance. Si les membres des grandes familles peuvent exercer un certain charisme, une certaine séduction, qui sont attestés par la condescendance réussie et les rapports paternalistes, c'est aussi en raison de l'aisance manifeste de leur conduite, ou, comme cela est souvent dit dans les entretiens, en raison du sentiment de liberté et de sereine réalisation de soi qui accompagne cette harmonie, cette homologie entre l'individu et le monde où il agit[29].

LE POIDS DE L'HÉRITAGE ET SES SYMBOLES

Mais parfois l'héritage peut sembler lourd. Surtout lorsque des ancêtres négligents ont appauvri un patrimoine terrien sans lequel il semble que le principe même de la lignée serait menacé. Albert de Mun est l'arrière-petit-fils de son homonyme qui vécut de 1841 à 1914. Celui-ci fut un homme politique et un dirigeant catholique de rayonnement national. « Certes, déclare Albert de Mun, l'héritage est d'autant plus fort qu'il est un constant rappel de mes devoirs. » Il n'en demeure pas moins que l'arrière-petit-fils dit éprouver un certain amusement à se retrouver sur l'avenue qui porte le nom de son bisaïeul, et donc le sien. L'avenue Albert-de-Mun, dans le XVIe arrondissement, longe les jardins du Trocadéro et son éponyme a aussi donné son nom à une station d'autobus, si bien que ce patronyme, sauf en cas de grève de la RATP, retentit tous les jours aux oreilles des voyageurs. Mais cette importance de votre nom, qui n'est pas tout à fait le vôtre puisqu'il est aussi le symbole de la lignée, est aussi une difficulté existentielle, un rappel cette fois trop insistant de votre statut de maillon dans la continuité familiale. « Vous n'avez pas vraiment d'importance, sauf qu'il vous faut transmettre. Le nom est sacré parce qu'en fait il ne vous appartient pas, il appartient à la famille », poursuit Albert de Mun. « Je vous avouerai, conclut-il, que je regrette de ne pas avoir changé de prénom dans mon travail, quand j'avais vingt ans. » Cette dénégation de l'individualité est aussi l'un des fondements de cette courtoisie que d'aucuns appelleront condescendance, si fréquente dans les vieilles familles aristocratiques ou bourgeoises. Autant le « nouveau riche » est porté à penser qu'il ne doit rien à personne et qu'il s'est fait tout seul, à la force de son caractère et de ses talents, autant l'héritier d'une lignée prestigieuse sait que même son nom, voire son prénom, il les doit aux ancêtres et qu'il a été fait par tous ceux qui l'ont précédé. L'identité et la légitimité, pour soi et pour les autres, se jouent alors sur la réussite de la transmission.

La noblesse, peut-être plus encore que la vieille bourgeoisie, use de prénoms de famille que les générations successives transmettent en même temps que le patrimoine. Ces prénoms sont des biens symboliques de la plus haute importance puisqu'ils rappellent l'appartenance à la lignée. Leur attribution semble être la règle chez les des Monstiers. Louis porte le prénom de son arrière-grand-père paternel ; son père Jean-François porte le prénom de l'évêque de Bayonne, Jean des Monstiers, qui fut ambassadeur de François Ier puis de Henri II et qui reconstruisit le Fraisse dans le style Renaissance, et de son propre père. Ainsi, sur 22 générations, 20 fils aînés ont porté le prénom François, soit seul, soit composé avec un autre prénom[30]. La fille aînée de l'actuel marquis François des Monstiers porte le prénom de Quitterie en mémoire de Quitterie du Fraisse qui, au XIIIe siècle, a épousé Urban des Monstiers, « et comme elle était la dernière de sa famille, celle-ci s'est éteinte dans la nôtre », dit-on aujourd'hui chez les des Monstiers. Le vitrail de la chapelle familiale lui est dédié. Dans la liste des ancêtres qui signale ceux qui ont là leur sépulture, il apparaît à plusieurs reprises. L'une des statues de la vieille église représenterait sainte Quitterie. Ces prénoms, présents encore dans les galeries de tableaux, sont ainsi mêlés au patrimoine et en constituent une des dimensions. Ils sont en outre, pour les familles catholiques, une référence permanente à l'histoire de l'Église et de ses saints, inscrivant ainsi les vivants dans une autre lignée, celle de la continuité de la communauté des croyants.

Le nom de la famille est symboliquement représenté par ses armes. Elles ornent l'extérieur des demeures (au-dessus des portes) et les pièces de réception (linteaux des cheminées). Elles sont brodées sur le linge, gravées sur les reliures des livres, reproduites sur maints documents. Le blason des des Monstiers était à l'origine d'argent à trois faces de gueules (c'est-à-dire qu'il comportait des bandes horizontales, blanches et rouges). Puis il fut « écartelé » (c'est-à-dire divisé en quatre quartiers), le quartier d'angle senestre du chef (en haut à droite) et le quartier d'angle destre de la pointe (en bas à gauche) étant chargés d'accueillir les lions léopardés qui figuraient sur les armes de la famille Chastillon, dont un des Monstiers venait d'épouser la dernière héritière. Les armes de cette famille, qui, en ligne directe, a aujourd'hui disparu, ont pu ainsi survivre.

Ces armes se retrouvent aujourd'hui sur la porte du vieux château, d'où elles ont donc veillé pendant plus de six siècles sur la cour d'honneur. Jean-François des

Monstiers porte une chevalière dont le motif est fourni par ces armes. Le vitrail dédié à sainte Quitterie en est également orné. Le blason figure en tête du texte remis aux visiteurs du Fraisse à l'occasion des journées portes ouvertes des Monuments historiques. Il décore la cheminée de la salle à manger utilisée l'hiver, restaurée par le grand-père du marquis François des Monstiers en 1905. Autrement dit, cette marque familiale est omniprésente sur toutes les formes du patrimoine. C'est l'une des façons les plus manifestes d'inscrire son pouvoir dans l'espace. C'est aussi une manière de rappeler aux membres de la famille leur appartenance au groupe et les devoirs qui en résultent. Les armoiries sont un accompagnement obligé du nom et, sous une forme symbolique, donc efficace, elles en assurent la présence permanente dans les endroits les plus divers, depuis le trumeau des cheminées ou le dallage des pièces de réception jusqu'aux assiettes et aux draps qui peuvent porter les initiales et les armes de la famille[31]. Ce « marquage » de l'espace et des objets quotidiens n'est pas spécifique aux grandes familles, mais il est beaucoup moins présent dans les familles des classes moyennes et populaires, qui ne disposent pas des mêmes supports symboliques pour le réaliser. La noblesse est la mieux armée pour cela, mais la grande bourgeoisie ne dédaigne pas de recourir à ce type de pratiques. Les bibliophiles collent, au dos des reliures de leurs livres, des vignettes gravées à leur nom et souvent ornées de leurs armes, les ex-libris.

HÉRITER, C'EST AUSSI DONNER

Tout ce travail social de construction de la lignée explique que, contrairement à ce que démontre Anne Gotman pour d'autres groupes sociaux beaucoup moins fortunés, l'héritage n'est pas ressenti, dans ces milieux, comme un bien usurpé. Car toute l'éducation prépare explicitement l'héritier à le recevoir et à le transmettre à son tour le moment venu. Le sens de l'héritage n'est pas de recevoir, mais, paradoxalement, de donner. Car hériter, ce n'est pas profiter du travail des générations antérieures, mais y ajouter le sien propre. C'est du moins ainsi que les choses sont vécues. Le discours tenu aux jeunes générations est beaucoup plus celui du devoir que celui des droits. Ce qui n'interdit pas de jouir d'une fortune confortable, mais selon des règles et avec la charge de passer le relais. Les exhortations du consul Buddenbrook à sa fille, tentée par une alliance matrimoniale contraire aux intérêts de la famille, sont à cet égard édifiantes : « Nous ne sommes pas nés, ma chère fille, lui écrit-il, pour réaliser ce que notre courte vue considère comme notre petit bonheur personnel, car nous ne sommes pas des individus libres, indépendants, doués d'une existence propre ; nous sommes pour ainsi dire les anneaux d'une chaîne et, comme tels, nous ne saurions être imaginés sans la série de ceux qui nous ont précédés et nous ont frayé le chemin en suivant eux-mêmes, avec rigueur et sans détourner leur regard du but, une tradition éprouvée et vénérable. Ta voie, me semble-t-il, s'ouvre devant toi depuis de longues semaines, claire et strictement tracée, et tu ne serais pas ma fille, ni la petite-fille de ton grand-père qui repose en Dieu, ni un membre véritable de notre famille, si toi seule songeais sérieusement à suivre, dans la révolte et l'inconstance, tes sentiers personnels et irréguliers[32]. »

La famille joue un rôle prédominant dans les inculcations nécessaires pour que le passage du relais puisse se faire. Certains établissements scolaires offrent la possibilité de poursuivre le travail entrepris dans le cadre familial. Surtout l'école n'est pas un univers étranger comme cela peut être le cas pour les enfants de milieu populaire. Au contraire, les familles sont très présentes et très actives dans l'institution, comme on l'a vu pour l'École des Roches. Les parents en sont souvent d'anciens élèves. Dès le secondaire, les jeunes condisciples font preuve d'un véritable esprit de corps. Ils construisent dans cet espace à part, à la manière de leurs parents, un espace social de relations, une forme de capital social durable qui, à partir de ce milieu scolaire très sélectionné, redouble celui de la génération antérieure et se prépare à lui succéder. C'est donc aussi collectivement que se transmet l'héritage de l'excellence. Ces écoles d'exception sont d'abord les lieux privilégiés de l'inscription des privilèges dans des lignées. À l'École des Roches, ce sont les héritiers qui apprennent individuellement et collectivement à s'inscrire dans la succession des générations. Il y faut parfois de la ténacité, par exemple lorsque l'entreprise portant le nom de la famille est en danger. Après une longue bataille financière, le champagne Taittinger ne passera pas dans des mains étrangères. Pierre-Emmanuel Taittinger a reçu l'appui d'une banque dont l'aide lui permettra de reprendre le contrôle de la maison fondée par son grand-père, Pierre Taittinger. Mais tous les héritiers n'ont pas cette chance et les mésententes familiales en particulier peuvent conduire à des évictions. Ainsi la discorde entre les Meyer et les Moulin, descendants du fondateur des Galeries Lafayette, a conduit à la sortie des premiers, qui ont dû céder leurs parts. Il n'y a pas d'automaticité de la transmission, même lorsque l'héritage est, comme dans ces cas, très important et constitué en grande partie de participations dans l'entreprise familiale.

Cette idée d'une continuité à assurer au-delà des générations est fondamentale. L'héritage n'a pas « une valeur macabre », comme Anne Gotman peut l'écrire pour d'autres groupes sociaux, car, dans les milieux fortunés depuis plusieurs générations, il est au contraire le symbole de la vie qui triomphe de la mort. Mais les évolutions récentes de la société, avec la crise agricole et le développement du capital financier, risquent de bouleverser les transmissions réussies.

Quand les valeurs mobilières viennent au secours des biens immobiliers

Le château du Fraisse est au centre d'un territoire agricole de 750 hectares avec des fermes, des cultures, de l'élevage de bovins et plus récemment d'ovins. « Mes parents, comme beaucoup de gens de l'époque, explique le marquis François des Monstiers, vivaient des revenus de certains capitaux qui étaient pour l'essentiel fonciers et agricoles. Je ne pense pas que mes parents aient eu un portefeuille d'actions. Non ! Il y avait la terre du Fraisse, une forêt en Charente qui appartenait à mon père et la dot de ma mère avec des appartements parisiens. »

L'ALLIANCE DES FORTUNES BOURGEOISES

Pourtant les alliances avec la bourgeoisie d'affaires sont nombreuses dans cette famille de noblesse ancienne. « Je suis des Monstiers du côté paternel et du côté maternel, explique l'intéressé, puisque ma grand-mère maternelle était également des Monstiers, ayant épousé un de ses cousins des Monstiers. » Ses grands-parents maternels, propriétaires du château de Voisin en région Île-de-France, l'ont vendu pour acheter à 25 kilomètres du Fraisse le château de Sannat, aujourd'hui encore aux mains de cette branche de la famille. Ainsi, lorsqu'il était enfant le marquis François des Monstiers pouvait aller d'un château à l'autre par une route que son père avait aménagée, à travers une forêt faisant partie du domaine, pour rendre les allées et venues plus faciles. René des Monstiers, le grand-père maternel du marquis François des Monstiers, a épousé Suzanne Firino, dont la famille s'est ensuite appelée Firino Martell, « quand mes cousins ont eu la maison de Cognac », en vertu d'un décret datant de 1921 autorisant la modification du nom patronymique. Leur fille cadette, Andrée des Monstiers, a épousé Maurice de Wendel. « Mais il n'y a jamais eu ni une action Martell ni une action Wendel dans le patrimoine de mes parents, précise M. des Monstiers. D'abord parce que ma grand-mère avait été évincée de la maison Martell, comme cela se faisait beaucoup à l'époque, et au lieu de l'associer à la maison on l'avait dédommagée, je ne sais plus comment. Et puis, ce n'était pas parce que ma tante Andrée avait épousé Maurice de Wendel qu'il devait revenir à mes parents des participations aux affaires des Wendel. Non, la fortune de mon père était terrienne et immobilière, il n'avait aucun intérêt dans la finance. Ce n'était d'ailleurs pas du tout dans la mentalité des terriens et des ruraux qu'étaient mes parents. Il faut se rappeler qu'il y avait eu les krachs financiers, l'histoire de Suez... Des gens ont perdu leur fortune. Je crois qu'à la génération de mes grands-parents, les seules valeurs sûres c'étaient la pierre et la terre. C'étaient en tout cas les fondements de nos fortunes. Ou même, plus précisément, la pierre venait consolider la terre. Les appartements parisiens étaient des valeurs assez sûres avec des rendements assez réguliers. Ce qui n'a plus été le cas plus tard car des lois ont rendu ce type d'investissement beaucoup moins attrayant. »

D'autres alliances du même type ont encore été contractées par la suite : le marquis François des Monstiers a épousé Jacqueline Darblay dont les parents, industriels du papier, étaient des amis de la famille. « Mes parents avaient beaucoup de relations parisiennes, du fait qu'ils vivaient une partie de l'année à Paris, dans un de leurs appartements de la rue du Colonel-Combes [...]. J'ai rencontré ma femme à déjeuner chez les Darblay où j'étais invité comme ami de Stanislas Darblay. Mes futurs beaux-parents avaient une propriété aux environs de Paris, à Saint-Germain-les-Corbeil, où j'allais jouer au tennis le dimanche. C'est ainsi que j'ai connu ma femme.» Celle-ci avait dans sa dot des actions Darblay et quelques biens immobiliers à Paris, notamment des appartements dans un hôtel particulier dont elle a hérité à la mort de ses parents dans le VIIIe arrondissement et où vivent encore aujourd'hui plusieurs des sept enfants qu'eurent M. des Monstiers et Jacqueline Darblay. «Les Darblay, membres du conseil de régence [de la Banque de France], ne contrôlent plus la célèbre papeterie qui porte leur nom, écrit Gabriel Milési. La famille figurait pourtant parmi les plus considérables du pays et son histoire illustre la vitalité du capitalisme français d'avant-guerre. L'ancêtre est maître de poste. Ses deux fils s'associent pour faire du commerce de grain. L'un deux devient député de Corbeil en 1841. L'autre, ingénieur, consacre sa vie à l'amélioration de la farine. Du moulin à grain, il passe au moulin à papier avant de devenir député à son tour en 1852 […]. En 1932, la famille a racheté à Grand-Couronne, dans la banlieue de Rouen, la Société nouvelle de papeterie fondée cinq ans auparavant par l'État grâce à des fonds versés par l'Allemagne au titre des dommages de guerre. Elle fusionne un peu plus tard avec les Papeteries de la Chapelle fondées, non loin de là, par un industriel suisse. Pour n'avoir pas entrepris, dès 1958, une politique résolue d'investissement, l'entreprise, dont le capital est passé sous le contrôle de Paribas et de l'IDI (Institut de développement industriel), dépose son bilan en 1980[33].»

Lorsque François des Monstiers reprit la direction du domaine du Fraisse, celui-ci était rentable et les bénéfices que la famille en retirait permettaient l'entretien du château. Cette situation florissante, pendant laquelle il était possible de faire faire de nombreux travaux, dura jusque vers le début des années soixante-dix. Puis ce fut la chute des revenus agricoles et aujourd'hui l'exploitation est largement déficitaire, si bien que le marquis François des Monstiers doit la renflouer chaque année. Les 750 hectares coûtent ainsi plus qu'ils ne rapportent. Mais il ne saurait être question de vendre, du moins pour l'instant, car ce serait amputer une part sacrée du patrimoine, celle autour de laquelle se jouent l'identité et la pérennité familiales. M. des Monstiers incrimine certes la politique européenne mais aussi les impôts fonciers, qui atteignent 200 000 francs (30 500 euros), et les charges sociales qui, versées au prorata des surfaces cultivées, atteignent le même montant[34]. Il va de soi que, pour être en mesure de faire face à de telles dépenses, il faut que le capital du marquis François des Monstiers soit encore important. « Heureusement j'ai réussi à constituer un portefeuille en vendant des appartements qui venaient de ma mère. J'ai donc investi dans des valeurs boursières et ce portefeuille me donne une certaine souplesse. La terre me coûte une fortune ! » Enfin, mais M. des Monstiers ne l'a pas dit, ce n'est peut-être pas un si mauvais calcul que cela. Qui peut prédire un avenir toujours radieux aux seuls investissements financiers ?

LE CHÂTEAU DOIT S'AUTOFINANCER

Un château comme le Fraisse est un gouffre financier. Comme le soulignent à plaisir les châtelains, la vie de château, ce n'est pas toujours rose. D'abord il y a la relativité du confort. L'hiver, il faut se replier sur les pièces chauffables. Il y en a encore beaucoup au Fraisse, mais d'autres restent glacées durant six mois, sans parler des couloirs et des escaliers. L'eau est fournie par le château à partir d'une source. Mais en cas de fortes pluies, elle devient trouble, encore potable toutefois, contrairement aux apparences.

Les prélèvements fiscaux de l'impôt de solidarité sur la fortune, les droits de succession, toujours jugés trop élevés, et la baisse des revenus ne permettent plus le même niveau d'entretien qu'autrefois et certains aspects sont tout à fait délaissés. Il en est ainsi du potager : il n'y a plus assez de personnel pour s'en occuper et, après avoir vu sa superficie se réduire au fil des ans, il n'est plus qu'un souvenir nostalgique dans la tête de Louis des Monstiers qui tente au coup par coup de redresser la barre et, par des plantations judicieuses, de redonner de l'allure aux terrains qui entourent le château.

Dans celui-ci, la salle des trophées rappelle que l'on a chassé à courre au Fraisse. Il n'en est plus question, les écuries sont abandonnées. Le chenil du grand-père n'est plus qu'un souvenir. Il y aurait beaucoup de travaux à entreprendre, ici ou là, en particulier au vieux château, celui du XVe siècle, qui menace ruine. Certes il est hors d'eau : le toit est en bon état, ayant été refait dans un passé pas trop lointain. Mais les poutres maîtresses qui soutenaient les planchers du premier étage se sont affaissées. L'intérieur du bâtiment est en ruine. Pourtant l'un des fils du marquis François des Monstiers, Stanislas, aurait aimé restaurer cette vieille maison pour en faire la sienne. Mais les frais à engager sont considérables.

Chaque génération a apporté sa contribution à l'œuvre commune, restaurant ici, agrandissant là. Le grand-père du marquis François des Monstiers a réaménagé la salle à manger et le salon d'hiver en faisant poser des boiseries, en reprenant les cheminées : une date, 1905, peinte sur l'une d'elles garde la mémoire de cette intervention. Sybil des Monstiers, la mère de Louis, a refait une chambre en changeant tous les tissus tendus sur les murs, les fauteuils et le lit à baldaquin. Le tissu utilisé, neuf, est identique à celui d'origine, ayant été réalisé sur le même modèle par un spécialiste. Ces pièces très soignées sont la fierté de la maison et on les fait visiter au cours des journées portes ouvertes. De même, des chambres d'amis ont été restaurées, les salles de bains modernisées, marquant ainsi un sens et un goût pour l'hospitalité.

Mais tout cela est coûteux et n'est mené qu'au compte-gouttes, en regard de l'ampleur des besoins. Aussi les des Monstiers, et surtout ceux sur qui repose aujourd'hui le devoir de maintenir et de transmettre, Jean-François et son fils Louis, réfléchissent-ils au moyen de rendre le château autosuffisant du point de vue financier, c'est-à-dire de faire en sorte qu'il produise suffisamment de revenus pour subvenir à ses besoins d'entretien et de restauration. L'ouverture au public est donc envisagée. C'est un sujet volontiers abordé avec les invités de passage, auxquels on demande leur avis. Pour les journées portes ouvertes des Monuments historiques, le château reçoit des centaines de visiteurs sous les plafonds peints. Ce sont pour la plupart des gens du pays qui, une fois l'an, peuvent entrevoir la vie de château.

Combien viendraient si le château était ouvert au public de façon régulière ? La région n'est pas très touristique. Elle pourrait certes le devenir, mais ce n'est pas acquis. Louis, dont le goût pour la botanique s'est développé, rêve d'un jardin Renaissance, en rapport avec les intentions de Jean des Monstiers, évêque de Bayonne, diplomate sous Henri II et humaniste, qui a édifié la maison.

Il faut « faire travailler le Fraisse » comme disent ceux qui l'habitent. Faire travailler le château en l'ouvrant à la visite, en organisant peut-être, comme à Courson, des Journées des plantes, en offrant ses écuries et ses communs aux réceptions, mariages et autres séminaires, en louant une partie des terres agricoles à un club de golf[35]. Mais la concurrence est rude, de nombreux châteaux ayant été ouverts au public ces dernières années. Michel d'Arcangues, en accueillant dans la demeure familiale des hôtes de prestige pour des réceptions haut de gamme, « essaie de moderniser l'outil de la tradition. Le défi des gens qui ont acquis des patrimoines, des maisons importantes, c'est d'essayer de les maintenir dans la vie active et pas d'en faire des symboles du passé ou d'une gloire ancienne complètement périmée. Il faut que la maison se transforme en outil de travail, en outil productif ». Toujours dans le but d'éviter le démantèlement du domaine, Michel d'Arcangues rappelle que « la création du golf répond aussi au désir d'éviter la perte des terres que le jeu des successions finit par morceler jusqu'à épuisement. Le golf est, maintenant, indivisible ». Encore faut-il que le château, la maison n'y perde pas son âme et reste le berceau familial. Patrice Fustier regrette que certains châtelains les considèrent, lui et son épouse, « comme des marchands de merguez ». « Vous prostituez votre maison ! », leur reproche-t-on. Puisque désormais, moyennant un simple ticket d'entrée, n'importe qui peut ouvrir la porte et pénétrer dans l'intimité familiale. Les propriétaires de châteaux n'hésitent pas alors à élargir la famille à la nation. Ces biens historiques marqués par les grands moments de la constitution de la nation française appartiennent symboliquement à tous, il est donc normal de les ouvrir. La satisfaction des châtelains à montrer leur domaine prend appui sur le sentiment qu'ils ont de remplir une sorte de devoir civique qui, au-delà des incitations financières, vient légitimer la démarche. La fierté de participer à la mise en valeur et à l'ouverture au public d'un héritage historique qui dépasse les intérêts privés donne à ces intérêts une valeur symbolique exceptionnelle. En permettant de conserver le patrimoine des ancêtres et en élargissant le nombre des individus mis en mesure de percevoir, à travers sa forme objectivée, l'exceptionnalité de la famille, l'ouverture d'un château au public peut, loin d'amoindrir le prestige d'un nom, le conforter. L'absence la plus difficile à assumer est celle d'un terroir familial, d'un patrimoine immobilier, château ou grande demeure, qui cristallise la mémoire familiale. Car un ancrage profond dans un territoire participe de manière décisive à cette construction sociale qu'est la famille.

LA FAMILLE COMME CONSTRUCTION SOCIALE

Dans une société patrilinéaire, les noms patronymiques se transmettent par les mâles. M. et Mme de Rochetaillée ont eu trois filles, mais aucun garçon. Or M. de Rochetaillée est le seul descendant d'un nom qui est menacé de disparition. « Mais on peut relever le nom », précise-t-il. Ce qui est très important lorsque, comme pour les Rochetaillée, le nom du territoire et celui de la famille ne font qu'un. Il est alors possible que le mari de la fille aînée relève le nom, un patronyme pouvant être modifié, légalement, pour des raisons valables, dont la reprise d'un nom illustre, ou présenté comme tel. L'article 61 du Code civil précise en effet que « toute personne qui justifie d'un intérêt légitime peut demander à changer de nom. La demande de changement de nom peut avoir pour objet d'éviter l'extinction du nom porté par un ascendant ou un collatéral du demandeur jusqu'au quatrième degré. Le changement de nom est autorisé par décret ». Le droit met en évidence combien la famille est une construction socialement établie et contrôlée. Et combien, aussi, l'État républicain fait sien le capital symbolique représenté par des patronymes appartenant peu ou prou à l'histoire. Comme si, au fond, les grands noms étaient aussi une partie du patrimoine national.

L'adoption, dont souvent celle d'un neveu, est aussi un moyen utilisé pour perpétuer un nom en voie d'extinction. Le marquis de Vibraye, propriétaire du château de Cheverny, n'ayant pas d'héritier, avait ainsi adopté Roland de Vibraye, le fils de son frère cadet. Mais ce neveu mourut accidentellement en 1967 à l'âge de vingt-cinq ans. Le marquis de Vibraye adopta alors l'année suivante son petit-neveu, Charles-

Antoine de Sigalas. Le fils aîné d'Arnaud de Sigalas et d'Hélène de Vibraye s'appelle désormais Charles-Antoine de Vibraye. Le droit français prévoit en effet la formule de l'adoption simple, qui requiert l'accord des différentes parties. Selon l'article 360 du Code civil, « l'adoption simple est permise quel que soit l'âge de l'adopté ». Toutefois, si l'adopté a plus de treize ans, « il doit consentir personnellement à l'adoption ». En ce qui concerne le nom, l'article 363 précise que « l'adoption simple confère le nom de l'adoptant à l'adopté en l'ajoutant au nom de ce dernier. Le tribunal peut, toutefois, à la demande de l'adoptant, décider que l'adopté ne portera que le nom de l'adoptant ». Selon l'article 364, « l'adopté reste dans sa famille d'origine et y conserve ses droits, notamment ses droits héréditaires ». L'adoption simple, à l'inverse de l'adoption plénière, « n'est pas une substitution de filiation mais une superposition. Le lien familial d'origine demeure au côté du lien adoptif[36] ». La comtesse Anne de Bryas, propriétaire du château de Mauvières, dit « avoir connaissance d'une jeune femme, aînée de trois filles, qui s'est mariée et qui a voulu que son premier-né, un garçon, porte son nom de jeune fille, afin que celui-ci ne s'éteigne pas. Le père de cette jeune femme a donc adopté son petit-fils légalement, pour assurer la continuité du nom ».

L'Éventail de novembre 1989, dans un article consacré au château de Cheverny, publie la photographie de famille de ses habitants actuels. D'après la légende du document, ce sont « le vicomte et la vicomtesse Arnaud de Sigalas, entourés de leurs cinq enfants, *Charles-Antoine de Vibraye*, Amaury, Aliénor, Gabrielle et Alexandre de Sigalas ». Autrement dit, l'héritier du domaine, qui relève le nom, est présenté tout naturellement au sein de sa fratrie avec le patronyme dont il a reçu la charge[37]. Cette pratique de l'adoption simple est suffisamment fréquente pour que, au détour d'un entretien, on vous dise, comme si cela allait de soi : « Mon beau-père a été adopté par son grand-oncle pour que la maison reste dans la famille avec le même patronyme. »

Les gestionnaires de fortunes, par ailleurs, ont beaucoup de soucis avec les enfants illégitimes. Plus que dans d'autres groupes sociaux, semble-t-il, il y a encore des mariages qui ont été contractés de façon délibérée pour réaliser des alliances de patrimoines. Ou encore le divorce est proscrit parce qu'il mettrait en jeu la solidité de ces mêmes patrimoines. De telle sorte que chacun connaît l'existence d'enfants illégitimes, nés d'amours extraconjugales que le caractère cyniquement contractuel de certains mariages suscite et incline à tolérer. Ces enfants « naturels » sont généralement bien acceptés, les choses de l'amour et celles du mariage étant clairement distinguées dans ces circonstances. À condition toutefois que ces enfants soient « bien nés », c'est-à-dire que le père, ou la mère, non légitime, soit du même milieu social. S'il appartient à la famille ou au groupe des pairs, le géniteur sera même souvent choisi pour parrain. La conception de la famille apparaît comme plus soucieuse d'efficacité dans la charge prioritaire de transmission du patrimoine et de préservation de la lignée que sourcilleuse sur le respect de la loi du sang et sur celui de principes moraux que l'on aurait pu croire plus intangibles.

Dans les familles où les patrimoines et donc les enjeux économiques et sociaux sont considérables, il y a une explicitation des processus à travers les discours et les injonctions. On atteint à un certain cynisme, en tout cas à une assez grande clarté des rapports à travers une utilisation rationalisée du droit, plus volontiers mis à contribution que dans d'autres milieux sociaux. Il y a ainsi une culture juridique qui fait partie du capital culturel du groupe. La fréquence des études de droit est d'ailleurs remarquable. Cette culture juridique permet de faire jouer les ressources de la loi au sein même de la famille proche, au bénéfice de la perpétuation de la lignée.

Heurs et malheurs des transmissions

Des conditions structurelles, indépendantes des volontés individuelles, peuvent influer sur la réussite ou l'échec de la transmission. Il en est ainsi des compositions familiales, certaines se montrant plus favorables que d'autres au maintien des lignées et de leurs patrimoines. Le château du Fraisse et ses terres agricoles ont pu rester dans la famille des Monstiers-Mérinville pendant plusieurs siècles, la transmission ayant pu s'effectuer en ligne directe, de mâle en mâle.

UNE LIGNÉE BIEN ÉTABLIE

C'est ce qui s'est passé aussi pour la famille Fontmichel, à Grasse. Selon le chef de famille, Hervé de Fontmichel, avocat, ancien maire de Grasse et conseiller régional, la permanence de la famille s'est appuyée sur deux biens immobiliers transmis en ligne directe depuis le XVIIIe siècle, lieux d'identité, de mémoire et de prestige pour le groupe familial. Il s'agit de l'hôtel particulier situé au cœur de la vieille ville de Grasse, acquis le 10 juillet 1774, et d'une propriété de la campagne grassoise, vieille bastide achetée en 1765. Deux ensembles immobiliers aujourd'hui classés. « Ce sont ces deux implantations géographiques qui donnent à cette famille une permanence de légitimité locale », conclut Hervé de Fontmichel qui voit quatre raisons à cette permanence. La première résiderait dans l'ancienneté de la fortune dont elle a depuis longtemps disposé. « Cette famille est de noblesse acquise. Ma famille n'est pas du tout d'ancienne noblesse féodale, c'est une famille anoblie par charge. Elle a toujours disposé de moyens relativement importants, accompagnés d'un très haut niveau culturel, avec des goûts très déterminés qui contribuent à cette continuité familiale. » La fortune a été constituée au départ grâce à « des charges de robe, puis par la possession d'une flotte de navires à Marseille. C'est un de mes ancêtres ayant le génie du commerce international qui s'est jeté dans le commerce maritime avec la Guyane, l'Afrique et l'Orient lointain ». Puis cette fortune s'est partiellement investie, aux générations suivantes, dans des biens immobiliers et des terres agricoles, « dont pas mal ont été confisquées pendant la Révolution française, mais il nous en est resté ».

La deuxième raison de cette transmission réussie tiendrait au fait « qu'il n'y a eu qu'un seul partage, entre mon grand-père et ses sœurs. Depuis 1773, la fortune a bien entendu été atteinte par les droits de succession et par quelques dépenses importantes qui ont obligé mes ancêtres à vendre de temps en temps des choses. Mais du point de vue de la succession, on peut dire qu'il n'y a eu qu'un seul partage notable depuis le début du règne de Louis XVI ! »

Certes, père de quatre fils, Hervé de Fontmichel, lui-même fils unique, se trouve devant une situation patrimoniale plus difficile que ses ancêtres. Mais, et c'est là la troisième raison de son optimisme, il espère que la chaîne pourra se poursuivre, arguant du fait qu'il a éduqué ses enfants comme lui-même l'a été. Le père et les fils admettent l'idée qu'ils ne sont pas ou ne seront pas réellement les propriétaires du patrimoine familial qui est le bien d'une entité collective, la lignée, chacun des membres qui la composent étant à son service. « Je considère que les propriétés, les tableaux, argenterie et bijoux, qui viennent de ma famille, ne m'appartiennent pas, estime Hervé de Fontmichel, mais appartiennent à ma famille. D'ailleurs nos enfants sont élevés dans la même optique. Je considère les biens patrimoniaux comme des choses dont je suis le dépositaire. Je n'ai pas le droit de me séparer de quoi que ce soit dont j'ai hérité. Rien. Ce dont j'ai hérité est inaliénable par principe. » Ainsi les terrains de Mandelieu, qui ont pris de la valeur en raison de l'expansion et de la pression immobilière sur la Côte d'Azur, sont simplement loués. « Je ne peux pas les vendre, je ne peux que les louer, ce qui me fait profiter de l'expansion de la Côte d'Azur, mais par le seul biais de la location. »

Enfin, un quatrième élément réside dans le classement comme monuments historiques des deux propriétés principales de la famille, l'hôtel particulier de Grasse et le domaine de Saint-Vallier à quelques kilomètres de là. Le classement a des effets contradictoires. Il valorise culturellement et donc symboliquement le bâtiment classé. Mais, dans le même mouvement, il en dévalorise la valeur vénale en raison des contraintes très lourdes qui pèsent alors sur les travaux d'entretien et de transformation et sur les usages possibles des bâtiments. « Ce qui n'a pas d'importance puisque, selon ma conception, précise Hervé de Fontmichel, je n'ai pas à en disposer, mais à les léguer à la génération suivante. »

LES CHÂTEAUX DISPARUS

Parmi les éléments de variation qui peuvent expliquer les destinées inverses de certaines lignées, on peut retenir les aléas historiques et les événements tragiques liés aux bouleversements sociaux et politiques. Les guerres et les révolutions ont entamé nombre de patrimoines. Tout le monde a entendu parler des emprunts russes. Les conflits mondiaux ont fait disparaître en fumée une partie des patrimoines immobiliers, les châteaux ayant échappé au massacre ont été pillés et surtout les avoirs à l'étranger ont pu être dévalorisés ou nationalisés.

La vulgate sur la dilapidation des grandes fortunes par de mauvais héritiers, incapables de faire face aux charges inhérentes à la gestion du patrimoine, doit être nuancée par la prise en compte des conditions de la pratique : les habitus de l'héritier, même parfaitement modelés pour recevoir et transmettre, ont pu être confrontés à des circonstances tellement décalées par rapport à celles dans lesquelles les dispositions s'étaient formées, que les réponses produites ont pu échouer dans leur tentative pour surmonter les aléas d'une conjoncture à laquelle personne ne peut prétendre être préparé.

Ces aléas peuvent se combiner à une propension à dépenser pour satisfaire une passion coûteuse. La conjonction de périodes difficiles et de ces dispositions à la magnificence met en péril la transmission du patrimoine économique. Mondanités et mécénat ont pu générer des dépenses inconsidérées qui ont fini par avoir raison de la fortune familiale. Natalie Champin et son frère, Albert de Mun, journaliste spécialisé dans le domaine du tourisme, considèrent n'avoir reçu des générations antérieures « que des miettes », tant le patrimoine familial était autrefois considérable. Dans la salle à manger de Natalie Champin, alors âgée de soixante-trois ans, les souvenirs des splendeurs passées ont pris la forme d'assiettes peintes qui représentent les propriétés qui furent familiales et qui ne le sont plus. L'artiste, la princesse Chachavadze, était une amie des parents de Natalie Champin. Elle figure souvent sur le livre des dîners tenu par Aude de Mun, née Vauréal, la mère de Mme Champin et de son frère Albert. « Ça a été très triste pour moi car j'ai vu partir beaucoup de propriétés dans ma famille aussi bien du côté paternel que du côté maternel. » Le château de Sassetot-le-Mauconduit, propriété de son grand-père paternel, demeure appréciée par Élisabeth d'Autriche qui y a séjourné à plusieurs reprises, ouvre la série des assiettes et des demeures disparues. Henri de Mun et son épouse, née Perquer, fille d'un armateur du Havre, à la tête de nombreux bateaux marchands et d'haciendas en Argentine, en furent les propriétaires.

Pendant la dernière guerre, d'autres occupants, américains et surtout allemands, laissèrent en bien piètre état cette demeure de Seine-Maritime et ses fermes disséminées sur 650 hectares. Selon Natalie Champin, tout « a été complètement dévasté ». À la mort de leur père, Natalie Champin et ses deux frères, Pierre-Henri, aujourd'hui décédé, et Albert, cherchèrent à vendre ce bien qui était devenu trop lourd à entretenir. Il leur fallut dix ans pour trouver un acquéreur. « C'est un immense sentiment de tristesse que nous avons éprouvé car nous avons vu partir tant de propriétés que ça a toujours été un déchirement supplémentaire. » En l'occurrence, ce château du XVIIIe, acheté par un cabinet d'avocats, a été transformé en hôtel et a les honneurs du *Guide du Routard*. Il y est décrit en ces termes : « Une élégante façade rose sertie dans la verdure d'un grand parc à l'anglaise de dix hectares. Dans le hall, bel escalier à double volée. Construit au XVIIIe siècle, le château servit de résidence à l'impératrice d'Autriche (Sissi pour les intimes). Entièrement restauré en 1988, il offre des chambres moins spacieuses, mais plus confortables, avec moquette, TV et salle de bains. Chaque chambre a sa personnalité, mais toujours arrangée avec goût, avec vue sur le parc[38]. » On peut concevoir qu'il y ait un certain malaise pour les anciens propriétaires à voir ainsi le château du grand-père investi par les Parisiens en mal de nature et de vieilles pierres. Chaque partie du patrimoine qui échappe à la famille pose un problème de conscience : n'aurait-on pu faire mieux, cet abandon était-il véritablement inévitable ?

Le berceau de la famille a disparu. D'une belle mort en quelque sorte, puisque les pierres du château de Mun, près de Bigorre, ont servi, selon Albert de Mun, à construire les maisons du village. Mais cela est une histoire très ancienne et les pertes plus récentes sont plus mal cicatrisées. La troisième assiette de la série représente le château de Lumigny, en Seine-et-Marne, où vécut l'arrière-grand-père, Albert de Mun, l'un des opposants les plus en vue et les plus actifs à la loi de séparation de l'Église et de l'État en 1905. Château vendu lui aussi.

L'ancien rendez-vous de chasse en Sologne, la grande propriété de Fonsbelle qui appartenait aux grands-parents maternels, et où Natalie Champin a passé les meilleures années de son adolescence, avait été acheté par la famille avec les 200 000 francs-or que rapportaient chaque année les investissements réalisés dans les « phares du Moyen-Orient ». Il est devenu la propriété d'une tante, mais son maintien dans la famille paraît très menacé car les cousins qui en hériteront semblent ne guère avoir les moyens, ni l'intention, de faire face aux charges inhérentes à une telle propriété. Il est vrai que la famille n'a pas la fibre gestionnaire. « Fonsbelle, se rappelle Albert de Mun, est allé à la sœur de ma mère puisque ma mère a hérité des actions et d'une usine qui fabriquait… je ne sais pas quoi d'ailleurs ! »

Deux autres assiettes représentent un immeuble situé avenue Foch et un autre sur les Champs-Élysées. Grignotés appartement après appartement, il n'en reste rien, pour la famille du moins. L'hôtel particulier de la rue de Chanaleilles, dans le VIIe arrondissement, à deux pas de l'hôtel Matignon, reçu en héritage par une grand-tante dont le mari était propriétaire du *Journal des Débats*, a été vendu au beau-frère d'Onassis, Niarchos. Cette grand-tante était la marraine de Natalie Champin, qui s'étonna toujours de la voir collectionner avec méticulosité objets d'art et meubles anciens qu'elle protégeait de housses aussi inesthétiques que les objets camouflés étaient superbes. « Personne ne les voyait », si bien qu'à la mort de la collectionneuse, les héritiers « entrèrent dans une caverne d'Ali Baba. J'ai découvert, se souvient Natalie Champin, les splendeurs dont regorgeait chaque placard. On a d'ailleurs donné tous ses vêtements, toutes ses robes, toutes ses chaussures de satin au musée du costume. C'était extraordinaire ! Pour moi, faire l'inventaire de cette maison avec ma mère a été un véritable enchantement ».

L'inventaire des biens de la famille, pour être complet, doit aussi mentionner l'hôtel particulier de l'avenue Georges-Mandel, lui aussi vendu. Albert de Mun se rappelle que « l'immeuble qui est venu se coller contre le nôtre a été bâti à la place d'un hôtel particulier qui appartenait à ma grand-tante de Nalèche et où ma mère jouait enfant dans les grands jardins ». Enfin, bien entendu, demeure avenue Georges-Mandel l'immeuble qui abrite les appartements encore en possession de la famille où vivent aujourd'hui le frère et la sœur. Il reste toutefois une autre propriété dans le patrimoine immobilier de la famille, apportée par le mari de Natalie Champin, décédé, qui était un industriel du pétrole. Il s'agit d'une grande propriété familiale située sur les bords du lac d'Annecy. Malgré les difficultés et surtout les cambriolages, Natalie Champin a décidé de maintenir cette maison. Tous les beaux objets, les œuvres d'art ont été expertisés, enregistrés et assurés. Car l'hémorragie doit s'arrêter là. La transmission doit maintenant reprendre et les générations suivantes recevoir de quoi affirmer leur identité et conserver la mémoire de l'histoire familiale.

Reste à comprendre comment une famille catholique, où l'esprit dynastique semble avoir été toujours présent, n'a pas réussi à mieux assurer la transmission d'un patrimoine immobilier auquel tous ses membres étaient pourtant attachés. La guerre a de toute évidence joué un rôle décisif dans la perte du château de Sassetot-le-Mauconduit. De plus, pendant deux générations, l'attitude a été plus consommatrice que productrice. On a vécu de ses rentes, alors même que, de l'avis de tous les gestionnaires de fortune, la simple gestion des biens, sans une ferme volonté de les faire fructifier en recherchant de nouveaux investissements, conduit à une érosion inexorable du patrimoine. Le grand-père paternel de Natalie Champin « profitait de la vie, sortait beaucoup, s'habillait, chassait et voyageait ». Albert de Mun pense que « la fortune a été dilapidée par insouciance. Quand on avait un problème d'impôts, ou quoi que ce soit à payer, on vendait, et on vendait au plus bas parce qu'on était pressé. L'argent n'a donc pas été réfléchi, réinvesti malgré la présence d'un homme d'affaires qui s'occupait de nos biens, on ne gérait pas la fortune, on réduisait... ». L'histoire de la vie mondaine à Paris a gardé la trace de la magnificence de cette famille. Gabriel-Louis Pringué, dans ses *30 Ans de dîners en ville*, dit combien il a apprécié les soirées chez la comtesse Henri de Mun, née Annie Perquer, la grand-mère paternelle. « Elle recevait, écrit-il, beaucoup d'artistes, de littérateurs, et les propos chez elle étaient particulièrement brillants. J'y retrouvais souvent Maurice Rostand dont la conversation ardente, mouvementée, descriptive et follement spirituelle nous divertissait[39]. »

La famille Champin, en la personne de la belle-sœur de Natalie Champin, trouva une autre source de soucis financiers. « Elle avait un salon où elle recevait des poètes, des écrivains, des musiciens, c'est elle qui a lancé Pierre Boulez, mais elle les recevait somptueusement. Dans sa maison de Haute-Savoie, elle n'avait rien de moins que sept domestiques attachés au service de cette maison. » Ce mécénat généreux finit par avoir raison de la fortune personnelle de cette amie des arts.

« Ma sœur et moi, remarque Albert de Mun en conclusion, nous avons grandi dans un milieu où l'argent semblait naturel et nous pensions évidemment qu'il n'y aurait pas de problème pour nous par la suite. Isolés de la réalité, en dehors des problèmes des gens, des rapports sociaux, on vivait dans un cocon et nous n'étions pas du tout impliqués dans la vie réelle. »

D'autres familles présentent des cas analogues.

L'entreprise Blin d'Elbeuf a été déclarée en faillite en 1976. « Ils ne se sont pas reconvertis dans les matières modernes et ont voulu continuer à fabriquer de la laine exclusivement. Ils ont beaucoup vécu, et bien vécu, sur l'entreprise. Après la mort de mon grand-père, rapporte Caroline de Ricqlès, c'était encore pour ma grand-mère le grand train : chauffeur, taxis, hôtels de luxe ; elle adorait la vie, elle était tellement dispendieuse qu'à son décès elle avait pratiquement dilapidé les restes de la fortune familiale. Donc maman nous a laissé un peu d'argent, mais pas beaucoup. »

De toute cette vie industrielle il ne reste à Elbeuf que le lycée André-Maurois installé dans le « château », le parc Blin de la rue de Lorraine et les bâtiments industriels reconvertis en logements sociaux qui portent le nom de l'entreprise, « Blin et Blin ». Du côté Ricqlès, il y avait aussi une usine à Saint-Ouen, produisant la menthe Ricqlès, qui a été vendue il y a une dizaine d'années à un groupe allemand. Mais, précise Caroline de Ricqlès, « ce n'était plus une usine de famille depuis le début des années trente, bien qu'elle soit toujours restée à notre nom. À cette époque, en effet, un oncle avait puisé dans la caisse et pour combler le déficit, plutôt que de solliciter les banques, la famille n'avait rien trouvé de mieux que de céder une part significative du capital à un groupe extérieur. De sorte que mon père est le dernier des Ricqlès à avoir travaillé chez Ricqlès ».

La transmission n'est donc pas automatique, mais il suffit que certaines apparences soient sauvegardées, que le patrimoine ne soit pas réduit à néant, en particulier dans ses composantes symboliques et culturelles, pour qu'un rétablissement soit possible. Ainsi l'appartenance à la grande bourgeoisie des familles dont il vient d'être question est encore une réalité, même si l'importance du patrimoine ne saurait rivaliser avec celle des plus grandes fortunes. C'est que la richesse des élites sociales dominantes ne peut se réduire à la possession d'une seule variante de capital. Autant les grandes fortunes récentes n'assurent pas *ipso facto* l'appartenance à la grande bourgeoisie et aux cercles, autant la perte d'une partie significative de la richesse matérielle ne signifie pas le rejet inéluctable dans l'enfer du monde ordinaire.

La transmission du métier

Le patrimoine comporte parfois une forme de capital que l'on pourrait appeler professionnel. Il concerne les savoirs et les savoir-faire des métiers et des secteurs d'activité. Transmis partiellement par l'institution scolaire, il peut l'être aussi entre les générations en s'appuyant sur la famille. Ce n'est pas un privilège des hautes classes. On citera les métiers de la fonderie qui, jusqu'à une date récente, avant les effets croisés de la déqualification et de la crise économique, faisaient l'objet d'apprentissages sur le tas, souvent assurés par le père ou un oncle, et aboutissaient à la formation d'ouvriers de métier fiers de leurs compétences[40].

Dans la grande bourgeoisie, ces formes d'initiation aux métiers ne sont pas rares. C'est encore un point de convergence entre classes dominantes et classes dominées, les classes moyennes étant, elles, plus tributaires du capital proprement scolaire.

Être un héritier, cela se construit aussi en apprenant à travailler dans le monde des affaires, à maîtriser les données d'un secteur professionnel, à gérer un domaine. Et, dans une société où le chômage touche plus de 9 % de la population active, c'est un privilège de savoir que vous avez la possibilité, quand ce n'est pas le devoir, de prendre la succession de votre père à la direction de son affaire ou de continuer dans le secteur d'activité où il a excellé en bénéficiant du capital social accumulé par plusieurs générations.

Emmanuel Touton travaille depuis vingt ans dans le bureau de courtage de son père, dans le quartier des Chartrons, à Bordeaux. « C'est mon père qui m'a totalement formé. » Le courtier, dans le commerce du vin, est un pur intermédiaire entre le propriétaire-viticulteur et le négociant. Du fait que les maisons de vins sont de moins en moins familiales et de plus en plus souvent rachetées par des groupes industriels ou financiers ou par des institutions, le métier de courtier a beaucoup changé. « Il n'y a plus de clientèle fidèle, se plaint Emmanuel Touton. Il n'y a plus de contrat. Pourtant, quand j'ai commencé ici, si un courtier se présentait chez un propriétaire avec lequel on avait l'habitude de travailler et lui proposait cinquante centimes ou un franc de plus par bouteille, le propriétaire vous appelait et vous demandait ce que vous en pensiez. Et, finalement, pour un franc de moins, il préférait vendre à un courtier qui avait l'habitude de suivre sa production. Aujourd'hui tout cela n'existe plus, c'est sans foi ni loi ! » L'apprentissage « sur le tas », en compagnie d'aînés en qui on peut avoir toute confiance, compte tenu des liens de parenté, est utile pour pouvoir faire face aux nouvelles données du marché. La connaissance de ce monde relativement fermé du vignoble bordelais est un élément décisif pour un exercice maîtrisé du négoce du vin. C'est donc le plus tôt possible qu'un père avisé initie ses fils aux secrets et aux astuces d'un métier où l'insertion dans un réseau de relations est l'un des éléments décisifs de la réussite. « Le mercredi après-midi, mon père m'emmenait au bureau. Sa grande fierté, son grand rêve, c'était d'avoir ses trois garçons au bureau. Il voulait qu'on vienne travailler avec lui le plus tôt possible, il ne s'est jamais préoccupé de nos études. » Sur ce dernier point, l'évolution est certainement sensible : jusque vers les années soixante, le diplôme n'était pas recherché à tout prix, une bonne connaissance des arcanes du milieu professionnel paraissant suffisante. Mais, depuis, avec la complexification des réseaux financiers et leur internationalisation, les grandes familles se sont toutes lancées dans la course à l'excellence scolaire.

Le frère aîné d'Emmanuel Touton est parti travailler aux États-Unis, lui aussi dans le négoce du vin, alors que l'autre est entré dans la publicité. « Tous les espoirs de mon père se sont alors reportés sur moi. J'étais pratiquement obligé d'entrer au bureau. » À son tour, Emmanuel Touton nourrit le rêve de voir son propre fils prendre sa suite. L'esprit dynastique est très présent dans la grande bourgeoisie bordelaise, liée au vin ou au bois. Cette vitalité des lignées, qui tient au caractère agricole des activités, à leur lien avec le terroir, marque tout le mode de vie, centré plus qu'ailleurs sur la région et sur les alliances avec les familles locales, et trouve une sorte de point d'orgue, presque idéal typique, dans cette transmission « à l'ancienne » des savoir-faire et des secrets du métier.

DES DYNASTIES DE NÉGOCIANTS EN VINS

Guy Schÿler, père de deux filles, n'avait pas de descendant mâle pour prendre la succession de l'affaire qui porte aujourd'hui le nom Alfred Schÿler Fils & Cie. Il a décidé de faire un arrangement avec la société Duclot, qui poursuit et maintient le nom Alfred Schÿler Fils & Cie à travers, entre autres, la commercialisation d'une marque, le « Pavé des Chartrons », qui est devenu le vin officiel de l'Académie française, des ambassades des États-Unis et de Grande-Bretagne. Le prince Sadruddin Aga Khan et bien d'autres personnalités étaient ses clients. Ce nom symbolise le négoce du vin lié au quartier dont le cours Xavier-Arnozan, appelé autrefois Pavé des Chartrons, constitue le cœur. La famille de Guy Schÿler y habitait. Il avait rédigé un commentaire sur l'étiquette de son vin préféré où l'on peut lire que « le Pavé des Chartrons a été à Bordeaux ma résidence et celle de mes ancêtres depuis 1739. Montaigne, Montesquieu et Mauriac demeurant dans les environs. C'est tout à la fois ma tradition familiale et l'excellence des grands vins de Bordeaux qui m'ont inspiré dans les choix de cette bouteille. Je suis certain que l'élégance et la race discrète de ce vin apporteront à votre quotidien une note de raffinement ».

Guy Schÿler est également, par sa mère, Valentine Guestier, le descendant d'une autre dynastie bordelaise de négociants en vins dont la société, Barton et Guestier, date de 1802. « Mes deux oncles, Daniel et William, sont morts sans descendance, le nom de Guestier est éteint », précise Guy Schÿler avec nostalgie dans un ouvrage qu'il a consacré à cette dynastie[41]. L'ouvrage est dédié « à ma mère qui avait si fort insisté pour que je prenne le nom de Guestier »…

Guy et Nicole Schÿler, son épouse et l'arrière-petite-fille de Sir Richard Wallace, qui a fait don de son importante collection à l'État britannique, connue aujourd'hui comme « collection Wallace », et qui fut le propriétaire du château du parc de Bagatelle dans le bois de Boulogne, habitaient un vaste appartement dans un hôtel particulier du cours Xavier-Arnozan, où les différentes générations Guestier ont laissé traces et souvenirs[42]. Les murs sont couverts de tableaux, marines, paysages du XVIIIe siècle et de nombreux portraits d'ancêtres. Guéridons et commodes portent des collections de bronzes animaliers et de tabatières au décor d'émail. Des livres, nombreux, dont toute une série consacrée au général de Gaulle et deux volumes sur la Deuxième Guerre mondiale dédicacés à Nicole Schÿler par Sir Winston Churchill.

Guy Schÿler et Nicole Wallace se sont rencontrés à Arcachon, leurs grands-parents respectifs y ayant des propriétés voisines. À travers la transmission d'un patrimoine professionnel, qu'il s'agisse du vignoble ou du négoce du vin, ou encore de la forêt de pins, la région bordelaise, dans la permanence de ses activités, permet aux grandes familles de fonder de véritables dynasties et, à la manière des familles royales, de désigner les héritiers successifs, portant les mêmes prénoms, par des numéros d'ordre qui sont en fait des repères dans les générations. On a ainsi chez les Guestier les Daniel I, II, III, et IV. La région bordelaise est l'une de celles qui permettent aux grandes familles une affirmation de leurs solidarités qui va jusqu'à une endogamie poussée[43].

TRANSMISSION ET CONVERSION

Les conditions ne sont pas toujours remplies pour que la transmission puisse se faire dans de bonnes conditions et pour que la même activité soit maintenue de génération en génération. L'exemple du château d'Arbieu, près de Bazas en Gironde, montre qu'alors une conversion est nécessaire ; engagée par le chef de famille, elle est destinée à être reprise et prolongée par l'action de ses héritiers. La transmission est alors surtout celle d'une capacité à l'innovation qui permet de faire face aux aléas économiques et sociaux.

Au bord de la route départementale s'élève la maison du gardien, un pavillon de style néogothique. Un chemin empierré grimpe en lacets au flanc de la colline, passe devant une mare grouillante de vie, franchit un soupçon de ruisseau, débouche au niveau de la piscine surveillée par le haut pigeonnier et aboutit à la façade principale du château qui tourne le dos au bourg et regarde une immense pelouse où des ballons attendent les pieds des enfants. De grands arbres l'encadrent, dont quelques cèdres, et elle tient plus du pré fraîchement fauché que des « greens » anglais. Il y a là quelques mainates, oiseaux d'Asie, plus performants que les perroquets, auxquels le propriétaire des lieux apprend *La Marseillaise.*

Le château d'Arbieu est la propriété du comte et de la comtesse Philippe de Chenerilles. Cinq chambres d'hôtes permettent de faire face aux dépenses d'entretien du château. Le domaine n'est plus guère rentable et avec les subventions européennes, les terres sont d'un meilleur rapport lorsqu'elles sont laissées en jachère. Mais il faut penser à l'avenir et aux emplois que pourront occuper les enfants. Aussi M. et Mme de Chenerilles ont-ils conçu le projet de créer un camping sur leur vaste domaine, à l'autre bout de la propriété. Un équipement de qualité, cela va sans dire, pouvant bénéficier du classement à quatre étoiles. Une telle installation pourrait offrir des revenus pour deux enfants et rentabiliser ce qui n'est plus aujourd'hui que des friches. « Ce serait un très grand camping d'environ 24 hectares avec des espaces de jeux. Chaque place ferait 200 mètres carrés, avec ouverture sur le bois et sans vis-à-vis. Il y a tellement de campings sur la côte que pour faire venir les touristes à Bazas, il faut un plus. Il y aurait donc un practice de golf, un squash et un théâtre de verdure. » Pour le fils cadet, qui s'est découvert une vocation pour l'hôtellerie et la restauration, M. et Mme de Chenerilles ont également le projet de monter un restaurant. « Je voudrais leur trouver une situation à l'intérieur du domaine », résume M. de Chenerilles.

Ainsi un domaine agricole, condamné pour rentabilité insuffisante, survivra comme lieu touristique et fournira aux héritiers une partie de leurs revenus. C'est un processus semblable qui est à l'œuvre au château d'Arcangues, dans les Pyrénées-Atlantiques, avec la réalisation d'un golf et des résidences qui lui sont liées. Les vocations agricoles des domaines sont abandonnées, et sans états d'âme : l'important est de transmettre le château, l'élément qui, au cœur de la propriété, assure la conservation de la mémoire familiale. Encore faut-il pour cela, lorsque les revenus extérieurs ne sont pas suffisants, faire travailler le domaine lui-même pour satisfaire la volonté de le maintenir dans le patrimoine familial.

Biens familiaux et biens financiers

Thierry de Valréal a souligné combien était différent son rapport aux biens hérités de sa famille, qu'il tentera de conserver et de transmettre, et celui, plus lâche, qu'il entretient avec ceux acquis par lui-même. Lorsqu'il ne s'agit plus de biens matériels mais de valeurs mobilières sous forme d'actions ou d'autres valeurs financières, il n'y a plus cette empreinte, cette présence du défunt et de ses dernières volontés dans la matérialité des choses. Dès lors, des rêves beaucoup plus individuels, moins redevables à la famille, peuvent se réaliser. Isabelle de Solane a hérité, au moment de la mort précoce de sa mère, issue d'une riche famille d'industriels, de biens matériels, mais surtout d'un capital qui lui a permis de concrétiser l'un de ses rêves, habiter et vivre sur une péniche. « Le bateau, avoue-t-elle, c'était une certaine façon de pouvoir préserver mon indépendance, de pouvoir vivre avec une petite dose de poésie quotidienne dont j'avais besoin. » Isabelle de Solane a quatre frères et trois sœurs, et elle appartient à un milieu catholique qui valorise l'esprit de famille. L'achat de la péniche a quelque chose d'une mise à distance car « c'est précaire, confirme-t-elle, ce n'est pas un placement dans la pierre, ce n'est pas de l'immobilier puisque c'est meuble, on ne passe pas devant un notaire. On n'achète pas une péniche non plus en se disant "je laisserai cela à mes enfants". C'est précaire un bateau, ça peut couler, ça peut flamber. Acheter un bateau, c'est complètement irrationnel, ça coûte quand même cher, sous prétexte que ce sont de grands espaces dans des situations, à Paris, tout à fait privilégiées, à la Concorde ou à Neuilly. Mais cela n'a rien à voir avec un appartement en dur dans Paris où tous les journaux, tous les six mois, vous disent combien vaut votre appartement. Une péniche, c'est beaucoup plus aléatoire ».

Toutefois la distance prise, surtout symboliquement, a ses limites. En effet, d'une part, la péniche a toujours été amarrée dans un beau quartier, « car je ne peux pas vivre ailleurs que dans un beau quartier, je ne me sentirais pas à l'aise ». Et, d'autre part, Isabelle de Solane envisage de revendre sa péniche pour retourner vivre dans l'immeuble familial du VIIe arrondissement où demeurent encore aujourd'hui son père, deux de ses frères et ses trois sœurs. Et ce, pour que son jeune fils ait une famille. « Mon fils, confie-t-elle, fait complètement partie de ce projet-là, car il aurait sa famille, la seule qu'il ait, puisqu'il n'est pas reconnu par son père, il aurait ainsi une présence familiale importante pour lui. »

La composition du patrimoine a une influence décisive sur la manière dont sa transmission est vécue et assumée. Lorsque l'héritage se compose pour partie de valeurs financières, l'héritier bénéficiaire peut se sentir beaucoup plus libre de le réaliser comme il l'entend et parfois cela peut être l'occasion de marquer ses distances avec les normes familiales. La logique affective et symbolique semble plus forte dans le cas de biens matériels.

On s'identifie moins à un portefeuille d'actions qu'à un château. Or, ces dernières décennies, l'importance du capital financier, et donc abstrait, s'est accrue. Des familles sont passées du capitalisme industriel au capitalisme bancaire et financier, comme la famille Wendel dont la fortune a son origine dans la sidérurgie française.

Véronique de Montremy est la petite-fille d'Andrée des Monstiers, épouse de Maurice de Wendel. Bien qu'habitant avenue Marceau dans le VIIIe arrondissement, elle a passé une partie de son enfance chez ses grands-parents maternels en Lorraine. Elle a ainsi grandi et a été façonnée dans ce qu'elle appelle « le royaume industriel lorrain » dont elle aurait été l'une des princesses. Il lui est difficile de dissocier le souvenir du château de Brouchetière, à Jœuf, où la domesticité était encore nombreuse dans les années soixante, et son train de vie luxueux, des mines et des usines que son grand-père l'emmenait visiter. Le bruit parvenait jusque dans les chambres du château. « C'était un endroit étonnant ! C'était la campagne mais il y avait deux centimètres de poussière sur les feuilles, les hauts fourneaux qu'on entendait et qu'on voyait au bout du parc, les bruits des usines et des aiguillages de trains. On entendait la mine quand on faisait tomber des pans de minerai… Ce n'était pas du tout comme les châteaux où allaient nos cousins ou nos amis. Je me souviens très bien, poursuit Véronique de Montremy, la première fois que j'ai visité une usine, j'avais six ans, j'ai trouvé cela sublime avec le feu, le bruit, c'était tordu, mis en fil, mis en tôle. J'ai trouvé cela fascinant et puis les coulées… On avait l'impression d'être dans un endroit à part. »

Tout était réuni, dans un cadre aussi chargé de valeurs symboliques, pour une transmission réussie des patrimoines, la famille étant associée au château et à un territoire industriel que faisaient vivre des milliers d'ouvriers. « Alors évidemment, conclut Véronique de Montremy, quand tout s'est arrêté, on s'est aperçu qu'on n'était pas du tout une famille royale, ça a fait un certain coup… On ne va plus en Lorraine que pour les enterrements. On n'a plus rien. C'est affreux. Ce pays dont on pensait qu'on était l'essence même, on n'en fait plus partie ! » La famille Wendel n'est pas démunie pour autant : rappelons qu'elle figure en cinquième position dans le palmarès 2006 des 500 plus grandes fortunes professionnelles[44]. Au début du

XIXe siècle, la famille Wendel s'est organisée en société financière. « Dès 1830-1840, raconte Véronique de Montremy, mon arrière-grand-père François de Wendel est mort en laissant deux filles et un garçon. Sa femme a alors créé la Société des Fils de François de Wendel. Puis, quand, dans les années 1860, son fils Charles est mort, la Société est devenue celle des Petits-Fils de François de Wendel, une société en commandite qui possédait les biens industriels et immobiliers de la Lorraine sidérurgique. »

Il est vrai que l'histoire n'a pas ménagé la famille. Sous la Révolution, la forge d'Hayange est vendue comme bien national après avoir été mise sous séquestre. La guerre franco-allemande de 1870 eut pour conséquence, après le traité de Francfort de 1871, de faire passer les usines de Wendel en territoire allemand. Pendant la Seconde Guerre mondiale, « l'Allemagne nazie s'adjuge toutes les usines et les mines de Wendel germanisées sous la raison sociale Hermann Gœring Werke : à la Libération, elles rentrent dans le patrimoine familial[45] ».

La société des Petits-Fils a pris la forme d'un holding familial Wendel Investissement dont seuls les descendants des fondateurs, et leurs conjoints, peuvent être actionnaires.

Le cas des Wendel n'est pas unique, d'autres familles ont créé des sociétés similaires. Ainsi les Bich, dont les sociétés en commandite en actions doivent leur permettre de conserver le contrôle du groupe familial. Après la mort du fondateur, le baron Bich, son fils a pris la succession et « aucune turbulence non plus n'est à attendre sur le capital du groupe » puisque la famille détient « 39,3 % du capital (et plus encore en droits de vote), 17,6 % étant aux mains de personnes physiques et 21,7 % par le biais d'une société en commandite en actions, MBE (Marcel Bich Enfants)[46] ». À l'inverse, la famille Guichard qui était à l'origine du groupe Casino devait proposer à ses actionnaires, le

28 octobre 1994, l'abandon du statut de commandite par actions, qui était le sien depuis sa création en 1898, pour celui de société anonyme à directoire. Il est vrai qu'Antoine Guichard, petit-fils du fondateur, n'a pas de successeur au sein de la famille.

La gestion du patrimoine familial sur le mode du capitalisme financier peut certes donner une certaine sécurité mais elle ne va pas sans poser d'autres problèmes. Il y a plus grave dans la perte d'identité que représente cette nouvelle forme du patrimoine, désincarnée, abstraite, réduite aux coupons et aux dividendes. Véronique de Montremy pense que pour tous ses cousins et cousines qui n'auront jamais connu la Lorraine et qui, en raison de leurs liens de parenté avec les Wendel, pourront être néanmoins actionnaires de ces sociétés financières de participations, la cohésion familiale ne sera peut-être plus aussi facile. « C'est dans les dix années à venir que cela va être plus compliqué car on ne va pas pouvoir maintenir la fiction selon laquelle on ne peut se racheter les actions qu'entre soi. Avant la guerre de 1940, je crois qu'il n'y avait que 35 actionnaires. Ils se connaissaient tous. Mais maintenant, lorsque je vais à une réunion des Petits-Fils, il y a plein de cousins et de cousines qui ont entre vingt et vingt-cinq ans et que je ne connais pas ! C'est devenu une société purement financière où tout le monde est cousin, parfois à des degrés très éloignés. » Pour l'instant, la cohésion familiale est de règle et toutes les décisions « sont prises à l'unanimité. Personne ne vote jamais contre. Au fond, on a peur de briser la cohésion familiale. D'ailleurs, on a pris des mesures récentes selon lesquelles, même si quelqu'un avait plus de 40 % du capital, il ne pourrait pas avoir plus de 40 % des votes. Ce qui signifie que si on ouvre le capital à des personnes extérieures à la famille, elles ne pourront pas aller contre la majorité qui restera familiale ».

Véronique de Montremy s'interroge sur la transmission de son patrimoine à la fois immobilier – appartements à Paris – et mobilier, comme on vient de le voir, à ses propres enfants. Le travail d'inculcation de valeurs morales et culturelles ne peut être relâché car elle souhaite que ses deux filles poursuivent dignement la lignée, mais cette fois-ci avec des points de repère beaucoup plus abstraits : « un solide portefeuille d'actions ! ». Ses filles n'auront en effet pas connu les fondements territoriaux de la fortune des Wendel. Véritable éducateur à lui seul, le territoire contribue à façonner les fils de famille qui, plus tard, seront aptes à assumer l'ensemble des composantes, y compris financières, de l'héritage. Aujourd'hui, constate Véronique de Montremy, « on passe son temps à prendre des participations, nous ne sommes plus des industriels. Nous étions, y compris mentalement, des industriels. C'était un bien qui était tangible, qui servait à faire quelque chose. C'était l'industrie et on est passés dans le service, dans le tertiaire. On prend des participations qu'on revend avec l'idée qu'il faut être mobile, fluide ». L'enracinement dans un terroir, le château de Brouchetière, au milieu des usines comme d'autres demeures sont au milieu de leurs terres, cela est terminé. La transmission ne va plus de soi : la mémoire familiale risque de se fluidifier en même temps que les actifs.

CONCLUSION

Héritiers de lignées prestigieuses, aristocrates fortunés et grands bourgeois de vieille souche doivent plus à leur héritage qu'à leurs mérites. Mais un héritage se mérite. Il faut porter le nom qui vous échoit, et il est d'autant plus lourd à porter qu'il est plus riche de valeur symbolique. Certes, il est préférable d'avoir à faire face à cette charge plutôt que de devoir faire ses preuves, ou, plus encore, que d'avoir à lutter pour s'arracher à la misère. Un nom se construit dans la durée, à travers plusieurs générations. Pour entrer dans le cercle étroit des élites, il faut ce qui ne peut s'acquérir, le temps. Ou qui du moins suppose une longue patience et l'acceptation de voir ses efforts ne porter pleinement leurs fruits que pour les générations qui vous suivront.

Il faut aussi du temps pour sortir du cénacle : on ne ruine pas en un tour de main le crédit accumulé autour d'un nom. Il faut le mériter, ce nom, mais il va de l'intérêt vital du clan de défendre envers et contre tout le capital irremplaçable qu'il représente. Aussi fera-t-on son possible pour récupérer le maladroit, l'irresponsable, le dévoyé, qui, par sa vie en marge, ses errements, risque de détruire toutes les formes de capitaux accumulées sur un patronyme. L'honneur du nom est en cause, on fera ce qu'il faut pour le préserver. Cela explique qu'il y ait en définitive bien peu de ratés dans la reproduction sociale des élites : on trouvera toujours un strapontin pour celui qui, malgré le bon jeu qu'il a eu en main au départ, n'a pas su, ou voulu, jouer correctement et qui se retrouve en position de déclassement. Cet « aventurier » menace l'ensemble du groupe familial et, par le réseau dans lequel la famille est enserrée, le groupe social tout entier, tant il est vrai qu'un tel capital de renom fondé sur le seul nom rend solidaires tous ceux qui le partagent.

Ainsi, plus que pour tout autre groupe social, tant dans les milieux fortunés les enjeux sont interdépendants, il importe d'étudier le système social que constituent les individus, la confrérie des grandes familles. Or le sens commun pousse à présenter et à se représenter ces familles comme des unités autonomes alors qu'elles sont les parties d'un tout, celui des positions dominantes.

On ne sent jamais aussi bien cette force du groupe que lorsque celui-ci marginalise l'un de ses membres. Christel Baseden s'est ainsi retrouvée mise au ban du groupe lorsque, à dix-huit ans, elle a épousé un fils de la bourgeoisie du Nord et non pas, comme on l'attendait de sa part, un héritier de la haute société bordelaise. Or celle-ci avait misé sur la jeune Christel comme sur toute jeune fille bien née. « Elle avait un prix » et elle était invitée partout, « soirées extraordinaires, robes longues, châteaux à tomber par terre ». Mais, « quand j'ai annoncé mes fiançailles avec quelqu'un qui ne faisait pas partie de notre tribu, ça a été terminé. Je n'ai plus reçu un carton d'invitation. Cela a constitué pour moi une leçon que je n'oublierai jamais. Comme si les familles bordelaises s'étaient dit : “On a investi pour qu'elle épouse quelqu'un de chez nous.” C'est là que j'ai réalisé que je représentais quelque chose pour mon milieu social que je n'avais pas compris et que j'ai découvert ainsi à mes dépens. »

Mais autant, quand il y a un beau nom à préserver, on fera le maximum pour récupérer celui ou celle qui s'éloigne, autant, quand il s'agit d'un nouvel enrichi comme Bernard Tapie, ou comme Bernard Jansoulet, surnommé le Nabab et héros d'un roman d'Alphonse Daudet[1], la sanction de tout écart par rapport aux normes du groupe sera le rejet le plus brutal. Dans le cas de l'homme d'affaires contemporain comme dans celui du héros du roman de mœurs du XIXe siècle, la haute société ne saurait admettre de façon durable des agents sociaux certes largement pourvus en capital économique, mais dépourvus d'ancienneté. Fortune rapide et haute visibilité médiatique conduisent au rejet le plus vif dès qu'apparaissent les premiers revers. Amitiés, relations politiques, contacts dans la presse se retournent alors contre celui qui a voulu brûler les étapes et avait pensé qu'il suffisait d'être riche pour faire partie du club des dominants. Le groupe réagit alors comme une classe mobilisée qui, d'une manière concertée sans qu'il y ait eu concertation, anéantit socialement l'élément perturbateur qui est venu troubler le jeu.

L'existence de patrimoines importants à gérer et à transmettre dans les familles les plus fortunées appelle un tel niveau de formalisation, d'explicitation et de codification pour réussir cette transmission que le groupe mobilisé devient classe. La similitude et la proximité des modes de vie et des représentations ne suffisent pas à faire la classe mobilisée, comme le souligne Pierre Bourdieu. « Les gens inscrits dans un secteur restreint de l'espace, écrit-il, sont à la fois plus proches (par leurs propriétés et leurs dispositions, *leurs goûts*) et plus enclins à se rapprocher ; plus faciles aussi à rapprocher, à mobiliser. Mais cela ne signifie pas qu'ils constituent une classe au sens de Marx, c'est-à-dire un groupe mobilisé en vue d'objectifs communs et en particulier contre une autre classe[2]. » C'est pourtant ce que paraissent réaliser les familles les plus fortunées. Les fortunes et les bonnes fortunes d'existences qui n'en manquent pas constituent la base objective d'une mobilisation tout à la fois pour l'entre-soi et contre les autres. Que l'on pense aux beaux quartiers, aux institutions comme les rallyes ou les cercles, aux syndicats patronaux comme le Medef : on est bien en face d'une classe qui se parle et se définit contre, ou au moins à côté des autres.

N'existant, comme objets théoriques, que sur le papier, les classes sociales doivent être socialement construites pour exister réellement, ce qui constitue un processus conflictuel et historique. Il en va différemment pour la grande bourgeoisie dont l'existence réelle, et non pas seulement théorique, paraît plus établie. On peut même voir dans l'obsession de la transmission une manifestation de cette volonté de construire continûment la classe. Certes, cela n'est pas vécu dans cette terminologie. Mais il n'existe guère de groupe social suffisamment conscient de lui-même et de ses intérêts pour gérer avec autant de vigilance ses territoires, ses relations, les alliances matrimoniales de ses enfants...

Ce travail de construction du groupe pourrait même bien être un pur produit de l'habitus grand-bourgeois. Dans un magnifique paradoxe qui voudrait que, dans le même mouvement qui lui fait nier, idéologiquement, l'existence des classes sociales, il construise une classe réelle parce que le groupe des pairs ne peut survivre, se développer et prospérer qu'en écartant les intrus, c'est-à-dire tous ceux qui, dans l'espace social, occupent d'autres positions, y compris en faisant entrer en ligne de compte le critère du temps.

Il y a eu, avec le marxisme, un travail social de construction des classes dominées comme classes, et en particulier une affirmation de l'originalité de la classe ouvrière, qui s'est dotée d'organisations qui proclamaient l'existence de la classe et la faisait exister dans cette proclamation même. La pratique, ainsi, réalisait la théorie. On sait ce qu'il en est : le reflux de la théorie marxiste produit un effet de théorie en retour, les classes dominées étant moins que jamais aujourd'hui des groupes à part entière. Le recours aux notions de marginalité et d'exclusion est significatif du recul des formes d'organisation des classes dominées. Alors que parallèlement la grande bourgeoisie s'affirme comme classe en niant la réalité des classes. Le triomphe de l'idéologie libérale est sans doute d'autant plus aisé que la grande bourgeoisie peut se contenter de la pratique : elle peut fonctionner comme classe organisée et agissant en fonction de ses intérêts bien compris sans avoir à construire la théorie de sa réalité sociale et de sa pratique. L'habitus des membres des fractions dominantes des classes dominantes n'a qu'à réaliser ses potentialités pour faire exister en pratique une classe qui n'a pas à se déclarer comme telle, et surtout ne doit pas le faire, pour exister réellement.

NOTES

Introduction

1. Robert Castel, *Les Métamorphoses de la question sociale. Une chronique du salariat*, Paris, Fayard, coll. « L'espace du politique », 1995.

2. Sur cette « structure en chiasme », voir par exemple Pierre Bourdieu, *La Distinction*, Paris, Minuit, coll. « Le Sens commun », 1979, p. 128-138.

CHAPITRE PREMIER – Les grandes fortunes : niveaux, compositions et gestions

1. André Villeneuve, « Les formes multiples de la pauvreté et le rôle des difficultés de jeunesse », Insee, *La Société française. Données sociales 1993*, p. 363-369.

2. Alain Bihr et Roland Pfefferkorn, *Déchiffrer les inégalités*, Paris, Syros, 1999, chapitre VII, « Les inégalités de patrimoine ». Voir également, des mêmes auteurs, « La richesse, Terra incognita des statistiques », *Alternatives économiques*, nº 25, 3e trimestre 1995 (hors série : « Les riches »), p. 8-12.

3. Denis Kessler et André Masson, « Le patrimoine des Français : faits et controverses », Insee, *Données sociales 1990*, p. 156-166.

4. L'Insee (Institut national de la statistique et des études économiques) publie les enquêtes Logement et Actifs financiers ainsi que les comptes de patrimoine, en collaboration avec la Banque de France. Ces données sont la base de toute approche des patrimoines des ménages.

5. Pour un exposé systématique de la notion d'habitus, voir Pierre Bourdieu, *Le Sens pratique*, Paris, Minuit, coll. « Le Sens

commun », 1980, spécialement le chapitre III : « Structures, habitus, pratiques ».

6. Comptes de patrimoine (Insee et Banque de France), enquêtes Actifs financiers, enquêtes Revenus fiscaux et enquêtes Logement (Insee).

7. Voir Pierre Bourdieu et Jean-Claude Passeron, *Les Héritiers. Les étudiants et la culture*, Paris, Minuit, 1964, et Pierre Bourdieu, *La Distinction*, *op. cit.*

8. Erving Goffman, *Asiles*, Paris, Minuit, coll. « Le Sens commun », 1968.

9. Les gros gagnants du Loto, ceux du moins de condition modeste, fourniraient une population expérimentale de ce point de vue : comment gère-t-on une fortune à laquelle rien ne vous a préparé, et pour laquelle on ne dispose d'aucune des ressources spécifiques nécessaires ?

10. Jules Lepidi, *La Fortune des Français*, Paris, PUF, coll. « Que sais-je ? », n° 2424, 1989, p. 80-84, et *Le Nouvel Observateur*, n° 1197 du 16 au 22 octobre 1987.

11. André Babeau, *Le Patrimoine des Français*, Paris, La Découverte, coll. « Repères », 1989, p. 44-45, et *L'Expansion*, n° 340 du 23 septembre au 6 octobre 1988.

12. « Le total des fortunes privées en 1954, exprimées en francs germinal [c'est-à-dire ramenés à leur valeur au 17 germinal an XI, soit le 7 avril 1803, date de la mise en place des institutions monétaires modernes], atteint à peine son montant de 1913 diminué des pertes des deux guerres », note J. Lepidi (*op. cit.*, p. 18). En 1908, la fortune privée représentait 5,7 fois le revenu national ; le rapport n'était plus que de 1,4 en 1953 (*ibid.*, p. 19).

13. *L'Événement du jeudi* a lui aussi publié une analyse des « nouvelles 200 familles » (n° 372 du 19 au 25 décembre 1991). *L'Expansion* avait publié deux dossiers élaborés par Pierre Beaudeux sur les 50 puis sur les 100 « Français les plus riches » dans ses numéros 274 du 6 au 19 décembre 1985 et 274 du 23 janvier au 5 février 1987. *Le Nouvel Économiste* du 14 octobre 1994 (n° 967) donne le classement des 400 plus grandes fortunes professionnelles, enquête actualisée dans le n° 1017 du 5 octobre 1995. Depuis, l'hebdomadaire *Challenges* publie en juillet chaque année le palmarès des 500 plus grandes fortunes professionnelles.

14. *Le Nouvel Économiste*, n° 340, p. 68-69.

15. Voir Martine Orange, *Ces messieurs de Lazard*, Paris, Albin Michel, 2006

16. Sur ce thème, voir le dossier réalisé par Sophie Coignard,

« Les riches, comment on l'est, comment on le devient, comment on le reste », *Le Point*, 28 juillet 2005, nº 1715.

17. Voir *L'Expansion*, nº 340, p. 114, ou *Le Nouvel Économiste*, nº 967, p. 76.

18. A. Babeau, *Le Patrimoine des Français*, *op. cit.*, p. 31-32.

19. Denis Kessler et André Masson, « Qui possède quoi, et pourquoi ? », *Revue d'économie financière*, nº 10, 1989.

20. Dominique Merllié, *Les Enquêtes de mobilité sociale*, Paris, PUF, coll. « Le Sociologue », 1994, p. 23.

21. *Ibid.*, p. 23-24.

22. Voir A. Bihr et R. Pfefferkorn, *Déchiffrer les inégalités*, *op. cit.*, chap. XIII, 3e partie, « La reproduction des inégalités », p. 518-546.

23. Pierre Bourdieu et Monique de Saint Martin, « Le Patronat », *Actes de la recherche en sciences sociales*, nº 20-21, mars-avril 1978, p. 65.

24. P. Allard, M. Beaud, B. Bellon, A.-M. Lévy et S. Liénart, *Dictionnaire des groupes industriels et financiers en France*, Paris, Le Seuil, 1978, p. 19.

25. Bernard Marguerite, « Crise du système financier et reproduction de l'oligarchie financière », *Issues*, nº 12, 2e trimestre 1982. Voir aussi Michel Bauer et Bénédicte Bertin-Mourot, *Les 200. Comment devient-on un grand patron ?*, Paris, Le Seuil, 1987, et *L'Accès au sommet des grandes entreprises françaises (1985-1994)*, Paris, CNRS, 1995.

26. Daniel Bertaux, *Destins personnels et structure de classe*, Paris, PUF, 1977, p. 66.

27. Les analyses de Pierre Birnbaum sur le « mythe des gros » sont fondées sur la prise en compte des discours et des attitudes politiques. Il est vrai que les « gros » et les « 200 familles » y sont parfois grossièrement caricaturés, et que cette « mythologie » est très nettement teintée d'antisémitisme, y compris dans des textes, anciens, émanant du Parti communiste français. Pour autant Pierre Birnbaum ne traite pas des fortunes réelles et des réseaux familiaux ou autres : le caractère mythique des « gros » n'est établi qu'à travers des données comme celles du vote à droite de catégories sociales moyennes ou modestes. Le raisonnement est que les opinions et les comportements électoraux sont fluides et se présentent sous la forme d'un continuum, suffisamment pour que l'opposition récurrente du « peuple » et des « gros » paraisse à l'auteur relever d'une représentation erronée, et intéressée, du monde social. S'il est vrai que cette opposition peut pour partie tenir du mythe, en raison de sa forte charge symbolique, on espère que le présent travail mettra bien en évidence l'importance de la distance sociale qui

oppose les fractions les plus privilégiées de la société aux larges masses des couches moyennes et populaires dans leurs modes de vie, leurs ressources, leur accès à la culture, leurs possibilités de promotion sociale, etc. Voir Pierre Birnbaum, *Le Peuple et les gros. Histoire d'un mythe*, Paris, Hachette, coll. « Pluriel », 1995 (1re édition : Paris, Grasset, 1979).

28. Voir : Conseil des impôts, *Huitième rapport au président de la République, relatif à l'imposition du capital*, 1986, et *Seizième rapport au président de la République : L'imposition du patrimoine,* 1998, ainsi que Stéfan Lollivier et Daniel Verger, « Le patrimoine aujourd'hui. Beaucoup entre les mains de quelques-uns… », Insee, *Données sociales 1990*, p. 167-170, figure 1, p. 169.

29. Voir : Conseil des impôts, *Huitième rapport* et *Seizième rapport, op. cit.*, et *Dix-huitième rapport au président de la République : Imposition des revenus*, 2000 ; ainsi que Stéfan Lollivier et Daniel Verger, *op. cit.*

30. Voir notre ouvrage *Nouveaux patrons, nouvelles dynasties*, Paris, Calmann-Lévy, 1999.

31. Voir : Conseil des impôts, *L'Imposition du patrimoine, op. cit.*

32. A. Bihr et R. Pfefferkorn, *Déchiffrer les inégalités, op. cit.*, chapitre VII, « Les inégalités de patrimoine », p. 246.

33. Banque de France, COB, SBF (Société des Bourses françaises), *Les Porteurs de valeurs mobilières*, Paris, Imprimerie nationale, septembre 1994. Il s'agit d'une enquête par sondage réalisée par la Sofres pour le compte de ces organismes.

34. F. Chassagne, J.-B. Ferrand-Eynard, H. Grandjean, V. Noiville, *Les valeurs mobilières détenues par les Français en mars 2005*, enquête réalisée par TNS Sofres en partenariat avec la Banque de France et Euronext, disponible sur le site www.tns-sofres.com ou dans le *Bulletin de la Banque de France*, nº 143, novembre 2005.

35. Jacques Hamon et Bertrand Jacquillat, *La Bourse*, Paris, PUF, coll. « Que sais-je ? », 2002, p. 50.

36. Ibrahim Warde, « La dérive des nouveaux produits financiers », *Le Monde diplomatique,* juillet 1994.

37. Jean-Guillaume Poulain et Vincent Legroux, « L'activité sur les marchés de change et de produits dérivés de gré à gré sur la place de Paris en avril 2004 », *Bulletin de la Banque de France*, nº 131, novembre 2004.

38. Voir Ignacio Ramonet, « La Pensée unique », *Le Monde diplomatique*, nº 490, janvier 1995.

39. Conseil des impôts, *L'Imposition des revenus*, *op. cit.*, p. 42-43.

40. Véronique Sandoval, « La grande bourgeoisie, une planète à explorer », *La Pensée*, n° 290, novembre-décembre 1992, p. 65-74.

41. La revue mensuelle *Gestion de fortune* est destinée aux professionnels de la gestion de patrimoine que sont les conseillers indépendants ou les banquiers, les notaires et les experts-comptables. Pourtant 40 % des abonnés à cette revue sont des particuliers. « C'est une revue haut de gamme, estime son rédacteur en chef, Jean-Luc Bengel, qui entend être au même niveau d'information que les meilleurs professionnels. » Créée en 1991, *Gestion de fortune* est diffusé à 35 000 exemplaires. Des revues comme *Investir* ou *Mieux vivre votre argent* ont également des tirages de plusieurs dizaines de milliers d'exemplaires.

42. Cette association a été créée en France en 2001. « Elle rassemble les Présidents, Directeurs généraux, Directeurs marketing, Directeurs de communication de sociétés nationales et internationales du luxe » (www.luxurybusiness-asso.com/France).

43. « NSM était à l'origine la banque la plus importante de la grande bourgeoisie protestante. Les Peugeot et leurs alliés sont, par exemple, clients de l'établissement. » Jack Dion et Pierre Ivorra, *Sur la piste des grandes fortunes*, Paris, Messidor, 1985, p. 185.

44. Paru dans *Le Courrier du Jockey Club*, XV, juin 1993.

45. *Ibid.*, XVI, décembre 1993.

46. *Intercercles magazine*, n° 13, hiver 1993.

47. Armelle Ory-Lavollée, « Gestion de fortune : quelle banque choisir », *La Vie française*, 31 décembre 1994 au 6 janvier 1995, p. 36-38.

48. Jean-Philippe Bouchand, « Marché dérivés : pour une pédagogie du risque », *Le Monde*, mardi 14 mars 1995.

49. Voir *Les Notes bleues*, devenues *Les Notes bleues de Bercy*, publiées par le ministère de l'Économie, des Finances et de l'Industrie, et le site www.minefi.gouv.fr.

50. Voir notre ouvrage : *Dans les beaux quartiers*, Paris, Seuil, coll. « L'épreuve des faits », 1989, p. 193-252.

51. Voir notre ouvrage : *Sociologie de Paris*, Paris, La Découverte, coll. « Repères », 2004.

52. A. Babeau, *Le Patrimoine des français, op. cit.*, p. 97.

53. *Ibid.*, p. 101-102.

54. *Cf.* J. Lepidi, *La Fortune des Français, op. cit.*, p. 59.

CHAPITRE II – Le fief, ou l'enracinement rural des grandes familles

1. Selon le *Catalogue de la noblesse* de Régis Valette (Paris, Laffont, 1989), la famille des Monstiers-Mérinville figure parmi les plus anciennes de France. Elle présente des descendants directs du nom, en filiation continue prouvée, depuis 1350.

2. Annick Tulasne-Mœneclæy, *Jean des Monstiers et le château du Fraisse*, Poitiers, Faculté des Lettres, mémoire de maîtrise d'histoire, 1970.

3. Les exemples pourraient aisément être multipliés. Un documentaire de Marianne Lamour, *La Famille la Rochefoucauld, une famille millénaire*, diffusé sur Planète en mai 1994, met en scène le château familial qui domine le village homonyme. En août 1992 fut célébré le millième anniversaire de cette famille et les villageois montèrent assister à certaines des festivités aux côtés des châtelains. Les commerçants du village avaient pour cette occasion reproduit dans les vitrines de leurs magasins des maximes de François VI de La Rochefoucauld. Voir également notre ouvrage, *Châteaux et châtelains. Les siècles passent, le symbole demeure*, Paris, Anne Carrière, 2005.

4. Il arrive que des cloches d'églises construites grâce aux dons d'une famille soient baptisées des prénoms des enfants. Ce fut par exemple le cas à Montfort, dans la Sarthe, à l'initiative des arrière-grands-parents de la famille de Nicolay.

5. Comtesse Jean de Pange, *Comment j'ai vu 1900*, Paris, Grasset, 3 vol., 1962, 1965 et 1968 (t. 2 : *Confidences d'une jeune fille*, 1965, p. 89-90).

6. *Ibid.*, p. 104-105.

7. Le seul enfant de Maurice de Broglie et Camille de Rochetaillée décéda à l'âge de dix ans.

8. Jean-Noël Despoyeaux, Avant-propos au livre d'Henri de Jouvencel, *L'Assemblée de la noblesse du baillage de Forez en 1789*, Lyon, 1911, p. V.

9. *Ibid.*, p. VI.

10. Yves Aguilar, « La Chartreuse de Mirande. Le monument historique, produit d'un classement de classe », *Actes de la recherche en sciences sociales*, nº 42, avril 1982, p. 77.

11. *Ibid.*, p. 85. Nous avons essayé de prouver cette hypothèse dans notre ouvrage sur les châteaux, *op. cit.*

12. Il s'agit d'un club aristocratique, aujourd'hui abrité dans le même hôtel particulier que le Cercle de l'Union Interalliée, rue du Faubourg-Saint-Honoré, à Paris.

13. Comtesse Jean de Pange, *Comment j'ai vu 1900, op. cit.*, t. 2, p. 108.

14. Maurice Halbwachs, *Les Cadres sociaux de la mémoire*, Paris-La Haye, Mouton, 1976 (1re édition, 1925), p. 257.

15. Michel Pinçon et Monique Pinçon-Charlot, *Quartiers bourgeois, quartiers d'affaires,* Paris, Payot, 1992, p. 138-153.

16. Jean-Louis Harouel *et al.*, *Histoire des institutions de l'époque franque à la Révolution*, Paris, PUF, 1987, p. 472. Sur les responsabilités électives de la noblesse, voir Monique de Saint Martin, *L'Espace de la noblesse*, Paris, Métailié, 1993.

17. Georges Durand, « La vigne et le vin », dans *Les Lieux de mémoire*, sous la direction de Pierre Nora, Paris, Gallimard, (t. III : *Les France*, vol. 2, p. 786).

18. Janine Graveline, *Châteaux et manoirs d'Aquitaine*, Éditions Minerve, 1988.

19. Paul Butel, *Les·Dynasties bordelaises, de Colbert à Chaban*, Paris, Perrin, coll. « Histoire et fortunes », 1991, p. 349.

20. Voir Bernard Ginestet, *Les Chartrons*, Paris, Acropole, 1991.

21. Pour des développements plus importants sur ce point, voir notre ouvrage *Dans les beaux quartiers*, *op. cit.*, chap. IX, « Châtelains de toujours, châtelains d'un jour », p. 119-142, et notre ouvrage *Châteaux et Châtelains*, *op. cit.*

22. Claude-Isabelle Brelot, « Itinéraires nobles : entre ville et château, la noblesse et la maîtrise de l'espace au XIXe siècle », dans *Noblesses et villes, 1780-1950*, Tours, Éditions de la Maison des sciences de la ville, 1995.

23. Norbert Elias, *La Société de cour*, Paris, Champs-Flammarion, 1985, p. 21.

24. Le château de Marsan est la propriété d'Aymeri de Montesquiou Fezensac, maire de Marsan et député du Gers.

25. Le château de Courances, dans la commune homonyme, est situé dans l'Essonne. Le propriétaire actuel est le marquis Jean-Louis de Ganay.

CHAPITRE III – Un cosmopolitisme de bon aloi

1. *Gala*, nº 32, 20 au 26 janvier 1994.

2. *L'Éventail*, nº 7, septembre 1986.

3. Henry-Jean Servat, *Dans la cour des grands. Chroniques impertinentes des folies de la jet-set*, Paris, Le Pré au Clerc, 2002.

4. Pour autant le choix des prénoms des enfants ne semble pas sensible à ces influences étrangères, même dans le cas de mariages internationaux.

5. Intervention au cours d'une matinée organisée par l'Association des professionnels du luxe, le 22 mars 2005.

6. Voir *Dans les beaux quartiers*, *op. cit.*, p. 193 à 252 pour les cercles.

7. Xavier Périssé et Dominique Dunglas, *La Privilégiature*, Paris, RMC Édition, 1988, p. 272.

8. *Ibid.*, p. 9.

9. Il ne serait pas très utile de les compter car la sous-estimation est forte : les entretiens ont montré que, dans certains cas, on ne fait figurer dans la liste mondaine qu'une partie des domiciles dont l'on dispose, sous le motif déclaré de la modestie.

10. Michel Cressole, « Sang bleu et sans frontières », *Libération*, 7 avril 1989.

11. Claude-Isabelle Brelot, « Les anticipations européennes de la noblesse française (1880-1914) », communication au colloque international *Anciennes et Nouvelles Aristocraties, de 1880 à nos jours*, sous la direction de Didier Lancien, Toulouse, 21-24 septembre 1994. Un annuaire comme celui de Gotha était international. Reprenant la tradition, la Société du *Bottin Mondain* a fait paraître en 1996 le *Bottin Mondain de la société russe*.

12. Gabriel-Louis Pringué, *30 Ans de dîners en ville*, Paris, Édition Revue Adam, 1948, p. 40.

13. Sur le cosmopolitisme et la signification sociale d'un tel rapport au monde, voir par exemple Jean-Louis de Faucigny-Lucinge, *Un gentilhomme cosmopolite*, Paris, Perrin, 1990. Voir également Éric Mension-Rigau, *Aristocrates et grands bourgeois*, Paris, Plon, 1994, particulièrement le chap. VI, « Les usages au miroir de l'Europe », p. 299-357. Anne-Catherine Wagner a donné une très bonne analyse du capital cosmopolite dans « Point de vue local, point de vue international : une enquête auprès de la bourgeoisie d'affaires étrangère en France », *Journal des anthropologues*, n° 53-54-55, printemps 1994, p. 49-57, dans « Les riches : une identité internationale », *Alternatives économiques*, n° 25 (hors série), 3e trimestre 1995, p. 31-33, et dans son ouvrage *Les Nouvelles Élites de la mondialisation. Une immigration dorée en France*, Paris, Presses universitaires de France, 1998.

14. Voir notre ouvrage, *Les Rothschild, une famille bien ordonnée*, Paris, La Dispute, coll. « Instants », 1998.

15. Ces notations mériteraient d'être nuancées. Des pratiques autrefois inimaginables, comme l'offre de « forfaits » sur plusieurs jours, ou encore la possibilité de « marchander » le prix des chambres, sont une manière discrète de baisser les tarifs et de faire face à la concurrence. Ces informations ont été recueillies auprès de directeurs d'établissements prestigieux à Deauville, à Enghien-les-Bains et en Suisse.

16. Marc Augé attribue le statut de non-lieu aux chambres

interchangeables des grandes chaînes hôtelières internationales (voir *Non-Lieux*, Paris, Seuil, 1992), tant elles lui paraissent impersonnelles. Dans les palaces, la personnalisation du service pallie ce risque.

17. Roger-Louis Bianchini, *Monaco. Une affaire qui tourne*, Paris, Le Seuil, coll. « Points-Actuel », 1992, p. 197.

18. Pour les palaces, on peut citer celui de Balbec, le Grand-Hôtel cher au narrateur de *À la recherche du temps perdu*, Paris, Gallimard, coll. « Bibliothèque de la Pléiade », 1954, I, p. 662 et suiv. Sur les cercles, voir par exemple les souvenirs de Jean de Beaumont, qui fut président du Cercle de l'Union Interalliée, *Au hasard de la chance*, Paris, Julliard, 1987.

19. Voir *Quartiers bourgeois, quartiers d'affaires*, *op. cit.*, « Les palaces », p. 70-74.

20. Voir par exemple la description de la concurrence estivale pour l'espace par Bertand Poirot-Delpech dans *L'Été 36*, Paris, Gallimard, coll. « Folio », n° 1705, 1986.

21. Dossier de présentation du collège du Rosey.

22. Guy Schÿler a été également pilote de l'armée de l'air et membre de l'US Air Force, durant la Seconde Guerre mondiale.

23. Ancien industriel, M. Dollfus est licencié et diplômé d'études supérieures de philosophie, licencié en droit et diplômé d'études supérieures d'économie politique. Il fut successivement avocat à la cour de Paris, docteur en médecine spécialisé en endocrinologie, président-directeur général de l'Institut français de développement économique, et à ce titre conseiller de Jean Monnet lors de la création de la Communauté économique européenne. Puis il fut conseiller de grandes entreprises telles que la Compagnie générale des wagons-lits ou Alsthom.

24. Sur cet établissement, voir l'étude de Jean-Pierre Faguer, « Les effets d'une "éducation totale". Un collège jésuite, 1960 », *Actes de la recherche en sciences sociales*, n° 86-87, mars 1991. Voir également Beatrix Le Wita, « Culture bourgeoise et éducation jésuite », communication au colloque international *Anciennes et Nouvelles Aristocraties, de 1880 à nos jours*, sous la direction de Didier Lancien, Toulouse, 21-24 septembre 1994.

25. Cette dimension internationale a été présente dès l'origine de la banque. Celle-ci a été fondée en 1872 par des banquiers de divers pays d'Europe, dont les Bischoffsheim, d'origine allemande. Une des filles de Raphaël Nathan Bischoffsheim avait d'ailleurs épousé un Cahen d'Anvers, qui participera à la fondation de la Banque de Paris et des Pays-Bas. Raphaël de Bauer (1843-1916), directeur de la maison Bischoffsheim à Bruxelles depuis 1870, avait épousé en 1867 la fille de Samuel Cahen d'Anvers, dit Lambert, correspondant des Rothschild dans la

même ville. Sur l'histoire de la Banque Paribas, voir Éric Bussière, *Paribas, 1872-1992, l'Europe et le monde*, Paris, Fonds Mercator, 1992.

CHAPITRE IV – Cérémonies, mondanités et rituels

1. Pierre Bourdieu, *Raisons pratiques*, Paris, Le Seuil, 1994, p. 196.

2. Blandine Grosjean et Yves Harté nous ont apporté une aide précieuse dans la connaissance des grandes familles bordelaises.

3. On notera l'orthographe de « Christel » : Cyril Grange, dans ses études sur les prénoms, a noté que dans la haute société on prend beaucoup de liberté avec leur orthographe. Comme s'il fallait donner à un prénom ordinaire, plus ou moins utilisé en fonction des groupes sociaux mais présent dans tous, un style particulier, une sorte de distinction, de la même façon qu'il faut gérer le maintien du corps, lui aussi *a priori* peu distinctif, de façon à exprimer la différence.

4. Le quartier des Chartrons, au nord de la place des Quinconces, abrite les grandes familles du négoce des vins, du grand commerce et de la finance. Les chais des négociants occupaient les rez-de-chaussée de leurs immeubles.

5. Henri de Cerval a la responsabilité de l'équipage de Poussignac qui chasse le chevreuil dans la forêt des Landes. C'est une passion très partagée dans la haute société du Sud-Ouest mais elle bénéficie aussi d'une large participation populaire. Voir : Michel Pinçon et Monique Pinçon-Charlot, *La Chasse à courre*, Paris, « Petite Bibliothèque Payot », 2003.

6. François Mauriac, *Thérèse Desqueyroux*, Paris, Grasset, 1927 (réédition « le Livre de Poche », 1994, p. 25-26).

7. Luc Boltanski, « L'espace positionnel. Multiplicité des positions institutionnelles et habitus de classe », *Revue française de sociologie, 14* (1) 1973, p. 3-26.

8. Ernest-Antoine Seillière, « La saga industrielle et financière de trois familles lorraines : les Schneider, les Wendel, les Seillière », dans *Les Schneider, Le Creusot. Une famille, une entreprise, une ville (1836-1960)*, Paris, Fayard/Réunion des musées nationaux/Écomusée de la communauté Le Creusot-Montceau-les-Mines, 1995.

9. Voir Gabriel Milési, *Les Nouvelles 200 Familles. Les dynasties de l'argent, du pouvoir financier et économique*, Paris, Belfond, 1990, p. 260. Ce n'est là qu'un petit échantillon des personnalités qui furent ce soir-là rassemblées.

10. Sur la transmission des entreprises, voir Pierre-Paul Zalio, « Échec industriel et réussite sociale, le cas du capitalisme familial marseillais. L'industrie marseillaise des corps gras à travers la trajectoire sociale d'un groupe familial de la bourgeoisie », *Entreprise et histoire*, juin 1995. L'étude porte sur le cas de la famille Rastoin. Voir également notre ouvrage : *Nouveaux patrons, nouvelles dynasties*, *op. cit.*

11. Sur les alliances entre les familles composant les différentes élites, voir Emmanuel Beau de Loménie, *Les Responsabilités des dynasties bourgeoises*, Paris, Denoël, 1943 à 1973 (5 volumes couvrant la période 1799-1945).

12. Lorsque Maigret doit mener l'enquête dans le faubourg Saint-Germain, Georges Simenon note qu'il « n'allait pas loin. On n'avait jamais à aller loin dans cette affaire. On aurait dit que pour tous ceux qui y étaient mêlés, de près ou de loin, Paris se réduisait à quelques rues aristocratiques ». Georges Simenon, *Maigret et les vieillards*, Paris, Les Presses de la Cité, coll. « Tout Simenon », n° 10, 1990, p. 669.

13. Les monographies présentent cet avantage de montrer le rôle de l'espace urbain dans la constitution et la reproduction d'une bourgeoisie naissante, grâce à tous les réseaux d'interconnaissance et à toutes les alliances matrimoniales. Voir Olivier Martin, *Familles de la bourgeoisie blésoise. 1765-1964. Le rôle d'une ville moyenne dans un processus de mobilités personnelles*, thèse EHESS, 1994.

14. Sur le nom comme patrimoine, on pourra lire notre article « Le nom de la lignée comme garantie de l'excellence sociale », *Ethnologie française*, 1990-1, janvier-mars, tome 20, p. 91-97.

15. Bruno Duriez, « La bourgeoisie répertoriée : le *Livre des familles du Nord* », *Ethnologie française*, 1990-1, janvier-mars, tome 20, p. 71-84. Sur le *Tout-Lyon Annuaire*, on pourra lire l'ouvrage d'Yves Grafmeyer, *Quand le Tout-Lyon se compte*, Lyon, Presses universitaires de Lyon, coll. « Transversales », 1992.

16. Sur le *Bottin Mondain*, voir Cyril Grange, « La "liste mondaine". Analyse d'histoire sociale et quantitative du *Bottin Mondain* », *Ethnologie française*, 1990-1, janvier-mars, tome 20, p. 83-90, ainsi que « Le *Bottin Mondain*, l'annuaire chic », *Alternatives économiques*, n° 25, 3e trimestre 1995 (hors série : « Les Riches »), p. 36-37, et *Les Gens du* Bottin Mondain *: y être c'est en être*, Paris, Fayard, 1996. Sur le *Who's who*, voir Olgierd Lewandowski, « Différenciation et mécanismes d'intégration de la classe dirigeante. L'image sociale de l'élite d'après le *Who's who in France* », *Revue française de sociologie*, 15 (1) 1974.

17. Pierre Bourdieu, « Le capital social, notes provisoires »,

Actes de la recherche en sciences sociales, n° 31, janvier 1980, p. 2-3.

18. Jack Goody, *La Raison graphique*, Paris, Minuit, coll. « Le Sens commun », 1979, p. 150-151.

19. Sur les rallyes, voir notre ouvrage *Dans les beaux quartiers*, p. 147-192.

20. *L'Éventail* a cessé de paraître en 1992. Son premier numéro, dont la conception reprenait étroitement celle d'une publication homonyme paraissant en Belgique, avait été publié en janvier 1986. *Point de vue* a repris la formule de la chronique mondaine illustrée, mais cet hebdomadaire paraît hésiter entre l'éphéméride des têtes couronnées, pour faire rêver dans les chaumières, et le carnet mondain à usage interne.

21. Voir notre ouvrage *Dans les beaux quartiers*, *op. cit.*, p. 193-252.

22. Michel Panoff et Michel Perrin, *Dictionnaire de l'ethnologie*, Paris, Payot, coll. « Petite Bibliothèque scientifique », 1973, p. 259.

23. Éliane Keller, *Arcachon, villas et personnalités. Le temps retrouvé*, Éditions Équinoxe, p. 10.

24. Roger Martin, « Arcachon, ville impériale », *Nouveaux Cahiers du Second Empire,* n° 29. Le casino mauresque fut détruit par un incendie en 1977. Le buffet chinois de la gare eut une durée de vie beaucoup plus courte, ayant été démoli en 1882.

25. C'est, par exemple, la conception développée par Marshall Shalins dans *Âge de pierre, âge d'abondance*, Paris, Gallimard, coll. « Bibliothèque des Sciences humaines », 1976.

26. Sur ces manifestations voir notre ouvrage *Quartiers bourgeois, quartiers d'affaires*, *op. cit.*, p. 264-268. Sur la notion de « griffe spatiale », *ibid.*, p. 8-10.

27. Roger-Louis Bianchini, *Monaco. Une affaire qui tourne*, *op. cit.*, p. 196-197.

28. Norbert Elias, *La Société de cour*, *op. cit.*, p. 236.

29. *Ibid.*, p. 97.

30. *Ibid.*, p. 32.

31. *Ibid.*, p. 38.

32. *Ibid.*, p. 84.

CHAPITRE V – Richesse et culture

1. Voir notamment Pierre Bourdieu et Jean-Claude Passeron, *Les Héritiers, les étudiants et la culture*, *op. cit.*, et Pierre Bourdieu, *La Distinction. Critique sociale du jugement*, *op. cit.*

2. Pierre Bourdieu et Hans Haacke, *Libre-Échange*, Paris, Le Seuil/Les Presses du réel, 1994, p. 102.

3. Jérôme Coignard, « Un palais sur la mer », *Beaux-Arts*, hors série : « La villa Ephrussi de Rothschild », 1993, p. 7.

4. Marcel Landowski, « Avant-propos », *Beaux-Arts*, « La ville Ephrussi... », *op. cit.*, p. 4.

5. Pierre Bourdieu et Hans Haacke, *Libre-Échange, op. cit.*, p. 49.

6. Olivier Donnat et Denis Cogneau, Département des études et de la prospective, ministère de la Culture et de la Communication, *Les Pratiques culturelles des Français, 1973-1989*, Paris, La Découverte – La Documentation française, 1990. Olivier Donnat, *Les Pratiques culturelles des Français, enquête 1997*, Paris, La Documentation française, 1998.

7. Pierre Bourdieu, « Les fractions de la classe dominante et les modes d'appropriation de l'œuvre d'art », *Information sur les sciences sociales*, XIII-3, juin 1974, p. 7-32.

8. Victoire de Montesquiou, *Je suis née un dimanche*, Paris, J.-C. Lattès, 1990, p. 86. L'avenue Gabriel, dans le VIIIe arrondissement de Paris, joint la place de la Concorde à l'avenue Matignon en passant devant la grille du Coq des jardins de l'Élysée. Elle n'est construite que sur son côté nord et les appartements donnent, au sud, sur le jardin des Champs-Élysées.

9. Voir François G. Roche, *Les Rothschild à l'abbaye des Vaux-de-Cernay*, Paris, I.D.C. plus, coll. « La vallée de Chevreuse en 1900 », s.d.

10. Ainsi dans le guide *Alpes-Maritimes*, Paris, Gallimard, 1994, p. 316.

11. Claude Duneton, *Parler croquant*, Stock, 1973, p. 125.

12. « Il est évident qu'un bon diplôme n'a jamais fait un bon expert, car en ce métier tout est affaire d'œil, de flair, d'expérience », trouve-t-on écrit dans un numéro spécial de *Connaissance des arts* consacré à Drouot, paru en mai 1988. Sur ce thème, voir Raymonde Moulin et Alain Quemin, « La certification de la valeur de l'art », *Annales*, novembre-décembre 1993. Les auteurs écrivent que « le titre d'expert, en France, n'est ni reconnu, ni protégé et la profession n'est pas réglementée. N'importe qui peut s'intituler expert [...]. "L'œil", "le regard", "le sixième sens" alimentent traditionnellement le florilège des propos tenus par les experts généralistes. "L'œil" est hypervalorisé comme don de nature fondant la supériorité du spécialiste sur le profane. C'est à ce titre qu'il est revendiqué comme substitut du diplôme » (p. 1428).

13. Alain Quemin, *Les Commissaires-Priseurs : analyse d'une profession et de son rôle dans les ventes aux enchères*, thèse de

doctorat, Paris, EHESS, décembre 1994, p. 54. Voir aussi, du même auteur, « Les commissaires-priseurs français : de la tradition à la modernité », *Encyclopædia universalis*, vol. *Universalia 1994*, p. 274-277. Alain Quemin analyse tout particulièrement le rôle de l'origine sociale des commissaires-priseurs dans : « De l'espace privé à l'espace professionnel. Les commissaires-priseurs », *in* Françoise Piotet, *La Révolution des métiers*, Paris, PUF, 2002, p. 317-344.

14. Alain Quemin, *Les Commissaires-Priseurs. La mutation d'une profession*, Paris, Anthropos, 1997, p. 244.

15. Il est significatif que les revues luxueuses consacrées à l'immobilier et à l'aménagement du domicile puissent consacrer de longs articles à des demeures qui sont, comme la maison de Mme Girardet, de véritables vitrines de musée où le culturel et le quotidien sont inextricablement mêlés.

16. Voir Airy Routier, *L'Ange exterminateur. La vraie vie de Bernard Arnault*, Paris, Albin Michel, 2003.

17. Voir *La Peinture mondaine de 1870 à 1960*, Paris, Éditions Celia, 1993. Dans ce livre suscité par la duchesse de Gramont et réalisé par Patrick Chaleyssin et Thierry Vasseur figure un portrait de la duchesse de Gramont par Trafford Klots, de la vicomtesse Charles de Noailles par Salvador Dalí, des cinq frères Ganay par Sébastien de Ganay, le fils de Victoire de Montesquiou.

18. Comtesse Jean de Pange, *Comment j'ai vu 1900*, *op. cit.*, *t.* 1, p. 21.

19. *Ibid.*, p. 65-66.

20. Sur ce point, voir notre ouvrage *Dans les beaux quartiers*, *op. cit.*, p. 167-169.

21. Fernand de Saint-Simon, « Le rallye du Peloux », *L'Éventail*, n° 4, novembre-décembre 1987.

22. Norbert Elias, *La Société de cour*, *op. cit.*, p. 109.

23. Voir notre ouvrage *Dans les beaux quartiers*, *op. cit.*, p. 79-80.

24. Louis Bergeron, *Les Rothschild et les autres… La gloire des banquiers*, Paris, Perrin, coll. « Histoire et fortunes », 1991, p. 140.

25. Voir Martine Orange, *Ces messieurs de Lazard*, *op. cit.*, p. 49.

26. René Sédillot, *Les Deux Cents Familles*, Paris, Perrin, coll. « Vérités et légendes », 1988, p. 108.

27. Martine Orange, *Ces messieurs de Lazard*, *op. cit.*, p. 30.

28. Voir notre ouvrage *Quartiers bourgeois*, *quartiers d'affaires*, *op. cit.*, p. 247-267.

29. Le catalogue publié par l'étude de maître Tajan,

commissaire-priseur, donne pour chaque livre une description précise et d'une certaine technicité. Ainsi pour *L'Odyssée* : « Homère, *L'Odyssée*. Traduction de Victor Bérard, Paris, La Compagnie des Bibliophiles de l'Automobile Club de France, 1930-1933, 4 volumes in-quarto, maroquin noir orné de divers jeux de filets dorés s'entrecroisant en diverses compositions et se prolongeant sur le dos et le second plat, chaque premier plat orné d'un laque encastré, serti par un listel de maroquin de couleur, reprenant une illustration de l'ouvrage : pour le volume I Pallas armée d'une lance et d'un bouclier ; le mont Olympe surplombant la mer Égée au volume II ; l'aigle messager de Zeus perché sur le toit d'un palais au volume III et les armes d'Ulysse au volume IV, encadrement intérieur orné d'un filet doré et d'un filet à froid, doublure et garde de reps jaune d'or, rose, vermillon et rouge foncé, tête dorée, couverture et dos, étui. » (Beaux Livres dans de riches reliures, catalogue de la vente du lundi 27 mars 1995, Étude Tajan, 1995, n° 20 du catalogue.) Toutefois, une partie de ce lexique technique concerne d'abord les professionnels, et la compétence des familles en ce domaine est variable.

30. Ces informations sont tirées de l'inventaire dressé par Jean-Baptiste Rendu, *Bibliothèque de l'Esparrou : classement alphabétique*, 90 pages.

31. Voir notre ouvrage *Châteaux et châtelains*, *op. cit.*

32. Raymonde Moulin, « Un type de collectionneur : le spéculateur », *Revue française de sociologie, 5* (2), 1964, p. 161. Voir aussi Raymonde Moulin, *Le Marché de la peinture en France*, Paris, Minuit, coll. « Le Sens commun », 1967.

33. Sont exonérés de l'ISF les biens suivants : les objets d'antiquité ayant plus de cent ans d'âge (ce qui comprend les meubles anciens) ; les objets d'art ou de collection (tapis et tapisseries, tableaux, gravures, estampes, timbres-poste, objets de collections minéralogiques, paléontologiques, etc.) ; les véhicules de collection.

34. André Babeau, *Le Patrimoine aujourd'hui*, Paris, Nathan, 1988, p. 60. Les avoirs en or sont également ignorés, mais pour une autre raison, à savoir l'impossibilité, non de chiffrer, mais simplement de recenser les quantités possédées.

35. Alain Quemin, « L'espace des objets. Expertises et enchères à Drouot-Nord », *Genèses*, n° 17, septembre 1994, p. 52-71.

36. Alain Quemin, *Les Commissaires-priseurs...*, *op. cit.*, p. 244-245.

37. *Intercercles magazine*, n° 12, automne 1993.

CHAPITRE VI – La collectivisation de la propriété individuelle : les lotissements chic

1. Voir Susanna Magri et Christian Topalov, « De la cité-jardin à la ville rationalisée. Un tournant du projet réformateur, 1905-1925. Étude comparative : France, Grande-Bretagne, Italie, États-Unis », *Revue française de sociologie 28* (3) 1987, p. 417-451.

2. Voir Michel Pinçon et Monique Pinçon-Charlot, « Propriété individuelle et gestion collective : les lotissements chic », *Les Annales de la recherche urbaine*, n° 65, décembre 1994, p. 35-46.

3. Georges Poisson, *De Maisons-sur-Seine à Maisons-Laffitte*, Association de sauvegarde et de mise en valeur de Maisons-Laffitte, 1973, p. 67. Cet ouvrage a été réédité en décembre 1993 par la même association avec le concours de l'Association syndicale autorisée de Maisons-Laffitte.

4. *Op. cit.*, p. 69.

5. Georges Poisson, *La Curieuse Histoire du Vésinet*, Ville du Vésinet, 1986, p. 62. On pourra également consulter : *Le Vésinet, modèle d'urbanisme paysager, 1858-1930*, « Cahiers de l'inventaire », n° 17 (Imprimerie nationale) ; Sophie Cueille, « Une colonie dans une forêt : le lotissement du Vésinet (1858-1930) », *Villes en parallèle*, n° 14, juin 1989, p. 71-75 ; Jacques Catinat, *Grandes Heures de Chatou et la naissance du Vésinet*, Chatou, Éditions SOSP, 1985 (première édition en 1972).

6. *La Curieuse Histoire du Vésinet*, *op. cit.*, p. 71.

7. *Ibid.*, p. 77.

8. Robert Johy et Élisabeth Campagnac, *Racines historiques du lotissement*, Paris, Secrétariat d'État à la Culture, Copedith, 1976.

9. Éric Mension-Rigau, « La persistance du modèle du château dans les modes de vie et les valeurs aristocratiques, ou les limites de la fusion des élites dans l'univers de la ville », communication au colloque *Noblesses et villes, 1780-1950*, Tours, Éditions de la Maison des sciences de la ville, 1995.

10. Norbert Elias remarque que « les hommes de cour avaient créé avec leurs "hôtels" un type de résidence citadine assez particulier. Il s'agissait bien de maisons de ville, mais on sent qu'elles dérivent de l'ancienne gentilhommière. La cour de ferme existe toujours, mais elle est devenue une simple voie d'accès pour les carrosses, un espace "représentatif". On retrouve encore les écuries, les communs, les bâtiments des domestiques, mais ils font corps avec le bâtiment central. Le jardin remplace la campagne environnante. Les réminiscences

campagnardes de l'"hôtel" ont une valeur de symptôme. Il est certain que les hommes de cour sont des citadins, la vie citadine les a marqués dans une certaine mesure. Mais leurs liens avec la ville sont bien moins solides que ceux de la bourgeoisie exerçant une activité professionnelle. La plupart sont propriétaires d'une ou de plusieurs résidences campagnardes. C'est d'elles qu'ils tirent en général leur nom, une bonne partie de leurs revenus, c'est là qu'ils se retirent parfois. Leur société est toujours la même, si le lieu de résidence change». (*La Société de cour*, *op. cit.*, p. 21.)

11. Georges Poisson, «Neuilly-sur-Seine, histoire», dans : *Évocation du vieux Paris. La banlieue nord-ouest*, Paris, Minuit, 1960, p. 433.

12. Sur Chatou, on pourra consulter : sous la direction de Dominique Hervier, textes de Laurent Robert, photographies de Jean-Bernard Vialles, *Chatou, Croissy-sur-Seine, villégiatures en bordure de Seine*, Paris, Association pour le développement de l'inventaire général, 1993.

13. Jean Astruc, *Le Raincy, «Forêt j'étais, ville je suis»*, ouvrage publié avec le concours de la ville du Raincy à l'occasion de son centenaire (1869-1969).

14. *Ibid.*, p. 57.

15. *Ibid.*, p. 103.

16. *Ibid.*, p. 134.

17. En 1992, selon les données du ministère de l'Économie et des Finances, il y avait 500 redevables à l'ISF dans le regroupement de communes comprenant Le Raincy, Villemomble, Gagny et Montfermeil, aucune statistique n'étant disponible à un niveau plus fin. Mais ces trois dernières communes sont populaires : elles comprennent, en 1999, respectivement 54 %, 57 % et 62 % d'employés et d'ouvriers au sein de leurs populations actives. Contre 37 % au Raincy. Les assujettis sont donc très certainement en grande majorité domiciliés dans cette commune. D'ailleurs, pour les années ultérieures, le ministère publie des résultats au niveau communal, mais pour les seules communes répondant au double critère de compter plus de 20 000 habitants et au moins 50 assujettis à l'ISF. Au recensement de 1999, Le Raincy ne comptait que 13 000 habitants, mais les trois communes regroupées avec elle dépassaient chacune le seuil des 20 000, or elles ne figurent pas dans les tableaux du ministère qui donnent le nombre d'assujettis par commune en 2005. À cette date, chacune comptait certainement bien moins de 50 redevables. En 1983, Le Raincy devait représenter la quasi-totalité des redevables de son groupe de communes, soit autant que le Morbihan et plus que la Savoie. Voir

Jack Dion et Pierre Ivorra, *Sur la piste des grandes fortunes*, Paris, Messidor-Éditions sociales, 1985.

18. Depuis 1990, dans les tableaux de l'Insee fournissant les résultats des recensements, l'agglomération de Paris a été désignée comme « unité urbaine de Paris ». Nous avons conservé le terme « agglomération », la dénomination « unité urbaine » étant utilisée pour tenir compte du cas, rare, des villes isolées.

19. Selon le recensement de 1999, il y avait 8 300 habitants dans le Parc, soit 38 % de la population de Maisons-Laffitte (22 171 habitants).

20. Jean Cocteau, *La Difficulté d'être*, Paris, 1948, cité par Georges Poisson, *De Maisons-sur-Seine...*, *op. cit.*, p. 91.

21. Ce type d'associations, régies par la loi du 21 juin 1865, est peu fréquent en milieu urbain car leur vocation première est rurale. Il concerne principalement les travaux d'irrigation agricole. L'Association syndicale autorisée du parc de Maisons-Laffitte (ASP) « est de loin la plus importante et celle qui réunit le plus grand nombre de propriétaires » selon la brochure de présentation de cette association. La jurisprudence a confirmé le caractère d'établissement public et « l'application stricte à ces associations des règles de la comptabilité publique, l'intérêt général inhérent aux travaux de l'association, le droit d'expropriation, le caractère de fonctionnaires publics des administrateurs et agents de l'association, la compétence des tribunaux administratifs » (*Le Secrétaire de mairie*, vol. 1, p. 110). Sur l'origine de ces associations, voir Hélène Michel, *La Cause des propriétaires*, Paris, Belin, 2006, p. 27-29.

22. L'hippodrome de Maisons-Laffitte et certaines pistes d'entraînement font partie du Parc. À eux seuls, ces deux propriétaires représentent plus du quart des voix. « Mais, précise le secrétaire général de l'ASP, chaque propriétaire ne peut, selon les statuts, exprimer lors des votes plus de 5 % des voix. »

23. Georges Poisson, *De Maisons-sur-Seine...*, *op. cit.*, p. 119.

24. Georges Poisson, *La Curieuse Histoire du Vésinet*, *op. cit.*, p. 107.

25. *Ibid.*, p. 122.

26. Le rapport de présentation du POS précise que « la notion de COS fixé *a priori* ne va plus s'appliquer en zone UB. Les règles [...] privilégient la notion de volume, ce qui sur le plan architectural est plus logique » (p. 32).

27. Gérard Bauer, Gildas Bandez, Jean-Michel Roux, *Banlieues de charme ou l'art des quartiers-jardins*, Paris, Pandora Éditions, 1980. Un chapitre est consacré au Vésinet : « Un bois de Boulogne résidentiel : Le Vésinet ».

28. Par exemple *Julie Lescaut*, mis en scène par Élisabeth

Rappeneau, *L'Inspecteur Moulin*, réalisé pour TF1, *Délit mineur*, de Francis Girod.

29. Dans sa mise en relation des structures sociales avec les bases fiscales, Edmond Préteceille montre que Le Vésinet et Maisons-Laffitte n'appartiennent pas exactement au même type de communes. Le Vésinet est une « commune huppée de banlieue », où « seuls les industriels, gros commerçants et professions libérales progressent » alors que Maisons-Laffitte est une « commune de salariés à statut élevé » où les « cadres administratifs supérieurs progressent fortement ». Il est vraisemblable que le Parc considéré isolément viendrait se ranger avec Le Vésinet. En tout état de cause, les deux communes se retrouvent dans le même type de fiscalité locale, caractérisé par « un niveau très élevé des bases de la taxe sur le foncier bâti et de la taxe d'habitation, ce qui est logique : les communes les plus bourgeoises sont les communes où le patrimoine immobilier et foncier a le plus de valeur ». Par contre, la taxe professionnelle y est très faible, ce qui correspond bien à leur caractère éminemment résidentiel. Edmond Préteceille, *Mutations urbaines et politiques locales*, Paris, Centre de sociologie urbaine, 1993, p. 40 et 138-139.

30. Georges Hervet, banquier, a dirigé l'établissement fondé par son ancêtre à Bourges, en 1830, établissement qui avait magnifiquement prospéré avant d'être nationalisé en 1982. En 2000, sous le gouvernement Jospin, la banque fut reprivatisée.

31. L'Association syndicale des propriétaires a été constituée, selon le cahier des charges, en vertu de la loi du 21 juin 1865, la même qui fut utilisée pour la création de l'Association syndicale autorisée de Maisons-Laffitte.

32. *Propriétés de France*, n° 27, mars-avril 1994. Cette publication, éditée par *Le Figaro*, propose, dans une première partie, des articles sur le marché immobilier haut de gamme d'une région, sur la décoration ou encore sur une maison particulière, choisie pour la qualité de son architecture et de son agencement. La seconde partie, la plus longue, est composée d'annonces immobilières dont les descriptifs sont détaillés et s'appuient toujours sur des photographies en couleurs qui mettent en scène des demeures de rêve et des châteaux de contes de fées.

33. Voici la signification des abréviations utilisées dans le tableau : ACF = Automobile Club de France ; CDC = Club des Cent ; CI = Cercle de l'Union Interalliée ; DV = Cercle de Deauville ; GM = Golf de Morfontaine ; MBC = Maxim's Business Club ; P = Polo de Paris ; RC = Racing Club de France ; StC = Saint-Cloud Country Club.

1. Voir *Quartiers bourgeois, quartiers d'affaires*, *op. cit.*, p. 101-107.

2. Voir Michel Pinçon et Monique Pinçon-Charlot, « L'aristocratie et la bourgeoisie au bord de la mer : la dynamique urbaine de Deauville », *Genèses*, nº 16, juin 1994, p. 69-93.

3. Voir notre ouvrage : *Sociologie de la bourgeoisie*, Paris, la Découverte, coll. « Repères », 2003, p. 67-68.

4. Roger Deliencourt et Jean Chennebenoist, *Deauville, son histoire*, s. n., imprimerie Marie, Honfleur, t. 1 : *Des origines à 1914*, 1977, p. 107 (t. 2 : *De 1914 à 1977*, 1982). Roger Deliencourt, médecin, fut maire-adjoint de Deauville dès 1947. Il seconda ainsi les maires Robert Fossorier et Michel d'Ornano. Jean Chennebenoist, professeur au lycée de la ville, eut également des responsabilités comme conseiller dans la municipalité dirigée par Michel d'Ornano en 1971. Ces ouvrages d'histoire locale fournissent une multitude d'informations précises et fort utiles.

5. François Ascher, Jean-Louis Cohen et Jean-Claude Hauvuy, *Luxe, habitat, confort : les références hôtelières*, Paris, Institut français d'urbanisme, université de Paris-VIII, 1987. Marie-Hélène Contal, *1854-1936, Création d'une ville thermale*, Paris, Institut français d'architecture, CEP, éditions du Moniteur, 1982.

6. Cette société anonyme est entre les mains d'un petit nombre d'exploitants. « Les acheteurs de 1859, écrit É. Acacie, le duc de Morny et l'architecte Breney, en forment le noyau principal. Tout laisse penser que Deauville apparaît à ses promoteurs et aux actionnaires principaux des sociétés comme une opération spéculative. » Élisabeth Acacie, « La naissance d'une station balnéaire sous le Second Empire », *Villes, histoire et culture, URA CNRS 1010*, nº 1, décembre 1994.

7. Jean-Didier Urbain, *Sur la plage. Mœurs et coutumes balnéaires*, Paris, Payot, 1994, p. 280. Pour l'historique des stations balnéaires anglaises et françaises, voir Alain Corbin, *Le Territoire du vide. L'Occident et le désir du rivage, 1750-1840*, Paris, Flammarion, coll. « Champs », 1990.

8. Gabriel Désert, *La Vie quotidienne sur les plages normandes du Second Empire aux Années folles*, Paris, Hachette, 1983, p. 24.

9. David Cannadine, « L'aristocratie et les villes dans l'Angleterre du XIXe siècle : les stations balnéaires », *Urbi*, I, 1979, p. 33-46.

10. Parmi les autres propriétaires : MM. Hauttement, Dela-

hante, Dalloz, Bourgoin, Jouhet, le duc de Sesto (qui avait épousé la duchesse de Morny, son mari étant décédé en 1865), le prince Demidoff, le comte de Kersaint, M. de La Lombardière. Ce plan nous a été aimablement communiqué par M. Agnès, archiviste de Deauville, qui nous a aussi aidé à comprendre les grandes lignes de l'histoire de la ville. Qu'il en soit ici vivement remercié.

11. Guy de Rothschild, *Contre bonne fortune...*, Paris, Belfond, 1983, p. 98.

12. Voir *Quartiers bourgeois, quartiers d'affaires*, *op. cit.*, p. 101-107.

13. Le Royal et le Normandy comprennent chacun 300 chambres et une vingtaine de suites, le Golf disposant de 178 chambres. Ces établissements de luxe, qui appartiennent tous les trois au groupe Lucien Barrière, de même que le casino de Deauville et celui de Trouville, proposaient en juillet 1993 (la haute saison se situant en août) des forfaits de cinq nuits consécutives pour 4 500 francs (686 euros : Royal et Normandy) et 3 800 francs (579 euros : Golf) comprenant un accès gratuit aux activités sportives (piscine, golf, tennis, bicyclette...) organisées dans le cadre de ces établissements. Selon le tarif 1993, le prix d'une nuit en juillet était de 1 200 francs au Royal (183 euros, soit 915 euros pour cinq nuits).

14. Lucien Barrière, aujourd'hui décédé, figurait au 35e rang du palmarès de *L'Expansion*, « Les 150 Français les plus riches », *op. cit.*

15. Guy de Rothschild, *Mon ombre siamoise*, Paris, Grasset, 1993.

16. Guy de Rothschild, *Contre bonne fortune*, *op. cit.*, p. 131-145 et 345-359.

17. Roger Martin, « Arcachon, ville impériale », *op. cit.*, p. 29.

18. *L'Éventail*, nº 33, décembre 1990, p. 113.

19. Brochure de présentation de l'Hôtel du Palais. On pourra également lire Wanda Laparra-Vulliez, *Gloire de Biarritz*, Paris, éditions France-Empire, 1979. Les fêtes et les excursions de la cour impériale y sont décrites avec beaucoup de détails et de précision.

20. Jean-Paul Neu, *Enghien-les-Bains, nouvelle histoire*, Saint-Ouen-L'Aumône, Éditions du Valhermeil, 1994, p. 131.

21. *Ibid.*, p. 135-136. Le groupe Barrière a créé, en partenariat avec la municipalité, l'Irtherme, Institut de recherches thermales d'Enghien.

22. Voir sur les stations thermales : Jacques Ion, *Tradition touristique et société locale : Aix-les-Bains, station thermale.*

Contribution à une sociologie du phénomène touristique, thèse de troisième cycle, université de Saint-Étienne, 1970 ; Armand Wallon, *La Vie quotidienne dans les villes d'eaux (1850-1914)*, Paris, Hachette, 1981 ; François Bluche, *La Vie quotidienne de la noblesse française au XVIIIe siècle*, Paris, Hachette, 1973 (p. 67 et suivantes : la mode des villégiatures thermales) ; Jacqueline Débordes, *Vichy, ville-jardin*, Vichy, Éditions du Cygne, 1993.

23. Selon le recensement proposé par le directeur de l'agence « Waterfront Property », Michel Chassagne, spécialisé dans la commercialisation de ces propriétés exceptionnelles. Ce recensement s'appuie sur la consultation du cadastre. « Le premier prix pour un bel emplacement se situe autour de 20 millions de francs (plus de trois millions d'euros). Une jolie maison de pêcheurs, simple mais charmante, se négociera autour de 3 millions de francs (457 000 euros). » *Propriétés de France*, nº 27, mars-avril 1994.

24. CLAJ-Jeunesse camping, *La Bataille des loisirs. Les années cinquante*, Nice, Éditions Serre, coll. « Actual », 1990, p. 77-78.

25. *Ibid.*, p. 79.

26. *Ibid.*, p. 83.

27. Sur cette question des « châteaux du social », voir les travaux de Mathias Gardet du CRIV, Centre de recherche interdisciplinaire de Vaucresson, et de Samuel Boussion, de l'HIRES (université d'Angers). Un colloque sur ce thème s'est tenu en novembre 2005, organisé par le laboratoire des sciences de l'éducation de Paris-VIII. Actes à paraître.

CHAPITRE VIII – Le devoir de transmettre

1. D. Kessler et A. Masson, « Le patrimoine des Français : faits et controverses », *op. cit.*, p. 160. Voir aussi Luc Arrondel, « L'approche économique de l'héritage : modèles et tests », *Communications*, « Générations et filiation », nº 59, 1994.

2. Daniel Bertaux, *Destins personnels et structure de classe, op. cit.*, p. 75.

3. Thorstein Veblen, *Théorie de la classe de loisir*, Paris, Gallimard, coll. « Bibliothèque des sciences humaines », 1970 (1re édition, 1899), p. 22.

4. Ernst Kantorowicz analyse historiquement la constitution de l'incarnation de la royauté, du pouvoir politique, dans un roi de chair et de sang, qui a abouti aux « cris entendus à l'enterrement des rois de France à l'abbaye de Saint-Denis : "Le roi est mort ! Vive le roi !" » (p. 296), cris qui indiquent clairement la

continuité dynastique et juridique. Kantorowicz décrit la « construction d'une philosophie qui rendit transparente une immortalité fictive par l'intermédiaire d'un homme mortel, son incarnation temporaire, tandis que l'homme mortel devenait transparent grâce à cette nouvelle immortalité fictive qui, créée par l'homme comme l'est toute immortalité, n'était ni celle de la vie éternelle dans un autre monde, ni celle de la divinité, mais celle d'une institution politique rien de moins que terrestre » (p. 315). Dans une certaine mesure, il en va de même avec les lignées aristocratiques ou bourgeoises. (Ernst Kantorowicz, *Les Deux Corps du roi*, Paris, Gallimard, coll. « Bibliothèque des Histoires », 1989.)

5. Voir l'article d'Anne Gotman, « Déshéritage, dilapidation et filiation : Wittgenstein », *Communications*, « Générations et filiation », n° 59, 1994.

6. Anne Gotman, *Hériter*, Paris, PUF, 1988, p. 137 et 139. « Le salarié d'aujourd'hui *laisse* à ses enfants plus qu'il ne transmet, et leur abandonne ses biens plus qu'il ne les leur remet », écrivent Anne Gotman et Anne Laferrère dans leur article sur « L'héritage », dans *La Famille, l'état des savoirs*, Paris, La Découverte, coll. « Textes à l'appui », série « Sociologie », 1991, p. 247.

7. Marcel Mauss, « Essai sur le don », *Sociologie et Anthropologie*, Paris, PUF, 1966.

8. Pierre Bourdieu, *Raisons pratiques*, *op. cit.*, p. 181-182.

9. Victoire de Montesquiou, *Je suis née un dimanche, op. cit.*, p. 10.

10. « Dans l'usage de l'Ancien Régime, écrit N. Elias, la notion de "famille" s'applique plus ou moins à la haute bourgeoisie, tandis que la notion de "maison" est réservée au roi et à la haute aristocratie. » (*La Société de cour, op. cit.*, p. 28.) La notion de lignée fonde l'existence même des familles nobles. Voir Guy Chaussinand-Nogaret, *La Noblesse au XVIIIe siècle. De la féodalité aux Lumières*, Paris, Complexe, 1994. « À la limite, écrit l'auteur, le noble n'a pas d'existence individuelle, de moi spécifique, il n'est qu'un maillon de la chaîne constituée d'une race » (p. 12).

11. Frédéric Le Play, Émile Cheysson, Bayard, Fernand Butel, *Les Mélouga. Une famille pyrénéenne au XIXe siècle*. Postface d'Alain Chenu : « La famille-souche, questions de méthode », Paris, Nathan, collection « Essais et Recherches », 1994, p. 63.

12. Pierre Bourdieu, « Célibat et condition paysanne », *Études rurales*, n° 5-6, avril-septembre 1962, p. 58.

13. *Ibid.*, p. 37.

14. Élisabeth Claverie et Pierre Malmaison, *L'Impossible Mariage. Violence et parenté en Gévaudan aux XVIIe, XVIIIe et XIXe siècles*, Paris, Hachette, coll. « La Mémoire du temps », 1982.

15. Marc Augé, *Domaines et châteaux*, Paris, Le Seuil, coll. « La Librairie du XXe siècle », 1989, p. 172.

16. Émile Benveniste, *Le Vocabulaire des institutions indo-européennes*, Paris, Minuit, coll. « Le Sens commun », 2 volumes, 1969, vol. 1, p. 307.

17. Voir Anne Gotman, « Le vase, c'est ma tante », *Nouvelle Revue d'ethnopsychiatrie*, nº 14, 1990, p. 125-150. Sur la théorie du don chez Mauss, voir Jean Lojkine, « Mauss et l'essai sur le don. Portée contemporaine d'une étude anthropologique sur une économie non marchande », *Cahiers internationaux de sociologie*, vol. LXXXVI, 1989.

18. Françoise Bloch et Monique Buisson, « La circulation du don entre générations, ou comment reçoit-on ? », *Communications*, nº 59 (« Générations et filiation »), Seuil, 1994.

19. Marianne Lamour, *La Famille la Rochefoucauld, une famille millénaire*, Planète, mai 1994.

20. Jean-Bernard Naudin, Christiane de Nicolay-Mazery, *La Vie de château*, Paris, Éditions du Chêne, 1991, p. 3.

21. Luc Arrondel et Anne Laferrère, « Accumulation et transmission des grandes fortunes », Communication présentée aux XIIIe Journées d'économie sociale, Nantes, 16-17 septembre 1993, p. 10. Voir, des mêmes auteurs, « La transmission des grandes fortunes. Profil des riches défunts en France », *Économie et statistique*, nº 273, 1994-3, p. 41-52. Dans cet article, ils insistent également sur les inégalités quant au patrimoine transmis puisque les 1 % les plus riches des défunts transmettent 19 % du patrimoine. « Les écarts sont très importants entre les très riches : le dernier de ce groupe laisse 4,8 millions de francs et le plus riche 434,8 millions de francs » (p. 43). On pourra consulter également Jérôme Accardo et Philippe Monteil, « Le patrimoine au décès en 1988 », *Résultats* (Insee), nº 390 (série « Consommation – modes de vie », nº 71, avril 1995).

22. Thomas Mann, *Les Buddenbrook*, Paris, Le Livre de Poche, coll. « Biblio », nº 3192, p. 197.

23. Marc Augé, préface au livre d'Anne Gotman, *Hériter*, *op. cit.*, p. VII.

24. Michel Pinçon, Monique Pinçon-Charlot, *La Chasse à courre*, *op. cit.*, p. 59 et 199-202.

25. Albert Camus, *Le Premier Homme*, Paris, Gallimard, 1994, p. 79.

26. *Domaines et châteaux*, *op. cit.*, p. 18.

27. Pierre Bourdieu, « L'illusion biographique », *Actes de la recherche en sciences sociales*, n° 62-63, juin 1986, p. 69-72.

28. Sur ce thème, voir Michel Pinçon, *Besoins et habitus*, Paris, Centre de sociologie urbaine, 1978.

29. Voir Pierre Bourdieu, « Le mort saisit le vif. Les relations entre l'histoire réifiée et l'histoire incorporée », *Actes de la recherche en sciences sociales*, n° 32-33, avril-juin 1980.

30. Sur le choix des prénoms dans d'autres familles aristocratiques, voir Éric Mension-Rigau, *Aristocrates et grands bourgeois : éducation, traditions, valeurs*, Paris, Plon, 1994, p. 103-107. Sur le choix des prénoms, on pourra lire Philippe Besnard et Cyril Grange, « La fin de la diffusion verticale des goûts ? (prénoms de l'élite et du vulgum) », *L'Année sociologique,* 1993, p. 269-294. Voir également Michel Bozon, « Histoire et sociologie d'un bien symbolique, le prénom », *Population*, 1, 1987, p. 83-98. « On peut dire qu'il existe de véritables stocks lignagers de prénoms relativement cloisonnés, écrit M. Bozon, surtout pour les vocables destinés aux aînés. Car les prénoms ont à la fois une fonction interne, certains d'entre eux sont réservés aux aînés successeurs, tandis que d'autres désignent exclusivement les cadets, et une fonction emblématique, en direction de l'extérieur, le prénom de l'aîné redoublant symboliquement la signification d'un patronyme. »

31. « Chacun est libre d'adopter les armoiries de son choix, sous réserve des droits des tiers, c'est-à-dire à condition de ne pas prendre un blason déjà utilisé par une personne privée ou morale, car le blason, étant "le nom dessiné et colorié", jouit de la même protection que le nom. Les tribunaux civils sont compétents pour statuer sur les litiges relatifs aux usurpations d'armoiries. On peut faire protéger son blason en déposant son dessin à l'Office de la propriété artistique et industrielle : la protection et l'exclusivité du dessin entraînent celles du blason qu'il figure. » *Quid*, Paris, Laffont, 1994, p. 564. L'usage dans la noblesse veut que, si un château vient à changer de propriétaires, la nouvelle famille y conserve les armes de la famille qui l'a précédée. Il en est ainsi à Sannat, mais aussi au château d'Arbieu, à Bazas, en Gironde, chez M. et Mme Philippe de Chenerilles où les armes qui demeurent sont celles de la famille Saige, à laquelle l'arrière-grand-père de M. de Chenerilles a acheté Arbieu. Cet usage est un indicateur de l'importance de la maison, sanctuaire sacré de la famille. Les hommes portent la chevalière, mais les femmes ont aussi leur signe de reconnaissance avec le bracelet à médailles. « On met en général les médailles de ses enfants ou de ses ancêtres, déclare Christel

Baseden. Moi j'ai mis toutes les médailles de papa quand il était petit. »

32. Thomas Mann, *Les Buddenbrook, op. cit.*, p. 184-185.

33. Gabriel Milési, *Les Nouvelles 200 familles. op. cit.*, p. 18.

34. Ainsi, les allocations familiales sont calculées à partir du revenu cadastral et non sur les salaires versés.

35. À l'occasion des Journées des plantes de Courson on a pu constater à quel point la notion de patrimoine est extensive et doit inclure, par exemple, les parcs et les jardins, qui constituent un patrimoine foncier mais aussi culturel et symbolique. L'art des jardins, comme tout art, est aussi un espace de profits économiques et symboliques. Voir Françoise Dubost, *Vert Patrimoine. La constitution d'un nouveau domaine patrimonial*, Paris, Éditions de la Maison des sciences de l'homme, coll. « Ethnologie de la France », 1994.

36. *Cf.* Péroline Charlot, « La fratrie », *Revue de la recherche juridique, droit prospectif*, 2001, 2, p. 561.

37. Le *Bottin Mondain* adopte d'ailleurs une présentation similaire.

38. Guide du Routard, *Week-Ends autour de Paris*, Paris, Hachette, édition 1995-1996, p. 99.

39. Gabriel-Louis Pringué, *30 Ans de dîners en ville*, Paris, Édition Revue Adam, 1948.

40. Voir Michel Pinçon, *Désarrois ouvriers. Familles de métallurgistes dans les mutations industrielles et sociales*, Paris, L'Harmattan, coll. « Logiques sociales », 1987, chap. II : « Un beau métier ».

41. Guy Schÿler, *Guestier. Souvenirs familiaux et documents*, Bordeaux, Arts & Arts éditeur, 1993 (prix Georges Goyau de l'Académie française 1994).

42. Sur l'histoire de cet hôtel particulier, voir Albert Rèche, *Dix Siècles de vie quotidienne à Bordeaux*, Paris, Seghers, 1983, p. 221.

43. Sur la transmission des entreprises, on pourra lire la série d'articles consacrés par *Le Nouvel Économiste* aux héritiers d'empires industriels (Michelin, Lagardère, Agnelli, etc.) : nº 1005 du 13 juillet 1995 au nº 1011 du 25 août 1995.

44. Voir « Fortunes de France. Classement 2006 », *Challenges*, nº 44, du 13 juillet au 30 août 2006.

45. René Sédillot, *Les Deux Cents familles*, *op. cit*, p. 49. Voir également Jean-Noël Jeanneney, *François de Wendel en République : l'argent et le pouvoir (1914-1944)*, Paris, Le Seuil, 1976, et René Sédillot, *La Maison de Wendel, 1704-1958*, Paris, RISS, 1958.

46. « Au lendemain de la mort de son fondateur Marcel

Bich, Bic confirme son intention de céder Guy Laroche », *Le Monde*, jeudi 2 juin 1994, p. 26.

Conclusion

1. Alphonse Daudet, *Le Nabab*, Paris, G. Charpentier et Cie, 1883.
2. Pierre Bourdieu, *Raisons pratiques*, *op. cit.*, p. 26.

BIBLIOGRAPHIE

Articles et ouvrages généraux

AUGÉ, Marc, *Domaines et châteaux*, Paris, Le Seuil, coll. « La Librairie du XXe siècle », 1989.

AUGÉ, Marc, *Non-Lieux*, Paris, Le Seuil, 1992.

BABEAU, André, *Le Patrimoine aujourd'hui*, Paris, Nathan, 1988.

BABEAU, André, *Le Patrimoine des Français*, Paris, La Découverte, coll. « Repères », 1989.

BAUER, Gérard, BANDEZ, Gildas, et ROUX, Jean-Michel, *Banlieues de charme ou l'art des quartiers-jardins*, Paris, Pandora Éditions, 1980.

BAUER, Michel, et BERTIN-MOUROT, Bénédicte, *L'Accès au sommet des grandes entreprises françaises (1985-1994)*, Paris, CNRS, 1995.

BAUER, Michel, et BERTIN-MOUROT, Bénédicte, *Les 200. Comment devient-on un grand patron ?*, Paris, Le Seuil, 1987.

BERTAUX, Daniel, *Destins personnels et structure de classe*, Paris, PUF, 1977.

BIHR, Alain, et PFEFFERKORN, Roland, *Déchiffrer les inégalités*, Paris, Syros, coll. « Alternatives économiques », 1995, réédition 1999.

BOURDIEU, Pierre, « Célibat et condition paysanne », *Études rurales*, n° 5-6, avril-septembre 1962.

BOURDIEU, Pierre, et PASSERON, Jean-Claude, *Les Héritiers, les étudiants et la culture*, Paris, Minuit, coll. « Le Sens commun », 1964.

BOURDIEU, Pierre, *La Distinction. Critique sociale du jugement*, Paris, Minuit, coll. « Le Sens commun », 1979.

BOURDIEU, Pierre, *Le Sens pratique*, Paris, Minuit, coll « Le Sens commun », 1980.

BOURDIEU, Pierre, et HAACKE, Hans, *Libre-échange*, Paris, Le Seuil / Les Presses du réel, 1994.

BOURDIEU, Pierre, *Raisons pratiques*, Paris, Le Seuil, 1994.

BOZON, Michel, et HÉRAN François, *La Formation du couple*, La Découverte, 2006.

BRELOT, Claude-Isabelle, « Itinérances nobles : la noblesse et la maîtrise de l'espace entre ville et château au XIXe siècle », dans *Noblesses et villes (1780-1950)*, Université de Tours, Maison des Sciences de la ville, coll. « Sciences de la ville », n° 10, 1995.

CANNADINE, David, « L'aristocratie et les villes dans l'Angleterre du XIXe siècle : les stations balnéaires », *Urbi*, I, 1979, p. 33-46.

CASTEL, Robert, *Les Métamorphoses de la question sociale. Une chronique du salariat*, Paris, Fayard, coll. « L'espace du politique », 1995.

CHAUSSINAND-NOGARET, Guy, *La Noblesse au XVIIIe siècle. De la féodalité aux Lumières*, Bruxelles, Complexe, 1994.

CLAJ-Jeunesse camping, *La Bataille des loisirs. Les années cinquante*, Nice, Éditions Serre, coll. « Actual », 1990.

COIGNARD, Sophie, et GUICHARD Marie-Thérèse, *Les Bonnes Fréquentations*, Paris, Grasset, 1997.

Conseil des impôts, *Seizième Rapport au président de la République relatif à l'imposition du patrimoine*, Paris, *Journaux officiels*, n° 4366, 1998.

CORBIN, Alain, *Le Territoire du vide. L'Occident et le désir du rivage, 1750-1840*, Paris, Flammarion, coll. « Champs », 1990.

COSTON, Henry, *Dictionnaire des dynasties bourgeoises et du monde des affaires*, Paris, Alain Moreau, 1975.

DEBORD, Guy, *La Société du spectacle*, Paris, Gallimard, 1992 (réédition).

DÉSERT, Gabriel, *La Vie quotidienne sur les plages normandes du Second Empire aux Années folles*, Paris, Hachette, 1983.

DION, Jack, et IVORRA, Pierre, *Sur la piste des grandes fortunes*, Paris, Messidor-Éditions sociales, 1985.

DUNETON, Claude, *Parler croquant*, Stock, 1973.

DURIEZ, Bruno, « La bourgeoisie répertoriée : le Livre des familles du Nord », *Ethnologie française*, 1990-1, janvier-mars, tome 20,

ELIAS, Norbert, *La Société de cour*, Paris, Flammarion, coll. « Champs », 1985.

FAGUER, Jean-Pierre, « Les effets d'une "éducation totale". Un collège jésuite, 1960 », *Actes de la recherche en sciences sociales*, nº 86-87, mars 1991.

FOURNIER, Jean-Louis, *Les Mots des riches, les mots des pauvres*, Paris, Anne Carrière, 2004.

FUMAROLI, Marc, BROGLIE, Gabriel de, CHALIN, Jean-Pierre (dir.), *Élites et sociabilité en France*, Paris, Perrin, 2003.

GAULEJAC, Vincent de, *L'Histoire en héritage. Roman familial et trajectoire sociale*, Paris, Desclée de Brouwer, 1999.

GOFFMAN, Erving, *Asiles*, Paris, Minuit, coll. « Le Sens commun », 1968.

GOODY, Jack, *La Raison graphique*, Paris, Minuit, coll. « Le Sens commun », 1979.

GOTMAN, Anne, *Hériter*, préface de Marc AUGÉ, Paris, PUF, 1988.

GOTMAN, Anne, « Le vase, c'est ma tante », *Nouvelle Revue d'ethnopsychiatrie*, nº 14, 1990.

GOTMAN, Anne, « Déshéritage, dilapidation et filiation : Wittgenstein », *Communications*, « Générations et filiation », nº 59, 1994.

GRAFMEYER, Yves, *Quand le Tout-Lyon se compte*, Lyon, Presses universitaires de Lyon, coll. « Transversales », 1992.

GRANGE, Cyril, « La "liste mondaine". Analyse d'histoire sociale et quantitative du *Bottin Mondain* », *Ethnologie française*, 1990-1, janvier-mars, tome 20.

GRANGE, Cyril, *Les Gens du* Bottin Mondain. *Y être, c'est en être*, Paris, Fayard, 1996.

HALBWACHS, Maurice, *Les Cadres sociaux de la mémoire*, Paris-La Haye, Mouton, 1976 (1re édition, 1925).

KESSLER, Denis, et MASSON, André, « Le patrimoine des Français : faits et controverses », INSEE, *Données sociales 1990*, p. 156-166.

KESSLER, Denis, et MASSON, André, « Qui possède quoi, et pourquoi ? », *Revue d'économie financière*, nº 10, 1989.

KOCKA, Jürgen (dir.), *Les Bourgeoisies européennes au XIXe siècle*, Paris, Belin, 1996.

LAFERRÈRE, Anne, « Héritiers et héritages », *Économie et statistique*, nº 214, octobre 1988.

LALLIARD, François, *La Fortune des Wagram*, Paris, Perrin, 2002.

LEPIDI, Jules, *La Fortune des Français*, Paris, Presses universitaires de France, coll. « Que sais-je ? », nº 2424, 1988.

LE PLAY, Frédéric, CHEYSSON, Émile, BAYARD, BUTEL, Fernand, *Les Mélouga. Une famille pyrénéenne au XIXe siècle*. Postface d'Alain CHENU : « La famille-souche, questions de méthode », Paris, Nathan, collection « Essais et Recherches », 1994.

LEWANDOWSKI, Olgierd, « Différenciation et mécanismes d'intégration de la classe dirigeante. L'image sociale de l'élite d'après le *Who's who in France* », *Revue française de sociologie*, 15 (1), 1974.

LOLLIVIER, Stéfan, et VERGER, Daniel, « Le patrimoine aujourd'hui. Beaucoup entre les mains de quelques-uns... », INSEE, *Données sociales 1990*, p. 167-170.

MANN, Thomas, *Les Buddenbrook*, Paris, Le Livre de Poche, coll. « Biblio », nº 3192, 1993.

MAUSS, Marcel, « Essai sur le don », *Sociologie et anthropologie*, Paris, PUF, 1966.

MENSION-RIGAU, Éric, *Aristocrates et grands bourgeois*, Paris, Plon, 1994.

MERLLIÉ, Dominique, *Les Enquêtes de mobilité sociale*, Paris, PUF, coll. « Le Sociologue », 1994.

MEUWISSEN, Éric, *Richesse oblige : la Belle Époque des grandes fortunes*, Bruxelles, Racine, 1999.

MICHALET, C.-A., *Les Placements des épargnants français de 1815 à nos jours*, Paris, PUF, 1968.

MILÉSI, Gabriel, *Les Nouvelles 200 Familles. Les dynasties de l'argent, du pouvoir financier et économique*, Paris, Belfond, 1990.

MOULIN, Raymonde, « Un type de collectionneur : le spéculateur », *Revue française de sociologie*, 5 (2), 1964.

MOULIN, Raymonde, *Le Marché de la peinture en France*, Paris, Minuit, coll. « Le Sens commun », 1967.

MOULIN, Raymonde, et QUEMIN, Alain, « La certification de la valeur de l'art », *Annales*, novembre-décembre 1993.

ORANGE, Martine, *Ces messieurs de Lazard*, Paris, Albin Michel, 2006.

PAYS, Bruno, *La Gestion de patrimoine,* Paris, PUF, coll. « Que sais-je ? », nº 2699, 1992.

PÉRISSÉ, Xavier, et DUNGLAS, Dominique, *La Privilégiature*, Paris, RMC Édition, 1988.

PEYRANI, Béatrice, et TISSIER, Corinne, *L'Enfer des riches*, Paris, Albin Michel, 2004.

PAQUOT, Thierry, *Éloge du luxe. De l'utilité de l'inutile*, Paris, Bourin éditeur, 2005.

PIKETTY, Thomas, *Les hauts revenus en France au XXe siècle. Inégalités et redistribution, 1901-1998*, Paris, Grasset, 2001.

PINÇON, Michel, et PINÇON-CHARLOT, Monique, *Dans les beaux quartiers*, Paris, Le Seuil, coll. « L'épreuve des faits », 1989.

PINÇON, Michel, et PINÇON-CHARLOT, Monique, *Quartiers bourgeois, quartiers d'affaires,* Paris, Payot, coll. « Documents », 1992.

PINÇON, Michel, et PINÇON-CHARLOT, Monique, *La Chasse à courre, ses rites et ses enjeux*, Paris, Payot, coll. « Documents », 1993 (réédition « Petite Bibliothèque Payot », 1996, 2003).
PINÇON, Michel, et PINÇON-CHARLOT, Monique, *Nouveaux patrons, nouvelles dynasties*, Paris, Calmann-Lévy, 1999.
PINÇON, Michel, et PINÇON-CHARLOT, Monique, *Sociologie de la bourgeoisie*, Paris, La Découverte, coll. « Repères », 2003.
PINÇON, Michel, et PINÇON-CHARLOT, Monique, *Châteaux et Châtelains. Les siècles passent, le symbole demeure*, Paris, Anne Carrière, 2005.
QUEMIN, Alain, « L'espace des objets. Expertises et enchères à Drouot-Nord », *Genèses*, n° 17, septembre 1994.
QUEMIN, Alain, « Les commissaires-priseurs français : de la tradition à la modernité », *Encyclopædia universalis*, volume *Universalia 1994*, p. 274-277.
QUEMIN, Alain, *Les Commissaires-Priseurs. La mutation d'une profession*, Paris, Anthropos, 1997.
SAINT MARTIN, Monique de, *L'Espace de la noblesse*, Paris, Métailié, 1993.
SANDOVAL, Véronique, « La grande bourgeoisie, une planète à explorer », *La Pensée*, n° 290, novembre-décembre 1992, p. 65-74.
SÉDILLOT, René, *Les Deux Cents familles*, Paris, Perrin, coll. « Vérités et légendes », 1988.
SERVAT, Henry-Jean, *Dans la cour des grands. Chroniques impertinentes des folies de la jet-set*, Paris, Le Pré au Clerc, 2002.
SHALINS, Marshall, *Âge de pierre, âge d'abondance*, Paris, Gallimard, coll. « Bibliothèque des Sciences humaines », 1976.
TEULON, Frédéric, *Vocabulaire monétaire et financier,* Paris, PUF, coll. « Que sais-je ? », n° 2628, 1993.
TOSCER, Olivier, *Argent public, fortunes privées. Histoire secrète du favoritisme d'État*, Paris, Folio/Documents, Denoël, 2003.
URBAIN, Jean-Didier, *Sur la plage. Mœurs et coutumes balnéaires*, Paris, Payot, 1994.
VEBLEN, Thorstein, *Théorie de la classe de loisir*, Paris, Gallimard, coll. « Bibliothèque des sciences humaines », 1970 (1re édition, 1899).
VIRARD, Marie-Paule, *Le Roman des grands patrons*, Paris, Flammarion, 2001.
WAGNER, Anne-Catherine, *Les Nouvelles Élites de la mondialisation. Une immigration dorée en France*, Paris, Presses universitaires de France, 1998.
ZALIO, Pierre-Paul, *Grandes familles de Marseille au XXe siècle*, Paris, Belin, 1999.

Monographies locales

ACACIE, Élisabeth, « La naissance d'une station balnéaire sous le Second Empire », *Villes, histoire et culture, URA CNRS 1010*, nº 1, décembre 1994. [Deauville]

ASTRUC, Jean, *Le Raincy, « Forêt j'étais, ville je suis »,* ouvrage publié avec le concours de la ville du Raincy à l'occasion de son centenaire (1869-1969).

BIANCHINI, Roger-Louis, *Monaco. Une affaire qui tourne*, Paris, Le Seuil, coll. « Points-Actuel », 1992.

CATINAT, Jacques, *Grandes Heures de Chatou et la naissance du Vésinet*, Chatou, Éditions SOSP, 1985.

COIGNARD, Jérôme, « Un palais sur la mer », *Beaux-Arts*, nº hors série : « La villa Ephrussi de Rothschild », 1993.

CONTAL, Marie-Hélène, *1854-1936, Création d'une ville thermale*, Paris, Institut français d'architecture, CEP, Éditions du Moniteur, 1982.

CUEILLE, Sophie, « Une colonie dans une forêt : le lotissement du Vésinet (1858-1930) », *Villes en parallèle*, nº 14, juin 1989.

DÉBORDES, Jacqueline, *Vichy, ville-jardin*, Vichy, Éditions du Cygne, 1993.

DELIENCOURT, Roger, et CHENNEBENOIST, Jean, *Deauville, son histoire*, s. n., imprimerie Marie, Honfleur, tome 1 : *Des origines à 1914*, 1977, et tome 2 : *De 1914 à 1977*, 1982.

« Drouot », nº spécial de *Connaissance des arts*, mai 1988.

GINESTET, Bernard, *Les Chartrons*, Paris, Acropole, 1991.

GRAVELINE, Janine, *Châteaux et manoirs d'Aquitaine*, Éditions Minerve, 1988.

HERVIER, Dominique (sous la direction de), textes de Laurent ROBERT, photographies de Jean-Bernard VIALLES, *Chatou, Croissy-sur-Seine, villégiatures en bordure de Seine*, Paris, APPIF (Association pour le développement de l'Inventaire général), 1993.

KELLER, Éliane, *Arcachon, villas et personnalités. Le temps retrouvé*, Éditions équinoxe, s.d.

LAPARRA-VULLIEZ, Wanda, *Gloire de Biarritz*, Paris, Éditions France-Empire, 1979.

Le Vésinet, modèle d'urbanisme paysager, 1858-1930, Cahiers de l'inventaire, nº 17 (Imprimerie nationale).

MARTIN, Olivier, *Familles de la bourgeoisie blésoise. 1765-1964. Le rôle d'une ville moyenne dans un processus de mobilités personnelles*, thèse EHESS, 1994.

MARTIN, Roger, « Arcachon, ville impériale », *Nouveaux Cahiers du Second Empire*, nº 29, 1992.

NAUDIN, Jean-Bernard, et NICOLAY-MAZERY, Christiane de, *La Vie de château*, Paris, Éditions du Chêne, 1991.

NEU, Jean-Paul, *Enghien-les-Bains, nouvelle histoire*, Saint-Ouen-L'Aumône, Éditions du Valhermeil, 1994.

POISSON, Georges, « Neuilly-sur-Seine, histoire », dans *Évocation du vieux Paris. La banlieue nord-ouest*, Paris, Minuit, 1960.

POISSON, Georges, *De Maisons-sur-Seine à Maisons-Laffitte*, Maisons-Laffitte, Association de sauvegarde et de mise en valeur de Maisons-Laffitte, 1973.

POISSON, Georges, *La Curieuse Histoire du Vésinet*, Ville du Vésinet, 1986.

RÈCHE, Albert, *Dix Siècles de vie quotidienne à Bordeaux*, Paris, Seghers, 1983.

ROCHE, François G., *Les Rothschild à l'abbaye des Vaux-de-Cernay*, Paris, I.D.C. plus, coll. « La vallée de Chevreuse en 1900 », s.d.

TULASNE-MŒNECLÆY, Annick, *Jean des Monstiers et le château du Fraisse*, Poitiers, Faculté des Lettres, mémoire de maîtrise d'histoire, 1970.

VALETTE, Régis, *Catalogue de la noblesse*, Paris, Laffont, 1989.

WALLON, Armand, *La Vie quotidienne dans les villes d'eaux (1850-1914)*, Paris, Hachette, 1981.

Mémoires et monographies familiales

ASSOULINE, Pierre, *Le Dernier des Camondo*, Paris, Gallimard, 1997.

BEAUMONT, Jean de, *Au hasard de la chance*, Paris, Julliard, 1987.

BENAIM, Laurence, *Marie-Laure de Noailles, la vicomtesse du bizarre*, Paris, Le Livre de Poche, 2001.

BERGERON, Louis, *Les Rothschild et les autres... La gloire des banquiers*, Paris, Perrin, coll. « Histoire et fortunes », 1991.

BOTHOREL, Jean, et SASSIER, Philippe, *Seillière, le baron de la République*, Paris, Robert Laffont, 2002.

BUTEL, Paul, *Les Dynasties bordelaises, de Colbert à Chaban*, Paris, Perrin, coll. « Histoire et fortunes », 1991.

FAUCIGNY-LUCINGE, Jean-Louis de, *Un gentilhomme cosmopolite*, Paris, Perrin, 1990.

FRALON, José-Alain, *Albert Frère, fils d'un marchand de clous*, Paris, Fayard, 1997.

JEANNENEY, Jean-Noël, *François de Wendel en République : l'argent et le pouvoir (1914-1944)*, Paris, Le Seuil, 1976.

KAUFMANN, Jean-Paul, et LUR-SALUCES, Alexandre de, *La Morale d'Yquem*, Paris/Bordeaux, Grasset/Mollat, 1999.

LAROCHE-JOUBERT, Patrick, *La Vie à l'envers*, Paris, Flammarion, 2003.

MONTESQUIOU, Victoire de, *Je suis née un dimanche*, Paris, J.-C. Lattès, 1990.

PANGE, comtesse Jean de, *Comment j'ai vu 1900*, Paris, Grasset, 3 volumes, 1962, 1965 et 1968.

PINÇON, Michel, et PINÇON-CHARLOT, Monique, *Les Rothschild, une famille bien ordonnée*, Paris, La Dispute, coll. « Instants », 1998.

PRINGUÉ, Gabriel-Louis, *30 Ans de dîners en ville*, Paris, Édition Revue Adam, 1948.

RAULIN, Nathalie, et LECADRE, Renaud, *Vincent Bolloré, enquête sur une capitaliste au-dessus de tout soupçon*, Paris, Denoël, 2000.

ROCKFELLER, David, *Mémoires*, Paris, Éditions de Fallois, 2006.

ROTHSCHILD, Guy de, *Contre bonne fortune…*, Paris, Belfond, 1983.

ROTHSCHILD, Guy de, *Mon ombre siamoise*, Paris, Grasset, 1993.

ROUTIER, Airy, *L'ange exterminateur. La vraie vie de Bernard Arnault*, Paris, Albin Michel, 2003.

ROUTIER, Airy, *Le Fils du serpent. Vie et mort du banquier Stern*, Paris, Albin Michel, 2005.

SCHŸLER, Guy, *Guestier. Souvenirs familiaux et documents*, Bordeaux, Arts & Arts éditeur, 1993.

SÉDILLOT, René, *La Maison de Wendel, 1704-1958*, Paris, RISS, 1958.

SEILLIÈRE, Ernest-Antoine, « La saga industrielle et financière de trois familles lorraines : les Schneider, les Wendel, les Seillière », dans *Les Schneider, le Creusot. Une famille, une entreprise, une ville (1836-1960)*, Paris, Fayard/Réunion des Musées nationaux/écomusée de la communauté Le Creusot-Montceau-les-Mines, 1995.

TOUSSAINT, Yvon, *Les Barons Empain*, Paris, Fayard, 1996.

REMERCIEMENTS

Que toutes les familles et tous ceux qui ont accepté de répondre à nos questions trouvent ici l'expression de notre reconnaissance et de notre gratitude. Sans ces collaborations toujours généreuses, ce livre n'aurait pu voir le jour.

Une fois encore, Nicole Sarda nous a fait profiter sans compter de ses conseils et de l'aide de ses amis. Pascal Ramadier, par ses nombreuses recommandations, a contribué de manière fructueuse à cette recherche.

Olivier Amiel a su nous accorder avec discrétion, mais efficacité, encouragements et suggestions.

Nous devons aussi beaucoup à Mario Pasa pour ses lectures attentives et à Christophe Guias pour son soutien et sa confiance.

Laïla Midaoui trouvera ici la consécration de ses efforts dans la mise au point de ce manuscrit, réalisée avec compétence et gentillesse.

Il n'aurait pas été possible d'accomplir ce travail sans les financements accordés par le Secrétariat permanent du Plan urbain (ministère de l'Aménagement du territoire, de l'Équipement et des Transports, direction de l'Architecture et de l'Urbanisme). André Bruston, secrétaire permanent du Plan urbain, et Évelyne Perrin, chargée de mission, nous ont beaucoup apporté par leur confiance, leurs remarques et leurs critiques bienveillantes.

TABLE

Imprimé par Black print CPI (Barcelona).
en septembre 2013

Dépôt légal : octobre 2006

Imprimé en Espagne